비즈니스
중국어회화
& 이메일
표현사전

비즈니스 중국어회화 & 이메일 표현사전
Business Chinese Expression Dictionary

초판 발행 · 2018년 12월 1일
초판 3쇄 발행 · 2024년 1월 20일

지은이 · 肖颖, 홍주현
발행인 · 이종원
발행처 · (주)도서출판 길벗
브랜드 · 길벗이지톡
출판사 등록일 · 1990년 12월 24일
주소 · 서울시 마포구 월드컵로 10길 56(서교동)
대표 전화 · 02)332-0931 | **팩스** · 02)323-0586
홈페이지 · www.gilbut.co.kr | **이메일** · eztok@gilbut.co.kr

기획 및 책임편집 · 박정현(bonbon@gilbut.co.kr) | **기획** · 이민경 | **제작** · 이준호, 손일순, 이진혁
마케팅 · 이수미, 장봉석, 최소영 | **영업관리** · 김명자, 심선숙 | **독자지원** · 윤정아

편집진행 및 교정교열 · 이혜원 | **본문 디자인** · 박수연 | **표지 디자인** · 최주연
전산편집 · 수(秀)디자인 | **오디오녹음** · 와이알미디어
CTP출력 및 인쇄 · 정민 | **제본** · 정민

ISBN 979-11-5924-206-9 03720
(길벗 도서번호 300884)

정가 20,000원

비즈니스 중국어회화 & 이메일 표현사전

肖颖, 홍주현 지음

회화는 물론 이메일 표현까지 한 권에!
국내 유일의 비즈니스 표현사전

머리말

비즈니스 중국어 회화, 이메일 작성에 필요한 모든 표현을 담았다!

일상 회화도 어려운데 비즈니스 회화를 중국어로?

중국어 실력이 일정 수준에 올라 있어도 '비즈니스 중국어'라고 하면 지레 겁부터 먹는 사람이 많습니다. 일상 회화에서는 이렇게 말했는데 비즈니스 상황에서도 똑같이 말해도 되는 건지, 내가 방금 문법적으로 올바르게 말을 한 건지……. 고민하다 보면 더욱 주눅이 들어 말문이 막히기 마련입니다. 하지만 일상 회화와 비즈니스 회화는 크게 다르지 않습니다. 일상 회화에서 쓰던 중국어 기본 문형에, 본인이 종사하는 분야의 단어만 결합하면 바로 비즈니스 중국어가 되는 것이죠. 중국이 세계 경제에서 차지하는 비중이 점점 더 커지고 있는 만큼, 직장인들에게 중국어는 필수 요소가 되었습니다. 이제 겁먹지 말고 한 문장씩 차근차근 실력을 쌓아 올려 보세요!

중국어는 말과 글이 다르다?

중국어는 구어와 문어의 구분이 매우 분명하다는 인식이 있습니다. 그래서 많은 직장인들이 이메일을 작성할 때는 특히 더 긴장을 하곤 하죠. 하지만 업무상 글을 쓸 때 구어체와 크게 구분지어 생각하지 않아도 무방합니다. 구어체와 문어체의 단어 및 표현상의 구분보다도, 정중한 표현이 관건입니다. 상대방과 주고받는 대화가 아니기 때문에 오해가 없으려면 평소 말할 때보다 더 예의 있는 표현을 써야 합니다. 구어와 문어 사이에서 갈등하지 마세요. 서신이라 하여 사전에 나오는 딱딱한 표현만을 고집하면 오히려 부자연스러운 표현이 됩니다. 이메일을 쓸 때, 회의 석상에서, 프레젠테이션을 할 때 등 상황에 따라 예의 있고 교양 있는 표현을 골라 써 보세요. 어려운 단어를 많이 아는 것보다 상황에 따라 적절한 표현을 쓰는 사람이야말로 진정한 고수입니다!

책으로 배우는 중국어, 괜찮을까?

≪비즈니스 중국어회화 & 이메일 표현사전≫은 직장인들이 회사에서 흔히 겪는 일을 바탕으로, 표현을 구성했습니다. 다양한 상황을 나누고 하위 주제를 세분화하였기 때문에, 본인이 쓰고 싶은 말을 신속하게 찾아서 활용할 수 있습니다. 주요 표현에 추가적으로 대화를 수록했고, 어려운 단어는 별도로 의미를 기재하여 사전을 찾을 필요 없이 편리하게 활용할 수 있습니다. 사전식 구성이지만 중국어 학습에도 활용해 보세요. 본인이 자주 겪는 상황에 해당하는 표현을 찾아 따로 적어 두어 '나만의 표현 사전'을 만들거나, 하루 몇 문장씩 꾸준히 암기해 보세요. 하루하루 달라지는 중국어 실력을 느낄 수 있을 것입니다.
주요 표현 외에 중국인과의 비즈니스에서 꼭 알아 두어야 할 언어적·문화적·정서적 차이를 '비즈니스 팁!'으로 제공했습니다. 이 책을 통해 중국인과의 비즈니스에서 시행착오를 줄이고, 큰 성과를 얻길 기원합니다.

肖颖, 홍주현

이 책의 구성

이 책은 바쁜 직장인들이 필요한 표현을 최대한 빨리 찾을 수 있게 구성했습니다. 인터넷 검색보다 빠른 《비즈니스 중국어회화 & 이메일 표현사전》의 구성을 살펴보세요.

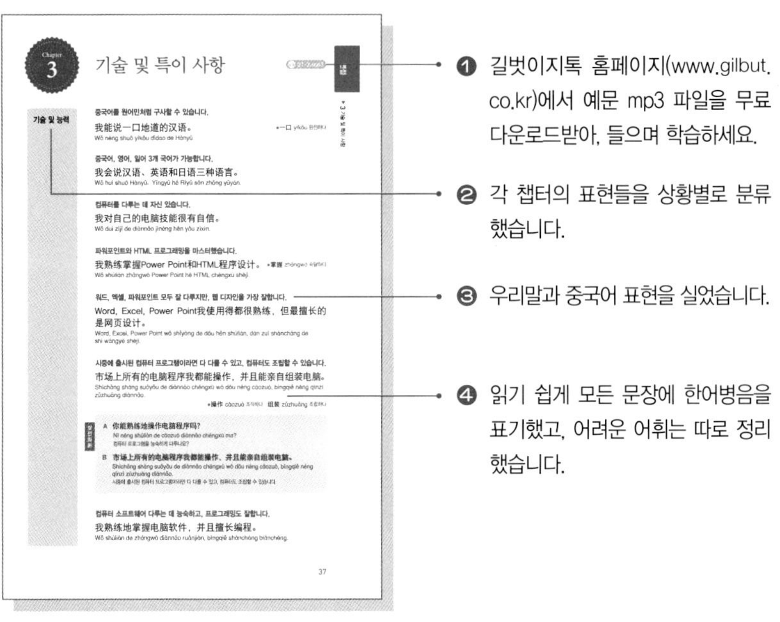

❶ 길벗이지톡 홈페이지(www.gilbut.co.kr)에서 예문 mp3 파일을 무료 다운로드받아, 들으며 학습하세요.

❷ 각 챕터의 표현들을 상황별로 분류했습니다.

❸ 우리말과 중국어 표현을 실었습니다.

❹ 읽기 쉽게 모든 문장에 한어병음을 표기했고, 어려운 어휘는 따로 정리했습니다.

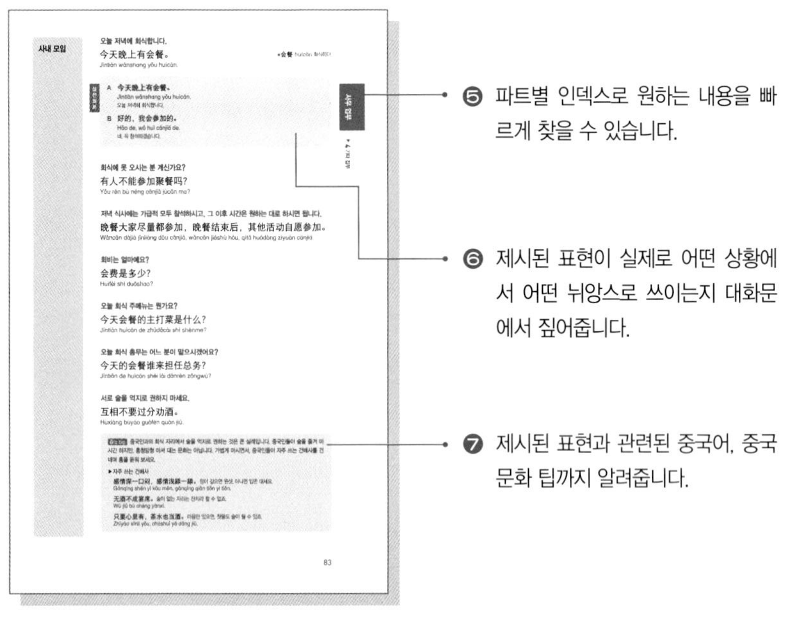

❺ 파트별 인덱스로 원하는 내용을 빠르게 찾을 수 있습니다.

❻ 제시된 표현이 실제로 어떤 상황에서 어떤 뉘앙스로 쓰이는지 대화문에서 짚어줍니다.

❼ 제시된 표현과 관련된 중국어, 중국 문화 팁까지 알려줍니다.

차례

PART 1 면접

PART 2 사무 업무

PART 6 회의

PART 7 프레젠테이션

PART 8 계약 및 협상

PART **10** 서식

PART

0

중국의 비즈니스 문화와 매너

知彼知己, 百战不殆! zhībǐzhījǐ, bǎizhànbúdài!

'지피지기, 백전불태' 상대를 알고 나를 알면, 백 번 싸워도 위태롭지 않다는 말처럼 중국을 알고 나를 알면 중국 비즈니스가 어렵지 않습니다. PART 0에서는 비즈니스 중국어 표현을 학습하기에 앞서, 꼭 알아야 할 중국의 비즈니스 상식을 키워드별로 정리했습니다.

중국인의 문화와 예절, 가치관 등의 배경지식을 쌓고 그에 걸맞는 표현을 학습하는 것이 비즈니스 중국어 실력 향상의 지름길입니다. PART 0에서 중국인과 중국 비즈니스를 이해하는 데 도움이 될 만한 기본적인 내용을 알아봅시다.

1 중국 비즈니스를 이해하는 키워드

1) 꽌시(关系 guānxi)

'꽌시'란 인맥을 뜻합니다. 한국인이 크게 오해하고 있는 점은 중국의 꽌시를 '봐주기' 또는 '공짜'의 개념으로 인식한다는 것입니다. 중국의 꽌시는 한국의 지연·혈연·학연처럼 '팔이 안으로 굽는다'의 개념이 포함되어 있는 것은 분명하나, 한국인이 오해하는 것처럼 불합리한 것도 눈감아 주고 친밀함을 명분으로 무조건 무보수로 일을 진행하는 것은 아닙니다. 이 꽌시 문화를 비즈니스에서 적용해 봅시다. 가령, A와 B를 파트너사의 후보로 두고 있고 A와 B의 조건이 같다면, 그중에서 좀 더 친밀한 관계를 유지하고 있는 쪽이 파트너사로 선정될 것입니다. 하지만 친밀한 관계라 하여 후보 회사보다 악조건인데 파트너사로 선정하지는 않습니다. 다시 말해서 비즈니스상에서의 '꽌시'란, 실리를 기반으로 한 2차적인 조건이 되는 셈입니다. 또 하나 유의할 점은, 이 꽌시는 비교적 오랜 시간 동안 신의를 기반으로 하는 매우 단단한 우정이라는 것입니다. 한국인들은 밥 한 끼, 술자리 한 번으로 꽌시가 생성되었다고 믿는 경향이 있으나, 그 정도는 매우 미약한 관계의 '지인'에 불과합니다. 흥겨운 술자리 한 번을 꽌시라고 여겨 무리한 부탁을 하는 것은 매우 실례되는 일이니 각별히 주의해야 합니다.

2) 체면(面子 miànzi)

중국인들은 체면을 중시하는 가치관이 강합니다. 특히 비즈니스에서는 싫은 소리를 직설적으로 하기보다는, 은유적으로 에둘러 이야기하는 경우가 많습니다. 은유적인 화법

일수록 오해의 소지가 높은 법입니다. 따라서 상대방이 의도하지 않은 '속임'을 당하지 않고, 의도를 제대로 이해하려면 '말의 내용'보다 '말의 어감'을 알아듣는 게 중요합니다. 또 다른 측면으로, 중국인 직원을 채용했다고 가정해 봅시

다. 한국에서는 상하 수직 관계인 조직이 일반적이고, 부하 직원이 일을 못할 경우 사무실 내에서 질책하는 일도 생길 수 있습니다. 하지만 중국인과 비즈니스를 할 경우, 이러한 공개적인 질책과 평가는 절대 금물입니다. 자신의 과오를 인정하게 하고 그 대책을 마련하게 해야 할 때도 직설적인 화법보다는 은유적인 화법을 이용해 스스로 깨닫게 하여 고쳐 나가는 것이 긍정적인 결과를 가져올 수 있습니다.

3) 만만디(慢慢地 mànmàndi)

중국인들을 일컬어 '만만디'라고 이야기하곤 합니다. 한국인들은 만만디에 대해 일 처리 속도가 느리고 게으르다는 편견을 가지고 있는 경우가 많습니다. 하지만 이 만만디 문화의 배경에는 지리적 영향이 있습니다. 중국은 세계 4위로 꼽히는 넓은 땅덩어리를 가지고 있기에, 명절에 고향에 내려가려면 20시간 이상 이동해야 하는 경우도 허다합니다. 이들의 문화 속에는 '시간 앞에서 조급해지지 말자.'라는 가치관이 있을 뿐, 눈앞에 있는 일도 천천히 미루며 하자는 가치관은 아닙니다. 비즈니스에서 또한 마찬가지입니다. 예를 들어, 계약을 앞두고 있는 경우, 중국인들은 시간을 두고 다각도로 실리를 계산하고 기타 경우의 수를 예측합니다. 성격이 급한 편인 한국인들은 만만디라 일의 진행이 느리다고 생각하고, 재촉하거나 서둘러 계약 조건을 변경하여 먼저 말을 꺼내기도 합니다. 중국인들의 만만디 문화는 '게으름'이 아니라 '여유로움'입니다. 중국과 비즈니스를 할 경우, 조급하게 행동하지 않는 것이 관건입니다.

2 중국의 식사 예절

1) 자리 배치

중국의 고급 음식점에는 원형 식탁이 많습니다. 이때 룸의 출입구를 마주한 자리가 상석입니다. 중국은 한국과 달리, 연배에 따라 상석을 안내하는 경우가 드뭅니다. 만약 대접을 하는 쪽이라면 대접받는 쪽을 상석에 앉도록 권하고, 자신은 주빈과 마주 보는 자리에 앉습니다. 대접을 받는 입장이라면 상대방이 자신보다 연배가 높더라도 상대방이 권하는 상석에 앉는 것이 예의입니다.

2) 중국의 요리

한국에서 고급 중화요리점에 가면 코스 요리가 있습니다. 하지만 중국에서는 코스 요리의 개념은 아닙니다. 먹고 싶은 요리 몇 가지를 시키면 '冷菜 lěngcài'와 같이 불을 많이 쓰지 않는 요리는 상대적으로 조리 시간이 짧아서 먼저 나오는 것이고, '热菜 rècài'와 같이 익혀 먹는 요리는 주문 후에 조리가 들어가기 때문에 시간이 걸려서 나오는 것이죠. 따라서 중국의 음식점에서 요리를 주문할 때는 요리의 구분 없이 먹고 싶은 음식을 시키면 됩니다. 아래는 설명을 위한 편의상의 분류이니 참고하세요.

❶ 전채 요리(冷菜 lěngcài)

주문 시 가장 먼저 나오는 요리입니다. 입맛을 돋울 수 있도록 가볍고 새콤달콤한 맛의 무침류가 대부분입니다. 요리 이름에 익숙하지 않다면 아래 요리를 주문해 보세요.

- **凉拌西红柿** liángbàn xīhōngshì 설탕을 뿌린 토마토
- **四川泡菜** sìchuān pàocài 잘게 썬 배춧잎이나 무 등을 새콤달콤하게 절인 음식
- **酸辣海带丝** suānlà hǎidàisī 길게 썬 다시마에 갖은양념을 넣은 음식, 시큼한 식초

맛과 고추기름의 매콤한 맛이 조화를 이룸
- **芥末白菜** jièmo báicài 새콤달콤하게 무친 절인 배추
- **拌凉粉** bàn liángfěn 오이와 백묵을 무친 음식

❷ 따뜻한 요리(热菜 rècài)

해산물, 고기 등 각종 재료를 이용한 요리입니다. 중국 음식 특유의 걸쭉한 국물이 나오도록 볶은 음식, 기름에 튀긴 후 소스를 이용해 다시 한번 볶은 요리, 생선이나 고기 찜과 같은 다양한 요리가 나옵니다. 어느 정도 음식을 먹은 후, 부족하다면 만터우(**馒头** mántóu)나 면 요리(**面条** miàntiáo), 또는 공기밥(**米饭** mǐfàn)을 먹습니다.

- **糖醋里脊** tángcùlǐjǐ 튀긴 돼지고기를 새콤달콤한 소스에 볶은 음식, 탕수육과 식감이 비슷함
- **鱼香肉丝** yúxiāngròusī 돼지고기 채 볶음, 생선 향이 나는 소스로 볶는다는 것이 특징임
- **水煮鱼** shuǐzhǔyǔ 생선 살을 고추기름, 전분 물, 갖은양념과 함께 끓인 음식
- **宫保鸡丁** gōngbǎojīdīng 닭고기와 땅콩 볶음
- **地三鲜** dìsānxiān 감자, 가지, 고추 조림
- **北京烤鸭** Běijīng kǎoyā 오리 통구이
- **香菇炒油菜** xiānggū chǎo yóucài 표고버섯과 청경채 볶음
- **辣子鸡** làzǐjī 매운 닭고기 볶음
- **红烧排骨** hóngshāo páigǔ 돼지(또는 소나 양)갈비 조림으로 갈비찜과 비슷함
- **酸辣土豆丝** suānlà tǔdòusī 감자채 볶음
- **麻辣虾** málà xiā 마라 소스에 튀긴 새우

❸ 탕(汤 tāng)

식사가 모두 끝날 즈음에 따뜻한 탕이 나옵니다. 코스 요리에서의 탕은 비교적 기름기가 적고 담백한 종류로 나오기 때문에, 기름진 입안을 개운하게 만들어 줍니다.

- **西红柿鸡蛋汤** xīhóngshì jīdàn tāng 토마토 달걀 탕
- **酸辣汤** suānlàtāng 두부, 목이버섯, 청경채를 주재료로 하는 탕, 새콤하면서도 매운 맛을 내는 것이 특징임
- **豆腐三鲜汤** dòufu sānxiān tāng 두부, 오징어, 해삼, 새우 살을 주재료로 끓인 탕
- **菠菜鸡蛋汤** bōcài jīdàn tāng 시금치 달걀 탕
- **冬瓜排骨汤** gōngguā páigǔ tāng 동과와 돼지·소·양의 갈비를 갖은양념과 함께 고아 만든 탕

❹ 디저트(甜菜 tiáncài)

코스 요리에서 마지막으로 나오는 후식입니다. 입가심 용도로 제철 과일이 나오는 경우가 많습니다.

3) 중국의 식사 예절

❶ 개인 접시 이용하기

중국은 요리 한 접시의 양이 매우 많습니다. 따라서 몇 가지의 요리를 시킨 후 회전판 위에 놓고, 자신이 먹을 만큼만 공용 수저를 이용해 덜어 먹습니다. 다른 사람이 음식을 덜고 있을 때 회전판을 돌리거나, 요리에 개인 수저를 이용해 음식을 더는 것은 매우 큰 실례입니다.

❷ 요리 뒤적거리지 않기

자신이 좋아하는 부분만 골라 먹으려 요리를 뒤적거리는 것은 절대 금물입니다. 다른 사람들과 함께 먹는 음식이므로, 자신이 좋아하지 않는 것이 공용 수저에 딸려 왔다고 해도, 한 번에 개인 접시에 덜어 와야 합니다.

❸ 젓가락으로 밥 먹기

중국은 밥을 먹을 때 젓가락을 이용합니다. 코스 요리를 먹을 만한 고급 음식점에서는 드문 경우이지만, 중국은 쌀에 찰기가 없어 젓가락으로 먹을 경우 밥풀을 흘리기 쉽습니다. 따라서 밥그릇을 손바닥 위에 올려 놓고 흘리지 않도록 주의해서 먹도록 합니다. 한국에서는 밥그릇을 들고 먹는 것이 식사 예절에 어긋나지만 중국에서는 흉이 아니니 신경 쓰지 않아도 됩니다.

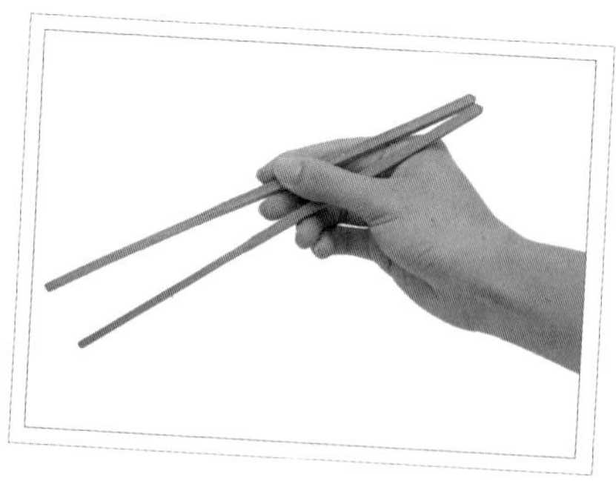

❹ 젓가락을 밥에 꽂지 않기

중국에서는 제사를 지낼 때 밥을 담은 밥그릇에 젓가락을 꽂아 제사상에 올리므로, 식사 시 젓가락을 밥에 꽂는 것은 큰 실례입니다. 식사 도중 젓가락을 내려놓을 때는 반드시 젓가락 받침대를 이용해 내려놓도록 합니다.

⑤ 숟가락으로 탕 먹기

중국에서는 국자처럼 생긴 숟가락으로 탕을 먹습니다. 탕 또한 요리와 마찬가지로 개인 그릇에 덜어서 먹는 것이 예의입니다. 개인 그릇의 탕은 들고 마셔도 예의에 어긋나는 일은 아니지만, 수저로 먹든 들고 마시든 후루룩 소리를 내며 요란하게 먹는 것은 실례이니 주의해야 합니다.

⑥ 음식 남기기

한국에서는 음식을 남기면 자칫 음식이 맛이 없다는 의미로 비칠 수 있어서 실례일 수 있습니다. 반면, 중국에서는 음식을 남김없이 먹는다면 음식이 부족하다는 의미로 보일 수 있습니다. 따라서 어느 정도 양을 채운 후라면 억지로 음식을 먹을 필요가 없습니다. 음식을 남기는 것은 배부르게 먹었지만 음식을 다 먹지 못했다, 즉, 대접을 잘해 주어 감사하다는 의미가 됩니다.

4) 중국의 술 문화

중국은 밥집과 술집의 경계가 모호합니다. 외국인이 많이 거주하는 지역에서는 식사보다 술을 위주로 한 가게들이 더러 있기도 하지만, 일반적으로는 한국처럼 호프집, 이자카야, 전집 등과 같은 술을 마시기 위한 음식점은 없는 셈입니다. 술을 마실 때는 음식점에서 식사와 함께 반주를 하는 경우가 대부분입니다. 가볍게 맥주 한잔을 하고 싶을 때도 음식점에서 冷菜류의 가벼운 요리를 시켜서 마시는 것이 일반적입니다.

중국인과 술을 마실 때 지켜야 할 예의 범절을 알아봅시다.

❶ 술잔 돌리지 않기

한국에서는 대학가에서도 흔히 볼 수 있는 '술잔 돌리기'는 중국에서는 시도하지 않는 것이 좋습니다. 자신이 쓰던 술잔이나 수저를 상대방에게 권하는 것은 매우 큰 실례이니, 친밀함을 보여 주고 싶다면 술잔을 돌리는 것 외에 다른 방법을 찾는 것이 좋습니다.

❷ 干杯는 잔 비우기

'건배'를 뜻하는 '**干杯** gānbēi'는 'cheers'를 의미할 때도 있지만 대부분은 원샷, 즉, 잔을 완전히 비우는 것을 뜻합니다. 건배사 후 **干杯**를 외쳤다면 가급적 잔을 비우는 것이 예의입니다. 주량이 약해서 한 잔을 다 비우기 힘들다면, '**随意** suíyì'라는 말로 양해를 구한 후 주량만큼만 마시세요. 본인은 음료수 잔을 들고 상대방에게 술을 권해도 실례는 아닙니다. 중국인과의 비즈니스에서는 만취하는 것만큼 큰 잘못은 없으므로, 융통성 있게 상황을 이끌어 나가야 합니다.

❸ 상대방의 술잔 돌보기

한국의 술 문화와 달리, 중국은 첨잔을 하는 게 일반적입니다. 상대방의 술잔을 눈여겨보며 술이 비지 않도록 첨잔을 하는 것은 상대방에 대한 배려입니다. 술을 따라 줄 때 상대방이 검지와 중지를 굽혀 탁자를 가볍게 두세 번 두드리는 액션을 취하기도 하는데, 이는 감사의 뜻을 표하는 동작입니다. 흥에 겨워 술을 마시기만 하는 것보다는, 항상 상대방을 살피고 있다는 느낌을 주는 것이 비즈니스에서 큰 도움이 될 것입니다.

PART 1 면접

직장 생활의 첫 관문, 면접!

좀 더 글로벌한 직무 경험을 위해 해외(중국) 관련 직무에 도전하는 취업 준비생이나 이직을 고려하는 경력직 지원자라면 중국어 면접을 준비해 두는 것이 좋겠죠? 꼭 면접 상황이 아니더라도, 인사와 자기소개부터 경력, 기술 등 비스니스상에서 경력 중심으로 자기소개를 할 때도 유용한 표현을 정리했습니다.

PART 1의 중국어 면접에서 사용하는 표현으로 '나만의 모범 답안'을 만들어 중국어 면접을 미리 대비할 수 있습니다. 알아두었다가 면접이나 비즈니스 자리에서 활용해 보세요.

Chapter 1

인사 및 자기소개

Chapter 2

학업 및 경력

Chapter 3

기술 및 특이 사항

Chapter 4

기타 의견 및 질문

인사 및 자기소개

01-1.mp3

첫인사

안녕하십니까?

你好！
Nǐ hǎo!

您好！
Nín hǎo!

你们好！
Nǐmen hǎo!

大家好！
Dàjiā hǎo!

Biz tip 중국어의 가장 기본 인사말은 **你好**인데요. 면접에서는 상황에 맞게 말해야겠죠? 면접관이 한 명이라면 **您好**, 여러 명이라면 **大家好**라고 인사하면 됩니다.

실전회화

A 是李秀贤吧？
Shì Lǐ Xiùxián ba?
이수현 씨 맞나요?

B 是。您好！
Shì. Nín hǎo!
맞습니다. 안녕하십니까?

A 好，请坐。
Hǎo, qǐng zuò.
네, 자리에 앉으세요.

만나 뵙게 되어 반갑습니다.

很高兴认识您。
Hěn gāoxìng rènshi nín.

见到你们很高兴。
Jiàndào nǐmen hěn gāoxìng.

이 자리에 설 수 있게 되어 영광입니다.

很高兴能站在这里。
Hěn gāoxìng néng zhàn zài zhèlǐ.

很荣幸能站在这里。
Hěn róngxìng néng zhàn zài zhèlǐ.

*荣幸 róngxìng 영광스럽다

먼저, 면접 기회를 주셔서 매우 감사드립니다.

首先，非常感谢贵公司给我这次机会。
Shǒuxiān, fēicháng gǎnxiè guì gōngsī gěi wǒ zhè cì jīhuì.

자기소개

간단하게 자기소개 부탁합니다.

可以简单地做一下自我介绍吗?

Kěyǐ jiǎndān de zuò yíxià zìwǒ jièshào ma?

왼쪽 분부터 차례대로 자기소개 부탁합니다.

从左边开始，可以依次做一下自我介绍吗? ＊依次 yīcì 순서에 따르다

Cóng zuǒbiān kāishǐ, kěyǐ yīcì zuò yíxià zìwǒ jièshào ma?

지원자 이수현입니다.

我叫李秀贤。

Wǒ jiào Lǐ Xiùxián.

지원자 김보영입니다. 보배의 보, 영국의 영을 씁니다.

我的名字叫金宝英，宝贝的宝，英国的英。 ＊宝贝 bǎobèi 보배

Wǒ de míngzi jiào Jīn Bǎoyīng, bǎobèi de bǎo, Yīngguó de yīng.

Biz tip 중국어는 발음만으로는 이름에 어떤 한자가 쓰였는지 바로 알 수 없는 경우가 많습니다. 따라서, 이름에 쓰인 한자가 들어간 간단한 단어를 이용해 말할 수 있도록 미리 준비해 두면 좋습니다.

한국인입니다.

我是韩国人。

Wǒ shì Hánguórén.

1993년생입니다.

我是1993年出生的。

Wǒ shì yī jiǔ jiǔ sān nián chūshēng de.

我出生于1993年。

Wǒ chūshēng yú yī jiǔ jiǔ sān nián.

Biz tip '我是……出生的。'보다는 '我出生于……。'가 더 격식 있는 표현입니다.

이번 채용에 지원합니다.

我来应聘。 ＊应聘 yìngpìn 지원하다

Wǒ lái yìngpìn.

Biz tip 한국에서는 이메일로 이력서나 입사지원서를 보낼 때, 보통 '이번 신입 채용에 지원합니다.', '이번 경력직 채용에 지원합니다.'와 같이 채용 분야를 명확히 기재합니다. 하지만, 중국에서는 이처럼 구체적으로 표현하는 일은 거의 없습니다. 입사지원서를 메일로 보내거나 면접을 볼 때 위의 한마디면 충분합니다.

아버지의 일 때문에 초등학교부터 중학교까지 중국에서 살았습니다.

由于父亲的工作，我从小学到初中都生活在中国。

Yóuyú fùqīn de gōngzuò, wǒ cóng xiǎoxué dào chūzhōng dōu shēnghuó zài Zhōngguó.

고등학교와 대학교를 중국에서 다녔습니다.

高中和大学是在中国读的。 *读 dú 학교를 다니다

Gāozhōng hé dàxué shì zài Zhōngguó dú de.

한국에서 대학교를 졸업한 후, 중국에서 대학원을 다녔습니다.

我在韩国读完大学后，又在中国读了研究生。

Wǒ zài Hánguó dúwán dàxué hòu, yòu zài Zhōngguó dúle yánjiūshēng.

김용의 소설 작품을 본 후 중국과 중국 문화에 관심이 생겨서, 중국어를 배우게 되었습니다.

我看了金庸的小说后，对中国和中国文化产生了浓厚的兴趣，所以开始学汉语。

Wǒ kànle Jīn Yōng de xiǎoshuō hòu, duì Zhōngguó hé Zhōngguó wénhuà chǎnshēngle nónghòu de xìngqù, suǒyǐ kāishǐ xué Hànyǔ.

실전회화

A 请介绍一下您学习汉语的契机。
Qǐng jièshào yíxià nín xuéxí Hànyǔ de qìjī.
중국어를 배우게 된 계기가 있다면 말씀해 주십시오.

B 我看了金庸的小说后，对中国和中国文化产生了浓厚的兴趣，所以开始学汉语。
Wǒ kànle Jīn Yōng de xiǎoshuō hòu, duì Zhōngguó hé Zhōngguó wénhuà chǎnshēngle nónghòu de xìngqù, suǒyǐ kāishǐ xué Hànyǔ.
김용의 소설 작품을 본 후 중국과 중국 문화에 관심이 생겨서, 중국어를 배우게 되었습니다.

성격의 장점

성격이 차분해서 일 처리를 신중하게 합니다.

我做事认真细心。

Wǒ zuòshì rènzhēn xìxīn.

활발한 성격입니다.

我活泼开朗。 *活泼 huópo 활발하다

Wǒ huópo kāilǎng.

유머 감각이 뛰어납니다.

我很幽默。

Wǒ hěn yōumò.

적극적이고 낙관적입니다.

我很积极、乐观。

Wǒ hěn jījí、lèguān.

천성이 밝아서, 분위기를 잘 띄웁니다.

我天生乐观开朗，善于制造愉快的气氛。 *天生 tiānshēng 타고난

Wǒ tiānshēng lèguān kāilǎng, shànyú zhìzào yúkuài de qìfēn.

낯을 가리지 않아서 사람들과 빠르게 친해지는 편입니다.

我不认生，能很快和别人熟悉起来。
Wǒ bú rènshēng, néng hěn kuài hé biéren shúxi qǐlái.

처음 만나는 자리라 해도, 막힘없이 이야기를 나눌 수 있습니다.

跟人初次见面时，也可以谈吐自如。
Gēn rén chū cì jiànmiàn shí, yě kěyǐ tántǔ zìrú.

*谈吐 tántǔ 말하는 스타일　自如 zìrú 자유자재하다

다정다감하고 사람들과 잘 어울립니다.

我很温柔，也很善于交际。
Wǒ hěn wēnróu, yě hěn shànyú jiāojì.

*温柔 wēnróu 따뜻하고 상냥하다

실전회화

A 你的性格怎么样?
Nǐ de xìnggé zěnmeyàng?
당신의 성격은 어떻습니까?

B 我很温柔，也很善于交际。喜欢交朋友，也喜欢帮助别人。
Wǒ hěn wēnróu, yě hěn shànyú jiāojì. Xǐhuan jiāo péngyou, yě xǐhuan bāngzhù biéren.
다정다감하고 사람들과 잘 어울립니다. 친구 사귀기를 좋아하고, 기꺼이 다른 사람을 도와줍니다.

다른 사람의 말을 귀 기울여 듣습니다.

我认真倾听别人的话。
Wǒ rènzhēn qīngtīng biéren de huà.

*倾听 qīngtīng 주의 깊게 듣다

참을성이 강합니다.

我非常有耐心。
Wǒ fēicháng yǒu nàixīn.

성격이 너그러운 편이라, 평소 화를 잘 내지 않습니다.

我的性格比较宽容，所以平时很少发脾气。
Wǒ de xìnggé bǐjiào kuānróng, suǒyǐ píngshí hěn shǎo fā píqi.

*宽容 kuānróng 너그럽게 받아들이다

새로운 걸 배우는 것을 좋아합니다.

我喜欢学习新东西。
Wǒ xǐhuan xuéxí xīn dōngxi.

문제 해결 능력이 탁월합니다.

我解决问题的能力很强。
Wǒ jiějué wèntí de nénglì hěn qiáng.

일 처리가 체계적이라는 말을 듣습니다.

别人都说我做事很有条理。 ＊条理 tiáolǐ 짜임새

Biéren dōu shuō wǒ zuòshì hěn yǒu tiáolǐ.

실전회화

A 你的性格怎么样?
Nǐ de xìnggé zěnmeyàng?
당신의 성격은 어떻습니까?

B 别人都说我做事很有条理。我很守规矩，做什么都有条有理。
Biéren dōu shuō wǒ zuòshì hěn yǒu tiáolǐ. Wǒ hěn shǒu guīju, zuò shénme dōu yǒutiáoyǒulǐ.
일 처리가 체계적이라는 말을 듣습니다. 규칙을 준수하며 무슨 일이든 질서 있게 처리합니다.

＊规矩 guīju 규율 有条有理 yǒutiáoyǒulǐ 조리 정연하다

시간 관리를 잘합니다.

我很会安排时间。

Wǒ hěn huì ānpái shíjiān.

이전 직장에서 3년 동안 근무하면서, 지각이나 결근을 한 적이 없습니다.

在以前的公司工作的三年里，我从未迟到过、也从未缺过勤。

Zài yǐqián de gōngsī gōngzuò de sān nián li, wǒ cóng wèi chídàoguo、yě cóng wèi quēguo qín.

＊从未 cóng wèi 지금까지 ~한 적 없다 缺勤 quēqín 결근하다

쉽게 단념하지 않는다는 점이 저의 장점입니다.

我的优点是做事有毅力。 ＊毅力 yìlì 굳센 의지

Wǒ de yōudiǎn shì zuòshì yǒu yìlì.

포기하지 않고 끝을 보는 편이고, 완성도에도 자신이 있습니다.

我做事持之以恒，而且总是会把事情做到更好。

Wǒ zuòshì chízhī-yǐhéng, érqiě zǒngshì huì bǎ shìqing zuòdào gèng hǎo.

＊持之以恒 chízhī-yǐhéng 꾸준히 지속하다

성격의 단점

말씀드리기 민망하지만, 혼자 일하는 것을 좋아합니다.

说出来很不好意思，其实我喜欢一个人做事。

Shuō chūlái hěn bù hǎoyìsi, qíshí wǒ xǐhuan yí ge rén zuòshì.

성격이 다소 급한 편이어서, 일을 할 때는 실수가 없었는지 항상 거듭 확인하는 편입니다.

我的性格有些急躁，所以办事时总是会再三确认是否有错。

Wǒ de xìnggé yǒuxiē jízào, suǒyǐ bànshì shí zǒngshì huì zàisān quèrèn shìfǒu yǒu cuò.

내성적이라 말수는 적지만, 그만큼 입이 무거운 편입니다.

我比较内向，话不多，更不会说三道四。

Wǒ bǐjiào nèixiàng, huà bù duō, gèng bú huì shuōsān-dàosì.

말수가 많은 편이라, 말하기 전에 다른 사람의 말에 주의를 기울이려고 노력합니다.

我的话比较多，所以努力让自己在说话前先去倾听别人的话。

Wǒ de huà bǐjiào duō, suǒyǐ nǔlì ràng zìjǐ zài shuōhuà qián xiān qù qīngtīng biéren de huà.

거리낌 없이 말을 하는 편이라, 말하기 전 항상 한 번 더 생각하려고 노력합니다.

我这个人直言快语，所以努力让自己三思而后行。

Wǒ zhège rén zhíyánkuàiyǔ, suǒyǐ nǔlì ràng zìjǐ sānsī ér hòuxíng.

＊直言快语 zhíyánkuàiyǔ 직설적으로 말하다
三思而后行 sānsī ér hòuxíng 심사숙고한 후에 행동하다

책임감이 너무 강해, 혼자서 일을 다 떠맡아 버릴 때도 있습니다.

我的责任心很强，有时会把事情都揽在自己身上。

Wǒ de zérènxīn hěn qiáng, yǒushí huì bǎ shìqing dōu lǎn zài zìjǐ shēnshang.

신중한 편이라, 일 처리가 늦다는 이야기를 듣기도 합니다. 그래서 우선순위를 정해 일하고 있습니다.

我做事比较谨慎，有时别人说我办事速度慢，所以我会按照事情的轻重缓急做事。

Wǒ zuòshì bǐjiào jǐnshèn, yǒushí biéren shuō wǒ bànshì sùdù màn, suǒyǐ wǒ huì ànzhào shìqing de qīngzhòng-huǎnjí zuòshì.

＊轻重缓急 qīngzhòng-huǎnjí 일의 경중

고민이 많은 편이라, 일을 할 때 과감하게 결정을 내리려고 노력합니다.

我做事顾虑较多，所以做事时努力去果断地作出决定。

Wǒ zuòshì gùlǜ jiào duō, suǒyǐ zuòshì shí nǔlì qù guǒduàn de zuòchū juédìng.

＊果断 guǒduàn 주저하지 않다

스스로에게 매우 엄격한 편입니다. 융통성이 없어 보이기도 하지만, 일을 할 때는 그런 점이 꼭 필요하다고 생각합니다.

我对自己要求比较严格，看似不灵活，但我认为工作时这一点很必要。

Wǒ duì zìjǐ yāoqiú bǐjiào yángé, kàn sì bù línghuó, dàn wǒ rènwéi gōngzuò shí zhè yì diǎn hěn bìyào.

＊灵活 línghuó 융통성

포기하는 법을 잘 모릅니다. 다소 고집스럽게 행동할 때도 있지만, 그 덕분에 자격증을 많이 땄습니다.

我做事不轻易放弃，有时虽有些固执，但也因此取得了很多资格证。

Wǒ zuòshì bù qīngyì fàngqì, yǒushí suī yǒuxiē gùzhí, dàn yě yīncǐ qǔdéle hěn duō zīgézhèng.

＊固执 gùzhí 고집스럽다

취미 및 특기

친구와 캠핑을 가거나 하이킹을 합니다.

我跟朋友去野营或者徒步旅行。

Wǒ gēn péngyou qù yěyíng huòzhě túbù lǚxíng.

쉴 때는 조용하게 있는 것을 좋아해서 보통 혼자 등산을 갑니다.

闲暇时，我喜欢享受一个人的时间，所以一般自己去爬山。

Xiánxiá shí, wǒ xǐhuan xiǎngshòu yí ge rén de shíjiān, suǒyǐ yìbān zìjǐ qù pá shān.

실전회화

A 闲暇时间你一般做什么？
Xiánxiá shíjiān nǐ yìbān zuò shénme?
여가 시간에는 주로 뭘 하나요?

B 闲暇时，我喜欢享受一个人的时间，所以一般自己去爬山。
Xiánxiá shí, wǒ xǐhuan xiǎngshòu yí ge rén de shíjiān, suǒyǐ yìbān zìjǐ qù pá shān.
쉴 때는 조용하게 있는 것을 좋아해서 보통 혼자 등산을 갑니다.

체력 관리를 위해 여가 시간에는 주로 운동을 하는 편입니다. 요즘은 클라이밍을 배우고 있습니다.

为了增强体力，我平时坚持运动，最近在学习攀岩。

Wèile zēngqiáng tǐlì, wǒ píngshí jiānchí yùndòng, zuìjìn zài xuéxí pānyán.

Word tip 马拉松 mǎlāsōng 마라톤 | 瑜伽 yújiā 요가 | 普拉提 pǔlātí 필라테스 | 动感单车 dònggǎn dānchē 스피닝 | 巴西柔术 bāxī róushù 주짓수 | 拳击 quánjī 복싱

어려서부터 꾸준히 운동을 해 와서 체력에는 자신이 있습니다.

我从小一直坚持运动，在体力方面很有自信。

Wǒ cóngxiǎo yìzhí jiānchí yùndòng, zài tǐlì fāngmiàn hěn yǒu zìxìn.

컴퓨터 프로그래밍 부문에 지식이 있습니다.

我具有计算机程序设计的应用知识。

Wǒ jùyǒu jìsuànjī chéngxù shèjì de yìngyòng zhīshi.

꾸미는 것을 좋아해서 여가 시간에는 패션 잡지를 즐겨 봅니다. 그래서 패션 트렌드를 잘 아는 편입니다.

我对穿衣打扮很有兴趣，有时间的时候经常看时尚杂志，所以我对时尚流行比较了解。

Wǒ duì chuānyī dǎban hěn yǒu xìngqù, yǒu shíjiān de shíhou jīngcháng kàn shíshàng zázhì, suǒyǐ wǒ duì shíshàng liúxíng bǐjiào liǎojiě.

취미는 독서입니다. 주로 글로벌 경제 서적을 즐겨 읽고, 특히 한중 무역 정책에 관심이 많습니다.

我喜欢读书，主要看一些有关国际经济方面的书籍，其中我对韩中贸易政策最有兴趣。

Wǒ xǐhuan dúshū, zhǔyào kàn yìxiē yǒuguān guójì jīngjì fāngmiàn de shūjí, qízhōng wǒ duì Hán-Zhōng màoyì zhèngcè zuì yǒu xìngqù.

학업 및 경력

전공 및 학교 생활 소개

현재 토목공학과 4학년에 재학 중입니다.

我是土木工程系四年级的学生。
Wǒ shì tǔmù gōngchéng xì sì niánjí de xuésheng.

Word tip 化学工程系 huàxué gōngchéng xì 화학공학과 | 计算机工程系 jìsuànjī gōngchéng xì 컴퓨터공학과 | 经营学系 jīngyíngxué xì 경영학과 | 会计系 kuàijì xì 회계학과 | 国际经济贸易系 guójì jīngì màoyì xì 국제 경제 · 무역학과 | 新闻传播学系 xīnwén chuánbōxué xì 신문 · 방송학과 | 图书馆学系 túshūguǎnxué xì 문헌정보학과 | 中文系 Zhōngwén xì 중문과 | 英文系 Yīngwén xì 영문과 | 对外汉语系 duìwài Hànyǔ xì 대외한어과

기업경영과 정치외교를 복수전공했습니다.

我同时攻读企业管理和政治外交两个专业。
Wǒ tóngshí gōngdú qǐyè guǎnlǐ hé zhèngzhì wàijiāo liǎng ge zhuānyè.

*攻读 gōngdú 전공하다

주전공은 심리학이고, 컴퓨터공학을 부전공했습니다.

我主修心理学，辅修计算机工程。 *辅修(专业) fǔxiū (zhuānyè) 부전공
Wǒ zhǔxiū xīnlǐxué, fǔxiū jìsuànjī gōngchéng.

내년 봄 칭화대학교에서 MBA 학위를 취득할 예정입니다.

我将于明年春天在清华大学获得MBA学位。
Wǒ jiāng yú míngnián chūntiān zài Qīnghuá Dàxué huòdé MBA xuéwèi.

KAIST(한국과학기술원) 기계공학과를 졸업했습니다.

我毕业于韩国科学技术院机械工程系。
Wǒ bìyè yú Hánguó Kēxué Jìshùyuàn jīxiè gōngchéng xì.

총학생회 선거에 입후보해 봄으로써, 책임감을 배울 수 있었습니다.

通过参加学生会的竞选，培养了自己的责任感。
Tōngguò cānjiā xuéshēnghuì de jìngxuǎn, péiyǎngle zìjǐ de zérèngǎn.

*竞选 jìngxuǎn 선거에 입후보하다 培养 péiyǎng 키우다

모교의 국제 교류 프로그램에 참여했습니다.

我参加了我校的国际交流项目。
Wǒ cānjiāle wǒ xiào de guójì jiāoliú xiàngmù.

더 많은 인생 경험을 쌓고자 반년간 해외 봉사를 다녀왔습니다.

为了丰富自己的人生阅历，所以我去国外做了半年的志愿者。
Wèile fēngfù zìjǐ de rénshēng yuèlì, suǒyǐ wǒ qù guówài zuòle bàn nián de zhìyuànzhě.

*阅历 yuèlì 경험하다

대학교 입학 후 지금까지 봉사활동 동아리에서 활동하고 있습니다.
进入大学后，我一直参加志愿者社团的活动。
Jìnrù dàxué hòu, wǒ yìzhí cānjiā zhìyuànzhě shètuán de huódòng.

중국 취업을 위해 작년에 베이징에서 1년간 어학 연수를 했습니다.
为了在中国工作，去年我在北京进修学习了一年。
Wèile zài Zhōngguó gōngzuò, qùnián wǒ zài Běijīng jìnxiū xuéxíle yì nián.

중국 어학 연수를 마친 작년부터 지금까지, 봉사활동으로 중국어를 가르치고 있습니다.
在中国的学习结束后，从去年到现在，我一直在义务教汉语。
Zài Zhōngguó de xuéxí jiéshù hòu, cóng qùnián dào xiànzài, wǒ yìzhí zài yìwù jiāo Hànyǔ.

방학 때마다 해외 배낭여행을 다녔습니다.
每个假期我都背包去国外旅行。
Měi ge jiàqī wǒ dōu bēibāo qù guówài lǚxíng.

1년째 게스트하우스에서 아르바이트를 하면서 중국 친구들을 많이 사귀었습니다.
我在宾馆工作了一年，交到了很多中国朋友。
Wǒ zài bīnguǎn gōngzuòle yì nián, jiāodàole hěn duō Zhōngguó péngyou.

이러한 경험을 통해 언어 실력 향상은 물론, 다양한 문화를 경험할 수 있었습니다.
通过这些经历，不但提高了我的外语水平，而且接触到了多样的文化。
Tōngguò zhèxiē jīnglì, búdàn tígāole wǒ de wàiyǔ shuǐpíng, érqiě jiēchù dào le duōyàng de wénhuà.

직무 경험

한국전자에서 1년간 인턴을 했습니다.
我在韩国电子实习了1年。 *实习 shíxí 실습하다
Wǒ zài Hánguó Diànzǐ shíxíle yì nián.

첫 직장은 한국전자입니다.
我一毕业就进入韩国电子工作。
Wǒ yí bìyè jiù jìnrù Hánguó Diànzǐ gōngzuò.

我的第一份工作就是在韩国电子工作。
Wǒ de dì-yī fèn gōngzuò jiù shì zài Hánguó Diànzǐ gōngzuò.

한국전자에서 해외영업 업무를 담당했습니다.
我在韩国电子负责海外销售业务。
Wǒ zài Hánguó Diànzǐ fùzé hǎiwài xiāoshòu yèwù.

Word tip 娱乐公司 yúlè gōngsī 엔터테인먼트 – 宣传 xuānchuán 홍보 | 贸易公司 màoyì gōngsī 무역 회사 – 海运管理 hǎiyùn guǎnlǐ 해운 거래처 관리 | 货物代理公司 huòwù dàilǐ gōngsī 포워딩 회사 – 亚洲市场管理 Yàzhōu shìchǎng guǎnlǐ 아시아 시장 관리

여행사에서 여행 상품을 개발했는데, 저는 중국 상품 담당이었습니다.

我曾在旅行社负责开发中国的旅游路线。

Wǒ céng zài lǚxíngshè fùzé kāifā Zhōngguó de lǚyóu lùxiàn.

유통 분야에 5년째 종사하고 있습니다.

我在流通领域已经工作了5年了。 *领域 lǐngyù 분야

Wǒ zài liútōng lǐngyù yǐjīng gōngzuòle wǔ nián le.

Word tip 宣传 xuānchuán 홍보 | 贸易 màoyì 무역 | 市场销售 shìchǎng xiāoshòu 마케팅 | 出版 chūbǎn 출판 | 翻译 fānyì 통번역 | 汉语教学 Hànyǔ jiàoxué 중국어 교육 | 文化内容 wénhuà nèiróng 문화 컨텐츠 | 文化商品策划 wénhuà shāngpǐn cèhuà 문화 상품 기획

베이징과 서울 사무소 간 연락 업무를 담당했습니다.

我负责北京和首尔办公室之间的联系业务。

Wǒ fùzé Běijīng hé Shǒu'ěr bàngōngshì zhī jiān de liánxì yèwù.

해외 무역과 물류 관리 업무를 주로 담당했습니다.

我主要负责海外贸易及物流管理方面的业务。

Wǒ zhǔyào fùzé hǎiwài màoyì jí wùliú guǎnlǐ fāngmiàn de yèwù.

중국어와 프로그래밍이 가능하여, 중국어 홈페이지 개발 및 관리를 했습니다.

我会说汉语，也会电脑编程，所以我负责汉语网页开发及管理工作。

Wǒ huì shuō Hànyǔ, yě huì diànnǎo biānchéng, suǒyǐ wǒ fùzé Hànyǔ wǎngyè kāifā jí guǎnlǐ gōngzuò.

연구개발팀 팀장이었습니다.

我曾经担任过研发部经理一职。

Wǒ céngjīng dānrènguo yánfābù jīnglǐ yì zhí.

실전회화

A 您曾经担任过什么职务?

Nín céngjīng dānrènguo shénme zhíwù?

당신은 어떤 직책을 맡았었나요?

B 我曾经担任过研发部经理一职，在那个公司管理25位研究员及助理研究员。

Wǒ céngjīng dānrènguo yánfābù jīnglǐ yì zhí, zài nàge gōngsī guǎnlǐ èrshíwǔ wèi yánjiūyuán jí zhùlǐ yánjiūyuán.

연구개발팀 팀장으로, 연구원과 전임 연구원 스물다섯 명을 관리하였습니다.

업무의 우선순위를 생각해야 한다는 것을 배웠습니다.

我学会了要考虑事情的轻重缓急。

Wǒ xuéhuìle yào kǎolǜ shìqing de qīngzhòng-huǎnjí.

합리적으로 시간 관리하는 법을 배웠습니다.

我学会了合理地安排时间。

Wǒ xuéhuìle hélǐ de ānpái shíjiān.

기술 및 특이 사항

01-3.mp3

기술 및 능력

중국어를 원어민처럼 구사할 수 있습니다.

我能说一口地道的汉语。 *一口 yìkǒu 완전하다

Wǒ néng shuō yìkǒu dìdao de Hànyǔ.

중국어, 영어, 일어 3개 국어가 가능합니다.

我会说汉语、英语和日语三种语言。

Wǒ huì shuō Hànyǔ、Yīngyǔ hé Rìyǔ sān zhǒng yǔyán.

컴퓨터를 다루는 데 자신 있습니다.

我对自己的电脑技能很有自信。

Wǒ duì zìjǐ de diànnǎo jìnéng hěn yǒu zìxìn.

파워포인트와 HTML 프로그래밍을 마스터했습니다.

我熟练掌握Power Point和HTML程序设计。 *掌握 zhǎngwò 숙달하다

Wǒ shúliàn zhǎngwò Power Point hé HTML chéngxù shèjì.

워드, 엑셀, 파워포인트 모두 잘 다루지만, 웹 디자인을 가장 잘합니다.

Word, Excel, Power Point我使用得都很熟练，但最擅长的是网页设计。

Word, Excel, Power Point wǒ shǐyòng de dōu hěn shúliàn, dàn zuì shàncháng de shì wǎngyè shèjì.

시중에 출시된 컴퓨터 프로그램이라면 다 다룰 수 있고, 컴퓨터도 조립할 수 있습니다.

市场上所有的电脑程序我都能操作，并且能亲自组装电脑。

Shìchǎng shàng suǒyǒu de diànnǎo chéngxù wǒ dōu néng cāozuò, bìngqiě néng qīnzì zǔzhuāng diànnǎo.

*操作 cāozuò 조작하다 组装 zǔzhuāng 조립하다

실전회화

A 你能熟练地操作电脑程序吗?
Nǐ néng shúliàn de cāozuò diànnǎo chéngxù ma?
컴퓨터 프로그램을 능숙하게 다루나요?

B 市场上所有的电脑程序我都能操作，并且能亲自组装电脑。
Shìchǎng shàng suǒyǒu de diànnǎo chéngxù wǒ dōu néng cāozuò, bìngqiě néng qīnzì zǔzhuāng diànnǎo.
시중에 출시된 컴퓨터 프로그램이라면 다 다룰 수 있고, 컴퓨터도 조립할 수 있습니다.

컴퓨터 소프트웨어 다루는 데 능숙하고, 프로그래밍도 잘합니다.

我熟练地掌握电脑软件，并且擅长编程。

Wǒ shúliàn de zhǎngwò diànnǎo ruǎnjiàn, bìngqiě shàncháng biānchéng.

아이디어 공모전에서 1등을 한 적이 있습니다.

我在创意大赛上拿过头等奖。

Wǒ zài chuàngyì dàsài shàng náguo tóuděngjiǎng.

친화력과 언변이 좋아서, 영업 실적이 좋습니다.

我是个很有亲和力的人，口才也不错，所以销售业绩非常好。

Wǒ shì ge hěn yǒu qīnhélì de rén, kǒucái yě búcuò, suǒyǐ xiāoshòu yèjì fēicháng hǎo.

그러한 어려운 고비를 겪고 나서, 한 단계 성장할 수 있었습니다.

经历了那个难关之后，我变得更加成熟。

Jīnglìle nàge nánguān zhīhòu, wǒ biàn de gèngjiā chéngshú.

효과적으로 팀원들의 역할을 배분하며, 리더십을 발휘하였습니다.

我合理地将任务分配给其他员工，从而显示出我的组织能力。

Wǒ hélǐ de jiāng rènwù fēnpèi gěi qítā yuángōng, cóng'ér xiǎnshì chū wǒ de zǔzhī nénglì.

*从而 cóng'ér ~함으로써

실전회화

A 在过去的工作中，哪些方面能显示出你自己的组织领导能力?

Zài guòqù de gōngzuò zhōng, nǎxiē fāngmiàn néng xiǎnshì chū nǐ zìjǐ de zǔzhī lǐngdǎo nénglì?

이전 업무의 어떤 측면에서 리더의 자질을 발휘했습니까?

B 我合理地将任务分配给其他员工，我认为真正的领导就是能良好的将任务分配给别人的人。

Wǒ hélǐ de jiāng rènwù fēnpèi gěi qítā yuángōng, wǒ rènwéi zhēnzhèng de lǐngdǎo jiù shì néng liánghǎo de jiāng rènwù fēnpèi gěi biéren de rén.

효과적으로 팀원들의 역할을 배분하였습니다. 저는 진정한 리더란 업무 분장에 뛰어난 사람이라고 생각합니다.

제 협상 능력이 업무에서 중요한 역할을 하리라 확신합니다.

我相信我的协商能力能在工作中发挥重要的作用。

Wǒ xiāngxìn wǒ de xiéshāng nénglì néng zài gōngzuò zhōng fāhuī zhòngyào de zuòyòng.

제 외국어 능력이 업무에서 중요한 역할을 하리라 확신합니다.

我相信我的外语实力能在工作中发挥重要的作用。

Wǒ xiāngxìn wǒ de wàiyǔ shílì néng zài gōngzuò zhōng fāhuī zhòngyào de zuòyòng.

실전회화

A 你认为自己在哪方面比别人有优势?

Nǐ rènwéi zìjǐ zài nǎ fāngmiàn bǐ biéren yǒu yōushì?

다른 지원자보다 어떤 부분이 우수하다고 생각합니까?

B 我相信我的外语实力能在工作中发挥重要的作用，我不仅会说普通话，还会说广东话。

Wǒ xiāngxìn wǒ de wàiyǔ shílì néng zài gōngzuò zhōng fāhuī zhòngyào de zuòyòng, wǒ bùjǐn huì shuō pǔtōnghuà, hái huì shuō guǎngdōnghuà.

제 외국어 능력이 업무에서 중요한 역할을 하리라 확신합니다. 저는 표준 중국어는 물론 광둥어에도 능통합니다.

시간 관념이 투철하여, 마감 시간을 어긴 적이 한 번도 없습니다.

我做事一向遵守时间，从未超过规定期限。

Wǒ zuòshì yíxiàng zūnshǒu shíjiān, cóng wèi chāoguò guīdìng qīxiàn.

자격증

新HSK 6급, 260점입니다.

我取得了新HSK6级证书，分数是260分。 *证书 zhèngshū 증서

Wǒ qǔdéle xīn HSK liù jí zhèngshū, fēnshù shì èrbǎi liùshí fēn.

新HSK 6급, OPIc 중국어 IH, 토익 950점입니다.

我拿到了新HSK6级，OPIc汉语IH，托业成绩是950分。

Wǒ nádàole xīn HSK liù jí, OPIc Hànyǔ IH, tuōyè chéngjì shì jiǔbǎi wǔshí fēn.

중국어를 공부한 지 8개월 만에 新HSK 5급을 땄고, 6급을 준비하고 있습니다.

汉语学了八个月后就通过了新HSK5级，现在正在准备6级。

Hànyǔ xuéle bā ge yuè hòu jiù tōngguòle xīn HSK wǔ jí, xiànzài zhèngzài zhǔnbèi liù jí.

1년 만에 新HSK 6급을 취득했습니다.

我准备了一年的时间就拿到了新HSK6级证书。

Wǒ zhǔnbèile yì nián de shíjiān jiù nádàole xīn HSK liù jí zhèngshū.

중국어, 영어, 일본어 능력 시험에서 수준급 성적을 거두었습니다.

汉语、英语和日语的语言能力考试均取得了优秀的成绩。

Hànyǔ、Yīngyǔ hé Rìyǔ de yǔyán nénglì kǎoshì jūn qǔdéle yōuxiù de chéngjì.

ITT(통번역) 자격증이 있는데, 비즈니스에 유용하게 쓰이리라 생각합니다.

我具有ITT证书，这对商务业务非常有帮助。

Wǒ jùyǒu ITT zhèngshū, zhè duì shāngwù yèwù fēicháng yǒu bāngzhù.

MOS(Microsoft Office Specialist) 마스터 자격증을 취득했습니다.

我获得了MOS大师认证证书。

Wǒ huòdéle MOS dàshī rènzhèng zhèngshū.

Word tip 计算机应用能力一级 jìsuànjī yìngyòng nénglì yī jí 컴퓨터활용능력 1급 | 流通管理师一级 liútōng guǎnlǐshī yī jí 유통관리사 1급 | 贸易英语一级 màoyì Yīngyǔ yī jí 무역영어 1급

실전회화

A 你取得了很多语言方面的证书，有没有其他类型的证书?
Nǐ qǔdéle hěn duō yǔyán fāngmiàn de zhèngshū, yǒu méiyǒu qítā lèixíng de zhèngshū?
어학 관련 자격증이 많은데, 다른 종류의 자격증은 없습니까?

B 最近我获得了MOS大师认证证书。办公软件都使用得非常熟练。
Zuìjìn wǒ huòdéle MOS dàshī rènzhèng zhèngshū. Bàngōng ruǎnjiàn dōu shǐyòng de fēicháng shúliàn.
얼마 전에 MOS 마스터 자격증을 취득했습니다. 업무에 쓰이는 프로그램은 모두 능숙하게 다룰 수 있습니다.

웹디자인에 필요한 프로그램 자격증은 모두 소지하고 있습니다.

网页设计所需的办公软件证书我都有。

Wǎngyè shèjì suǒ xū de bàngōng ruǎnjiàn zhèngshū wǒ dōu yǒu.

컴퓨터 국가 공인 자격증이 여러 개 있습니다.

我有几个国家公认的电脑资格证。

Wǒ yǒu jǐ ge guójiā gōngrèn de diànnǎo zīgézhèng.

목표 · 포부

저는 인사팀에서 일하고 싶습니다.

我希望在人事部工作。

Wǒ xīwàng zài rénshìbù gōngzuò.

Word tip 销售部 xiāoshòubù 영업팀 | 海外营业部 hǎiwài yíngyèbù 해외마케팅팀 | 市场营销部 shìchǎng yíngxiāobù 마케팅팀 | 会计部 kuàijìbù 회계팀 | 财务部 cáiwùbù 재무팀/경리팀 | 宣传部 xuānchuánbù 홍보팀 | 总务部 zǒngwùbù 총무팀 | 设计部 shèjìbù 디자인팀/설계팀

실전회화

A 你想在这里从事哪方面的业务?
Nǐ xiǎng zài zhèlǐ cóngshì nǎ fāngmiàn de yèwù?
당사에서 맡고 싶은 업무는 무엇입니까?

B 我希望在人事部工作，我希望能在人事聘用、人员工作安排以及改善组织文化方面发挥我的能力。
Wǒ xīwàng zài rénshìbù gōngzuò, wǒ xīwàng néng zài rénshì pìnyòng、rényuán gōngzuò ānpái yǐjí gǎishàn zǔzhī wénhuà fāngmiàn fāhuī wǒ de nénglì.
저는 인사팀에서 일하고 싶습니다. 인재 채용, 인사 배정뿐만 아니라 조직 문화 개선 방면에서도 제 역량을 발휘해 보고 싶습니다.

영어를 유창하게 구사할 수 있도록 최선을 다해 공부하고 있습니다.

为了能说一口流利的英语，我正在尽全力学习。

Wèile néng shuō yìkǒu liúlì de Yīngyǔ, wǒ zhèngzài jìn quánlì xuéxí.

참신한 마케팅 캠페인을 하고 싶습니다.

我非常想做一个全新的市场促销活动。

Wǒ fēicháng xiǎng zuò yí ge quánxīn de shìchǎng cùxiāo huódòng.

고객이 만족하는 서비스 프로그램을 기획하고 싶습니다.

我希望策划出客户满意的服务项目。

Wǒ xīwàng cèhuà chū kèhù mǎnyì de fúwù xiàngmù.

*策划 cèhuà 기획하다

영업 전문가가 되고 싶습니다.

我想成为销售专家。

Wǒ xiǎng chéngwéi xiāoshòu zhuānjiā.

온라인 마케팅 분야 전문가가 되고 싶습니다.

我想成为网络销售领域的专家。

Wǒ xiǎng chéngwéi wǎngluò xiāoshòu lǐngyù de zhuānjiā.

더 좋은 제품을 만드는 능력 있는 개발자가 되고 싶습니다.

我希望自己能有能力开发出更好的产品。

Wǒ xīwàng zìjǐ néng yǒu nénglì kāifā chū gèng hǎo de chǎnpǐn.

제 장기적인 목표는 중국어를 유창하게 구사하는 것입니다.

我的长期目标是说一口流利的汉语。

Wǒ de chángqī mùbiāo shì shuō yìkǒu liúlì de Hànyǔ.

제 장기적인 목표는 되도록 많은 경험을 쌓는 것입니다.

我的长远目标是尽可能积累更多的经验。

Wǒ de chángyuǎn mùbiāo shì jǐn kěnéng jīlěi gèng duō de jīngyàn.

실전회화

A 你的长远目标是什么?
Nǐ de chángyuǎn mùbiāo shì shénme?
장기적인 목표는 무엇입니까?

B 我的长远目标是尽可能积累更多的经验，然后想担任组织管理方面的工作。
Wǒ de chángyuǎn mùbiāo shì jǐn kěnéng jīlěi gèng duō de jīngyàn, ránhòu xiǎng dānrèn zǔzhī guǎnlǐ fāngmiàn de gōngzuò.
제 장기적인 목표는 되도록 많은 경험을 쌓아서, 조직의 리더 역할을 맡는 것입니다.

마케팅 프로젝트를 수행하는 데 적임자라고 생각합니다.

我认为我是完成市场销售项目的最合适的人选。

Wǒ rènwéi wǒ shì wánchéng shìchǎng xiāoshòu xiàngmù de zuì héshì de rénxuǎn.

부끄럽지 않은 팀장이 되도록 노력하겠습니다.

我会努力成为一名问心无愧的经理。

Wǒ huì nǔlì chéngwéi yì míng wènxīn-wúkuì de jīnglǐ.

*问心无愧 wènxīn-wúkuì 양심에 거리낌이 없다

동료들과 서로 격려하며 성장해 나가고 싶습니다.

我想与同事互勉共进。

Wǒ xiǎng yǔ tóngshì hùmiǎn gòng jìn.

*互勉 hùmiǎn 서로 격려하다

생활신조 및 가치관

제 좌우명은 'No pain, no gain'입니다.

我的座右铭是"一分耕耘，一分收获"。

Wǒ de zuòyòumíng shì "yì fēn gēngyún, yì fēn shōuhuò".

*座右铭 zuòyòumíng 좌우명 耕耘 gēngyún 부지런히 일하다

좌절 속에서도 '이것을 발판으로 성장하자'라고 생각합니다.

受到挫折时，我总会想"失败是成功之母"。

Shòudào cuòzhé shí, wǒ zǒng huì xiǎng "shībài shì chénggōng zhī mǔ".

*挫折 cuòzhé 좌절하다 失败是成功之母 shībài shì chénggōng zhī mǔ 실패는 성공의 어머니

제 인생 철학은 삶을 마음껏 누리는 것입니다.

我的人生观是尽情享受人生。

Wǒ de rénshēngguān shì jìnqíng xiǎngshòu rénshēng.

제 우상이자 롤 모델은 빌 게이츠입니다.

比尔·盖茨是我的偶像和榜样。 *榜样 bǎngyàng 본보기

Bǐ'ěr Gàicí shì wǒ de ǒuxiàng hé bǎngyàng.

제게 일이란, 자아실현의 수단입니다.

对我来说，工作就是实现自我价值的手段。

Duì wǒ lái shuō, gōngzuò jiù shì shíxiàn zìwǒ jiàzhí de shǒuduàn.

어떤 일이든 중도에 포기하지 않습니다.

不管做什么，我都不会半途而废。 *半途而废 bàntú'érfèi 중도에 포기하다

Bùguǎn zuò shénme, wǒ dōu bú huì bàntú'érfèi.

업무에서 서로 도우며 맡은 바 역할을 다하는 게 무엇보다 중요하다고 생각합니다.

我认为工作时最重要的是互助，并且要恪守其职。

Wǒ rènwéi gōngzuò shí zuì zhòngyào de shì hùzhù, bìngqiě yào kèshǒu qí zhí.

*恪守 kèshǒu 충실히 지키다

좋은 회사를 세우는 데는 팀워크가 필수라고 봅니다.

我认为要想建设一个好公司，需要具备团队合作意识。

Wǒ rènwéi yào xiǎng jiànshè yí ge hǎo gōngsī, xūyào jùbèi tuánduì hézuò yìshí.

실전회화

A 你认为要想经营好一个公司，最重要的是什么?
Nǐ rènwéi yào xiǎng jīngyíng hǎo yí ge gōngsī, zuì zhòngyào de shì shénme?
회사를 잘 경영하는 데 가장 중요한 점은 무엇이라고 생각하십니까?

B **我认为要想建设一个好公司，需要具备团队合作意识。贵公司就是因为具有优秀的团队，才会取得如此大的成功。**
Wǒ rènwéi yào xiǎng jiànshè yí ge hǎo gōngsī, xūyào jùbèi tuánduì hézuò yìshi. Guì gōngsī jiù shì yīnwèi jùyǒu yōuxiù de tuánduì, cái huì qǔdé rúcǐ dà de chénggōng.
저는 좋은 회사를 세우는 데는 팀워크가 필수라고 봅니다. 그런 점에서 귀사는 훌륭한 인적 자원을 갖춘 덕분에 오늘날 성공을 거둘 수 있었다고 생각합니다.

기타 의견 및 질문

01-4.mp3

면접 예상 질문

자기소개 부탁합니다.

请做一下自我介绍。

Qǐng zuò yíxià zìwǒ jièshào.

1분 동안 자기 PR을 해 보십시오.

请用一分钟做一下自我介绍。

Qǐng yòng yì fēnzhōng zuò yíxià zìwǒ jièshào.

당신 성격은 어떻습니까?

你的性格如何?

Nǐ de xìnggé rúhé?

성격의 장점과 단점을 말해 보십시오.

请说一下你性格的优点和缺点。

Qǐng shuō yíxià nǐ xìnggé de yōudiǎn hé quēdiǎn.

请谈谈你的优点和缺点。

Qǐng tántan nǐ de yōudiǎn hé quēdiǎn.

어느 방면에서 다른 사람보다 능력이 뛰어납니까?

你在哪些方面才能出众?

Nǐ zài nǎxiē fāngmiàn cái néng chūzhòng?

당사에 대해 얼마나 알고 있습니까?

你对我们公司了解多少?

Nǐ duì wǒmen gōngsī liǎojiě duōshao?

당사에 지원한 이유를 말해 보십시오.

请介绍一下你应聘我公司的理由。

Qǐng jièshào yíxià nǐ yìngpìn wǒ gōngsī de lǐyóu.

이 업무를 희망하는 이유를 말해 보십시오.

请说一下你想从事这个业务的理由。

Qǐng shuō yíxià nǐ xiǎng cóngshì zhège yèwù de lǐyóu.

이 일이 구체적으로 어떤 업무를 하는 것이라고 생각합니까?

你认为这个工作具体负责什么业务?

Nǐ rènwéi zhège gōngzuò jùtǐ fùzé shénme yèwù?

일이 적성에 맞지 않는다면, 어떻게 하겠습니까?

如果工作不适合自己，你会怎么办?
Rúguǒ gōngzuò bú shìhé zìjǐ, nǐ huì zěnme bàn?

상사와 의견이 맞지 않는다면, 어떻게 하겠습니까?

如果自己与上司的意见不一致，你会怎么办?
Rúguǒ zìjǐ yǔ shàngsī de yìjiàn bù yízhì, nǐ huì zěnme bàn?

대학 생활은 어땠습니까?

你的大学生活怎么样?
Nǐ de dàxué shēnghuó zěnmeyàng?

인간관계는 어떻습니까?

你的人际关系如何?
Nǐ de rénjì guānxi rúhé?

동아리 활동을 한 경험이 있습니까?

你参加过社团活动吗?
Nǐ cānjiāguo shètuán huódòng ma?

*社团 shètuán 동아리

아르바이트를 한 경험이 있습니까?

你有过打工的经验吗?
Nǐ yǒuguo dǎgōng de jīngyàn ma?

인턴을 한 경험이 있습니까?

你去公司实习过吗?
Nǐ qù gōngsī shíxíguo ma?

요즘 관심사는 무엇입니까?

最近你比较关心的话题是什么?
Zuìjìn nǐ bǐjiào guānxīn de huàtí shì shénme?

몇 군데 기업에 지원했습니까?

你应聘了几家公司?
Nǐ yìngpìnle jǐ jiā gōngsī?

당사 외에 어느 곳에 지원했습니까?

除了我们公司，你还应聘了哪家公司?
Chúle wǒmen gōngsī, nǐ hái yìngpìnle nǎ jiā gōngsī?

현재 근무하는 회사는 언제까지 출근해야 합니까?

你在现在的公司要工作到什么时候?
Nǐ zài xiànzài de gōngsī yào gōngzuò dào shénme shíhou?

회사에 관한 의견

귀사의 최근 북미 프로젝트는 동종 업계에서 압도적 우위를 점하고 있습니다.

近来贵公司的北美项目在业界上胜人一筹。

Jìnlái guì gōngsī de Běiměi xiàngmù zài yèjiè shàng shèngrényìchóu.

*胜人一筹 shèngrényìchóu 우위를 점하다

귀사의 검색 소프트웨어는 독보적입니다.

贵公司的检索软件是独一无二的。 *独一无二 dúyī-wú'èr 견줄 데가 없다

Guì gōngsī de jiǎnsuǒ ruǎnjiàn shì dúyī-wú'èr de.

귀사의 패션 및 디자인 제품은 개성적입니다.

贵公司的时尚及设计产品是独一无二的。

Guì gōngsī de shíshàng jí shèjì chǎnpǐn shì dúyī-wú'èr de.

귀사의 제품 디자인은 매우 독특합니다.

贵公司的产品设计非常独特。

Guì gōngsī de chǎnpǐn shèjì fēicháng dútè.

귀사의 광고는 매우 인상 깊었습니다.

贵公司的广告给人的印象深刻。 *深刻 shēnkè 인상이 깊다

Guì gōngsī de guǎnggào gěi rén de yìnxiàng shēnkè.

귀사는 패션 산업 분야의 선두 기업입니다.

贵公司是时尚产业领域的龙头企业。 *龙头 lóngtóu 선도자, 리더

Guì gōngsī shì shíshàng chǎnyè lǐngyù de lóngtóu qǐyè.

실전회화

A 您对我们公司有何了解?
Nín duì wǒmen gōngsī yǒu hé liǎojiě?
당사에 대해 얼마나 알고 계신가요?

B 贵公司是时尚产业领域的龙头企业。
Guì gōngsī shì shíshàng chǎnyè lǐngyù de lóngtóu qǐyè.
귀사는 패션 산업 분야의 선두 기업입니다.

귀사의 가전제품은 국내 점유율 1위입니다.

贵公司的家电产品在国内的占有率居第一位。

Guì gōngsī de jiādiàn chǎnpǐn zài guónèi de zhànyǒulǜ jū dì-yī wèi.

귀사의 제품은 최근 젊은층에서 인기가 매우 좋습니다.

贵公司的产品最近在年轻人中非常受欢迎。

Guì gōngsī de chǎnpǐn zuìjìn zài niánqīngrén zhōng fēicháng shòu huānyíng.

귀사는 세계적으로 이름을 떨치리라 생각합니다.

我认为贵公司将闻名于世。

Wǒ rènwéi guì gōngsī jiāng wénmíng yú shì.

귀사는 성공적으로 한국에 진출하리라 생각합니다.

我认为贵公司一定能成功进军韩国。

Wǒ rènwéi guì gōngsī yídìng néng chénggōng jìnjūn Hánguó.

줄곧 귀사의 제품을 사용하고 있는데요. 고객 서비스에 개선해야 할 점이 있습니다.

我一直使用贵公司的产品，我认为在用户服务方面有一些可改善的部分。

Wǒ yìzhí shǐyòng guì gōngsī de chǎnpǐn, wǒ rènwéi zài yònghù fúwù fāngmiàn yǒu yìxiē kě gǎishàn de bùfen.

이 회사의 경영 방식을 진심으로 존중합니다.

我非常尊重这个公司的运营方式。

Wǒ fēicháng zūnzhòng zhège gōngsī de yùnyíng fāngshì.

귀사의 기업 이념에 매우 공감합니다.

我对贵公司的企业理念颇有同感。 *颇有 pōyǒu 상당히 많다

Wǒ duì guì gōngsī de qǐyè lǐniàn pōyǒu tónggǎn.

'절대로 포기하지 말라'라는 귀사의 기업 이념은 제 삶의 철학과 일치합니다.

贵公司的企业理念是"绝不放弃"，这也是我的人生哲学。

Guì gōngsī de qǐyè lǐniàn shì "jué bú fàngqì", zhè yě shì wǒ de rénshēng zhéxué.

직원에게 동기부여를 해 주는 방법에 관한 야오 회장님의 의견을 존경합니다.

对于提高员工的工作积极性这一点，我很佩服姚总。

Duìyú tígāo yuángōng de gōngzuò jījíxìng zhè yì diǎn, wǒ hěn pèifú Yáo zǒng.

*佩服 pèifú 존경하다

직원을 가족처럼 생각한다는 대표님의 인터뷰를 읽은 적이 있습니다.

我曾经看到过总经理的专访，他把公司员工视为自己的家人。

Wǒ céngjīng kàndàoguo zǒngjīnglǐ de zhuānfǎng, tā bǎ gōngsī yuángōng shìwéi zìjǐ de jiārén.

*专访 zhuānfǎng 인터뷰, 특집 보도

예상 연봉

연봉은 회사 내규에 따르겠습니다.

年薪将按照公司规定发放。 *发放 fāfàng 돈을 내보내다

Niánxīn jiāng ànzhào gōngsī guīdìng fāfàng.

입사한다면, 연봉을 3천 5백만 원 정도는 받고 싶습니다.

如果能进入公司，我希望能至少得到3500万韩币的年薪。

Rúguǒ néng jìnrù gōngsī, wǒ xīwàng néng zhìshǎo dédào sānqiān wǔbǎi wàn hánbì de niánxīn.

연봉은 3천 5백만 원 정도였습니다.

我的年薪在3500万左右。
Wǒ de niánxīn zài sānqiān wǔbǎi wàn zuǒyòu.

실전회화

A 您以前的年薪是多少?
Nín yǐqián de niánxīn shì duōshao?
이전 회사에서 연봉은 얼마였습니까?

B **我的年薪在3500万左右，我希望可以得到类似的待遇。**
Wǒ de niánxīn zài sānqiān wǔbǎi wàn zuǒyòu, wǒ xīwàng kěyǐ dédào lèisì de dàiyù.
연봉은 3천 5백만 원 정도였습니다. 비슷한 수준에서 받았으면 합니다.

* 类似 lèsì 비슷하다

월 3백만 원 정도 받았습니다.

我的月薪在300万韩币左右。
Wǒ de yuèxīn zài sānbǎi wàn Hánbì zuǒyòu.

저와 나이와 경력이 비슷한 사원은 연봉이 어느 정도입니까?

与我的年纪、工作经历相似的员工年薪大概有多少?
Yǔ wǒ de niánjì、gōngzuò jīnglì xiāngsì de yuángōng, niánxīn dàgài yǒu duōshao?

현재 제 생활을 고려하면, 연봉을 4천만 원은 받았으면 합니다.

考虑到我现在的生活情况，我希望年薪4000万。
Kǎolǜ dào wǒ xiànzài de shēnghuó qíngkuàng, wǒ xīwàng niánxīn sìqiān wàn.

제 경력을 고려하면, 연봉을 3천에서 3천 5백은 받을 만하다고 생각합니다.

考虑到我的工作经历，我希望我的薪金可以拿到3000到3500之间。
Kǎolǜ dào wǒ de gōngzuò jīnglì, wǒ xīwàng wǒ de xīnjīn kěyǐ nádào sānqiān dào sānqiān wǔbǎi zhī jiān.

이번에 대학원을 졸업하니, 경력으로 인정해 연봉을 인상해 주셨으면 합니다.

我这次硕士(博士)毕业，希望这个学历能被认可为工作经历，并得到加薪。
Wǒ zhè cì shuòshì(bóshì) bìyè, xīwàng zhège xuélì néng bèi rènkě wéi gōngzuò jīnglì, bìng dédào jiā xīn.

전과 같은 금액이나 그 이상을 받고 싶습니다.

我想拿到与以前相同或更高的薪水。
Wǒ xiǎng nádào yǔ yǐqián xiāngtóng huò gèng gāo de xīnshuǐ.

면접에서 제 능력을 평가하신 후 결정해 주십시오.

请通过面试，考查我的能力后作出决定。
Qǐng tōngguò miànshì, kǎochá wǒ de nénglì hòu zuòchū juédìng.

연봉은 달러로 받고 싶습니다.

年薪我希望拿到美金。

Niánxīn wǒ xīwàng nádào měijīn.

현재 저에게는 돈이 아니라 일이 최우선입니다.

现在对我来说最重要的不是钱，而是工作。

Xiànzài duì wǒ lái shuō zuì zhòngyào de bú shì qián, ér shì gōngzuò.

Word tip 成就感 chéngjiùgǎn 성취감 | 经历 jīnglì 경력

실전회화

A 从事这份工作，您期望得到什么样的薪金?
Cóngshì zhè fèn gōngzuò, nín qīwàng dédào shémeyàng de xīnjīn?
이 일을 하게 되면, 급여는 어느 정도 받기를 원하십니까?

B 我希望我的薪金可以在4000万左右。但现在对我来说最重要的不是钱，而是工作。
Wǒ xīwàng wǒ de xīnjīn kěyǐ zài sìqiān wàn zuǒyòu. Dàn xiànzài duì wǒ lái shuō zuì zhòngyào de bú shì qián, ér shì gōngzuò.
연봉은 4천만 원 정도 받았으면 좋겠습니다. 하지만, 현재 저에게는 돈이 아니라 일이 최우선입니다.

연봉이 어느 정도 선일지 입사 전에 알려 주시면 고맙겠습니다.

如果能在我进入公司前提前告诉我年薪的多少，我将会万分感谢。

Rúguǒ néng zài wǒ jìnrù gōngsī qián tíqián gàosu wǒ niánxīn de duōshao, wǒ jiāng huì wànfēn gǎnxiè.

지원 상황

컨설팅 회사 몇 곳에 지원했습니다.

我向几家咨询公司投了简历。

Wǒ xiàng jǐ jiā zīxún gōngsī tóule jiǎnlì.

회사 세 곳에 더 지원했고, 면접은 이번이 처음입니다.

我还应聘了三家公司，面试这是第一次。

Wǒ hái yìngpìnle sān jiā gōngsī, miànshì zhè shì dì-yī cì.

A 您参加过其他公司的面试吗?
Nín cānjiāguo qítā gōngsī de miànshì ma?
다른 회사 면접을 본 적이 있습니까?

B 我向其他几家IT公司投了简历，不过面试这是第一次。
Wǒ xiàng qítā jǐ jiā IT gōngsī tóule jiǎnlì, búguò miànshì zhè shì dì-yī cì.
다른 IT회사 몇 곳에 지원했지만, 면접은 이번이 처음입니다.

회사 세 곳에 더 지원했지만, 귀사에 가장 오고 싶습니다.

我还应聘了三家公司，不过我最向往的公司是贵公司。

Wǒ hái yìngpìnle sān jiā gōngsī, búguò wǒ zuì xiàngwǎng de gōngsī shì guì gōngsī.

*向往 xiàngwǎng 간절히 바라다

이번 겨울방학이 끝나면 바로 근무할 수 있습니다.

我这个寒假结束后就开始工作。
Wo zhège hánjià jiéshù hòu jiù kāishǐ gōngzuò.

이번 달 말까지 근무합니다.

要工作到这个月底。
Yào gōngzuò dào zhège yuèdǐ.

이미 사직서를 제출했으므로, 퇴사일은 조정할 수 있습니다.

我已经递交了辞呈，具体日期可以调整。 *辞呈 cíchéng 사직서
Wǒ yǐjīng dìjiāole cíchéng, jùtǐ rìqī kěyǐ tiáozhěng.

지원 동기 및 부연 설명

자선 사업에 관심이 많습니다.

我很关心慈善事业。 *慈善 císhàn 자선(을 베풀다)
Wǒ hěn guānxīn císhàn shìyè.

해외 무역에 관심이 많습니다.

我对海外贸易很有兴趣。
Wǒ duì hǎiwài màoyì hěn yǒu xìngqù.

실전회화

A 请说一下您所关心的领域。
Qǐng shuō yíxià nín suǒ guānxīn de lǐngyù.
관심 분야가 무엇인지 말씀해 보십시오.

B 我对海外贸易很有兴趣。
Wǒ duì hǎiwài màoyì hěn yǒu xìngqù.
해외 무역에 관심이 많습니다.

사람들과 이야기하는 것을 좋아해서 의사소통이 중요한 영업직에 지원합니다.

我喜欢和别人交流，而销售这一工作需要具有与他人良好的沟通能力，因此我应聘销售一职。
Wǒ xǐhuan hé biéren jiāoliú, ér xiāoshòu zhè yì gōngzuò xūyào jùyǒu yǔ tārén liánghǎo de gōutōng nénglì, yīncǐ wǒ yìngpìn xiāoshòu yì zhí.

비전 있는 기업이라 생각하기 때문에 귀사에 지원합니다.

我认为贵公司具有非常美好的前景，因此我前来应聘。
Wǒ rènwéi guì gōngsī jùyǒu fēicháng měihǎo de qiánjǐng, yīncǐ wǒ qiánlái yìngpìn.

국내 최고의 회사에서 자부심을 갖고 일하고 싶어 귀사에 지원합니다.

贵公司是国内最顶尖的公司，如果能工作于此，我会感到非常自豪，因此我来参加应聘。
Guì gōngsī shì guónèi zuì dǐngjiān de gōngsī, rúguǒ néng gōngzuò yú cǐ, wǒ huì gǎndào fēicháng zìháo, yīncǐ wǒ lái cānjiā yìngpìn.

이 회사에서 커리어를 시작하고 싶습니다.

我希望在这家公司开始我的事业。
Wǒ xīwàng zài zhè jiā gōngsī kāishǐ wǒ de shìyè.

귀사에서 한국 진출을 염두에 두고 있다고 들었습니다.

我听说贵公司要进军韩国。
Wǒ tīngshuō guì gōngsī yào jìnjūn Hánguó.

환경 문제에 관련한 귀사의 사회 공헌이 가장 마음에 들었습니다.

贵公司在环境保护方面作出了很大的社会贡献，这一点我非常看重。
Guì gōngsī zài huánjìng bǎohù fāngmiàn zuòchūle hěn dà de shèhuì gòngxiàn, zhè yì diǎn wǒ fēicháng kànzhòng.

젊고 트렌디한 사내 분위기가 가장 마음에 들었습니다.

我最满意贵公司那种朝气蓬勃的氛围。
Wǒ zuì mǎnyì guì gōngsī nà zhǒng zhāoqìpéngbó de fēnwéi.

*朝气蓬勃 zhāoqìpéngbó 생기발랄하다

수직적이 아닌 수평적인 조직 문화에 놀랐습니다.

贵公司不是上下级体系，而是更民主、更平等，这让我很吃惊。
Guì gōngsī bú shì shàngxià jí tǐxì, ér shì gèng mínzhǔ、gèng píngděng, zhè ràng wǒ hěn chījīng.

직원이 만족하는 회사라는 점이 매우 인상적이었습니다.

员工对公司都很满意，这一点给我留下了很深刻的印象。
Yuángōng duì gōngsī dōu hěn mǎnyì, zhè yì diǎn gěi wǒ liúxiàle hěn shēnkè de yìnxiàng.

오래 일할 수 있는 회사를 찾으려고 이직을 결심했습니다.

我想在能工作更长久的公司工作，于是决定跳槽。
Wǒ xiǎng zài néng gōngzuò gèng chángjiǔ de gōngsī gōngzuò, yúshì juédìng tiàocáo.

*跳槽 tiàocáo 이직하다

컨설팅 분야에서 일하고 싶어 이직하려고 합니다.

因为我想从事咨询方面的工作，所以我想跳槽。
Yīnwèi wǒ xiǎng cóngshì zīxún fāngmiàn de gōngzuò, suǒyǐ wǒ xiǎng tiàocáo.

이직을 여러 번 한 이유는 경험을 많이 쌓고 제 가치를 높이기 위해서였습니다.

换工作的次数比较多是为了积累更多的工作经验，并提升自身价值。
Huàn gōngzuò de cìshù bǐjiào duō shì wèile jīlěi gèng duō de gōngzuò jīngyàn, bìng tíshēng zìshēn jiàzhí.

이직을 몇 차례 했지만, 이제는 한 회사에서 오래 근무하고 싶습니다.

虽然以前换过几次工作，但今后我希望能在一个公司长久地工作下去。

Suīrán yǐqián huànguo jǐ cì gōngzuò, dàn jīnhòu wǒ xīwàng néng zài yí ge gōngsī chángjiǔ de gōngzuò xiàqù.

이 업무를 해내려면 제품을 제대로 이해하는 것이 무엇보다 중요하다고 봅니다.

我认为，要想完成这个工作任务，准确地了解产品是最重要的。

Wǒ rènwéi, yào xiǎng wánchéng zhège gōngzuò rènwù, zhǔnquè de liǎojiě chǎnpǐn shì zuì zhòngyào de.

이 업무에서는 커뮤니케이션 능력이 무엇보다 중요하다고 봅니다.

我认为，在这个工作中，沟通能力是最重要的。

Wǒ rènwéi, zài zhège gōngzuò zhōng, gōutōng nénglì shì zuì zhòngyào de.

Word tip 合作能力 hézuò nénglì 파트너십 | 外语能力 wàiyǔ nénglì 외국어 능력 | 电脑运用能力 diànnǎo yùnyòng nénglì 컴퓨터 활용 능력 | 体力 tǐlì 체력 | 耐心 nàixīn 인내 | 意志力 yìzhìlì 의지

현지화란 해당 국가의 문화를 존중하는 것입니다.

本地化简单的定义就是尊重那个国家的文化。

Běndìhuà jiǎndān de dìngyì jiù shì zūnzhòng nàge guójiā de wénhuà.

세계화에 현지화는 떼려야 뗄 수 없다고 말씀드리고 싶습니다.

我想说的是国际化离不开本地化。

Wǒ xiǎng shuō de shì guójìhuà lí bu kāi běndìhuà.

조금 더 자세하게 말씀드리자면, 리더십이란 타인이 자신을 믿고 따르게 만드는 능력이라고 생각합니다.

更具体地说，我认为领导能力就是能赢得他人的信任，并使他人跟随自己的能力。

Gèng jùtǐ de shuō, wǒ rènwéi lǐngdǎo nénglì jiù shì néng yíngdé tārén de xìnrèn, bìng shǐ tārén gēnsuí zìjǐ de nénglì.

주어진 일뿐만 아니라 자발적으로 일을 찾아서 하겠습니다.

我不仅会做好自己该做的工作，而且会主动去要求工作。

Wǒ bùjǐn huì zuòhǎo zìjǐ gāi zuò de gōngzuò, érqiě huì zhǔdòng qù yāoqiú gōngzuò.

결혼 후에도 계속해서 일을 할 예정입니다.

结婚后我也会继续工作。

Jiéhūn hòu wǒ yě huì jìxù gōngzuò.

회사 근처로 이사할 예정입니다.

我要搬到公司附近。

Wǒ yào bāndào gōngsī fùjìn.

필요하다면 시간 외 근무를 할 수 있습니다.

如果需要，我可以加班。
Rúguǒ xūyào, wǒ kěyǐ jiābān.

실전회화

A 这个职位业务会比较繁忙，除了工作时间外，可能还需要加班，对此你有什么看法?
Zhège zhíwèi yèwù huì bǐjiào fánmáng, chúle gōngzuò shíjiān wài, kěnéng hái xūyào jiābān, duì cǐ nǐ yǒu shénme kànfǎ?
이 자리는 시간 외 근무를 해야 할지도 모르는 매우 바쁜 직책입니다. 이에 대해 어떻게 생각하십니까?

B 我认为不管什么时候，只要是公司需要，为了更好地完成工作，我可以加班。
Wǒ rènwéi búguǎn shénme shíhou, zhǐyào shì gōngsī xūyào, wèile gèng hǎo de wánchéng gōngzuò, wǒ kěyǐ jiābān.
언제든지 회사가 원한다면, 업무의 완성도를 위해 시간 외 근무를 할 수 있습니다.

끝인사

이것으로 면접을 끝내겠습니다.

今天的面试就到这里吧。
Jīntiān de miànshì jiù dào zhèlǐ ba.

오늘 수고 많으셨습니다.

今天辛苦了。
Jīntiān xīnkǔ le.

이만 돌아가셔도 좋습니다.

可以离开了。
Kěyǐ líkāi le.

면접 결과는 개별적으로 연락드리겠습니다.

面试结果将另行通知。
Miànshì jiéguǒ jiāng lìngxíng tōngzhī.

바쁘신 와중에 시간 내 주셔서 고맙습니다.

感谢您在百忙之中抽出时间。
Gǎnxiè nín zài bǎimáng zhī zhōng chōuchu shíjiān.

꼭 다시 뵙고 싶습니다, 고맙습니다.

希望能再次相会，谢谢。
Xīwàng néng zàicì xiānghuì, xièxie.

PART 2 사무 업무

비즈니스 중국어의 8할은 일상 회화

'비즈니스 중국어'라고 하면 기존에 알던 중국어 회화보다 훨씬 어렵고, 전혀 다른 내용이라고 생각하는 사람도 많은데요. 실제 사무실에서나 업무 중에 많이 사용하고, 꼭 알아두어야 하는 표현은 비즈니스 표현보다 일상 회화에 가깝습니다.

PART 2에서는 이미 알고 있는 단어나 표현도 많이 등장하니 '비즈니스 중국어'라는 부담을 갖지 말고, 여러 번 듣고 따라해 보세요. 업무 관련 대화를 나눌 때, 동료와 가벼운 대화를 나눌 때 등 필요한 상황에서 적절한 표현을 우리말처럼 자연스럽게 말할 수 있습니다.

회사 생활

02-1.mp3

출근 인사 및 가벼운 대화

좋은 아침이에요!

早上好!
Zǎoshang hǎo!

早!
Zǎo!

주말 잘 보냈어요?

周末过得好吗?
Zhōumò guò de hǎo ma?

周末过得愉快吗?
Zhōumò guò de yúkuài ma?

오늘 기분이 좋아 보이네요.

今天你看起来心情很好。
Jīntiān nǐ kàn qǐlái xīnqíng hěn hǎo.

今天你看起来很高兴。
Jīntiān nǐ kàn qǐlái hěn gāoxìng.

오늘 무슨 좋은 일이라도 있어요?

今天有什么高兴的事吗?
Jīntiān yǒu shénme gāoxìng de shì ma?

무슨 일 있어요?

有什么事吗?
Yǒu shénme shì ma?

你怎么了?
Nǐ zěnme le?

A **你有什么事吗?**
Nǐ yǒu shénme shì ma?
무슨 일 있어요?

B **没有，就是有点儿累。**
Méiyǒu, jiù shì yǒudiǎnr lèi.
아니에요. 그냥 좀 피곤해서 그래요.

기운이 없어 보이네요.

你看起来精神不太好。
Nǐ kàn qǐlái jīngshen bú tài hǎo.

안색이 안 좋네요.

你脸色不太好。
Nǐ liǎnsè bú tài hǎo.

많이 피곤해요?

你很累吗?
Nǐ hěn lèi ma?

어제 과음을 했어요.

我昨天喝多了。
Wǒ zuótiān hē duō le.

오늘은 황사가 정말 심하네요!

今天的沙尘真厉害! *沙尘 shāchén 황사, 모래 먼지
Jīntiān de shāchén zhēn lìhai!

미세 먼지가 심해서 아무것도 안 보여요.

雾霾很严重，什么都看不到。 *雾霾 wùmái 미세 먼지, 스모그
Wùmái hěn yánzhòng, shénme dōu kàn bu dào.

요즘 바람이 엄청 심하게 부네요.

最近风刮得真大。
Zuìjìn fēng guā de zhēn dà.

아침부터 푹푹 찌네요.

从早上就这么闷热。 *闷热 mēnrè 찌는 듯하게 덥다
Cóng zǎoshang jiù zhème mēnrè.

오늘은 날씨가 정말 상쾌하네요.

今天天气真凉爽。 *凉爽 liángshuǎng 시원하고 상쾌하다, 신선하다
Jīntiān tiānqì zhēn liángshuǎng.

아침 식사했어요?

早上吃早饭了吗?
Zǎoshang chī zǎofàn le ma?

같이 커피 한잔할래요?

一起喝杯咖啡好不好?
Yìqǐ hē bēi kāfēi hǎo bu hǎo?

그 스캔들 들었어요?

那个绯闻你听说了吗?

Nàge fēiwén nǐ tīngshuō le ma?

*绯闻 fēiwén 스캔들, 추문

Word tip 绯闻은 일명 '지라시' 같은 성격의 뒷소문이나 소식통을 의미합니다. 일반적인 뉴스는 '新闻 xīnwén'이라고 합니다.

어제 그 드라마 봤어요?

昨天那个连续剧你看了吗?

Zuótiān nàge liánxùjù nǐ kàn le ma?

*连续剧 liánxùjù 텔레비전 연속극

실전회화

A 昨天那个连续剧你看了吗?
Zuótiān nàge liánxùjù nǐ kàn le ma?
어제 그 드라마 봤어요?

B 没看，昨天聚餐，回家时间比较晚。
Méi kàn, zuótiān jùcān, huí jiā shíjiān bǐjiào wǎn.
못 봤어요. 어제는 회식을 해서 집에 좀 늦게 들어갔거든요.

지각 · 조퇴 · 결근

늦어서 죄송합니다.

对不起，我迟到了。

Duìbuqǐ, wǒ chídào le.

对不起，我来晚了。

Duìbuqǐ, wǒ láiwǎn le.

늦잠을 잤습니다.

我睡懒觉了。

Wǒ shuìlǎnjiào le.

오늘 알람 시계가 안 울렸습니다.

今天闹钟没响。

Jīntiān nàozhōng méi xiǎng.

*闹钟 nàozhōng 알람 시계

A 小李，今天为什么又迟到了?
Xiǎo Lǐ, jīntiān wèishénme yòu chídào le?
이OO 씨, 오늘은 왜 또 지각했나요?

B 非常抱歉，今天闹钟没响。我本来想给您打电话，但因为开车，所以打不了。
Fēicháng bàoqiàn, jīntiān nàozhōng méi xiǎng. Wǒ běnlái xiǎng gěi nín dǎ diànhuà, dàn yīnwèi kāichē, suǒyǐ dǎ bu liǎo.
정말 죄송합니다. 오늘 알람 시계가 안 울렸습니다. 전화드리려고 했는데, 운전 중이라 못 했습니다.

어제 과음을 하는 바람에 늦게 일어났습니다.

我昨天喝得太多了，今天起晚了。

Wǒ zuótiān hē de tài duō le, jīntiān qǐwǎn le.

강남에서 길이 많이 막혔습니다.

江南一带交通极其拥堵。

Jiāngnán yídài jiāotōng jíqí yōngdǔ.

*拥堵 yōngdǔ 길이 막히다

도로 한복판에서 차가 고장 났습니다.

我的车坏在了马路中间。

Wǒ de chē huàizàile mǎlù zhōngjiān.

자전거 타이어에 펑크가 났습니다.

我的自行车车胎坏了。

Wǒ de zìxíngchē chētāi huài le.

*车胎 chētāi 타이어

아침부터 배탈이 났습니다.

我早上拉肚子了。

Wǒ zǎoshang lā dùzi le.

다시는 늦지 않겠습니다.

我不会再迟到了。

Wǒ bú huì zài chídào le.

조금 늦을 것 같습니다.

我可能会晚一些。

Wǒ kěnéng huì wǎn yìxiē.

아마도 조금 늦을 듯하니, 이 팀장님께 말씀 부탁드립니다.

我可能会晚一点儿，请跟李经理说一声。

Wǒ kěnéng huì wǎn yìdiǎnr, qǐng gēn Lǐ jīnglǐ shuō yì shēng.

곧 도착합니다.

马上就到。

Mǎshàng jiù dào.

와, 하마터면 지각할 뻔했습니다.

哇！差点儿就迟到了。

Wā! Chàdiǎnr jiù chídào le.

지각한 게 벌써 네 번째예요.

你迟到已经有四次了。

Nǐ chídào yǐjīng yǒu sì cì le.

앞으로 지각하지 않도록 주의하세요.

你注意不要再迟到。

Nǐ zhùyì búyào zài chídào.

앞으로 또 지각하면, 시말서를 써야 할 거예요.

以后再迟到的话，就得写检讨。 *检讨 jiǎntǎo 시말서, 경위서

Yǐhòu zài chídào dehuà, jiù děi xiě jiǎntǎo.

조퇴해도 되겠습니까?

我能早点儿下班吗?

Wǒ néng zǎo diǎnr xiàbān ma?

我能早退吗?

Wǒ néng zǎotuì ma?

실전회화

A 李经理，我能早点儿下班吗? 今天身体不太舒服。
Lǐ jīnglǐ, wǒ néng zǎo diǎnr xiàbān ma? Jīntiān shēntǐ bú tài shūfu.
이 팀장님, 조퇴해도 될까요? 오늘 몸이 별로 안 좋아서요.

B 好的，知道了，两点会议结束后就下班吧。
Hǎo de, zhīdào le, liǎng diǎn huìyì jiéshù hòu jiù xiàbān ba.
네, 알겠어요. 2시 회의가 끝나면 바로 퇴근하세요.

몸이 안 좋아서 오늘은 일찍 퇴근해야겠습니다.

我今天身体不舒服，得提前下班。

Wǒ jīntiān shēntǐ bù shūfu, děi tíqián xiàbān.

감기에 걸려서요, 병원에 갔다가 바로 퇴근해도 되겠습니까?

我感冒了，去医院看病后可以直接下班吗? *看病 kànbìng 진료받다

Wǒ gǎnmào le, qù yīyuàn kànbìng hòu kěyǐ zhíjiē xiàbān ma?

감기에 걸려서 좀 쉬고 싶습니다.

我感冒了，想休息休息。

Wǒ gǎnmào le, xiǎng xiūxi xiūxi.

오늘은 도저히 출근을 못 할 것 같습니다.

今天我实在上不了班。

Jīntiān wǒ shízài shàng bu liǎo bān.

오늘은 개인 사정으로 출근을 못 할 것 같습니다.

今天我有事，不能去上班。

Jīntiān wǒ yǒu shì, bù néng qù shàngbān.

실전회화

A 李经理，今天我有事，不能去上班。
Lǐ jīnglǐ, jīntiān wǒ yǒu shì, bù néng qù shàngbān.
이 팀장님, 오늘은 개인 사정으로 출근을 못 할 것 같습니다.

B 知道了，下次记得提前请假。
Zhīdào le, xià cì jìde tíqián qǐngjià.
그래요. 다음부터는 미리 휴가 내도록 하세요.

휴가

내일 병가를 내고 싶습니다.

我明天想请病假。

Wǒ míngtiān xiǎng qǐng bìngjià.

이번에 연차[월차]를 쓰겠습니다.

这次我要用我的年假[月假]。

Zhè cì wǒ yào yòng wǒ de niánjià[yuèjià].

7월 20일부터 25일까지 하계 휴가입니다.

暑期休假时间为7月20日至25日。

Shǔqī xiūjià shíjiān wéi qī yuè èrshí rì zhì èrshíwǔ rì.

7월 마지막 주 또는 8월 첫째 주가 하계 휴가 기간입니다.

7月最后一周或8月第一周是暑期休假时间。

Qī yuè zuìhòu yì zhōu huò bā yuè dì-yī zhōu shì shǔqī xiūjià shíjiān.

사흘 연이어서 휴가를 쓸 수 있습니까?

可以连休三天吗?

Kěyǐ lián xiū sān tiān ma?

실전회화

A 我可以连休三天吗?
Wǒ kěyǐ lián xiū sān tiān ma?
사흘 연이어서 휴가를 쓸 수 있을까요?

B 有什么事吗?
Yǒu shénme shì ma?
무슨 일 있나요?

A 因为家里有点儿事，得回韩国一趟。
Yīnwèi jiāli yǒudiǎnr shì, děi huí Hánguó yí tàng.
집안에 일이 좀 생겨서, 한국에 다녀와야 합니다.

할머니께서 돌아가셔서 경조 휴가를 내야 합니다.

我的奶奶去世了，所以我要请丧假。

Wǒ de nǎinai qùshì le, suǒyǐ wǒ yào qǐng sāngjià.

올해는 꼭 한국에 가려고 합니다.

今年我一定要去韩国。

Jīnnián wǒ yídìng yào qù Hánguó.

제가 자리를 비운 동안 잘 부탁드립니다.

我不在的时候就拜托您了。

Wǒ búzài de shíhou jiù bàituō nín le.

저 없는 며칠 동안 수고 부탁드립니다.

我不在的这几天，就有劳您多费心了。 *有劳 yǒuláo 수고를 끼치다

Wǒ búzài de zhè jǐ tiān, jiù yǒuláo nín duō fèixīn le.

저 없는 동안 이 프로젝트는 샤오장에게 맡겨 두겠습니다.

我不在的时候，这个项目就交给小张了。 *交给 jiāo gěi 맡기다

Wǒ búzài de shíhou, zhège xiàngmù jiù jiāo gěi Xiǎo Zhāng le.

휴가 기간에 급한 용무가 생기면, 샤오장에게 연락하시면 됩니다.

我休假期间，有急事的话，请跟小张联系。

Wǒ xiūjià qījiān, yǒu jíshì dehuà, qǐng gēn Xiǎo Zhāng liánxì.

휴가 기간에도 연락이 가능하니, 급한 일 있으시면 메시지 남겨 주세요.

在我休假期间也能联系到我，有急事的话请发微信。

Zài wǒ xiūjià qījiān yě néng liánxì dào wǒ, yǒu jíshì dehuà qǐng fā wēixìn.

Biz tip 한국에 카카오톡이 있다면 중국에는 '웨이신(微信)'이 있습니다. '위챗(WeChat)'이라고 부르기도 하는데, 메신저 기능뿐만 아니라 SNS 플랫폼 또한 갖추고 있어서 개인이나 기업이 마케팅을 위해 활용하기도 합니다.

제 휴가가 며칠이나 남았습니까?

我的休假还有几天?

Wǒ de xiūjià hái yǒu jǐ tiān?

외근 · 퇴근

외근 다녀오겠습니다.

我去跑外勤。 *外勤 wàiqín 외근

Wǒ qù pǎo wàiqín.

외근 다녀왔습니다.

我跑外勤回来了。

Wǒ pǎo wàiqín huílái le.

외부 회의가 길어져서, 여기서 바로 퇴근하겠습니다.

外部会议结束得比较晚，我从这儿直接下班了。

Wàibù huìyì jiéshù de bǐjiào wǎn, wǒ cóng zhèr zhíjiē xiàbān le.

외근하고 바로 퇴근해도 될까요?

跑外勤后，从那边直接下班可以吗?

Pǎo wàiqín hòu, cóng nàbiān zhíjiē xiàbān kěyǐ ma?

퇴근합시다.

下班吧。

Xiàbān ba.

먼저 퇴근하십시오.

您先下班吧。

Nín xiān xiàbān ba.

아직 할 일이 남았습니다.

我还有工作没做完。

Wǒ hái yǒu gōngzuò méi zuòwán.

오늘 업무를 아직 끝내지 못했습니다.

我今天的工作还没做完。

Wǒ jīntiān de gōngzuò hái méi zuòwán.

먼저 퇴근할게요.

我先下班了。

Wǒ xiān xiàbān le.

먼저 퇴근했다고 전해 주세요.

请转告他我先下班了。

Qǐng zhuǎngào tā wǒ xiān xiàbān le.

그분은 벌써 퇴근하셨습니다.

他已经下班了。

Tā yǐjīng xiàbān le.

잘 가요. / 내일 봐요.

慢走。

Mànzǒu.

再见。

Zàijiàn.

행사 · 연수

신상품 아이디어 사내 공모전을 개최합니다.

公司将举办新产品创意大赛。

Gōngsī jiāng jǔbàn xīn chǎnpǐn chuàngyì dàsài.

새 브랜드 이름 짓기 행사가 있습니다.

正在举行新品牌名称征集活动。

Zhèngzài jǔxíng xīn pǐnpái míngchēng zhēngjí huódòng.

*征集 zhēngjí 모집하다

공모전 마감은 20일입니다.

征集活动申请时间到20日。

Zhēngjí huódòng shēnqǐng shíjiān dào èrshí rì.

임직원을 대상으로 기업 로고 변경 투표를 진행하고 있습니다.

关于改变公司标志一事，员工正在投票。 *标志 biāozhì 로고

Guānyú gǎibiàn gōngsī biāozhì yí shì, yuángōng zhèngzài tóupiào.

사흘간 투표를 진행하오니, 많은 참여 부탁드립니다.

投票将进行三天，希望大家多多参与。 *参与 cānyù 참여하다

Tóupiào jiāng jìnxíng sān tiān, xīwàng dàjiā duōduō cānyù.

직원이라면 누구나 참가할 수 있습니다.

所有员工都能参加。

Suǒyǒu yuángōng dōu néng cānjiā.

다음 주 금요일 5시에 송년회를 개최합니다.

下周五5点将举行新年晚会。

Xià zhōuwǔ wǔ diǎn jiāng jǔxíng xīnnián wǎnhuì.

Biz tip 한국에서는 '올해를 보내는 모임(송년회)'과 '새해를 맞이하는 모임(신년회)'을 구분하여 말하지만, 중국에서는 올해 월말의 모임이든 새해 월초의 모임이든 모두 **新年晚会**라고 말합니다. 송년회와 신년회의 한자어를 중국어 발음으로 읽은 '**送年会** sòngniánhuì'나 '**新年会** xīnniánhuì'는 한국식 중국어이니 항상 **新年晚会**라고 말하세요.

이번 송년회에서는 직원 개인별로 장기 자랑을 할 예정입니다.

这次新年晚会上将进行员工个人才艺表演。

Zhè cì xīnnián wǎnhuì shàng jiāng jìnxíng yuángōng gèrén cáiyì biǎoyǎn.

사전에 신청서를 제출하십시오.

请提前提交申请书。 *提交 tíjiāo 제출하다

Qǐng tíqián tíjiāo shēnqǐngshū.

다음 주 닷새간 하반기 직무 연수를 실시합니다.

下半年业务能力培训活动将于下周举行，为期五天。

Xià bànnián yèwù nénglì péixùn huódòng jiāng yú xiàzhōu jǔxíng, wéiqī wǔ tiān.

*为期 wéiqī ~을 기한으로 하다

이번 연수는 신입 사원을 대상으로 진행됩니다.

这次是为了新员工进行的培训。

Zhè cì shì wèile xīn yuángōng jìnxíng de péixùn.

이번 연수의 강사는 사내 팀장급 관리자입니다.

这次培训活动的讲师是公司经理级的人物。
Zhè cì péixùn huódòng de jiǎngshī shì gōngsī jīnglǐ jí de rénwù.

워크숍은 5월 1일 양평에서 열립니다.

培训将于5月1日在杨平举行。
Péixùn jiāng yú wǔ yuè yī rì zài Yángpíng jǔxíng.

워크숍 관련 문의는 총무팀에 하시면 됩니다.

关于培训一事请向总务部咨询。
Guānyú péixùn yí shì qǐng xiàng zǒngwùbù zīxún.

이번 교육에는 모두 참가해야만 합니다.

此次教育活动大家都要参加。
Cǐ cì jiàoyù huódòng dàjiā dōu yào cānjiā.

此次活动所有的员工都必须参加。
Cǐ cì huódòng suǒyǒu de yuángōng dōu bìxū cānjiā.

직원 건강검진이 다음 주 이틀 동안 있습니다.

下周两天进行员工体检。
Xiàzhōu liǎng tiān jìnxíng yuángōng tǐjiǎn.

오늘 오후에 사내 성희롱 예방 교육이 있습니다.

今天下午开展预防性骚扰教育活动。
Jīntiān xiàwǔ kāizhǎn yùfáng xìngsāorǎo jiàoyù huódòng.

보영 씨가 신입 사원들을 강당으로 안내하세요.

宝英，请将新员工带到礼堂。
Bǎoyīng, qǐng jiāng xīn yuángōng dàidào lǐtáng.

보영 씨가 이번 교육의 출결 관리를 맡으세요.

宝英负责记录这次培训活动的出勤。
Bǎoyīng fùzé jìlù zhè cì péixùn huódòng de chūqín.

회의 사이에 10분간의 휴식이 주어집니다.

会议中间会有十分钟的休息时间。
Huìyì zhōngjiān huì yǒu shí fēnzhōng de xiūxi shíjiān.

행사가 끝나고, 사기 진작과 팀워크 강화를 위한 바비큐 파티가 열릴 예정입니다.

活动结束后，为了提升员工士气，增强凝结力，将举行烧烤晚会。
Huódòng jiéshù hòu, wèile tíshēng yuángōng shìqì, zēngqiáng níngjiélì, jiāng jǔxíng shāokǎo wǎnhuì.

*凝结力 níngjiélì 단결력

업무 관련

업무 보고 및 상황 파악

이번 주 목요일에 A사와 회의가 잡혔습니다.

这周四与A公司的会议已经安排好了。

Zhè zhōusì yǔ A Gōngsī de huìyì yǐjīng ānpái hǎo le.

내일이면 샘플을 받을 수 있습니다.

明天能收到样品。

Míngtiān néng shōudào yàngpǐn.

*样品 yàngpǐn 샘플

내일이면 견적가를 알 수 있습니다.

明天能知道报价。

Míngtiān néng zhīdào bàojià.

*报价 bàojià 견적(서)

B사에 견적을 요청해 놓았습니다.

已经要求B公司报价了。

Yǐjīng yāoqiú B Gōngsī bàojià le.

이번 프로젝트 세부 기획서입니다.

这是这个项目的具体企划书。

Zhè shì zhège xiàngmù de jùtǐ qǐhuàshū.

구체적인 내용은 이 보고서에 정리해 두었습니다.

具体事项都在这份报告上整理好了。

Jùtǐ shìxiàng dōu zài zhè fèn bàogào shàng zhěnglǐ hǎo le.

회의 자료는 정리해 두었습니다.

会议材料都已经整理好了。

Huìyì cáiliào dōu yǐjīng zhěnglǐ hǎo le.

이 보고서는 언제까지 드리면 될까요?

这份报告要什么时候交给您呢?

Zhè fèn bàogào yào shénme shíhou jiāo gěi nín ne?

기획서는 언제까지 제출할 수 있나요?

企划书什么时候能交?

Qǐhuàshū shénme shíhou néng jiāo?

보고서는 얼마나 썼나요?

报告书完成了多少了?

Bàogàoshū wánchéngle duōshao le?

이 프로젝트는 어느 정도 진행되었나요?

这个项目进行到什么阶段了?

Zhège xiàngmù jìnxíng dào shénme jiēduàn le?

*阶段 jiēduàn 단계, 국면

지난주에 부탁했던 일은 어떻게 돼 가나요?

上周我拜托你的事情办得怎么样了?

Shàngzhōu wǒ bàituō nǐ de shìqing bàn de zěnmeyàng le?

월요일까지 마무리하기로 한 자료는 어떻게 돼 가나요?

到星期一要完成的资料准备得怎么样了?

Dào xīngqīyī yào wánchéng de zīliào zhǔnbèi de zěnmeyàng le?

영업팀에 자료 넘겼나요?

资料交给销售部了吗?

Zīliào jiāo gěi xiāoshòubù le ma?

샘플은 확인했나요?

样品确认过了吗?

Yàngpǐn quèrènguo le ma?

견적가는 확인했나요?

确认报价了吗?

Quèrèn bàojià le ma?

되도록 빨리 신규 데이터를 추가해 주겠어요?

能尽快将新数据补充进去吗?

Néng jǐnkuài jiāng xīn shùjù bǔchōng jìnqù ma?

*数据 shùjù 데이터

이 자료는 재검토한 후 수정하세요.

这个资料请重新检查一下，然后进行修改。

Zhège zīliào qǐng chóngxīn jiǎnchá yíxià, ránhòu jìnxíng xiūgǎi.

알겠습니다, 바로 시작하겠습니다.

好的，现在马上开始。

Hǎo de, xiànzài mǎshàng kāishǐ.

되도록 빨리 마케팅팀에서 요청한 업무를 끝낸 다음, 바로 시작하겠습니다.

我尽快把市场营销部让做的工作做完，然后马上开始。

Wǒ jǐnkuài bǎ shìchǎng yíngxiāobù ràng zuò de gōngzuò zuòwán, ránhòu mǎshàng kāishǐ.

네, 확인 끝냈습니다.

是的，已经确认完毕。 *完毕 wánbì 끝내다

Shì de, yǐjīng quèrèn wánbì.

지금까지는 별문제 없습니다.

目前为止没什么问题。 *为止 wéizhǐ ~까지 하다

Mùqián wéizhǐ méi shéme wèntí.

A 报告写得怎么样了?
Bàogào xiě de zěnmeyàng le?
보고서는 어떻게 돼 가나요?

B 目前为止没什么问题。
Mùqián wéizhǐ méi shéme wèntí.
지금까지는 별문제 없습니다.

반 정도 진행했습니다.

已经完成了一半了。

Yǐjīng wánchéngle yíbàn le.

Word tip 四分之一 sì fēn zhī yī 4분의 1 | 三分之二 sān fēn zhī èr 3분의 2

기한 안에는 끝낼 수 있습니다.

在规定期限内能完成。

Zài guīdìng qīxiàn nèi néng wánchéng.

늦어도 이번 주 안에는 완료하겠습니다.

这个周末一定能完成。

Zhège zhōumò yídìng néng wánchéng.

수요일 전에 꼭 끝내겠습니다.

星期三之前一定做完。

Xīngqīsān zhīqián yídìng zuòwán.

A 报告什么时候能写完?
Bàogào shénme shíhou néng xiěwán?
보고서 언제까지 다 쓸 수 있나요?

B 您什么时候需要?
Nín shénme shíhou xūyào?
언제 필요하십니까?

A 星期三之前能完成吗?
Xīngqīsān zhīqián néng wánchéng ma?
수요일 전에 끝낼 수 있겠어요?

B 好的，星期三之前一定做完。
Hǎo de, xīngqīsān zhīqián yídìng zuòwán.
네, 수요일 전에 꼭 끝내겠습니다.

회사 상황

회사 사정이 조금 어렵습니다.

我们公司有点儿困难。
Wǒmen gōngsī yǒudiǎnr kùnnan.

새로운 마케팅 전략을 짜고 있습니다.

我们正在研究新的市场营销策略。 *策略 cèlüè 전략
Wǒmen zhèngzài yánjiū xīn de shìchǎng yíngxiāo cèlüè.

A **你们部门的状况如何?**
Nǐmen bùmén de zhuàngkuàng rúhé?
그쪽 부서는 상황이 어떤가요?

B **最近是困难时期，所以我们正在研究新的市场营销策略。**
Zuìjìn shì kùnnan shíqī, suǒyǐ wǒmen zhèngzài yánjiū xīn de shìchǎng yíngxiāo cèlüè.
요즘 힘든 시기라, 새로운 마케팅 전략을 짜고 있습니다.

회사가 상장을 앞두고 있습니다.

公司即将上市。 *上市 shàngshì 상장되다
Gōngsī jíjiāng shàngshì.

해외로 확장해 나가고 있습니다. [판매 경로를 넓힐 경우]

我们正在开拓海外市场。 *开拓 kāituò 확장하다
Wǒmen zhèngzài kāituò hǎiwài shìchǎng.

해외로 확장해 나가고 있습니다. [회사 지점을 넓힐 경우]

我们正着手在海外设立分公司。 *分公司 fēngōngsī 지점, 계열사
Wǒmen zhèng zhuóshǒu zài hǎiwài shèlì fēngōngsī.

Biz tip 위의 두 예문처럼 한국어에는 중의적인 표현이 많죠? 하지만 중국어는 상황에 따라 표현이 달라지기 때문에, 구체적으로 말을 해야 의미가 통합니다. 비즈니스에서는 한국어를 직역한 중국어 표현은 절대 금물입니다.

시장 점유율이 다소 상승하였습니다.

我们的市场占有率有所增长。 *占有率 zhànyǒulǜ 점유율
Wǒmen de shìchǎng zhànyǒulǜ yǒu suǒ zēngzhǎng.

이번 분기는 흑자입니다.

本季度利润盈余。 *利润 lìrùn 이윤 盈余 yíngyú (이윤이) 남다
Běn jìdù lìrùn yíngyú.

2년 연속 흑자입니다.

连续两年利润盈余。
Liánxù liǎng nián lìrùn yíngyú.

실적이 점차 회복되고 있습니다.

公司业绩逐渐恢复。 *恢复 huīfù 회복되다

Gōngsī yèjì zhújiàn huīfù.

이번 분기는 무역 적자입니다.

本季度贸易出现赤字。

Běn jìdù màoyì chūxiàn chìzì.

재정 적자가 계속되고 있습니다.

持续出现财政赤字。

Chíxù chūxiàn cáizhèng chìzì.

이번 분기 실적이 다소 떨어졌습니다.

这个季度的业绩有所下降。

Zhège jìdù de yèjì yǒu suǒ xiàjiàng.

최근에는 상품 개발에 힘쓰고 있습니다.

最近正致力于新产品的开发。

Zuìjìn zhèng zhìlì yú xīn chǎnpǐn de kāifā.

이번에 신상품을 개발했습니다.

这次开发出了新商品。

Zhè cì kāifā chūle xīn shāngpǐn.

경비 삭감이 절실한 시점입니다.

现在是需要削减经费的重要时刻。 *削减 xuējiǎn 삭감하다

Xiànzài shì xūyào xuējiǎn jīngfèi de zhòngyào shíkè.

베이징으로의 본사 이전을 고려하고 있습니다.

我们正在考虑将总公司迁移到北京。 *迁移 qiānyí 이전하다

Wǒmen zhèngzài kǎolǜ jiāng zǒnggōngsī qiānyí dào Běijīng.

홍콩에 지사를 설립할 예정입니다.

我们正准备在香港办分公司。

Wǒmen zhèng zhǔnbèi zài Xiānggǎng bàn fēngōngsī.

올해부터 모든 서류가 전자화됩니다.

从今年开始，所有的材料都将实现电子化。

Cóng jīnnián kāishǐ, suǒyǒu de cáiliào dōu jiāng shíxiàn diànzǐhuà.

A사와 합병될 예정입니다.

即将与A公司进行合并。

Jíjiāng yǔ A Gōngsī jìnxíng hébìng.

부탁

부탁 하나 드려도 될까요?

可以拜托你一件事吗?
Kěyǐ bàituō nǐ yí jiàn shì ma?

잠시 제 자리로 와 주세요.

请到我这儿来一下。
Qǐng dào wǒ zhèr lái yíxià.

이야기 좀 할 수 있을까요?

能谈谈吗?
Néng tántan ma?

제가 자리 비우는 동안 전화 좀 받아 주시겠어요?

我不在的时候，能帮我接一下电话吗?
Wǒ búzài de shíhou, néng bāng wǒ jiē yíxià diànhuà ma?

실전회화

A 今天太忙了，小张，我不在的时候，能帮我接一下电话吗?
Jīntiān tài máng le, Xiǎo Zhāng, wǒ búzài de shíhou, néng bāng wǒ jiē yíxià diànhuà ma?
오늘 너무 바쁘네요. 샤오장, 제가 자리 비우는 동안 전화 좀 받아 주겠어요?

B 没问题。
Méi wèntí.
그러겠습니다.

팀장님께 말씀 좀 전해 주시겠어요?

可以帮我向经理转达一下吗? *转达 zhuǎndá 전하다
Kěyǐ bāng wǒ xiàng jīnglǐ zhuǎndá yíxià ma?

도대체 어떻게 된 일인지 모르겠네요. 설명 좀 해 주시겠어요?

我不知道这到底是怎么回事，能为我说明一下吗?
Wǒ bù zhīdào zhè dàodǐ shì zěnme huí shì, néng wèi wǒ shuōmíng yíxià ma?

서류 작성하는 것 좀 도와주시겠어요?

能帮我填写一下这个文件吗? *文件 wénjiàn 서류
Néng bāng wǒ tiánxiě yíxià zhège wénjiàn ma?

이 일을 좀 대신 처리해 주시겠어요?

能替我处理这件事吗?
Néng tì wǒ chǔlǐ zhè jiàn shì ma?

다음 주 회의 자료인데, 확인 한번 부탁드립니다.

这是下周会议所需的材料，请过目。 *过目 guòmù 훑어보다
Zhè shì xiàzhōu huìyì suǒ xū de cáiliào, qǐng guòmù.

이 일들을 순서대로 가르쳐 주시겠습니까?

这些事情可以依次教我吗?

Zhèxiē shìqing kěyǐ yīcì jiāo wǒ ma?

거래처와 회의 약속 좀 잡아 줄래요?

跟客户的会议可以安排一下吗?

Gēn kèhù de huìyì kěyǐ ānpái yíxià ma?

회의실 좀 예약해 줄래요?

可以预订一下会议室吗?

Kěyǐ yùdìng yíxià huìyìshì ma?

이거 프린트 좀 해 줄래요?

这个可以帮我打印一下吗?

Zhège kěyǐ bāng wǒ dǎyìn yíxià ma?

팩스 좀 보내 줄래요?

可以帮我发传真吗?

Kěyǐ bāng wǒ fā chuánzhēn ma?

승낙 · 거절 · 보류

그럼요, 문제없습니다.

当然可以，没问题。

Dāngrán kěyǐ, méi wèntí.

이게 도움이 되길 바랍니다.

希望这个能对你有所帮助。

Xīwàng zhège néng duì nǐ yǒu suǒ bāngzhù.

지금 조금 바빠서요, 무슨 일이십니까?

我现在有事在身，有什么事?

Wǒ xiànzài yǒu shì zài shēn, yǒu shénme shì?

죄송합니다만, 지금 너무 바쁘네요.

对不起，我现在太忙了。

Duìbuqǐ, wǒ xiànzài tài máng le.

죄송합니다만, 지금은 조금 힘들 것 같아요.

很抱歉，现在恐怕不行。

Hěn bàoqiàn, xiànzài kǒngpà bùxíng.

엑셀에 능숙하지 않아서 도움이 못될 것 같습니다.

我不太会使用Excel，帮不上你。

Wǒ bú tài huì shǐyòng Excel, bāng bu shàng nǐ.

회의에 가야 해서 도와드릴 수가 없을 듯합니다.

我现在要去开会，帮不了您。
Wǒ xiànzài yào qù kāihuì, bāng bu liǎo nín.

업무가 마무리돼서 오후에는 조금 한가할 듯하니, 그때 다시 도와드리겠습니다.

我已经做完了我的工作，下午会比较清闲，下午再帮您。
Wǒ yǐjīng zuòwánle wǒ de gōngzuò, xiàwǔ huì bǐjiào qīngxián, xiàwǔ zài bāng nín.

2시 이후에나 시간이 날 듯한데, 그때 다시 도와드려도 되겠습니까?

两点以后才有时间，那个时候再帮您可以吗?
Liǎng diǎn yǐhòu cái yǒu shíjiān, nàge shíhou zài bāng nín kěyǐ ma?

도움 · 제안

제가 도와드리겠습니다.

我来帮您。
Wǒ lái bāng nín.

궁금한 게 있으면 언제든지 연락 주세요.

有任何疑问，请随时联系我。 *疑问 yíwèn 의문 随时 suíshí 아무 때나
Yǒu rènhé yíwèn, qǐng suíshí liánxì wǒ.

如果有什么问题，随时可以来找我。
Rúguǒ yǒu shénme wèntí, suíshí kěyǐ lái zhǎo wǒ.

업무에 어려움을 겪고 계신 분 있으신가요?

有没有对自己所负责的业务感到有困难的人?
Yǒu méiyǒu duì zìjǐ suǒ fùzé de yèwù gǎndào yǒu kùnnan de rén?

업무 파악에 도움이 될 만한 자료이니, 보내 줄게요.

这些材料对了解业务很有帮助，我发给你。
Zhèxiē cáiliào duì liǎojiě yèwù hěn yǒu bāngzhù, wǒ fā gěi nǐ.

제가 한번 체크해 줄 테니, 팀장님께 제출하기 전에 가져와 보세요.

交给经理之前先拿到我这儿来，我先帮你看一下。
Jiāo gěi jīnglǐ zhīqián xiān nádào wǒ zhèr lái, wǒ xiān bāng nǐ kàn yíxià.

이렇게 분석해 보세요.

这样分析一下。 *分析 fēnxī 분석하다
Zhèyàng fēnxī yíxià.

이렇게 작성하면 됩니다.

这样写就行。
Zhèyàng xiě jiù xíng.

실전회화

A 负责人，你能告诉我这个应该怎么填写吗?
Fùzérén, nǐ néng gàosu wǒ zhège yīnggāi zěnme tiánxiě ma?
팀장님, 이거 어떻게 작성해야 하는지 알려 주실 수 있으십니까?

B 当然可以，这样写就行。
Dāngrán kěyǐ, zhèyàng xiě jiù xíng.
그럼요. 이렇게 작성하면 됩니다.

이런 식으로 정리하면 훨씬 보기 편할 거예요.

这样整理的话更加一目了然。 ＊一目了然 yímù-liǎorán 한눈에 훤히 보이다
Zhèyàng zhěnglǐ dehuà gèngjiā yímù-liǎorán.

커피 한잔하면서 그 문제에 대해 이야기 나누어 보면 어떨까요?

一边喝咖啡，一边谈谈那个问题怎么样?
Yìbiān hē kāfēi, yìbiān tántan nàge wèntí zěnmeyàng?

이번에 직무 연수가 있으니, 한번 참가해 보세요.

这次有个业务培训，你去参加吧。
Zhè cì yǒu ge yèwù péixùn, nǐ qù cānjiā ba.

문제 상황

문제가 심각하네요.

问题很大。
Wèntí hěn dà.

문제가 생각보다 심각하네요.

问题比我预想的还要严重。
Wèntí bǐ wǒ yùxiǎng de hái yào yánzhòng.

실전회화

A 我们最近一周一点儿进展也没有，也没有任何好点子。
Wǒmen zuìjìn yì zhōu yìdiǎnr jìnzhǎn yě méiyǒu, yě méiyǒu rènhé hǎo diǎnzi.
이번 일주일 내내 제대로된 진척이나 좋은 아이디어가 없습니다.

B 问题比我预想的还要严重。
Wèntí bǐ wǒ yùxiǎng de hái yào yánzhòng.
문제가 생각보다 심각하네요.

제가 설명을 잘못 본 것 같습니다.

可能是我把说明看错了。
Kěnéng shì wǒ bǎ shuōmíng kàncuò le.

모두 제 책임입니다.

一切都是我的责任。
Yíqiè dōu shì wǒ de zérèn.

프로젝트 마감일이 언제인지 알고 있나요?

你知道项目的截止日期是什么时候吗? *截止 jiézhǐ 마감하다

Nǐ zhīdào xiàngmù de jiézhǐ rìqī shì shénme shíhou ma?

이 프로젝트가 우리 팀에 얼마나 중요한지 알고는 있죠?

你应该知道这个项目对我们组有多么重要。

Nǐ yīnggāi zhīdào zhège xiàngmù duì wǒmen zǔ yǒu duōme zhòngyào.

다시는 이런 일이 없도록 하겠습니다.

我保证这种情况将不再发生。

Wǒ bǎozhèng zhè zhǒng qíngkuàng jiāng bú zài fāshēng.

이대로 가다가는 프로젝트가 중단될 것 같습니다.

再这样下去的话，这个项目可能会中断的。

Zài zhèyàng xiàqù dehuà, zhège xiàngmù kěnéng huì zhōngduàn de.

*中断 zhōngduàn 중단하다

이대로 가다가는 마감을 못 지킬 것 같습니다.

再这样下去的话，截止日之前不能完成。

Zài zhèyàng xiàqù dehuà, jiézhǐrì zhīqián bù néng wánchéng.

거래처에 설명이 부족했던 것 같습니다.

我向客户说明得不够充分。

Wǒ xiàng kèhù shuōmíng de búgòu chōngfèn.

죄송합니다. 팀장님께 직접 말씀드리고, 용서를 구하겠습니다.

非常抱歉，我自己去告诉经理，并向他请罪。

Fēicháng bàoqiàn, wǒ zìjǐ qù gàosu jīnglǐ, bìng xiàng tā qǐngzuì.

*请罪 qǐngzuì 용서를 빌다

A사와 전혀 연락이 안 됩니다.

与A公司完全联系不上。

Yǔ A Gōngsī wánquán liánxì bu shàng.

이번 제품에는 고객 컴플레인이 너무 많습니다.

这次的产品被很多客户投诉。

Zhè cì de chǎnpǐn bèi hěn duō kèhù tóusù.

이번 주 안으로 해결 방안을 각자 생각해 오세요.

这周各自想一下解决方案。

Zhè zhōu gèzì xiǎng yíxià jiějué fāng'àn.

사무기기 및 인터넷 사용

복사기 · 프린터 · 팩스

양면[단면] 복사할까요?

双面[单面]复印吗?

Shuāngmiàn[Dānmiàn] fùyìn ma?

A 这份报告能帮我复印20份吗?

Zhè fèn bàogào néng bāng wǒ fùyìn èrshí fèn ma?

이 보고서 스무 부만 복사해 줄래요?

B 没问题，双面复印吗?

Méi wèntí, shuāngmiàn fùyìn ma?

알겠습니다. 양면 복사할까요?

양면 복사하는 방법 좀 알려 주세요.

请告诉我怎么双面复印。

Qǐng gàosu wǒ zěnme shuāngmiàn fùyìn.

축소[확대] 복사하는 방법 좀 알려 주세요.

请告诉我怎么缩印[扩印]。

Qǐng gàosu wǒ zěnme suōyìn[kuòyìn].

*缩印 suōyìn 축소 인쇄하다

복사기[프린터]가 고장 났습니다.

这个复印机[打印机]出故障了。

Zhège fùyìnjī[dǎyìnjī] chū gùzhàng le.

A 这个复印机出故障了。

Zhège fùyìnjī chū gùzhàng le.

복사기가 고장 났습니다.

B 又坏了? 昨天也是这样，还叫人来修理了呢。

Yòu huài le? Zuótiān yě shì zhèyàng, hái jiào rén lái xiūlǐ le ne.

또요? 어제도 같은 문제가 있어서 수리공을 불러다 고쳤는데요.

복사 용지가 걸렸습니다.

复印机卡纸了。

Fùyìnjī qiǎ zhǐ le.

*卡 qiǎ 걸리다

복사 용지가 떨어졌습니다.

复印机没纸了。

Fùyìnjī méi zhǐ le.

영업팀에 복사 용지 한 상자 가져다주세요.

请给销售部拿一箱复印纸过去。
Qǐng gěi xiāoshòubù ná yì xiāng fùyìnzhǐ guòqù.

이 선에 용지 끝을 맞춰야 합니다.

这条线要和纸边对齐。
Zhè tiáo xiàn yào hé zhǐ biān duì qí.

토너가 떨어졌습니다.

打印机没墨了。
Dǎyìjī méi mò le.

카트리지를 교체해야 합니다.

该换墨盒了。
Gāi huàn mòhé le.

*墨盒 mòhé 카트리지

A 打印机坏了，纸上总有一条线。
Dǎyìnjī huài le, zhǐ shàng zǒng yǒu yì tián xiàn.
프린터가 고장 났나 봐요. 출력 용지에 자꾸 줄이 생기네요.

B 不是坏了，是墨盒该换了。
Bú shì huài le, shì mòhé gāi huàn le.
고장 난 게 아니에요. 카트리지를 교체하면 돼요.

이 팩스 사용법 아십니까?

您知道这个传真机怎么使用吗?
Nín zhīdào zhège chuánzhēnjī zěnme shǐyòng ma?

그 서류 좀 팩스로 보내 주시겠어요?

这个材料能用传真发给我吗?
Zhège cáiliào néng yòng chuánzhēn fā gěi wǒ ma?

팩스가 아직 도착하지 않았습니다.

您的传真还没到。
Nín de chuánzhēn hái méi dào.

전원을 껐다가 다시 켜 보세요.

关上电源后再打开试试。
Guānshàng diànyuán hòu zài dǎkāi shìshi.

*电源 diànyuán 전원

옆에 있는 빨간색 스위치를 누르면 됩니다.

按一下旁边的红色按钮就行。
Àn yíxià pángbiān de hóngsè ànniǔ jiù xíng.

*按钮 ànniǔ 버튼

컴퓨터 · 인터넷

컴퓨터가 바이러스에 감염되었습니다.

电脑染上了病毒。 *染 rǎn 감염되다 病毒 bìngdú 바이러스

Diànnǎo rǎnshàngle bìngdú.

소프트웨어를 업그레이드해야 합니다.

软件该升级了。 *升级 shēngjí 업그레이드하다

Ruǎnjiàn gāi shēngjí le.

바이러스 백신 프로그램을 설치하십시오.

安装杀毒软件吧。 *杀毒软件 shādú ruǎnjiàn 컴퓨터 바이러스 백신 프로그램

Ānzhuāng shādú ruǎnjiàn ba.

팀 공유 문서는 어느 폴더에 있습니까?

小组的共享文件在哪个文件夹里? *文件夹 wénjiànjiá 폴더, 서류철

Xiǎozǔ de gòngxiǎng wénjiàn zài nǎge wénjiànjiá li?

컴퓨터에 파워포인트가 설치돼 있습니까?

你的电脑里装有Power Point吗?

Nǐ de diànnǎo li zhuāng yǒu Power Point ma?

엑셀에서 '행 병합'은 어떻게 합니까?

在Excel里怎么进行"行合并"?

Zài Excel li zěnme jìnxíng "háng hébìng"?

Word tip 列 liè 열 | 单元格 dānyuángé 셀

타자 속도가 빠르네요.

你电脑打字的速度很快。

Nǐ diànnǎo dǎzì de sùdù hěn kuài.

키보드 숫자 키가 안 눌러집니다.

键盘上的数字键按不下去。 *键盘 jiànpán 키보드

Jiànpán shàng de shùzì jiàn àn bu xiàqù.

마우스가 고장 난 듯합니다.

鼠标好像坏了。 *鼠标 shǔbiāo 마우스

Shǔbiāo hǎoxiàng huài le.

컴퓨터가 갑자기 리부팅이 됩니다.

电脑突然重启了。

Diànnǎo tūrán chóngqǐ le.

메신저에 접속이 안 됩니다.

聊天软件上不去。

Liáotiān ruǎnjiàn shàng bu qù.

인터넷에 어떻게 접속합니까?

怎么联网?
Zěnme liánwǎng?

갑자기 인터넷 접속이 끊어졌습니다.

网络突然掉线了。
Wǎngluò tūrán diàoxiàn le.

*掉线 diàoxiàn 인터넷 접속이 끊기다

여기 인터넷 속도가 너무 느립니다.

这儿的网速太慢了。
Zhèr de wǎngsù tài màn le.

제 이메일 받았어요?

收到我的电子邮件了吗?
Shōudào wǒ de diànzǐ yóujiàn le ma?

이메일을 보낼 때 저를 참조(Cc)로 넣어 주세요.

发电子邮件的时候，请将邮件抄送给我。
Fā diànzǐ yóujiàn de shíhou, qǐng jiāng yóujiàn chāosòng gěi wǒ.

*抄送 chāosòng 사본을 보내다

실전회화

A 发电子邮件的时候，请将邮件抄送给我。
Fā diànzǐ yóujiàn de shíhou, qǐng jiāng yóujiàn chāosòng gěi wǒ.
이메일을 보낼 때 저를 참조(Cc)로 넣어 주세요.

B 已经抄送给您了。
Yǐjīng chāosòng gěi nín le.
참조했습니다.

메신저에 친구 추가해 주세요.

请把我加到好友中。
Qǐng bǎ wǒ jiādào hǎoyǒu zhōng.

실전회화

A 请把我加到好友中。
Qǐng bǎ wǒ jiādào hǎoyǒu zhōng.
메신저에 친구 추가해 주세요.

B 好的，你的登录名是什么?
Hǎo de, nǐ de dēnglùmíng shì shénme?
알겠습니다. 아이디가 어떻게 되나요?

사내 인트라넷에 어떻게 접속합니까?

如何连接到公司的内联网?
Rúhé liánjiēdào gōngsī de nèiliánwǎng?

아이디와 패스워드가 어떻게 됩니까?

登录名和密码是什么?
Dēnglùmíng hé mìmǎ shì shénme?

제가 사용해야 하는 아이디와 패스워드를 아십니까?

您知道我应该用哪个登录名和密码吗?
Nín zhīdào wǒ yīnggāi yòng nǎge dēnglùmíng hé mìmǎ ma?

웨이보 계정이 어떻게 되죠?

你的微博帐号是什么?
Nǐ de wēibó zhànghào shì shénme?

Biz tip 중국에서는 '페이스북(脸书 liǎnshū)'이나 '트위터(推特 tuītè)' 등을 사용할 수 없기 때문에, 중국인과 교류하려면 중국의 SNS인 '웨이보(微博)'나 '웨이신(微信)' 계정을 만들어 두는 게 좋습니다.

퇴근할 때 컴퓨터 전원을 끄세요.

下班时请关电脑。
Xiàbān shí qǐng guān diànnǎo.

기타 용품

스캐너는 공용입니까?

扫描仪是共享吗?
Sǎomiáoyí shì gòngxiǎng ma?

*扫描仪 sǎomiáoyí 스캐너

스캐너는 어느 컴퓨터와 연결되어 있습니까?

扫描仪跟哪台电脑共享?
Sǎomiáoyí gēn nǎ tái diànnǎo gòngxiǎng?

스캐너에 전원이 안 들어옵니다.

扫描仪电源打不开。
Sǎomiáoyí diànyuán dǎ bu kāi.

문서 분쇄기에 한 번에 몇 장까지 넣을 수 있습니까?

文件粉碎机一次能放几张?
Wénjiàn fěnsuìjī yí cì néng fàng jǐ zhāng?

*粉碎机 fěnsuìjī 분쇄기

에어컨 온도 좀 내려 주세요.

请把空调温度**调低**一些。
Qǐng bǎ kōngtiáo wēndù tiáo dī yìxiē.

空调温度**调低**一点儿，好吗?
Kōngtiáo wēndù tiáodī yìdiǎnr, hǎo ma?

Word tip 调高 tiáo gāo 상향 조절하다

의자가 낡아서 계속 흔들거립니다.

我的椅子太旧了，直晃悠。

Wǒ de yǐzi tài jiù le, zhí huàngyou.

*晃悠 huàngyou 흔들거리다

의자를 새로 주문해도 됩니까?

椅子可以重新订货吗?

Yǐzi kěyǐ chóngxīn dìnghuò ma?

이동식 서랍장의 바퀴가 빠졌습니다.

活动屉柜的轱辘掉了一个。

Huódòng tì guì de gūlu diàole yí ge.

사무 용품은 총무팀에 신청하면 됩니까?

办公用品向总务部申请就可以吗?

Bàngōng yòngpǐn xiàng zǒngwùbù shēnqǐng jiù kěyǐ ma?

정수기가 고장 났습니다.

净水器坏了。

Jìngshuǐqì huài le.

정수기 필터를 갈아야 합니다.

净水器的过滤器该换了。

Jìngshuǐqì de guòlǜqì gāi huàn le.

*过滤器 guòlǜqì 필터

점검이 필요하면 기사님을 부르세요.

要检修，得叫维修工。

Yào jiǎnxiū, děi jiào wéixiūgōng.

*维修工 wéixiūgōng 수리공

要检修，叫人来看看吧。

Yào jiǎnxiū, jiào rén lái kànkan ba.

실전회화

A 净水器的过滤器该换了。
Jìngshuǐqì de guòlǜqì gāi huàn le.
정수기 필터를 갈아야 합니다.

B **别随便动，要检修，得叫维修工。**
Bié suíbiàn dòng, yào jiǎnxiū, děi jiào wéixiūgōng.
아무거나 만지지 말고, 점검이 필요하면 기사님을 부르세요.

점검이 필요하면, AS센터에 전화하세요.

要检修，给售后服务处打电话。

Yào jiǎnxiū, gěi shòu hòu fúwùchù dǎ diànhuà.

기타 잡무

우편물 부치기

번호표 뽑으셨습니까?

拿号码牌了吗?

Ná hàomǎpái le ma?

빠른우편, 착불로 보내 주세요.

请用货到付款的方式寄快递。

Qǐng yòng huòdào fùkuǎn de fāngshì jì kuàidì.

배편[항공편]은 얼마나 걸리나요?

船运[航运]需要多长时间?

Chuányùn[Hángyùn] xūyào duō cháng shíjiān?

배편과 항공편은 가격 차이가 얼마인가요?

海运和空运价格差多少?

Hǎiyùn hé kōngyùn jiàgé chà duōshao?

항공 우편으로 보내 주세요.

请寄航空邮件。

Qǐng jì hángkōng yóujiàn.

Word tip 普通邮件 pǔtōng yóujiàn 일반 우편 | 挂号信 guàhàoxìn 등기 우편

상자에 뭐가 들었습니까?

箱子里有什么?

Xiāngzi li yǒu shénme?

귀중품일 경우 10%의 추가 운임이 붙습니다.

如果是贵重物品的话，追加10%的费用。 *追加 zhuījiā 추가하다

Rúguǒ shì guìzhòng wùpǐn dehuà, zhuījiā bǎi fēn zhī shí de fèiyòng.

국제 소포는 몇 킬로까지 보낼 수 있나요?

国际包裹最多能寄多少公斤?

Guójì bāoguǒ zuì duō néng jì duōshao gōngjīn?

잔심부름

곧 거래처에서 방문할 예정이니, 간식거리 좀 사 올래요?

一会儿有客人来访，请准备一些茶点，好吗?

Yíhuìr yǒu kèrén láifǎng, qǐng zhǔnbèi yìxiē chádiǎn, hǎo ma?

손님이 오셨네요, 차 좀 부탁해요.
客人来了，请拿杯茶过来。
Kèrén lái le, qǐng ná bēi chá guòlái.

손님이 오셨네요, 총무팀에서 주차권 좀 받아다 주세요.
客人来了，请帮忙到总务部拿一下停车券。
Kèrén lái le, qǐng bāngmáng dào zǒngwùbù ná yíxià tíngchēquàn.

의자 세 개 더 가져오세요.
请再拿三把椅子过来。
Qǐng zài ná sān bǎ yǐzi guòlái.

실전회화

A 秀贤，再拿三把椅子过来。
Xiùxián, zài ná sān bǎ yǐzi guòlái.
수현 씨, 의자 세 개 더 가져오세요.

B 好的，我去拿。
Hǎo de, wǒ qù ná.
네, 알겠습니다.

이것 좀 마흔 장 복사해 주세요.
请帮我把这个复印40张。
Qǐng bāng wǒ bǎ zhège fùyìn sìshí zhāng.

회의 참석자 수대로 이 서류 출력 좀 해 주세요.
这个文件请按照与会人数打印一下。
Zhège wénjiàn qǐng ànzhào yùhuì rénshù dǎyìn yíxià.

A사와 하기로 한 미팅 취소해 주세요.
和A公司的约会请帮我取消。
Hé A Gōngsī de yuēhuì qǐng bāng wǒ qǔxiāo.

영업팀 장○○ 씨에게 이것 좀 전해 주세요.
请帮我把这个转交给销售部的张先生。
Qǐng bāng wǒ bǎ zhège zhuǎnjiāo gěi xiāoshòubù de Zhāng xiānsheng.

팀장님께서 저녁으로 샌드위치를 드시고 싶다는데, 좀 사다 줄래요?
经理晚上想吃三明治，能帮忙买一下吗?
Jīnglǐ wǎnshang xiǎng chī sānmíngzhì, néng bāngmáng mǎi yíxià ma?

*三明治 sānmíngzhì 샌드위치

오늘 우리 팀 야근해야 하는데, 먹을 것 좀 사 올래요?
今天我们小组要加班，能买点吃的来吗?
Jīntiān wǒmen xiǎozǔ yào jiābān, néng mǎi diǎn chī de lái ma?

사내 모임

오늘 저녁에 회식합니다.

今天晚上有会餐。

Jīntiān wǎnshang yǒu huìcān.

＊会餐 huìcān 회식하다

실전회화

A 今天晚上有会餐。
Jīntiān wǎnshang yǒu huìcān.
오늘 저녁에 회식합니다.

B 好的，我会参加的。
Hǎo de, wǒ huì cānjiā de.
네, 꼭 참석하겠습니다.

회식에 못 오시는 분 계신가요?

有人不能参加聚餐吗?

Yǒu rén bù néng cānjiā jùcān ma?

저녁 식사에는 가급적 모두 참석하시고, 그 이후 시간은 원하는 대로 하시면 됩니다.

晚餐大家尽量都参加，晚餐结束后，其他活动自愿参加。

Wǎncān dàjiā jǐnliàng dōu cānjiā, wǎncān jiéshù hòu, qítā huódòng zìyuàn cānjiā.

회비는 얼마예요?

会费是多少?

Huìfèi shì duōshao?

오늘 회식 주메뉴는 뭔가요?

今天会餐的主打菜是什么?

Jīntiān huìcān de zhǔdǎcài shì shénme?

오늘 회식 총무는 어느 분이 맡으시겠어요?

今天的会餐谁来担任总务?

Jīntiān de huìcān shéi lái dānrèn zǒngwù?

서로 술을 억지로 권하지 마세요.

互相不要过分劝酒。

Hùxiāng búyào guòfèn quàn jiǔ.

Biz tip 중국인과의 회식 자리에서 술을 억지로 권하는 것은 큰 실례입니다. 중국인들이 술을 즐겨 마시긴 하지만, 흥청망청 마셔 대는 문화는 아닙니다. 가볍게 마시면서, 중국인들이 자주 쓰는 건배사를 건네며 흥을 돋워 보세요.

▶자주 쓰는 건배사

感情深一口闷，感情浅舔一舔。 정이 깊으면 원샷, 아니면 입만 대세요.
Gǎnqíng shēn yì kǒu mēn, gǎnqíng qiǎn tiǎn yi tiǎn.

无酒不成宴席。 술이 없는 자리는 잔치라 할 수 없죠.
Wú jiǔ bù chéng yànxí.

只要心里有，茶水也当酒。 마음만 있으면, 찻물도 술이 될 수 있죠.
Zhǐyào xīnli yǒu, cháshuǐ yě dāng jiǔ.

회사 야유회에 신청하십시오.

公司要组织去郊游，你也报名参加吧。

Gōngsī yào zǔzhī qù jiāoyóu, nǐ yě bàomíng cānjiā ba.

잊지 말고 내일 점심은 각자 챙겨 오십시오.

别忘了明天各自带午饭来。

Bié wàngle míngtiān gèzì dài wǔfàn lái.

Word tip 零食 língshí 간식거리 | 饮料 yǐnliào 음료

도시락은 회사에서 준비하니, 마실 것만 챙겨 오시면 됩니다.

便当由公司来准备，大家只准备自己喝的饮料就行。

Biàndāng yóu gōngsī lái zhǔnbèi, dàjiā zhǐ zhǔnbèi zìjǐ hē de yǐnliào jiù xíng.

*便当 biàndāng 도시락

직원 경조사

이○○ 씨의 결혼 소식 들었나요?

你听说小李要结婚了吗?

Nǐ tīngshuō Xiǎo Lǐ yào jiéhūn le ma?

축의금은 얼마나 하는 게 좋을까요?

出多少份子合适呢?

Chū duōshao fènzi héshì ne?

*份子 fènzi 부조금

礼金给多少合适呢?

Lǐjīn gěi duōshao héshì ne?

*礼金 lǐjīn 축의금

축의금으로 5만 원 내려고요.

我出5万的份子。

Wǒ chū wǔwàn de fènzi.

礼金我给5万。

Lǐjīn wǒ gěi wǔwàn.

Biz tip 중국인 동료에게 결혼식 초대를 받았다면, 축의금으로 얼마를 하는 게 좋을까요? 자신의 형편에 맞춰서 하면 되지만, 중국인들이 싫어하는 숫자인 4와 7이 들어간, 400위안이나 700위안은 피하는 것이 좋습니다. 또한 300위안 역시, 숫자 3의 발음 'sān'이 '흩어지다'라는 뜻의 '散 sàn'과 비슷해 잘 하지 않습니다. 중국인들은 축의금으로 '순조롭다'라는 뜻의 '流 liú'와 발음이 비슷해 선호하는 600위안이나, '큰돈을 벌다'라는 뜻의 '发财 fācái'의 fā와 발음이 비슷해 가장 좋아하는 숫자인 '八 bā'가 들어간 800위안 또는 888위안을 많이 한다고 합니다.

어제 이 주임님 어머니께서 돌아가셨어요.

李主任的母亲昨天去世了。

Lǐ zǔrèn de mǔqīn zuótiān qùshì le.

정말 유감입니다. [제삼자의 안 좋은 소식을 들었을 때]

怎么会这样?
Zěnme huì zhèyàng?

他该多伤心啊。
Tā gāi duō shāngxīn a.

他肯定特别伤心。
Tā kěndìng tèbié shāngxīn.

真让人难过。
Zhēn ràng rén nánguò.

실전회화

A **听说小张的父亲去世了，真让人难过。**
Tīngshuō Xiǎo Zhāng de fùqīn qùshì le, zhēn ràng rén nánguò.
샤오장 아버님께서 돌아가셨다니, 정말 유감이에요.

B **就是啊，这周五我们要一起去参加葬礼。**
Jiù shì a, zhè zhōuwǔ wǒmen yào yìqǐ qù cānjiā zànglǐ.
그러게 말이에요. 이번 주 금요일에 모두 함께 장례식에 가려고요.

오늘 퇴근하고 같이 문상 가요.

今天下班后一起去吊丧吧。
Jīntiān xiàbān hòu yìqǐ qù diàosāng ba.

* 吊丧 diàosāng 문상하다

내일이 샤오장 생일이에요.

明天是小张的生日。
Míngtiān shì Xiǎo Zhāng de shēngrì.

우리 샤오장에게 서프라이즈 파티를 해 주는 건 어때요?

咱们给小张办个生日晚会，给他一个惊喜，怎么样?
Zánmen gěi Xiǎo Zhāng bàn ge shēngrì wǎnhuì, gěi tā yí ge jīngxǐ, zěnmeyàng?

돈 걷어서 샤오장 줄 선물을 사도록 하죠.

咱们凑钱给小张买生日礼物吧。
Zánmen còuqián gěi Xiǎo Zhāng mǎi shēngrì lǐwù ba.

실전회화

A **咱们要准备给小张过生日。**
Zánmen yào zhǔnbèi gěi Xiǎo Zhāng guò shēngrì.
샤오장 생일 파티 준비해야 해요.

B **咱们凑钱给小张买生日礼物吧。**
Zánmen còuqián gěi Xiǎo Zhāng mǎi shēngrì lǐwù ba.
돈 걷어서 샤오장 줄 선물을 사도록 하죠.

이○○ 씨 댁에 아기가 태어났어요.

小李的孩子出生了。
Xiǎo Lǐ de háizi chūshēng le.

동료와의 대화

02-5.mp3

자기 계발

업무 능력을 향상하고자 어떤 노력을 하고 있나요?

为了提高自己的工作能力，你都做了哪些努力？
Wèile tígāo zìjǐ de gōngzuò nénglì, nǐ dōu zuòle nǎxiē nǔlì?

커뮤니케이션을 잘하는 비결이 없을까요?

要进行良好沟通，秘诀有哪些？
Yào jìnxíng liánghǎo gōutōng, mìjué yǒu nǎxiē?

*良好 liánghǎo 훌륭하다, 좋다

프레젠테이션 제작 방법과 발표 스킬을 공부하고 있어요.

我正在学习PPT制作方法与演讲技巧。
Wǒ zhèngzài xuéxí PPT zhìzuò fāngfǎ yǔ yǎnjiǎng jìqiǎo.

요즘 댄스 수업을 받고 있어요.

我最近正在学习跳舞。
Wǒ zuìjìn zhèngzài xuéxí tiàowǔ.

실전회화

A 我最近正在学习跳舞。
Wǒ zuìjìn zhèngzài xuéxí tiàowǔ.
요즘 댄스 수업을 받고 있어요.

B 真不错呀！我正在学习冥想。业余时间要过得有意义。
Zhēn búcuò ya! Wǒ zhèngzài xuéxí míngxiǎng. Yèyú shíjiān yào guò de yǒu yìyì.
정말 멋지네요! 저는 명상하는 법을 배우고 있어요. 여가 시간을 의미 있게 보내고 싶거든요.

중국어 공부를 다시 하고 싶어요.

我想重新开始学习汉语。
Wǒ xiǎng chóngxīn kāishǐ xuéxí Hànyǔ.

Word tip 英语 Yīngyǔ 영어 | 日语 Rìyǔ 일본어 | 西班牙语 Xībānyáyǔ 스페인어 | 广东话 guǎngdōnghuà 광둥어

이게 업무에 집중하는 데 도움이 돼요.

这个能帮助我集中精力工作。
Zhège néng bāngzhù wǒ jízhōng jīnglì gōngzuò.

이게 여가를 즐기는 데 도움이 돼요.

这个能帮助我享受业余生活。
Zhège néng bāngzhù wǒ xiǎngshòu yèyú shēnghuó.

이게 업무 능력을 향상시키는 데 도움이 돼요.

这个对提高我的工作能力有帮助。

Zhège duì tígāo wǒ de gōngzuò nénglì yǒu bāngzhù.

한 달에 책을 몇 권이나 읽어요?

你一个月读几本书?

Nǐ yí ge yuè dú jǐ běn shū?

일주일에 책 한 권은 읽으려고 노력해요.

我坚持每周读一本书。

Wǒ jiānchí měi zhōu yì běn shū.

일을 잘하려면 체력도 중요해요.

要想工作做得好，体力也很重要。

Yào xiǎng gōngzuò zuò de hǎo, tǐlì yě hěn zhòngyào.

일주일에 세 번 운동해요.

我一周运动三次。

Wǒ yì zhōu yùndòng sān cì.

아무리 바빠도 매일 꾸준히 운동을 해요.

再忙我也会坚持每天运动。

Zài máng wǒ yě huì jiānchí měi tiān yùndòng.

아무리 바빠도 스터디는 빠지지 않아요.

再忙我也会坚持参加学习小组的活动。

Zài máng wǒ yě huì jiānchí cānjiā xuéxí xiǎozǔ de huódòng.

아무리 바빠도 외국어 학원은 빠지지 않아요.

再忙我也会去外语补习班学习。

Zài máng wǒ yě huì qù wàiyǔ bǔxíbān xuéxí.

지나친 자기 계발도 좋지 않아요.

太过于注重自我开发也不好。

Tài guòyú zhùzhòng zìwǒ kāifā yě bù hǎo.

실전회화

A 太过于注重自我开发也不好。
Tài guòyú zhùzhòng zìwǒ kāifā yě bù hǎo.
지나친 자기 계발도 좋지 않아요.

B 当然，什么事情都是过犹不及。
Dāngrán, shénme shìqing dōu shì guòyóubùjí.
물론이죠. 모든 일은 과유불급이라고 하잖아요.

*过犹不及 guòyóubùjí 과유불급, 지나침은 미치지 못하는 것과 같다

승진

올해가 승진 평가 해예요.

今年要进行晋升评估考核。 *评估 pínggū 평가하다　考核 kǎohé 심사하다

Jīnnián yào jìnxíng jìnshēng pínggū kǎohé.

今年要评职称。 *评 píng 심사하다　职称 zhíchēng 직무상 칭호

Jīnnián yào píng zhíchēng.

승진 시험은 무엇을 준비해야 하나요?

晋升评估考核得做哪些准备?

Jìnshēng pínggū kǎohé děi zuò nǎxiē zhǔnbèi?

실무 시험이 있고, 영어 말하기 시험은 토익이나 토플 성적으로 대체 가능해요.

要准备业务考核，英语可用托业或托福成绩代替。

Yào zhǔnbèi yèwù kǎohé, Yīngyǔ kě yòng tuōyè huò tuōfú chéngjì dàitì.

승진을 해서 기뻐요.

我升职了，所以很高兴。

Wǒ shēngzhí le, suǒyǐ hěn gāoxìng.

내년에는 승진했으면 좋겠어요.

希望我明年能升职。

Xīwàng wǒ míngnián néng shēngzhí.

내년에는 승진하고 말 거예요.

明年我一定争取升职。 *争取 zhēngqǔ 노력하여 달성하다

Míngnián wǒ yídìng zhēngqǔ shēngzhí.

이제 더 큰 책임이 필요할 때죠.

现在需要更强的责任意识。 *意识 yìshi 의식하다

Xiànzài xūyào gèng qiáng de zérèn yìshi.

Biz tip 중국의 직급은 일반적으로 '职员 → 主任 → 主管 → 副经理 → 经理' 순입니다. 회사의 규모에 따라 한국의 '사원 → 대리 → 과장 → 차장 → 부장'의 직급이 될 수도 있고, '사원 → 중간 관리자 → 팀장 → 임원 → 대표'의 직급이 될 수도 있습니다. 중국과 제대로 된 비즈니스를 하려면, '중국식' 직급 체계에도 익숙해지는 게 좋겠죠.

A 成为了经理，感觉如何?
Chéngwéile jīnglǐ, gǎnjué rúhé?
팀장이 되니까 느낌이 어때요?

B 现在需要更强的责任意识。
Xiànzài xūyào gèng qiáng de zérèn yìshi.
이제 더 큰 책임이 필요할 때죠.

승진하면 월급은 얼마나 오르나요?

升职后工资会涨多少?
Shēngzhí hòu gōngzī huì zhǎng duōshao?

동기 가운데 저만 아직까지 진급을 못 했어요.

除了我以外，跟我一起进入公司的同事都升职了。
Chúle wǒ yǐwài, gēn wǒ yìqǐ jìnrù gōngsī de tóngshì dōu shēngzhí le.

이번에도 승진을 하지 못하면, 회사를 그만둬야 해요.

这次也不能晋升的话，我就该辞职了。
Zhè cì yě bù néng jìnshēng dehuà, wǒ jiù gāi cízhí le.

* 辞职 cízhí 회사를 그만두다

이○○ 씨 승진 선물로 뭐가 좋을까요?

这次小李晋升了，送他什么礼物好呢?
Zhè cì Xiǎo Lǐ jìnshèng le, sòng tā shénme lǐwù hǎo ne?

잡담

스포츠 좋아하세요?

你喜欢运动吗?
Nǐ xǐhuan yùndòng ma?

실전회화

A **你喜欢运动吗?**
Nǐ xǐhuan yùndòng ma?
스포츠 좋아하세요?

B **喜欢，我是棒球迷。**
Xǐhuan, wǒ shì bàngqiúmí.
좋아하죠, 야구광이에요.

회의는 어땠어요?

会议进行得怎么样?
Huìyì jìnxíng de zěnmeyàng?

会议进行得顺利吗?
Huìyì jìnxíng de shùnlì ma?

실전회화

A **会议进行得顺利吗?**
Huìyì jìnxíng de shùnlì ma?
회의는 어땠어요?

B **还不错，就是会议时间太长了。**
Hái búcuò, jiù shì huìyì shíjiān tài cháng le.
그럭저럭 괜찮았어요. 다만 너무 오래 걸렸네요.

점심은 뭐 먹을래요?

午饭吃什么?
Wǔfàn chī shénme?

그 사람 덕분에 프로젝트를 성공적으로 마무리할 수 있었어요.

多亏有那个人，使这个项目成功落幕。
Duōkuī yǒu nàge rén, shǐ zhège xiàngmù chénggōng luòmù.

*多亏 duōkuī 덕분에 落幕 luòmù 막을 내리다

이번에 보너스 나온다면서요?

听说这次发奖金? *奖金 jiǎngjīn 보너스, 상여금
Tīngshuō zhè cì fā jiǎngjīn?

그 사람은 분위기 파악을 너무 못해요.

那个人太不识趣。 *识趣 shíqù 분위기 파악을 잘하다
Nàge rén tài bù shíqù.

이 팀장님이 화난 것 같아요.

李经理好像生气了。
Lǐ jīnglǐ hǎoxiàng shēngqì le.

이 팀장님이 그만두신 게 실은 해고를 당한 거라던데, 정말이에요?

听说李经理其实是被炒鱿鱼了，是真的吗?
Tīngshuō Lǐ jīnglǐ qíshí shì bèi chǎo yóuyú le, shì zhēn de ma?

*炒鱿鱼 chǎo yóuyú 해고하다

사과하기

오해해서 죄송합니다.

真对不起我误会了。
Zhēn duìbuqǐ wǒ wùhuì le.

죄송해요, 벌써 이 일을 끝마치셨는지 몰랐습니다.

真对不起，没想到这项工作你已经做完了。
Zhēn duìbuqǐ, méi xiǎngdào zhè xiàng gōngzuò nǐ yǐjīng zuòwán le.

이 내용을 보고드리지 못한 제 실수입니다.

这个内容我没有向您报告，这是我的错误。
Zhège nèiróng wǒ méiyǒu xiàng nín bàogào, zhè shì wǒ de cuòwù.

제 잘못입니다, 정말 죄송합니다.

非常抱歉，我弄错了。
Fēicháng bàoqiàn, wǒ nòngcuò le.

기분 상한 거 아니시죠?

我没有冒犯您吧？ *冒犯 màofàn 기분을 상하게 하다

Wǒ méiyǒu màofàn nín ba?

您没有不高兴吧？

Nín méiyǒu bù gāoxìng ba?

도움을 드리지 못해 정말 죄송합니다.

没能帮上忙，真不好意思。

Méi néng bāngshang máng, zhēn bù hǎoyìsi.

오히려 모두에게 폐를 끼쳐 정말 죄송합니다.

反而给大家添了麻烦，真对不起。

Fǎn'ér gěi dàjiā tiānle máfan, zhēn duìbuqǐ.

시간을 많이 뺏어서 죄송합니다.

不好意思，占用了您很多时间。

Bù hǎoyìsi, zhànyòngle nín hěn duō shíjiān.

정말 몰랐어요, 죄송합니다.

我真不知道，对不起。

Wǒ zhēn bù zhīdào, duìbuqǐ.

제가 말실수를 했네요, 경솔했습니다.

我说错话了，是我太草率了。 *草率 cǎoshuài 경솔하다

Wǒ shuōcuò huà le, shì wǒ tài cǎoshuài le.

불쾌하게 한 점 정말 죄송합니다.

让您感到不愉快， 真对不起。

Ràng nín gǎndào bù yúkuài, zhēn duìbuqǐ.

제가 잘못 생각했습니다.

我想错了。

Wǒ xiǎngcuò le.

앞으로는 더욱 조심하겠습니다.

今后我一定会多加注意。

Jīnhòu wǒ yídìng huì duō jiā zhùyì.

今后我一定会谨慎行事。

Jīnhòu wǒ yídìng huì jǐnshèn xíngshì.

두 번 다시는 이런 일이 없도록 주의하겠습니다.

我一定注意，再也不会让这种事发生了。

Wǒ yídìng zhùyì, zài yě bú huì ràng zhè zhǒng shì fāshēng le.

용서하기

사과 받아들이겠습니다.

我接受你的道歉。

Wǒ jiēshòu nǐ de dàoqiàn.

이제 괜찮습니다.

现在没事了。

Xiànzài méishì le.

어제는 좀 불쾌했지만, 이제 괜찮습니다.

昨天心里有些不痛快，现在没事了。

Zuótiān xīnli yǒuxiē bú tòngkuai, xiànzài méishì le.

나쁜 의도가 아니였다는 건 알고 있습니다.

我知道你没有恶意。 *恶意 èyì 악의

Wǒ zhīdào nǐ méiyǒu èyì.

我知道你不是存心那样说的。

Wǒ zhīdào nǐ bú shì cúnxīn nàyàng shuō de.

너무 심각하게 생각하지 마십시오.

不要想得太严重。

Búyào xiǎng de tài yánzhòng.

신경 쓰지 마십시오.

不用费心。

Búyòng fèixīn.

别太在意。

Bié tài zàiyì.

이번엔 제가 이해할게요. [부드러운 어기]

这次的事，我理解您。

Zhè cì de shì, wǒ lǐjiě nín.

이번엔 제가 이해할게요. [경고성을 띤 어기]

这次我就大人大量，暂且理解您。

Zhè cì wǒ jiù dàrén dàliàng, zànqiě lǐjiě nín.

이번 한 번만 그냥 넘어가겠습니다.

这次我就不计较了，但仅此一次。 *计较 jìjiào 문제시하다

Zhè cì wǒ jiù bú jìjiào le, dàn jǐn cǐ yí cì.

다음번에는 주의하세요.

请你下次注意。

Qǐng nǐ xià cì zhùyì.

감사하기

정말 큰 도움이 되었습니다, 고맙습니다.

感谢您帮了我一个大忙。

Gǎnxiè nín bāngle wǒ yí ge dà máng.

멘토 역할을 해 주셔서 고맙습니다.

非常感谢您指导我们。

Fēicháng gǎnxiè nín zhǐdǎo wǒmen.

Biz tip 한국 기업에서는 선후배 간의 '멘토(mentor)'와 '멘티(mentee)' 관계가 자연스러운데요. 영어에서 가져온 이 표현은 바꾸어 쓸 만한 중국어 명사형 단어가 아직은 없습니다. 이렇게 중국어에 없는 표현을 억지로 직역해 쓰지 마세요. 서술형으로 풀어 쓰는 중국어 표현을 그대로 가져다 쓰는 게 가장 자연스럽습니다.

함께 일할 수 있게 되어 영광입니다.

很荣幸能一起共事。

Hěn róngxìng néng yìqǐ gòngshì.

실전회화

A 很荣幸能一起共事。
Hěn róngxìng néng yìqǐ gòngshì.
함께 일할 수 있게 되어 영광입니다.

B 我也非常高兴。
Wǒ yě fēicháng gāoxìng.
저도 정말 기쁘네요.

함께 일할 수 있어서 즐거웠습니다.

一起共事，让我感到很愉快。

Yìqǐ gòngshì, ràng wǒ gǎndào hěn yúkuài.

걱정해 주셔서 정말 고맙습니다.

真感谢您还挂念着我。

Zhēn gǎnxiè nín hái guàniànzhe wǒ.

*挂念 guàniàn 염려하다

배려해 주셔서 정말 고맙습니다.

非常感谢您对我的照顾。

Fēicháng gǎnxiè nín duì wǒ de zhàogu.

그렇게 말씀해 주시니 정말 고맙습니다.

您说这些话，让我万分感谢。

Nín shuō zhèxiē huà, ràng wǒ wànfēn gǎnxiè.

덕분에 큰 위로가 됐습니다.

您给了我很大的安慰。

Nín gěile wǒ hěn dà de ānwèi.

*安慰 ānwèi 위로하다

간단한 응답

아, 그렇군요. / 알아들었습니다. / 이해했습니다.

啊，我知道了。
Ā, wǒ zhīdào le.

啊，我听懂了。
Ā, wǒ tīngdǒng le.

啊，我懂了。
Ā, wǒ dǒng le.

그래요?

是吗?
Shì ma?

잘됐네요!

那太好了!
Nà tài hǎo le!

그럼요. [동의나 승낙]

当然可以。
Dāngrán kěyǐ.

이해가 안 되네요.

我不太明白。
Wǒ bú tài míngbai.

다시 한번 말씀해 주시겠어요?

您能再说一遍吗?
Nín néng zài shuō yí biàn ma?

잘 모르겠어요.

我不太清楚。
Wǒ bú tài qīngchu.

전화상으로 명확하게 의사 전달하기!

이메일 작성이나 문서 작성을 잘하는 중국어 실력자들 중에도 전화 통화를 꺼리는 사람이 많습니다. 전화는 직접 만나지 않고 소통할 수 있어 편리한 반면, 상대가 보이지 않는 상태에서 말로만 이루어지기 때문에 직접 보고 이야기할 때나 문서로 전달할 때보다 오해의 소지나 의도가 제대로 전달되지 않을 가능성이 많기 때문입니다. 또, 비즈니스 격식도 갖추어 말해야 하고요.

PART 3의 '전화 업무 - 메시지 남기기 - 전화로 일정 잡기 - 전화 사용 시 불편 사항'을 보고 자주 쓰는 표현을 골라 '나만의 전화 매뉴얼'을 만들어 보세요. 표현을 미리 익혀둔다면 더는 전화벨이 두렵지 않을 거예요.

전화 업무

03-1.mp3

전화 받기

여보세요, 대한무역 장밍입니다.

喂？我是大韩贸易的张明。

Wéi? Wǒ shì Dàhán Màoyì de Zhāng Míng.

여보세요, 이○○입니다.

喂？我是李○○。

Wéi? Wǒ shì Lǐ OO.

여보세요, 해외영업팀 김○○입니다.

喂？我是海外销售部的金○○。

Wéi? Wǒ shì hǎiwài xiāoshòubù de Jīn OO.

여보세요, 대한무역입니다.

喂？我是大韩贸易。

Wéi? Wǒ shì Dàhán Màoyì.

무엇을 도와드릴까요?

请问有什么可以帮您?

Qǐngwèn yǒu shénme kěyǐ bāng nín?

有什么需要帮忙的吗?

Yǒu shénme xūyào bāngmáng de ma?

실전회화

A 喂？我是海外销售部的金宝英。
Wéi? Wǒ shì hǎiwài xiāoshòubù de Jīn Bǎoyīng.
여보세요, 해외영업팀 김보영입니다.

B 喂？您好，我是首尔毛纺的李海林。
Wéi? Nín hǎo, wǒ shì Shǒu'ěr Máofǎng de Lǐ Hǎilín.
여보세요, 안녕하세요, 서울모직 이해림입니다.

A 请问有什么可以帮您?
Qǐngwèn yǒu shénme kěyǐ bāng nín?
무엇을 도와드릴까요?

B 我想了解一下这周五将要举行的销售报告的一些情况。
Wǒ xiǎng liǎojiě yíxià zhè zhōuwǔ jiāng yào jǔxíng de xiāoshòu bàogào de yìxiē qíngkuàng.
금요일로 예정되어 있는 영업 프레젠테이션에 관해 알고 싶어서 전화드렸습니다.

A 好的，我帮您把电话转给相关负责人。
Hǎo de, wǒ bāng nín bǎ diànhuà zhuǎn gěi xiāngguān fùzérén.
네, 담당자를 연결해 드리겠습니다.

네, 접니다.

对，我就是。

Duì, wǒ jiù shì.

장밍입니다, 무슨 일이십니까?

我就是张明，有什么事吗?

Wǒ jiù shì Zhāng Míng, yǒu shénme shì ma?

누구십니까?

您是哪位?

Nín shì nǎ wèi?

죄송합니다. 실례지만 누구십니까?

对不起，请问您是哪位?

Duìbuqǐ, qǐngwèn nín shì nǎ wèi?

어디십니까?

您是哪里?

Nín shì nǎlǐ?

실전회화

A 麻烦您请转经理办公室。
Máfan nín qǐng zhuǎn jīnglǐ bàngōngshì.
실례합니다만, 대표실로 연결 부탁드립니다.

B **您是哪里?**
Nín shì nǎlǐ?
어디십니까?

성함이 어떻게 되십니까?

您贵姓?

Nín guìxìng?

Biz tip 한국어에는 이름을 묻는 다양한 표현이 있지만, 중국어에는 딱 두 가지입니다. 또래라면 '你叫什么名字?', 예의를 갖춰야 하거나 낯선 사람에게는 '您贵姓?'이라고 묻습니다.

어느 회사의 누구십니까?

您是哪个公司的? 您贵姓?

Nín shì nǎge gōngsī de? Nín guìxìng?

풀 네임을 여쭤봐도 될까요?

可以问一下您的全名吗?

Kěyǐ wèn yíxià nín de quán míng ma?

네, 알겠습니다.

好的，知道了。

Hǎo de, zhīdào le.

담당자인 김○○입니다.

我是负责人金○○。

Wǒ shì fùzérén Jīn OO.

전화 바꿨습니다. 해외영업팀 담당자 이○○입니다.

喂，我是海外销售部的负责人李○○。

Wéi, wǒ shì hǎiwài xiāoshòubù de fùzérén Lǐ OO.

Biz tip 한국에서는 전화를 연결해 받았을 때 '전화 바꿨습니다.'라고 하지만, 중국에서는 이런 표현을 잘 쓰지 않습니다. 한국어를 직역하기보다는, 중국인의 문화와 언어 자체를 기억하여 활용하세요.

저희 쪽에서 먼저 전화드렸어야 했는데, 정말 죄송합니다.

本来应该是我们先给您打电话的，非常抱歉。

Běnlái yīnggāi shì wǒmen xiān gěi nín dǎ diànhuà de, fēicháng bàoqiàn.

전화 걸기

대한무역 베이징 지점의 이○○라고 합니다.

我是大韩贸易北京分公司的李○○。

Wǒ shì Dàhán Màoyì Běijīng fēngōngsī de Lǐ OO.

장밍입니다, 베이징에서 전화드립니다.

我是张明，我现在在北京给您打电话。

Wǒ shì Zhāng Míng, wǒ xiànzài zài Běijīng gěi nín dǎ diànhuà.

방금 전화드렸던 사람입니다.

我刚才打过电话。

Wǒ gāngcái dǎguo diànhuà.

조금 전에 저와 통화했던 분이십니까?

您是刚才跟我通过电话的那位吗?

Nín shì gāngcái gēn wǒ tōngguo diànhuà de nà wèi ma?

조금 전에 전화드렸던 장밍입니다. 이○○ 씨 돌아오셨나요?

我是刚才给您打过电话的张明，李○○先生回来了吗?

Wǒ shì gāngcái gěi nín dǎguo diànhuà de Zhāng Míng, Lǐ OO xiānsheng huílái le ma?

몇 차례 전화드렸습니다.

我打过几次电话。

Wǒ dǎguo jǐ cì diànhuà.

그분과 직접 통화했으면 합니다.

我觉得跟他直接通电话比较好。
Wǒ juéde gēn tā zhíjiē tōng diànhuà bǐjiào hǎo.

我可以跟他直接通电话，好吗?
Wǒ kěyǐ gēn tā zhíjiē tōng diànhuà, hǎo ma?

이○○ 씨 계십니까?

李OO先生在吗?
Lǐ OO xiānsheng zài ma?

실전회화

A 喂，您好!
Wéi, nín hǎo!
여보세요?

B 销售部的李大韩先生在吗?
Xiāoshòubù de Lǐ Dàhán xiānsheng zài ma?
영업팀 이대한 씨 계십니까?

A 请稍等。
Qǐng shāo děng.
잠시만 기다려 주세요.

이○○ 씨 좀 바꿔 주세요.

请让李OO先生接一下电话。
Qǐng ràng Lǐ OO xiānsheng jiē yíxià diànhuà.

영업팀 부탁합니다.

请转销售部。
Qǐng zhuǎn xiāoshòubù.

영업팀 이○○ 씨와 통화할 수 있을까요?

能让销售部的李OO[李先生/李小姐]接一下电话吗?
Néng ràng xiāoshòubù de Lǐ OO[Lǐ xiānsheng/Lǐ xiǎojie] jiē yíxià diànhuà ma?

이○○ 씨 전화 맞습니까?

是李OO先生的电话吗?
Shì Lǐ OO xiānsheng de diànhuà ma?

전화하셨다고요?

您给我打过电话?
Nín gěi wǒ dǎguo diànhuà?

刚才您打过电话。
Gāngcái nín dǎguo diànhuà.

听说您给我打过电话。
Tīngshuō nín gěi wǒ dǎguo diànhuà.

점심시간에 전화드려 정말 죄송합니다.

啊，现在是午饭时间。这个时间给您打电话，真对不起。
À, xiànzài shì wǔfàn shíjiān. Zhège shíjiān gěi nín dǎ diànhuà, zhēn duìbuqǐ.

통화 괜찮으십니까?

可以通电话吗?
Kěyǐ tōng diànhuà ma?

죄송합니다만, 10분 뒤에 다시 전화드려도 되겠습니까?

对不起，我十分钟后再给您打电话可以吗?
Duìbuqǐ, wǒ shí fēnzhōng hòu zài gěi nín dǎ diànhuà kěyǐ ma?

그분 언제 돌아오시는지 아십니까?

您知道他什么时候回来吗?
Nín zhīdào tā shénme shíhou huílái ma?

전화 연결하기

어느 부서로 연결해 드릴까요?

帮您把电话转到哪个部门?
Bāng nín bǎ diànhuà zhuǎndào nǎge bùmén?

*部门 bùmén 부서, 부문

잠시만 기다려 주세요.

请稍等。
Qǐng shāo děng.

장 주임님 바꿔 드리겠습니다.

我帮您把电话转给张主任。
Wǒ bāng nín bǎ diànhuà zhuǎn gěi Zhāng zhǔrèn.

연결해 드릴 테니, 전화 끊지 말고 잠시만 기다려 주세요.

我帮您转过去，不要挂断，请稍等。
Wǒ bāng nín zhuǎn guòqù, búyào guàduàn, qǐng shāo děng.

*挂断 guàduàn 전화를 끊다

A 可以请海外销售部的职员接电话吗?
Kěyǐ qǐng hǎiwài xiāoshòubù de zhíyuán jiē diànhuà ma?
해외영업팀 직원과 통화할 수 있습니까?

B 当然可以。我帮您转过去，不要挂断，请稍等。
Dāngrán kěyǐ. Wǒ bāng nín zhuǎn guòqù, búyào guàduàn, qǐng shāo děng.
물론입니다. 연결해 드릴 테니, 전화 끊지 말고 잠시만 기다려 주세요.

전화 끊지 말고 잠시만 기다려 주세요, 바로 장○○ 씨 연결해 드리겠습니다.

请别挂断，稍等，马上帮您转给张先生。
Qǐng bié guàduàn, shāo děng, mǎshàng bāng nín zhuǎn gěi Zhāng xiānsheng.

고객서비스팀에 전화 연결해 드리겠습니다.

我帮您把电话转给客户服务部。
Wǒ bāng nín bǎ diànhuà zhuǎn gěi kèhù fúwùbù.

담당자를 연결해 주시겠어요?

请帮我转给负责人，可以吗?
Qǐng bāng wǒ zhuǎn gěi fùzérén, kěyǐ ma?

실전회화

A **我想跟产品负责人通电话，帮我转给负责人，可以吗?**
Wǒ xiǎng gēn chǎnpǐn fùzérén tōng diànhuà, bāng wǒ zhuǎn gěi fùzérén, kěyǐ ma?
제품 담당자와 통화하고 싶습니다. 담당자를 연결해 주시겠어요?

B **好的，请稍等。**
Hǎo de, qǐng shāo děng.
네. 잠시만 기다려 주세요.

영업팀 이○○ 씨 연결 부탁드립니다.

请转销售部的李○○先生。
Qǐng zhuǎn xiāoshòubù de Lǐ OO xiānsheng.

내선 번호 456으로 연결 부탁드립니다.

请转456。
Qǐng zhuǎn sì wǔ liù.

476번 왕○○ 씨요? 잠시만 기다려 주세요, 연결해 드리겠습니다.

476，王○○吗? 请稍等，我帮您转过去。
Sì qī liù, Wáng OO ma? Qǐng shāo děng, wǒ bāng nín zhuǎn guòqù.

A **请转476，王小姐。**
Qǐng zhuǎn sì qī liù, Wáng xiǎojie.
내선번호 476, 왕리리 씨 부탁합니다.

B **476，王丽丽吗? 请稍等，我帮您转过去。**
Sì qī liù, Wáng Lìlì ma? Qǐng shāo děng, wǒ bāng nín zhuǎn guòqù.
476번 왕리리 씨요? 잠시만 기다려 주세요, 연결해 드리겠습니다.

내선 연결이 잘못된 것 같습니다.

分机好像打错了。 *分机 fēnjī 구내전화
Fēnjī hǎoxiàng dǎcuò le.

연결이 잘못된 것 같아요, 영업 담당자 부탁합니다.

你们帮我转得不对，我要找的是销售负责人。
Nǐmen bāng wǒ zhuǎn de búduì, wǒ yào zhǎo de shì xiāoshòu fùzérén.

죄송합니다만, 내선 연결이 잘못된 것 같습니다. 영업팀 이대한 씨와 통화하려고 합니다.

对不起，分机好像打错了。我想找销售部的李大韩先生。

Duìbuqǐ, fēnjī hǎoxiàng dǎcuò le. Wǒ xiǎng zhǎo xiāoshòubù de Lǐ Dàhán xiānsheng.

실전회화

A **对不起，分机好像打错了。我想找销售部的李大韩先生。**
Duìbuqǐ, fēnjī hǎoxiàng dǎcuò le. Wǒ xiǎng zhǎo xiāoshòubù de Lǐ Dàhán xiānsheng.
죄송합니다만, 내선 연결이 잘못된 것 같습니다. 영업팀 이대한 씨와 통화하려고 합니다.

B **对不起，请再等一下。**
Duìbuqǐ, qǐng zài děng yíxià.
죄송합니다, 잠시만 더 기다려 주세요.

어느 분을 찾으시죠?

您要找的是哪一位?

Nín yào zhǎo de shì nǎ yí wèi?

여기 장씨 성인 분이 두 분 계십니다. 어느 분을 찾으시죠?

我们这儿有两位姓张的，请问您要找的是哪一位?

Wǒmen zhèr yǒu liǎng wèi xìng Zhāng de, qǐngwèn nín yào zhǎo de shì nǎ yí wèi?

말씀하신 성함과 같은 분이 두 분 계십니다.

叫这个名字的有两位。

Jiào zhège míngzi de yǒu liǎng wèi.

이 팀장님께서는 지금 자리에 안 계십니다.

李经理现在不在。

Lǐ jīnglǐ xiànzài búzài.

李经理现在不在座位上。

Lǐ jīnglǐ xiànzài búzài zuòwèi shàng.

이 팀장님께서는 이번 주에 부재중이십니다.

李经理这周不在。

Lǐ jīnglǐ zhè zhōu búzài.

고객분과 이야기 중이십니다.

他在和客户说话。

Tā zài hé kèhù shuōhuà.

회의 중이십니다.

他正在开会。

Tā zhèngzài kāihuì.

이 주임님께서는 회의하러 가셨습니다.

李主任去开会了。

Lǐ zhǔrèn qù kāihuì le.

방금 나가셨습니다.

他刚刚出去。

Tā gānggāng chūqù.

이 주임님께서는 점심 드시러 가셨습니다.

李主任去吃午饭了。

Lǐ zhǔrèn qù chī wǔfàn le.

오늘은 내내 외근이십니다.

他今天一整天都跑外勤。

Tā jīntiān yì zhěngtiān dōu pǎo wàiqín.

출장 중이십니다.

他去出差了。

Tā qù chūchāi le.

他现在在外出差。

Tā xiànzài zàiwài chūchāi.

출장차 밀라노에 가셨습니다.

他出差去米兰诺了。

Tā chūchāi qù Mǐlánnuò le.

*米兰诺 Mǐlánnuò 밀라노[이탈리아의 도시명]

곧 돌아오실 겁니다.

他马上就回来。

Tā mǎshàng jiù huílái.

한 시간 후에 돌아오실 겁니다.

他一个小时后回来。

Tā yí ge xiǎoshí hòu huílái.

고객분과 나가셨는데, 몇 시간 후에는 돌아오실 겁니다.

他跟客户出去了，几个小时后会回来。

Tā gēn kèhù chūqù le, jǐ ge xiǎoshí hòu huì huílái.

죄송합니다만, 전화를 안 받으십니다.

对不起，现在没人接电话。

Duìbuqǐ, xiànzài méi rén jiē diànhuà.

잠시 후 556-3021로 직접 전화해 보시겠어요?

过一会儿您直接拨打5563021吧。 *拨打 bōdǎ 전화를 걸다

Guò yíhuìr nín zhíjiē bōdǎ wǔ wǔ liù sān líng èr yāo ba.

Word tip 숫자 1은 원래 'yī'라고 읽는데, 전화번호나 방 호수, 세 자릿수 이상의 버스 번호 등을 말할 때는 'yāo'로 읽습니다. 'yī' 발음이 숫자 '7'의 중국어 발음 'qī'와 비슷하기 때문에, 구분하기 이렇게 발음합니다.

안부 묻기

안녕하세요, 어쩐 일이세요?

您好，有什么事吗?

Nín hǎo, yǒu shénme shì ma?

잘 지내요?

过得好吗?

Guò de hǎo ma?

过得怎么样?

Guò de zěnmeyàng?

近来如何?

Jìnlái rúhé?

오, 이○○ 씨. 요즘 어떻게 지내세요?

哦，是李先生啊，近来过得怎么样?

Ò, shì Lǐ xiānsheng a, jìnlái guò de zěnmeyàng?

아, 안녕하세요. 오랜만이네요! 요즘 어떻게 지내셨어요?

啊，您好，好久没见了! 最近过得怎么样?

À, nín hǎo, hǎojiǔ méi jiàn le! Zuìjìn guò de zěnmeyàng?

실전회화

A 喂? 我是李秀贤。
Wéi? Wǒ shì Lǐ Xiùxián.
여보세요, 이수현입니다.

B 喂? 我是首尔毛纺的李海林。
Wéi? Wǒ shì Shǒu'ěr Máofǎng de Lǐ Hǎilín.
여보세요, 서울모직 이해림입니다.

A 啊，您好，好久没见了! 最近过得怎么样?
À, nín hǎo, hǎojiǔ méi jiàn le! Zuìjìn guò de zěnmeyàng?
아, 안녕하세요. 오랜만이네요! 요즘 어떻게 지내셨어요?

왕 팀장님께 안부 전해 주세요.

请替我向王经理问好。

Qǐng tì wǒ xiàng Wáng jīnglǐ wènhǎo.

해외영업팀 직원분들은 모두 잘 계신가요?

海外销售部的职员都好吗?

Hǎiwài xiāoshòubù de zhíyuán dōu hǎo ma?

목적 말하기

그냥 확인 전화드렸습니다.

只是打个确认电话。
Zhǐshì dǎ ge quèrèn diànhuà.

내일 일정 확인차 전화드렸습니다.

给您打电话是为了确认一下明天的日程。
Gěi nín dǎ diànhuà shì wèile quèrèn yíxià míngtiān de rìchéng.

我想跟您确认一下明天的日程。
Wǒ xiǎng gēn nín quèrèn yíxià míngtiān de rìchéng.

실전회화

A 喂，您好！
Wéi, nín hǎo!
여보세요, 안녕하세요.

B 您好，我是王老板的秘书。
Nín hǎo, wǒ shì Wáng lǎobǎn de mìshū.
안녕하세요, 왕 대표님 비서실입니다.

A 您有什么事?
Nín yǒu shénme shì?
무슨 일이신가요?

B **我想跟您确认一下明天的日程。**
Wǒ xiǎng gēn nín quèrèn yíxià míngtiān de rèchéng.
내일 일정 확인차 전화드렸습니다.

회의 일정 확인차 전화드렸습니다.

我想确认一下会议日程。
Wǒ xiǎng quèrèn yíxià huìyì rìchéng.

몇 가지 여쭤보고 싶은 사항이 있어서 전화드렸습니다.

我有几件事想询问一下。
Wǒ yǒu jǐ jiàn shì xiǎng xúnwèn yíxià.

확인하고 싶은 부분이 있어서 전화드렸습니다.

我有几件事想向您确认。
Wǒ yǒu jǐ jiàn shì xiǎng xiàng nín quèrèn.

귀사의 서비스를 알아보고자 전화드렸습니다.

我想询问一下贵公司所提供的服务。
Wǒ xiǎng xúnwèn yíxià guì gōngsī suǒ tígòng de fúwù.

귀사의 제품 구매 건으로 전화드렸습니다.

给您打电话是为了购买贵公司产品一事。
Gěi nín dǎ diànhuà shì wèile gòumǎi guì gōngsī chǎnpǐn yí shì.

因为购买贵公司产品一事，我跟您联系。
Yīnwèi gòumǎi guì gōngsī chǎnpǐn yí shì, wǒ gēn nín liánxì.

현재 진행하고 있는 프로젝트 건으로 전화드렸습니다.

给您打电话是为了现在正在做的项目问题。

Gěi nín dǎ diànhuà shì wèile xiànzài zhèngzài zuò de xiàngmù wèntí.

지난주에 논의한 합작 투자 건으로 전화드렸습니다.

我打电话，是为了上周我们谈过的有关合作投资一事。

Wǒ dǎ diànhuà, shì wèile shàngzhōu wǒmen tánguo de yǒuguān hézuò tóuzī yí shì.

납품 확인 건으로 전화드렸습니다.

给您打电话是想确认一下发货的事情。

Gěi nín dǎ diànhuà shì xiǎng quèrèn yíxià fāhuò de shìqing.

귀하께서 요청하신 견적서 건으로 전화드렸습니다.

给您打电话是为了您所要求的报价单之事。

Gěi nín dǎ diànhuà shì wèile nín suǒ yāoqiú de bàojiàdān zhī shì.

견적서를 이메일로 받을 수 있을까요?

报价单能用邮件发给我吗?

Bàojiàdān néng yòng yóujiàn fā gěi wǒ ma?

문의하셨던 몇 가지 사항을 설명드리고자 전화드렸습니다.

因为您向我方询问过几个事项，所以现在在电话里做一下解释说明。

Yīnwèi nín xiàng wǒ fāng xúnwènguo jǐ ge shìxiàng, suǒyǐ xiànzài zài diànhuà li zuò yíxià jiěshì shuōmíng.

며칠 전에 보내 드린 서류 확인하셨나요?

几天前发给您的材料，您看了吗?

Jǐ tiān qián fā gěi nín de cáiliào, nín kàn le ma?

회의를 취소하고 싶어서 전화드렸습니다.

我们想取消会议。

Wǒmen xiǎng qǔxiāo huìyì.

회의를 며칠 연기했으면 해서 전화드렸습니다.

最好能将会议日期推迟几天。

Zuìhǎo néng jiāng huìyì rìqī tuīchí jǐ tiān.

자동 응답 서비스

비밀번호를 누르세요.

请输入密码。

Qǐng shūrù mìmǎ.

*输入 shūrù 입력하다

여섯 자리 숫자를 입력하세요.

请输入六位数字。

Qǐng shūrù liù wèi shùzì.

전화 문의는 평일 오전 9시부터 오후 6시까지 가능합니다.

咨询时间为周一至周五上午9点至下午6点。

Zīxún shíjiān wéi zhōuyī zhì zhōuwǔ shàngwǔ jiǔ diǎn zhì xiàwǔ liù diǎn.

전화를 연결 중입니다, 잠시만 기다려 주세요.

电话正在连接中，请稍候。

Diànhuà zhèngzài liánjiē zhōng, qǐng shāohòu.

대한무역입니다, 전화해 주셔서 고맙습니다.

这里是大韩贸易，感谢您打来电话。

Zhèlǐ shì Dàhán Màoyì, gǎnxiè nín dǎlái diànhuà.

대한무역입니다. 오늘은 영업이 종료되었습니다.

这里是大韩贸易，今天的营业时间已经结束。

Zhèlǐ shì Dàhán Màoyì, jīntiān de yíngyè shíjiān yǐjīng jiéshù.

지금은 전화를 받을 수 없습니다.

现在不能接电话。

Xiànzài bù néng jiē diànhuà.

삐 소리 후 메시지를 남겨 주세요.

请在听到提示音后留言。 ＊提示音 tíshìyīn 신호음

Qǐng zài tīngdào tíshìyīn hòu liúyán.

상담원 연결은 '0번'을 눌러 주세요.

人工服务请按“0”。

Réngōng fúwù qǐng àn “líng”.

전화 종료

지금 나가 봐야 해서요, 통화 즐거웠습니다.

我现在要出去一下，跟您打电话很高兴。

Wǒ xiànzài yào chūqù yíxià, gēn nín dǎ diànhuà hěn gāoxìng.

죄송합니다만, 회의에 가 봐야 해서요. 전화해 주셔서 고맙습니다.

对不起，我现在要去开会，感谢您打来电话。

Duìbuqǐ, wǒ xiànzài yào qù kāihuì, gǎnxiè nín dǎlái diànhuà.

죄송합니다만, 일이 생겨서요. 이따가 다시 전화드리겠습니다.

对不起，我现在有事，一会儿再给您打电话。

Duìbuqǐ, wǒ xiànzài yǒu shì, yíhuìr zài gěi nín dǎ diànhuà.

죄송합니다만, 먼저 걸려 온 전화가 있어서요. 이만 끊겠습니다.

对不起，我要先接听一个别的电话，先挂了。

Duìbuqǐ, wǒ yào xiān jiē tīng yí ge biéde diànhuà, xiān guà le.

폐를 끼쳐서 죄송합니다.

对不起，打扰了。

Duìbuqǐ, dǎrǎo le.

바쁜 일이 끝나면 전화해 주시겠어요?

事情忙完之后，可以给我打个电话吗?

Shìqing mángwán zhīhòu, kěyǐ gěi wǒ dǎ ge diànhuà ma?

꼭 전화 부탁드립니다.

一定要给我打电话。

Yídìng yào gěi wǒ dǎ diànhuà.

더 궁금한 게 있으시면, 언제든지 전화하세요.

如果还有什么其他问题，随时给我打电话。

Rúguǒ hái yǒu shénme qítā wèntí, suíshí gěi wǒ dǎ diànhuà.

자주 연락하고 지내요.

常联系。

Cháng liánxì.

또 연락드리겠습니다.

再联系。

Zài liánxì.

나중에 다시 연락드리겠습니다.

以后再给您打电话。

Yǐhòu zài gěi nín dǎ diànhuà.

도움에 감사드립니다.

感谢您的帮助。

Gǎnxiè nín de bāngzhù.

이야기를 나눌 수 있어서 즐거웠습니다.

很高兴与您谈话。

Hěn gāoxìng yǔ nín tánhuà.

다음에 또 이야기 나눠요.

下次再聊。

Xià cì zài liáo.

그럼 그날 뵙겠습니다.

那么到时候见吧。
Nàme dào shíhou jiàn ba.

이만 끊겠습니다.

我挂了。
Wǒ guà le.

전화해 주셔서 고맙습니다.

感谢您给我打电话。
Gǎnxiè nín gěi wǒ dǎ diànhuà.

非常感谢您的来电。
Fēicháng gǎnxiè nín de láidiàn.

메시지 남기기

부재중 메시지 남기기

메시지를 남길 수 있을까요?

可以给他留言吗?
Kěyǐ gěi tā liúyán ma?

실전회화

A 我找李大韩先生。
Wǒ zhǎo Lǐ Dàhán xiānsheng.
이대한 씨와 통화하고 싶은데요.

B 他现在不在，一个小时后再打电话可以吗?
Tā xiànzài búzài, yí ge xiǎoshí hòu zài dǎ diànhuà kěyǐ ma?
지금 자리에 안 계십니다. 한 시간 후에 다시 전화 주시겠어요?

A **可以给他留言吗?**
Kěyǐ gěi tā liúyán ma?
메시지를 남길 수 있을까요?

제게 전화 좀 하라고 전해 주세요.

请让他给我回电话。
Qǐng ràng tā gěi wǒ huí diànhuà.

전화 왔었다고 전해 주세요. 해외영업팀 김○○입니다.

请转告他我打过电话，我是海外销售部的金○○。
Qǐng zhuǎngào tā wǒ dǎguo diànhuà, wǒ shì hǎiwài xiāoshòubù de Jīn OO.

5분 뒤에 다시 전화하겠다고 전해 주십시오.

请转告他我五分钟后再给他打电话。
Qǐng zhuǎngào tā wǒ wǔ fēnzhōng hòu zài gěi tā dǎ diànhuà.

혹시 그가 돌아오면, 제게 전화 좀 하라고 해 주시겠습니까?

他回来以后，让他给我打个电话好吗?
Tā huílái yǐhòu, ràng tā gěi wǒ dǎ ge diànhuà hǎo ma?

메시지 남겨도 될까요? 이수현입니다. 우수하다의 '수', '현명하다'의 '현'을 씁니다.

可以留言吗? 我叫李秀贤，优秀的秀，贤明的贤。
Kěyǐ liúyán ma? Wǒ jiào Lǐ Xiùxián, yōuxiù de xiù, xiánmíng de xián.

한국 시간으로 오후 3시에 연락하라고 전해 주시겠어요?

您可以帮我转告他，让他在韩国时间下午3点跟我联系吗?
Nín kěyǐ bāng wǒ zhuǎngào tā, ràng tā zài Hánguó shíjiān xiàwǔ sān diǎn gēn wǒ liánxì ma?

제 전화번호는 국가 번호 86, 지역 번호 10, 3366-9898입니다.

我的电话是33669898。国家代码是86，地区代码是10。

Wǒ de diànhuà shì sān sān liù liù jiǔ bā jiǔ bā. Guójiā dàimǎ shì bā liù, dìqū dàimǎ shì yāo líng.

我的电话是86-10-33669898。86是国家代码，10是地区代码。

Wǒ de diànhuà shì bā liù yāo líng sān sān liù liù jiǔ bā jiǔ bā. Bā liù shì guójiā dàimǎ, yāo líng shì dìqū dàimǎ.

오후에는 언제든 통화가 가능하다고 전해 주세요.

请转告他，我下午什么时候都能通电话。

Qǐng zhuǎngào tā, wǒ xiàwǔ shénme shíhou dōu néng tōng diànhuà.

이메일을 보냈다고 전해 주세요.

请转告他我给他发了邮件。

Qǐng zhuǎngào tā wǒ gěi tā fāle yóujiàn.

전화하실 필요는 없고, 메일 확인 부탁한다고 전해 주세요.

请转告他，不用回电话，请他确认电子邮件。

Qǐng zhuǎngào tā, búyòng huí diànhuà, qǐng tā quèrèn diànzǐ yóujiàn.

부재중 메시지 받기

메시지를 남겨 주세요.

请留言。

Qǐng liúyán.

A 请留言。
Qǐng liúyán.
메시지를 남겨 주세요.

B 没关系，不是什么急事，我一会儿再打电话。
Méi guānxi, bú shì shénme jíshì, wǒ yíhuìr zài dǎ diànhuà.
아닙니다. 급한 일은 아니니 나중에 다시 걸겠습니다.

잠시만요. ……네, 이제 말씀해 주세요.

请稍等……好了，请讲。

Qǐng shāo děng…… Hǎo le, qǐng jiǎng.

请稍等……好了，您说吧。

Qǐng shāo děng…… Hǎo le, nín shuō ba.

돌아오시는 대로 그렇게 전해 드리겠습니다.

他回来后，我会将您的留言转告给他。

Tā huílái hòu, wǒ huì jiāng nín de liúyán zhuǎngào gěi tā.

전화하셨다고 말씀드리겠습니다.

我会告诉他您来过电话。
Wǒ huì gàosu tā nín láiguo diànhuà.

휴대 전화로 해 보세요.

您可以打他的手机。
Nín kěyǐ dǎ tā de shǒujī.

휴대 전화는 연락이 될 겁니다. 번호 알려 드릴까요?

打他的手机应该能联系到他，告诉您他的电话号码吗?
Dǎ tā de shǒujī yīnggāi néng liánxì dào tā, gàosu nín tā de diànhuà hàomǎ ma?

성함과 전화번호를 알려 주시겠어요?

您可以告诉我您的姓名和电话号码吗?
Nín kěyǐ gàosu wǒ nín de xìngmíng hé diànhuà hàomǎ ma?

메시지 내용 확인

잠시만요. 아, 그런데 성함이 어떻게 된다고 하셨죠?

请稍等。嗯……您贵姓?
Qǐng shāo děng. Én……nín guìxìng?

죄송합니다만, 성함을 제대로 못 들어서요. 다시 한번 말씀해 주시겠어요?

很抱歉，我没听清您的姓名，可以再说一遍吗?
Hěn bàoqiàn, wǒ méi tīngqīng nín de xìngmíng, kěyǐ zài shuō yí biàn ma?

다시 한번 확인하겠습니다. 왕○○ 씨, 900-6880번 맞으시죠?

我再确认一下。王先生，9006880对吗?
Wǒ zài quèrèn yíxià. Wáng xiānsheng, jiǔ líng líng liù bā bā líng duì ma?

실전회화

A 我叫王海鹏，电话是9006880，地区号码是22。
Wǒ jiào Wáng Hǎipéng, diànhuà shì jiǔ líng líng liù bā bā líng, dìqū hàomǎ shì èr èr.
저는 왕하이펑이고, 지역 번호 22, 전화번호는 900-6880입니다.

B 我再确认一下。王先生，9006880对吗?
Wǒ zài quèrèn yíxià. Wáng xiānsheng, jiǔ líng líng liù bā bā líng duì ma?
다시 한번 확인하겠습니다. 왕하이펑 씨, 900-6880번 맞으시죠?

A 对。
Duì.
네, 맞습니다.

5860이 아니라 5680입니다.

不是5860，是5680。
Bú shì wǔ bā liù líng, shì wǔ liù bā líng.

다시 한번 말씀해 주세요.

请再说一遍。
Qǐng zài shuō yí biàn.

천천히 다시 한번 말씀해 주시겠어요?

请再说一遍，说慢点儿。
Qǐng zài shuō yí biàn, shuō màn diǎnr.

죄송합니다만, 표준어로 말씀해 주시겠어요?

对不起，您能说普通话吗?
Duìbuqǐ, nín néng shuō pǔtōnghuà ma?

Biz tip 중국은 지역에 따른 방언, 민족에 따른 언어가 존재합니다. 따라서 중국 내에서도 서로 말이 통하지 않는 경우가 종종 있죠. 이에 중국 정부는 의사소통을 원활히 하고자 **普通话**라고 하는 표준 중국어를 제정하여 보급하였습니다. 현재 우리가 배우는 중국어 역시 **普通话**입니다.

뭐라고 하셨나요?

您说什么?
Nín shuō shénme?

죄송합니다만, 마지막에 말씀하신 내용을 이해하지 못했습니다.

对不起，我不明白您最后说的是什么意思。
Duìbuqǐ, wǒ bù míngbai nín zuìhòu shuō de shì shénme yìsi.

네, 알겠습니다.

好，我知道了。
Hǎo, wǒ zhīdào le.

我明白了。
Wǒ míngbai le.

我了解了。
Wǒ liǎojiě le.

我懂了。
Wǒ dǒng le.

메시지 전달하기

이 팀장님, 베이징 지사의 장밍 씨 전화입니다.

李经理，北京分公司张明的电话。
Lǐ jīnglǐ, Běijīng fēngōngsī Zhāng Míng de diànhuà.

이 팀장님, 30분 전에 고객으로부터 전화가 왔었습니다.

李经理，半个小时前客户来过电话。
Lǐ jīnglǐ, bàn ge xiǎoshí qián kèhù láiguo diànhuà.

물품 주문 건으로 전화가 왔었습니다.

打电话是因为订货问题。
Dǎ diànhuà shì yīnwèi dìnghuò wèntí.

왕하이펑 씨께서 되도록 빨리 전화해 달라고 하셨습니다.

王海鹏先生让您尽快回电话。
Wáng Hǎipéng xiānsheng ràng nín jǐnkuài huí diànhuà.

이○○ 씨, 재무팀에서 메일 확인 부탁한다고 연락이 왔었습니다.

小李，财务部来电话说请您确认邮件。
Xiǎo Lǐ, cáiwùbù lái diànhuà shuō qǐng nín quèrèn yóujiàn.

거래처에서 메시지를 받아 두었습니다.

客户有留言。
Kèhù yǒu liúyán.

외근 후 바로 퇴근하겠다고 이수현 씨한테 연락이 왔습니다.

刚才李秀贤来电话说从那边直接下班。
Gāngcái Lǐ Xiùxián lái diànhuà shuō cóng nàbiān zhíjiē xiàbān.

刚才李秀贤来电话说要下班。
Gāngcái Lǐ Xiùxián lái diànhuà shuō yào xiàbān.

전화로 일정 잡기

약속 잡기

가능하다면, 영업팀 직원과 약속을 잡고 싶습니다.

可以的话，我想跟销售部的职员约个时间。

Kěyǐ dehuà, wǒ xiǎng gēn xiāoshòubù de zhíyuán yuē ge shíjiān.

가능하다면, 이 팀장님을 한번 뵙고 싶습니다.

可以的话，我想见一下李经理。

Kěyǐ dehuà, wǒ xiǎng jiàn yíxià Lǐ jīnglǐ.

제가 그쪽으로 가겠습니다. 괜찮으신가요?

我去您那儿，您方便吗?

Wǒ qù nín nàr, nín fāngbiàn ma?

공장을 좀 둘러보고 싶은데, 가능할까요?

我想看一下工厂的情况，可以吗?

Wǒ xiǎng kàn yíxià gōngchǎng de qíngkuàng, kěyǐ ma?

이 문제는 만나 뵙고 다시 이야기 나누는 편이 좋겠습니다.

这个问题，我们见面再谈更好。

Zhège wèntí, wǒmen jiànmiàn zài tán gèng hǎo.

실전회화

A 我们也同意您的看法，认为我们几个组之间没有进行良好的沟通。
Wǒmen yě tóngyì nín de kànfǎ, rènwéi wǒmen jǐ ge zǔ zhī jiān méiyǒu jìnxíng liánghǎo de gōutōng.
몇몇 팀 간의 커뮤니케이션이 원활하지 못하다는 점에 저 역시 동감합니다.

B 这个问题，我们见面再谈更好。
Zhège wèntí, wǒmen jiànmiàn zài tán gèng hǎo.
이 문제는 만나 뵙고 다시 이야기 나누는 편이 좋겠습니다.

A 好的。
Hǎo de.
네, 그렇게 하죠.

최대한 빨리 회의를 잡아서 자세한 이야기를 나누도록 해요.

我们尽快制定会议日程，到时候再具体谈吧。

Wǒmen jǐnkuài zhìdìng huìyì rìchéng, dào shíhou zài jùtǐ tán ba.

*制定 zhìdìng 확정하다

다음 주 월요일인 3월 20일 오전 10시에 프로젝트 컨퍼런스콜이 예정되어 있습니다.

我们项目的电话会议议定在3月20号，下周一上午10点。

Wǒmen xiàngmù de diànhuà huìyì yìdìng zài sān yuè èrshí hào, xià zhōuyī shàngwǔ shí diǎn.

다음 주에 저희 사무실로 방문해 주실 수 있나요?

下周您可以来莅临我们办公室吗？ ＊莅临 lìlín 내가 있는 곳으로 찾아오다

Xiàzhōu nín kěyǐ lái lìlín wǒmen bàngōngshì ma?

그렇지 않아도 회의 건으로 연락드리려던 참이었습니다.

关于会议问题，我们正要跟您联系呢。

Guānyú huìyì wèntí, wǒmen zhèng yào gēn nín liánxì ne.

실은 만나 뵙고 이 건을 먼저 상의드리고 싶었습니다.

其实我想与您见面后先商议一下这个问题。

Qíshí wǒ xiǎng yǔ nín jiànmiàn hòu xiān shāngyì yíxià zhège wèntí.

회의 날짜는 언제가 좋으십니까?

会议日期定在哪天比较好？

Huìyì rìqī dìng zài nǎ tiān bǐjiào hǎo?

날짜와 시간은 언제가 좋으십니까?

哪天、具体什么时间合适？

Nǎ tiān、jùtǐ shénme shíjiān héshì?

며칠이 좋을까요?

几号好呢？

Jǐ hào hǎo ne?

무슨 요일이 좋으십니까?

星期几比较好？

Xīngqī jǐ bǐjiào hǎo?

오전 오후, 언제가 좋으십니까?

上午更好还是下午更好？

Shàngwǔ gèng hǎo háishi xiàwǔ gèng hǎo?

몇 시가 좋으십니까?

几点比较好？

Jǐ diǎn bǐjiào hǎo?

일정에 맞춰 드리겠습니다.

我们会根据您的时间进行安排。

Wǒmen huì gēnjù nín de shíjiān jìnxíng ānpái.

편하신 시간으로 정하시면 됩니다.

您什么时候方便，就定在什么时候吧。

Nín shénme shíhou fāngbiàn, jiù dìng zài shénme shíhou ba.

우선 일정을 좀 확인해 보겠습니다.

我先确认一下我的日程。

Wǒ xiān quèrèn yíxià wǒ de rìchéng.

실전회화

A 几点比较好?
Jǐ diǎn bǐjiào hǎo?
몇 시가 좋으십니까?

B 我先确认一下我的日程。
Wǒ xiān quèrèn yíxià wǒ de rìchéng.
우선 일정을 좀 확인해 보겠습니다.

다음 주 괜찮으세요?

下周可以吗?

Xiàzhōu kěyǐ ma?

오후 3시 어떠세요?

下午3点如何?

Xiàwǔ sān diǎn rúhé?

Word tip 明天中午 míngtiān zhōngwǔ 내일 정오 | 后天 hòutiān 모레 | 大后天 dàhòutiān 글피 | 下周二 xià zhōu'èr 다음 주 화요일

다음 달 오전 중으로 어떠세요?

下个月的某一天上午怎么样?

Xià ge yuè de mǒu yì tiān shàngwǔ zěnmeyàng?

오전이 좋을 것 같아요. 11시 어떠세요?

上午比较好，11点怎么样?

Shàngwǔ bǐjiào hǎo, shíyī diǎn zěnmeyàng?

평일 오후 5시 지나서는 괜찮아요. 그쪽은 어떠세요?

平时下午5点以后比较好，您呢?

Píngshí xiàwǔ wǔ diǎn yǐhòu bǐjiào hǎo, nín ne?

실전회화

A 什么时候比较好?
Shénme shíhou bǐjiào hǎo?
언제가 좋으세요?

B 平时下午5点以后比较好，您呢?
Píngshí xiàwǔ wǔ diǎn yǐhòu bǐjiào hǎo, nín ne?
평일 오후 5시 지나서는 괜찮아요. 그쪽은 어떠세요?

A 好的，那下周三怎么样?
Hǎo de, nà xià zhōusān zěnmeyàng?
좋습니다. 그럼 다음 주 수요일 어떠십니까?

4시쯤에 시간 있으세요?

4点左右，那时您有时间吗?

Sì diǎn zuǒyòu, nà shí nín yǒu shíjiān ma?

내일 2시에 올 수 있으세요?

明天两点您能来吗?

Míngtiān liǎng diǎn nín néng lái ma?

다음 주 수요일, 2월 15일이 좋아요.

下周三，2月15号比较好。

Xià zhōusān, èryuè shíwǔ hào bǐjiào hǎo.

그날 회의 끝나고, 함께 점심 식사해요.

那天散会后，我们一起吃午饭吧。 *散会 sànhuì 회의를 마치고 흩어지다

Nà tiān sànhuì hòu, wǒmen yìqǐ chī wǔfàn ba.

那天散会后，我们共进午餐吧。 *共进 gòng jìn 함께 식사하다

Nà tiān sànhuì hòu, wǒmen gòng jìn wǔcān ba.

실전회화

A 下周我有空，星期一怎么样?
Xiàzhōu wǒ yǒu kòng, xīngqīyī zěnmeyàng?
다음 주는 시간이 괜찮아요. 월요일 어떠세요?

B 星期一上午11点吧。
Xīngqīyī shàngwǔ shíyī diǎn ba.
월요일 오전 11시로 하죠.

A 好的，那天散会后，我们一起吃午饭吧。
Hǎo de, nà tiān sànhuì hòu, wǒmen yìqǐ chī wǔfàn ba.
좋아요. 그날 회의 끝나고 함께 점심 식사해요.

죄송합니다만, 그날은 좀 바쁩니다.

很抱歉，那天我很忙。

Hěn bàoqiàn, nà tiān wǒ hěn máng.

죄송합니다만, 월요일은 안 될 것 같습니다.

很抱歉，星期一不行。

Hěn bàoqiàn, xīngqīyī bùxíng.

10월은 힘들 것 같습니다.

10月可能不行。

Shí yuè kěnéng bùxíng.

다음 주에는 외근이 있어서 안 되겠네요. 다다음 주는 어떠세요?

下周不行，我要跑外勤。下下周怎么样?

Xiàzhōu bùxíng, wǒ yào pǎo wàiqín. Xiàxiàzhōu zěnmeyàng?

일정을 확인해 본 다음 연락드려도 될까요?

我确认我的日程后跟您联系，可以吗?

Wǒ quèrèn wǒ de rìchéng hòu gēn nín liánxì, kěyǐ ma?

그럼 일정을 확인하신 후, 방문 이삼 일 전에 연락해 주십시오.

那您先确认一下您的日程，来访之前，提前两、三天跟我们联系吧。

Nà nín xiān quèrèn yíxià nín de rìchéng, láifǎng zhīqián, tíqián liǎng、sān tiān gēn wǒmen liánxì ba.

임시로 12월 14일로 정해 두면 어떨까요?

暂时定在12月14日怎么样?

Zànshí dìng zài shí'èr yuè shísì rì zěnmeyàng?

우선 11월 25일에 회의를 잡도록 하죠.

我们先把会议日期定在11月25日吧。

Wǒmen xiān bǎ huìyì rìqī dìng zài shíyī yuè èrshíwǔ rì ba.

일단 11월 말경으로 회의를 잡아 두면 어떨까요?

我们先暂时把会议日程定在11月底如何?

Wǒmen xiān zànshí bǎ huìyì rìchéng dìng zài shíyī yuè dǐ rúhé?

회의 일정을 다시 잡을 수 있을까요?

可以重新制定会议日程吗?

Kěyǐ chóngxīn zhìdìng huìyì rìchéng ma?

그날은 일정이 꽉 찼습니다.

那天的日程都安排满了。

Nà tiān de rìchéng dōu ānpái mǎn le.

편하실 때 언제든 전화해 주세요.

您什么时候方便，就什么时候给我打电话。

Nín shénme shíhou fāngbiàn, jiù shénme shíhou gěi wǒ dǎ diànhuà.

편하실 때 들르세요.

您方便的时候过来吧。

Nín fāngbiàn de shíhou guòlái ba.

아무 때나 오세요.

什么时候来都可以。

Shénme shíhou lái dōu kěyǐ.

약속 장소 정하기

어디서 만날까요?

我们在哪儿见面呢?

Wǒmen zài nǎr jiànmiàn ne?

회의 장소를 어디로 해야 할까요?

会议场地定在哪里呢?

Huìyì chǎngdì dìng zài nǎlǐ ne?

실전회화

A 会议定在6月16日周五上午吧。
Huìyì dìng zài liù yuè shíliù rì zhōuwǔ shàngwǔ ba.
6월 16일 금요일 오전에 회의하도록 하죠.

B 好的，会议场地定在哪里呢?
Hǎo de, huìyì chǎngdì dìng zài nǎlǐ ne?
알겠습니다. 회의 장소는 어디로 해야 할까요?

A 宽敞一些、能容纳10个人左右的地方。
Kuānchǎng yìxiē、néng róngnà shí ge rén zuǒyòu de dìfang.
열 명가량이 들어갈 수 있을 정도로 넓은 곳으로 잡아 주세요.

*宽敞 kuānchǎng 넓다 容纳 róngnà 수용하다

2층에 있는 소회의실도 괜찮을까요?

二楼的小会议室也可以吗?

Èr lóu de xiǎo huìyìshì yě kěyǐ ma?

큰 장소가 필요할 것 같으니 컨벤션센터로 예약하겠습니다.

需要大一些的场地，所以订在会议中心。

Xūyào dà yìxiē de chǎngdì, suǒyǐ dìng zài huìyì zhōngxīn.

본관에 훌륭한 회의 시설이 있다고 들었습니다.

听说主楼有设备先进的会议室。 *设备 shèbèi 갖추다

Tīngshuō zhǔlóu yǒu shèbèi xiānjìn de huìyìshì.

실전회화

A 会议室定在哪里好呢?
Huìyìshì dìng zài nǎlǐ hǎo ne?
회의실은 어디로 하는 게 좋을까요?

B 听说主楼有设备先进的会议室，那儿怎么样?
Tīngshuō zhǔlóu yǒu shèbèi xiānjìn de huìyìshì, nàr zěnmeyàng?
본관에 훌륭한 회의 시설이 있다고 들었는데, 거기서 하면 어떨까요?

A 好的，今天我就预约下来。
Hǎo de, jīntiān wǒ jiù yùyuē xiàlái.
네, 오늘 바로 예약해 두겠습니다.

제 사무실에서 만나죠.

在我的办公室见吧。

Zài wǒ de bàngōngshì jiàn ba.

약속 확인

회의 잊지 않으셨죠?

您没忘记我们的会议吧?

Nín méi wàngjì wǒmen de huìyì ba?

회의 일정을 다시 한번 확인하고자 연락드렸습니다.

给您打电话是为了再一次确认我们的会议日程。

Gěi nín dǎ diànhuà shì wèile zài yí cì quèrèn wǒmen de huìyì rìchéng.

이번 일정에 변동 사항 없으시죠?

此次日程没有什么变动吧?

Cǐ cì rìchéng méiyǒu shénme biàndòng ba?

일정에는 변동이 없는지 확인차 전화드렸습니다.

给您打电话是为了确认一下日程是否有变动。

Gěi nín dǎ diànhuà shì wèile quèrèn yíxià rìchéng shìfǒu yǒu biàndòng.

확인해 드리겠습니다. 회의는 12월 18일, 오후 1시입니다.

我帮您确认一下。会议时间是12月18日下午一点。

Wǒ bāng nín quèrèn yíxià. Huìyì shíjiān shì shí'èr yuè shíbā rì xiàwǔ yì diǎn.

2주 후에 다시 일정을 확인해 드리겠습니다.

两周后我再帮您确认一次日程。

Liǎng zhōu hòu wǒ zài bāng nín quèrèn yí cì rìchéng.

회의 일주일 전에 다시 한번 확인 전화를 드리겠습니다.

会议一周前，我会再给您打电话进行确认。

Huìyì yì zhōu qián, wǒ huì zài gěi nín dǎ diànhuà jìnxíng quèrèn.

저희 쪽에서는 다섯 명이 참석할 예정인데, 괜찮을까요?

我们会有五个人参加，可以吗?

Wǒmen huì yǒu wǔ ge rén cānjiā, kěyǐ ma?

그날 팀원 몇 명과 함께 회의에 참석하려는데, 괜찮을까요?

有一事要告诉您，那天会有几位职员跟我一起参加会议，没问题吧?

Yǒu yí shì yào gàosu nín, nà tiān huì yǒu jǐ wèi zhíyuán gēn wǒ yìqǐ cānjiā huìyì, méi wèntí ba?

오늘 퇴근하고서 그쪽에 방문하려고 합니다.

我想告诉您，今天我下班后会去您那儿一趟。

Wǒ xiǎng gàosu nín, jīntiān wǒ xiàbān hòu huì qù nín nàr yí tàng.

회의 참석자 명단을 주시겠어요?

您可以把与会人员名单给我吗?

Nín kěyǐ bǎ yùhuì rényuán míngdān gěi wǒ ma?

의사일정을 미리 보내 주시겠어요?

您可以把会议议程提前发给我吗?

Nín kěyǐ bǎ huìyì yìchéng tíqián fā gěi wǒ ma?

*议程 yìchéng 의사일정[회의에서 미리 의논할 사항을 정해 놓은 차례]

실전회화

A 关于会议，有什么问题吗?
Guānyú huìyì, yǒu shénme wèntí ma?
회의와 관련하여 질문 있으신가요?

B 您可以把会议议程提前发给我吗?
Nín kěyǐ bǎ huìyì yìchéng tíqián fā gěi wǒ ma?
의사일정을 미리 보내 주시겠어요?

A 好的，请告诉我您的电子邮件地址。
Hǎo de, qǐng gàosu wǒ nín de diànzǐ yóujiàn dìzhǐ.
알겠습니다. 이메일를 주소 알려 주세요.

회의장 약도를 보내 주시겠어요?

您可以把会议地点的示意图发给我吗?

*示意图 shìyìtú 약도

Nín kěyǐ bǎ huìyì dìdiǎn de shìyìtú fā gěi wǒ ma?

보내 주신 약도가 너무 간략하네요. 좀 더 자세한 지도는 없나요?

您发给我的示意图太简略了，有没有更详细一些的地图?

Nín fā gěi wǒ de shìyìtú tài jiǎnlüè le, yǒu méiyǒu gèng xiángxì yìxiē de dìtú?

*简略 jiǎnlüè 상세하지 않다

실전회화

A 您发给我的示意图太简略了，有没有更详细一些的地图?
Nín fā gěi wǒ de shìyìtú tài jiǎnlüè le, yǒu méiyǒu gèng xiángxì yìxiē de dìtú?
보내 주신 약도가 너무 간략하네요. 좀 더 자세한 지도는 없나요?

B 好的，我找一下，然后用短信发给您。
Hǎo de, wǒ zhǎo yíxià, ránhòu yòng duǎnxìn fā gěi nín.
알겠습니다. 찾아보고 메시지로 보내 드릴게요.

그럼 다음 주 금요일에 봬요.

那我们下周五见吧。

Nà wǒmen xià zhōuwǔ jiàn ba.

혹시 무슨 일이 생기면 알려 주세요.

如果突然有事，请告诉我。

Rúguǒ tūrán yǒu shì, qǐng gàosu wǒ.

약속 변경 및 취소

죄송합니다만, 약속 시간보다 조금 늦을 것 같습니다.

很抱歉，我可能会比约定的时间晚一些。

Hěn bàoqiàn, wǒ kěnéng huì bǐ yuēdìng de shíjiān wǎn yìxiē.

약속 시간을 오후 두 시로 조금 앞당겨도 될까요?

我们见面的时间可以提前一些吗？下午两点怎么样？

Wǒmen jiànmiàn de shíjiān kěyǐ tíqián yìxiē ma? Xiàwǔ liǎng diǎn zěnmeyàng?

실전회화

A 我的工作结束得比较早，可以把我们见面的时间提前一些吗？下午两点怎么样？

Wǒ de gōngzuò jiéshù de bǐjiào zǎo, kěyǐ bǎ wǒmen jiànmiàn de shíjiān tíqián yìxiē ma? Xiàwǔ liǎng diǎn zěnmeyàng?

일이 일찍 끝나서요. 약속 시간을 오후 두 시로 조금 앞당겨도 될까요?

B 好的。我现在在办公室，您什么时候来都可以。

Hǎo de. Wǒ xiànzài zài bàngōngshì, nín shénme shíhou lái dōu kěyǐ.

네, 괜찮습니다. 사무실에 있으니 아무 때나 오셔도 됩니다.

A 谢谢，一会儿见。

Xièxie, yíhuìr jiàn.

고맙습니다. 곧 뵙겠습니다.

불편을 끼쳐 드려 죄송합니다만, 조금 일찍 오실 수 있나요?

非常抱歉给您带来了很大的不便，您可以早来一点儿吗？

Fēicháng bàoqiàn gěi nín dàiláile hěn dà de búbiàn, nín kěyǐ zǎo lái yìdiǎnr ma?

차가 너무 막혀서 오전 회의에 참석하지 못할 것 같습니다. 죄송합니다만, 회의 시간을 오후로 변경할 수 있을까요?

路上太堵，上午的会议我恐怕参加不了。不好意思，可以把会议时间改到下午吗？

Lùshang tài dǔ, shàngwǔ de huìyì wǒ kǒngpà cānjiā bu liǎo. Bù hǎoyìsi, kěyǐ bǎ huìyì shíjiān gǎidào xiàwǔ ma?

죄송합니다만, 월요일은 안 되겠네요. 화요일은 어떠세요?

非常抱歉，周一不行，周二怎么样？

Fēicháng bàoqiàn, zhōuyī bùxíng, zhōu'èr zěnmeyàng?

괜찮으시다면, 약속을 다음 주로 바꿔도 될까요?

如果可以的话，我们的见面时间改到下周如何？

Rúguǒ kěyǐ dehuà, wǒmen de jiànmiàn shíjiān gǎidào xiàzhōu rúhé?

약속 시간을 바꿔야 할 듯합니다.

咱们的见面时间要换一下。

Zánmen de jiànmiàn shíjiān yào huàn yíxià.

약속 시간을 다시 정해도 될까요?

可以重新定一下见面的时间吗?
Kěyǐ chóngxīn dìng yíxià jiànmiàn de shíjiān ma?

죄송합니다만, 갑자기 일이 생겨서요. 회의 일정을 재조정해야겠습니다.

很抱歉，我突然有事，咱们的会议时间得重新安排。
Hěn bàoqiàn, wǒ tūrán yǒu shì, zánmen de huìyì shíjiān děi chóngxīn ānpái.

실전회화

A 您好，有什么需要帮忙的吗?
Nín hǎo, yǒu shénme xūyào bāngmáng de ma?
안녕하세요, 무엇을 도와드릴까요?

B 很抱歉，我突然有事，咱们的会议时间得重新安排。
Hěn bàoqiàn, wǒ tūrán yǒu shì, zánmen de huìyì shíjiān děi chóngxīn ānpái.
죄송합니다만, 갑자기 일이 생겨서요. 회의 일정을 재조정해야겠습니다.

A 好的，没关系，您什么时候方便?
Hǎo de, méi guānxi, nín shénme shíhou fāngbiàn?
네, 괜찮습니다. 언제가 편하세요?

죄송합니다만, 회의를 연기해야 할 것 같습니다.

非常抱歉，会议恐怕要延期举行了。
Fēicháng bàoqiàn, huìyì kǒngpà yào yánqī jǔxíng le.

회의 일정을 11월로 바꿀 수 있을까요?

可以把会议日程改到11月吗?
Kěyǐ bǎ huìyì rìchéng gǎidào shíyī yuè ma?

언제로 일정을 재조정할까요?

把时间改到什么时候?
Bǎ shíjiān gǎidào shénme shíhou?

죄송합니다만, 회의에 참석하지 못할 것 같습니다.

对不起，我恐怕不能参加会议。
Duìbuqǐ, wǒ kǒngpà bù néng cānjiā huìyì.

이번 세미나는 취소되었습니다.

这次研讨会取消了。
Zhè cì yántǎohuì qǔxiāo le.

*研讨会 yántǎohuì 세미나

죄송합니다만, 이번 주 회의를 취소해야 할 듯합니다.

非常抱歉，这周的会议恐怕得取消了。
Fēicháng bàoqiàn, zhè zhōu de huìyì kǒngpà děi qǔxiāo le.

회의를 무기한 연장해야겠습니다. 언제 뵐 수 있을지 모르겠군요.

这次会议无限延期，不知道我们何时能见了。

Zhè cì huìyì wúxiàn yánqī, bù zhīdào wǒmen héshí néng jiàn le.

회의가 벌써 두 번이나 취소됐는데, 도대체 회의를 하기는 하는 건지 궁금하네요.

会议已经被取消了两次，不知道你们到底要不要开会。

Huìyì yǐjīng bèi qǔxiāole liǎng cì, bù zhīdào nǐmen dàodǐ yào bu yào kāihuì.

폐를 끼쳐서 죄송합니다.

很抱歉，给您添麻烦了。

Hěn bàoqiàn, gěi nín tiān máfan le.

불편을 끼쳐 드린 점 다시 한번 사과드립니다.

给您带来了不便，对此我们再次表示歉意。

Gěi nín dàiláile búbiàn, duì cǐ wǒmen zàicì biǎoshì qiànyì.

이번 스케줄 변경 때문에 불편을 끼쳐 드려, 정말 죄송합니다.

这次的日程变动给您带来了不便，我们感到非常抱歉。

Zhè cì de rìchéng biàndòng gěi nín dàiláile búbiàn, wǒmen gǎndào fēicháng bàoqiàn.

무리한 부탁을 드려서 죄송합니다.

这个请求让您很为难，为此我们感到很抱歉。

Zhège qǐngqiú ràng nín hěn wéinán, wéichǐ wǒmen gǎndào hěn bàoqiàn.

*为难 wéinán 난처하다

양해 부탁드립니다.

请您谅解。

Qǐng nín liàngjiě.

이해해 주셔서 고맙습니다.

非常感谢您的理解。

Fēicháng gǎnxiè nín de lǐjiě.

전화 사용 시 불편 사항

전화를 잘못 걸었을 때

죄송합니다, 전화 잘못 걸었네요.

对不起，我打错了。
Duìbuqǐ, wǒ dǎcuò le.

죄송합니다만, 거기 한국운송 아닌가요?

对不起，您那儿不是韩国运输吗?
Duìbuqǐ, nín nàr bú shì Hánguó Yùnshū ma?

실례합니다만, 447-5523번인가요?

请问，是4475523吗?
Qǐngwèn, shì sì sì qī wǔ wǔ èr sān ma?

전화 잘못 거셨어요.

您打错了。
Nín dǎcuò le.

여기는 대한무역입니다, 어디에 거셨나요?

我们这儿是大韩贸易，您打的是哪儿?
Wǒmen zhèr shì Dàhán Màoyì, nín dǎ de shì nǎr?

몇 번에 거셨나요?

您打的电话号码是多少?
Nín dǎ de diànhuà hàomǎ shì duōshao?

A **您打的电话号码是多少?**
Nín dǎ de diànhuà hàomǎ shì duōshao?
몇 번에 거셨나요?

B **对不起，我打错了。**
Duìbuqǐ, wǒ dǎcuò le.
죄송합니다. 전화 잘못 걸었네요.

번호는 맞는데, 저희는 운송 회사가 아닙니다.

号码是对的，不过我们不是运输公司。
Hàomǎ shì duì de, búguò wǒmen bú shì yùnshū gōngsī.

죄송합니다만, 저는 그 업무 담당자가 아닙니다.

对不起，我不是那项业务的负责人。
Duìbuqǐ, wǒ bú shì nà xiàng yèwù de fùzérén.

통화 가능 여부를 확인할 때

지금 통화 괜찮으세요?

您现在方便接电话吗?
Nín xiànzài fāngbiàn jiē diànhuà ma?

您现在通话方便吗?
Nín xiànzài tōnghuà fāngbiàn ma?

A 喂? 我是海外销售部的金宝英。
Wéi? Wǒ shì hǎiwài xiāoshòubù de Jīn Bǎoyīng.
여보세요. 해외영업팀 김보영입니다.

B 您好，我是财务部的王丽丽。您现在方便接电话吗?
Nín hǎo, wǒ shì cáiwùbù de Wáng Lìlì. Nín xiànzài fāngbiàn jiē diànhuà ma?
안녕하세요. 재무팀 왕리리입니다. 지금 통화 괜찮으세요?

A 可以，有什么事吗?
Kěyǐ, yǒu shénme shì ma?
괜찮습니다. 무슨 일이세요?

지금 전화 받기 곤란하시면, 나중에 다시 전화드릴까요?

您现在不方便接电话的话，以后再给您打电话吗?
Nín xiànzài bù fāngbiàn jiē diànhuà dehuà, yǐhòu zài gěi nín dǎ diànhuà ma?

통화하기 언제가 편하세요?

您什么时候通话方便?
Nín shénme shíhou tōnghuà fāngbiàn?

그럼 그때 다시 전화드리겠습니다.

那到时候再给您打电话。
Nà dào shíhou zài gěi nín dǎ diànhuà.

지금은 통화하기가 어려운데요, 내일 다시 전화드려도 될까요?

我现在不方便通电话，明天我再给您打电话可以吗?
Wǒ xiànzài bù fāngbiàn tōng diànhuà, míngtiān wǒ zài gěi nín dǎ diànhuà kěyǐ ma?

지금 통화 중이어서요, 바로 다시 전화드려도 될까요?

我现在在跟别的人通电话，我马上给您打回去可以吗?
Wǒ xiànzài zài gēn biéde rén tōng diànhuà, wǒ mǎshàng gěi nín dǎ huíqù kěyǐ ma?

A 我是首尔分公司销售部的李大韩。您现在通话方便吗?
Wǒ shì Shǒu'ěr fēngōngsī xiāoshòubù de Lǐ Dàhán. Nín xiànzài tōnghuà fāngbiān ma?
서울 지점 영업팀 이대한입니다. 지금 통화 괜찮으세요?

B 我现在在跟别的人通电话，我马上给您打回去可以吗?
Wǒ xiànzài zài gēn biéde rén tōng diànhuà, wǒ mǎshàng gěi nín dǎ huíqù kěyǐ ma?
지금 통화 중이어서요, 바로 다시 전화드려도 될까요?

나중에 다시 전화드려도 될까요?

一会儿我再给您打电话可以吗?
Yíhuìr wǒ zài gěi nín dǎ diànhuà kěyǐ ma?

以后我再给您打电话可以吗?
Yǐhòu wǒ zài gěi nín dǎ diànhuà kěyǐ ma?

통화 연결이 어려울 때

통화 중이네요.

现在占线。
Xiànzài zhànxiàn.

* 占线 zhànxiàn 통화 중이다

이제야 통화가 되네요.

电话这才打通。
Diànhuà zhè cái dǎtōng.

통화하기 정말 어렵네요.

跟您通电话真不容易。
Gēn nín tōng diànhuà zhēn bù róngyì.

어제 여러 번 전화했습니다.

昨天我给您打过很多次电话。
Zuótiān wǒ gěi nín dǎguo hěn duō cì diànhuà.

왜 그렇게나 오래 통화를 했나요?

你怎么打了那么长时间电话?
Nǐ zěnme dǎle nàme cháng shíjiān diànhuà?

왜 이리 전화를 늦게 받나요?

怎么这么半天才接电话?
Zěnme zhème bàntiān cái jiē diànhuà?

이제야 전화드려 정말 죄송합니다.

现在才给您打电话，真对不起。
Xiànzài cái gěi nín dǎ diànhuà, zhēn duìbuqǐ.

지금은 통화하기가 좀 어렵습니다.

现在通话不太方便。
Xiànzài tōnghuà bú tài fāngbiàn.

외근 중이라 사무실에 복귀하는 대로 전화드리겠습니다.

我现在跑外勤，回到办公室后马上给您打电话。
Wǒ xiànzài pǎo wàiqín, huídào bàngōngshì hòu mǎshàng gěi nín dǎ diànhuà.

급한 업무가 있어서요, 10분 후에 다시 전화 주시겠어요?

我现在有事急着处理，十分钟后再给我打电话好吗?

Wǒ xiànzài yǒu shì jízhe chǔlǐ, shí fēnzhōng hòu zài gěi wǒ dǎ diànhuà hǎo ma?

실전회화

A **您现在通话方便吗?**
Nín xiànzài tōnghuà fāngbiàn ma?
지금 통화 괜찮으세요?

B **对不起，我现在有事急着处理，十分钟后再给我打电话好吗?**
Duìbuqǐ, wǒ xiànzài yǒu shì jízhe chǔlǐ, shí fēnzhōng hòu zài gěi wǒ dǎ diànhuà hǎo ma?
죄송합니다만, 급한 업무가 있어서요. 10분 후에 다시 전화 주시겠어요?

A **好的，那您先忙，三十分钟后我再给您打电话。**
Hǎo de, nà nín xiān máng, sānshí fēnzhōng hòu wǒ zài gěi nín dǎ diànhuà.
네. 그럼 먼저 일 보세요. 30분 후에 다시 전화드리겠습니다.

전화로는 말씀드리기가 어렵네요. 이메일을 보내 드리겠습니다.

电话上很难说清楚，我给您发电子邮件吧。

Diànhuà shàng hěn nán shuō qīngchu, wǒ gěi nín fā diànzǐ yóujiàn ba.

연결 상태가 좋지 않을 때

(전화가) 잘 안 들려요.

我听不清楚。

Wǒ tīng bu qīngchu.

여보세요? 죄송합니다만, 잘 안 들려서요. 좀 크게 말씀해 주시겠어요?

喂? 对不起，我听不清楚，可以大点儿声吗?

Wéi? Duìbuqǐ, wǒ tīng bu qīngchu, kěyǐ dà diǎnr shēng ma?

실전회화

A **喂? 对不起，我听不清楚，可以大点儿声吗?**
Wéi? Duìbuqǐ, wǒ tīng bu qīngchu, kěyǐ dà diǎnr shēng ma?
여보세요? 죄송합니다만, 잘 안 들려서요. 좀 크게 말씀해 주시겠어요?

B **现在听得清楚吗?**
Xiànzài tīng de qīngchu ma?
이제는 잘 들리세요?

잘 들리네요.

听得很清楚。

Tīng de hěn qīngchu.

여전히 잘 안 들리네요.

还是听不清。

Háishi tīng bu qīng.

주변이 시끄러워서 잘 안 들려요.

周围太嘈杂了，听不清楚。

Zhōuwéi tài cáozá le, tīng bu qīngchu.

*嘈杂 cáozá 시끄럽다

전화 연결 상태가 좋지 않네요.

通话质量不太好。

Tōnghuà zhìliàng bú tài hǎo.

혼선됐나 봐요.

好像串线了。

Hǎoxiàng chuànxiàn le.

*串线 chuànxiàn 혼선되다

들렸다 안 들렸다 해요.

一会儿听得清，一会儿听不清。

Yíhuìr tīng de qīng, yíhuìr tīng bu qīng.

전화가 '지지직'거려요.

电话里"刺啦刺啦"的。

Diànhuà li "cīlā cīlā" de.

전화가 연결이 안 돼요.

电话打不出去。

Diànhuà dǎ bu chūqù.

끊고 다시 걸어 주세요.

挂了以后，重新打吧。

Guàle yǐhòu, chóngxīn dǎ ba.

전화 끊으시면, 제가 다시 걸게요.

先挂了，我重新打。

Xiān guà le, wǒ chóngxīn dǎ.

휴대 전화 사용

휴대 전화를 진동이나 무음으로 해 주세요.

请把手机调至振动或无声。

Qǐng bǎ shǒujī tiáo zhì zhèndòng huò wúshēng.

벨 소리를 작게 해 놓으세요.

请把手机铃声调小。

Qǐng bǎ shǒujī língshēng tiáo xiǎo.

휴대 전화 배터리가 다 되어 가요.

我的手机快没电了。

Wǒ de shǒujī kuài méi diàn le.

혹시 전화가 끊기면 사무실에 들어가서 다시 걸게요.

如果电话断了，那我回到办公室再给您打过去。

Rúguǒ diànhuà duàn le, nà wǒ huídào bàngōngshì zài gěi nín dǎ guòqù.

휴대 전화 보조 배터리를 좀 빌릴 수 있을까요?

可以借一下你的手机辅助电池吗？ *辅助电池 fǔzhù diànchí 보조 배터리

Kěyǐ jiè yíxià nǐ de shǒujī fǔzhù diànchí ma?

지하철 안이라 길게 통화 못해요.

我现在在地铁上，所以不能长时间通电话。

Wǒ xiànzài zài dìtiě shàng, suǒyǐ bù néng cháng shíjiān tōng diànhuà.

버스 안이라 크게 말 못 해요.

我现在在公交车上，不能大声说话。

Wǒ xiànzài zài gōngjiāochē shàng, bù néng dà shēng shuōhuà.

운전 중이라서요, 이따가 다시 걸게요.

我现在在开车，一会儿再给您打过去。

Wǒ xiànzài zài kāichē, yíhuìr zài gěi nín dǎ guòqù.

이동 중이라서요, 조용한 곳에 가면 제가 다시 걸게요.

我现在在路上，一会儿到了安静的地方再给您打电话。

Wǒ xiànzài zài lùshang, yíhuìr dàole ānjìng de dìfang zài gěi nín dǎ diànhuà.

실전회화

A 我现在在路上，一会儿到了安静的地方再给您打电话。
Wǒ xiànzài zài lùshang, yíhuìr dàole ānjìng de dìfang zài gěi nín dǎ diànhuà.
이동 중이라서요, 조용한 곳에 가면 제가 다시 걸게요.

B 好的，那我等你的电话。
Hǎo de, nà wǒ děng nǐ de diànhuà.
네, 그럼 전화 기다릴게요.

메시지 보낼게요.

我给您发短信。

Wǒ gěi nín fā duǎnxìn.

메시지가 안 왔는데, 다시 보내 주시겠어요?

我没收到您的短信，可以再发给我吗？

Wǒ méi shōudào nín de duǎnxìn, kěyǐ zài fā gěi wǒ ma?

PART 4 이메일

격식에 맞게 문서 작성하기!

중국어는 특히 구어와 문어의 쓰임이 달라서, 말하기는 수준급이어도 글쓰기는 수준 이하인 경우가 많습니다. 비즈니스 관련 문서를 친구들에게 편하게 보내 듯하거나, 번역기로 대충 번역해서 보낸다면 난처한 상황에 처할 수 있겠죠?

PART 4는 인사와 용건으로 메일을 시작하는 것부터 마무리 인사까지 순서대로 구성하고, 비즈니스 상황에서 발생할 수 있는 여러 상황별 표현을 수록하고 있습니다. 메일 쓰기에 시간이 너무 많이 걸리고, 자신 없어 고민이셨다면 이번 기회에 글쓰기 격식 및 격식에 맞는 표현을 학습하여 이메일 쓰기는 물론 다른 문서 작성할 때도 적용해 보세요.

Chapter 1

인사와 용건

• • • • •

Chapter 2

일정 조율

• • • • •

Chapter 3

상황별 업무 메일

• • • • •

Chapter 4

공지 및 안내

• • • • •

Chapter 5

감사 · 축하 · 사과

• • • • •

Chapter 6

이메일 마무리

인사와 용건

04-1.mp3

인사하기

오래간만입니다.

好久不见。
Hǎojiǔ bújiàn.

多日未见。
Duō rì wèi jiàn.

그동안 잘 지내셨습니까?

过得可好?
Guò de kě hǎo?

向来可好?
Xiànglái kě hǎo?

별일 없죠?

别来无恙?
Biéláiwúyàng?

일은 잘되십니까?

工作顺利吗?
Gōngzuò shùnlì ma?

잘 지냈습니다.

我过得很好。
Wǒ guò de hěn hǎo.

요즘 일이 바쁩니다.

最近事务繁忙。
Zuìjìn shìwù fánmáng.

*繁忙 fánmáng 일이 많고 여유가 없다

한 달간 어디 좀 다녀왔습니다.

一个月没在。
Yí ge yuè méi zài.

지난달에는 출장을 다녀왔습니다.

上个月我去出差了。
Shàng ge yuè wǒ qù chūchāi le.

함께 일하게 되어 기쁩니다.

很高兴能与您共事。
Hěn gāoxìng néng yǔ nín gòngshì.

非常高兴与您共事。
Fēicháng gāoxìng yǔ nín gòngshì.

이 프로젝트를 함께하게 되어 기쁩니다.

很高兴能共同参与这个项目。
Hěn gāoxìng néng gòngtóng cānyù zhège xiàngmù.

우리 모두의 발전을 기대하고 있습니다.

期待我们可以齐头并进。
Qīdài wǒmen kěyǐ qítóu-bìngjìn.

*齐头并进 qítóu-bìngjìn 나란히 전진하다

소개하기

먼저 간단히 제 소개를 하겠습니다.

我先简单地介绍一下我自己。
Wǒ xiān jiǎndān de jièshào yíxià wǒ zìjǐ.

샤오장입니다.

我是小张。
Wǒ shì Xiǎo Zhāng.

대한무역 해외영업팀 이○○입니다.

我是大韩贸易海外销售部的李〇〇。
Wǒ shì Dàhán Màoyì hǎiwài xiāoshòubù de Lǐ OO.

A사에서 마케팅을 담당하고 있는 이○○라고 합니다.

我是A公司负责市场销售的小李。
Wǒ shì A Gōngsī fùzé shìchǎng xiāoshòu de Xiǎo Lǐ.

계약 담당자 김○○입니다.

我是负责合同业务的金〇〇。
Wǒ shì fùzé hétong yèwù de Jīn OO.

*合同 hétong 계약(서)

지난번 기업 세미나에서 인사드린 샤오왕입니다.

我是上次在企业研讨会上跟您见过面的小王。
Wǒ shì shàng cì zài qǐyè yántǎohuì shàng gēn nín jiànguo miàn de Xiǎo Wáng.

지난주 기업 세미나에서 명함을 주고받았던 이○○입니다.

我是李〇〇，上周在企业研讨会上跟您互换过名片。
Wǒ shì Lǐ OO, shàngzhōu zài qǐyè yántǎohuì shàng gēn nín hùhuànguo míngpiàn.

제가 다음 주부터 김○○ 씨의 업무를 넘겨받아 진행합니다.
我从下周开始接替小金的工作。 *接替 jiētì 인계하다
Wǒ cóng xiàzhōu kāishǐ jiētì Xiǎo Jīn de gōngzuò.

먼저 당사를 소개해 드리겠습니다.
首先我先来介绍一下我们公司。
Shǒuxiān wǒ xiān lái jièshào yíxià wǒmen gōngsī.

먼저 당사의 신규 프로젝트를 소개해 드리겠습니다.
首先我先来介绍一下我们公司的新项目。
Shǒuxiān wǒ xiān lái jièshào yíxià wǒmen gōngsī de xīn xiàngmù.

먼저 간단히 당사의 업무를 소개해 드리겠습니다.
我先来简单介绍一下我们公司的业务。
Wǒ xiān lái jiǎndān jièshào yíxià wǒmen gōngsī de yèwù.

당사는 1978년에 설립되었습니다.
我们公司创立于1978年。 *创立 chuànglì 창립하다
Wǒmen gōngsī chuànglì yú yī jiǔ qī bā nián.

당사는 현재 한국 무역 업계에서 떠오르는 유망주입니다.
我们公司是韩国贸易行业的一颗冉冉升起的新星。
Wǒmen gōngsī shì Hánguó màoyì hángyè de yì kē rǎnrǎn shēngqǐ de xīnxīng.

연락 계기 밝히기

한국전자 이○○ 팀장님 소개로 연락드립니다.
我是经韩国电子的李○○经理介绍的。
Wǒ shì jīng Hánguó Diànzǐ de Lǐ OO jīnglǐ jièshào de.

샤오장에게 소개받은 A사의 김○○입니다.
我是经小张介绍的A公司的金○○。
Wǒ shì jīng Xiǎo Zhāng jièshào de A Gōngsī de Jīn OO.

A사의 김○○ 씨로부터 귀하의 메일 주소를 건네받았습니다.
我从A公司金○○小姐那里得到了您的邮箱地址。
Wǒ cóng A Gōngsī Jīn OO xiǎojie nàlǐ dédàole nín de yóuxiāng dìzhǐ.

어제 통화했던 영업 담당자입니다.
我是昨天跟您通过话的销售负责人。
Wǒ shì zuótiān gēn nín tōngguo huà de xiāoshòu fùzérén.

며칠 전 제품 관련하여 전화드렸던 김○○입니다.
我是金○○，几天前因为产品问题给您打过电话。
Wǒ shì Jīn OO, jǐ tiān qián yīnwèi chǎnpǐn wèntí gěi nín dǎguo diànhuà.

지난번에 전화로 말씀드린 건은 이미 메일드렸습니다.

上次在电话上说过的问题已经给您发了邮件。

Shàng cì zài diànhuà shàng shuōguo de wèntí yǐjīng gěi nín fāle yóujiàn.

수입한 신상품 건으로 어제 통화했습니다.

我们昨天因为进口的新商品问题跟您通过电话。

Wǒmen zuótiān yīnwèi jìnkǒu de xīn shāngpǐn wèntí gēn nín tōngguo diànhuà.

배송 날짜 건으로 지난주에 전화드렸습니다.

上周因为发货时间问题给您打过电话。

Shàngzhōu yīnwèi fāhuò shíjiān wèntí gěi nín dǎguo diànhuà.

홈페이지의 메일 주소를 보고 연락드립니다.

我是看到了网站上的邮箱地址，然后跟您联系的。

Wǒ shì kàndàole wǎngzhàn shàng de yóuxiāng dìzhǐ, ránhòu gēn nín liánxì de.

我看到了网站上的邮箱地址。

Wǒ kàndàole wǎngzhàn shàng de yóuxiāng dìzhǐ.

중소기업 박람회에서 귀사의 제품을 보고 연락드립니다.

我们是在中小企业博览会上看到了贵公司的产品，然后跟您联系的。

Wǒmen shì zài zhōngxiǎo qǐyè bólǎnhuì shàng kàndàole guì gōngsī de chǎnpǐn, ránhòu gēn nín liánxì de.

我们在中小企业博览会上看到了贵公司的产品。

Wǒmen zài zhōngxiǎo qǐyè bólǎnhuì shàng kàndàole guì gōngsī de chǎnpǐn.

며칠 전 카탈로그에 소개된 내용을 보고 연락드립니다.

我们是几天前看到了产品杂志上的介绍，然后跟您联系的。

Wǒmen shì jǐ tiān qián kàndàole chǎnpǐn zázhì shàng de jièshào, ránhòu gēn nín liánxì de.

我们几天前看到了产品杂志上的介绍。

Wǒmen jǐ tiān qián kàndàole chǎnpǐn zázhì shàng de jièshào.

귀사의 채용 공고를 보고 연락드립니다.

我看到了贵公司的招聘广告。

Wǒ kàndàole guì gōngsī de zhāopìn guǎnggào.

처음 메일드립니다.

第一次给您写邮件。

Dì-yī cì gěi nín xiě yóujiàn.

용건 말하기

귀사 제품에 관한 일로 연락드립니다. [구매한 제품에 문제 발생]

我发邮件是因为贵公司的产品有些问题。

Wǒ fā yóujiàn shì yīnwèi guì gōngsī de chǎnpǐn yǒuxiē wèntí.

前几天我购买了贵公司的产品，但我发现这些产品有些问题。

Qián jǐ tiān wǒ gòumǎile guì gōngsī de chǎnpǐn, dàn wǒ fāxiàn zhèxiē chǎnpǐn yǒuxiē wèntí.

귀사 제품에 관한 일로 연락드립니다. [구매 관련 문의]

我们想向公司询问几个问题，如果我们要大量购入贵公司的产品，是否能得到优惠。

Wǒmen xiǎng xiàng gōngsī xúnwèn jǐ ge wèntí, rúguǒ wǒmen yào dàliàng gòurù guì gōngsī de chǎnpǐn, shìfǒu néng dédào yōuhuì.

我们计划购买贵公司的产品，可否发给我们报价单。

Wǒmen jìhuà gòumǎi guì gōngsī de chǎnpǐn, kě fǒu fā gěi wǒmen bàojiàdān.

Biz tip 한국에서는 이메일의 첫머리에 '제품/구매/컴플레인 때문에 연락드립니다'와 같은 표현을 자주 씁니다. 하지만 중국인과의 비즈니스에서는 '제품의 하자/대량 구매 문의/서비스 태도 컴플레인 때문에 연락드립니다'와 같이 말하고자 하는 바를 구체적으로 표현해야 합니다.

며칠 전에 주문하신 제품에 문제가 생겨 연락드립니다.

几天前您所订的产品出现了一些问题。

Jǐ tiān qián nín suǒ dìng de chǎnpǐn chūxiànle yìxiē wèntí.

기상 악화로 며칠 전에 주문하신 제품의 납품이 부득이하게 사흘 연기됩니다.

由于天气原因，几天前您所订的产品，我们不得不延迟三天交货。

Yóuyú tiānqì yuányīn, jǐ tiān qián nín suǒ dìng de chǎnpǐn, wǒmen bùdébù yánchí sān tiān jiāohuò.

배송일 건으로 연락드립니다.

跟您联系是因为发货日期一事。

Gēn nín liánxì shì yīnwèi fāhuò rìqī yí shì.

회의 일정 확인 건으로 연락드립니다.

跟您联系是为了确认一下会议日期。

Gēn nín liánxì shì wèile quèrèn yíxià huìyì rìqī.

귀사의 지불 방식을 재확인하려고 연락드립니다.

跟您联系是为了再次确认贵公司的支付方式。

Gēn nín liánxì shì wèile zàicì quèrèn guì gōngsī de zhīfù fāngshì.

김 팀장님 메시지 전달해 드립니다.

现为您转达金经理的留言。

Xiàn wèi nín zhuǎndá Jīn jīnglǐ de liúyán.

문의하신 내용의 답변드립니다.

刚才您询问的事情，我向您说明一下。
Gāngcái nín xúnwèn de shìqing, wǒ xiàng nín shuōmíng yíxià.

아래는 부탁하셨던 내용입니다.

您所托之事如下。
Nín suǒ tuō zhī shì rúxià.

A사의 김○○입니다. 신제품 출시 행사에 귀하를 초대합니다.

我是A公司的金○○。特邀请贵方参加我们的新产品发布会。
Wǒ shì A Gōngsī de Jīn OO. Tè yāoqǐng guì fāng cānjiā wǒmen de xīn chǎnpǐn fābùhuì.

我是A公司的金○○。很荣幸邀请您前来参加新产品上市活动。
Wǒ shì A Gōngsī de Jīn OO. Hěn róngxìng yāoqǐng nín qiánlái cānjiā xīn chǎnpǐn shàngshì huódòng.

귀사의 0244번 상품을 구입하고 싶습니다.

我们想购买贵公司编号0244的商品。
Wǒmen xiǎng gòumǎi guì gōngsī biānhào líng èr sì sì de shāngpǐn.

*编号 biānhào 일련번호

귀사의 디지털 뉴스 서비스에 관심이 매우 큽니다.

我们对贵公司的数字新闻服务非常感兴趣。
Wǒmen duì guì gōngsī de shùzì xīnwén fúwù fēicháng gǎn xìngqù.

*数字 shùzì 디지털

귀사의 교육 매뉴얼에 관심이 매우 큽니다.

我们对贵公司的教育指南非常有兴趣。
Wǒmen duì guì gōngsī de jiàoyù zhǐnán fēicháng yǒu xìngqù.

회신하기

메일 잘 받았습니다.

来函已收到。
Láihán yǐ shōudào

*来函 láihán 보내온 편지

4월 1일자 메일에 답변드립니다.

现回复贵方4月1日的来函中所询事宜。
Xiàn huífù guì fāng sì yuè yī rì de láihán zhōng suǒ xún shìyí.

*回复 huífù 회답하다 事宜 shìyí 일, 사무

상품 문의에 답변드립니다.

现回复贵方的所询商品事宜。
Xiàn huífù guì fāng de suǒ xún shāngpǐn shìyí.

답장이 늦어서 죄송합니다.

很抱歉没能及时回复您的邮件。
Hěn bàoqiàn méi néng jíshí huífù nín de yóujiàn.

非常抱歉没能及时跟您联系。
Fēicháng bàoqiàn méi néng jíshí gēn nín liánxì.

문의하신 사항을 확인해 보느라 답장이 늦었습니다.

因为确认您上次所询事宜，所以没能及时回复您。
Yīnwèi quèrèn nín shàng cì suǒ xún shìyí, suǒyǐ méi néng jíshí huífù nín.

갑작스러운 출장으로 답장이 늦었습니다.

因为我突然出差，所以没能早点儿回复您的邮件。
Yīnwèi wǒ tūrán chūchāi, suǒyǐ méi néng zǎo diǎnr huífù nín de yóujiàn.

휴가를 다녀오느라 메일 확인이 늦었습니다.

因为我去度假，没能及时确认邮件。
Yīnwèi wǒ qù dùjià, méi néng jíshí quèrèn yóujiàn.

이 건은 바로 답변드리기 힘들 것 같습니다.

这个问题我们恐怕不能马上答复您。
Zhège wèntí wǒmen kǒngpà bù néng mǎshàng dáfù nín.

담당 부서의 대표 메일 주소를 알려 드리겠습니다.

我告诉您部门负责人的电子邮箱。
Wǒ gàosu nín bùmén fùzérén de diànzǐ yóuxiāng.

이 건은 영업팀으로 직접 연락 부탁드립니다.

关于这个问题，请直接与销售部联系。
Guānyú zhège wèntí, qǐng zhíjiē yǔ xiāoshòubù liánxì.

더 자세한 정보를 원하시면, 회신이나 전화 부탁드립니다.

如果您需要更详细的信息，请来函或打电话。
Rúguǒ nín xūyào gèng xiángxì de xìnxī, qǐng láihán huò dǎ diànhuà.

다른 문의가 있으시면 언제든 연락 주십시오.

如果有其他疑问的话，请随时跟我们联系。
Rúguǒ yǒu qítā yíwèn dehuà, qǐng suíshí gēn wǒmen liánxì.

이 메일은 기록이 남도록 보관해 주십시오.

为了留下记录，请保存这封邮件。
Wèile liúxià jìlù, qǐng bǎocún zhè fēng yóujiàn.

일정 조율

만남 제안

회의 전에 한번 뵙고 싶습니다.

我希望可以在开会前跟您见一面。
Wǒ xīwàng kěyǐ zài kāihuì qián gēn nín jiàn yí miàn.

我想在会议开始之前拜见您。
Wǒ xiǎng zài huìyì kāishǐ zhīqián bàijiàn nín.

시간이 되는 대로 되도록 빨리 회의를 잡고 싶습니다.

我们想按照您的日程，尽快安排会议。
Wǒmen xiǎng ànzhào nín de rìchéng, jǐnkuài ānpái huìyì.

직접 뵙고 프로젝트 이야기를 나누고 싶습니다.

我们想跟您见面后谈一下我们的项目。
Wǒmen xiǎng gēn nín jiànmiàn hòu tán yíxià wǒmen de xiàngmù.

한국에 잠시 들어오실 일은 없으신지요?

有没有计划来韩国一段时间?
Yǒu méiyǒu jìhuà lái Hánguó yí duàn shíjiān?

혹시 괜찮으시다면 한국을 방문하셔서 만나 뵈었으면 좋겠습니다.

如果可以的话，希望您可以到访韩国。我们盼望能与您相会。
Rúguǒ kěyǐ dehuà, xīwàng nín kěyǐ dàofǎng Hánguó. Wǒmen pànwàng néng yǔ nín xiānghuì.

직접 만나 뵙고 감사 인사를 드리고 싶은데, 시간 어떠십니까?

我们想当面向您表示谢意，您的时间如何?
Wǒmen xiǎng dāngmiàn xiàng nín biǎoshì xièyì, nín de shíjiān rúhé?

*当面 dāngmiàn 마주 보다

자문을 구하고 싶은데, 이번 주에 시간 어떠십니까?

我想听取一下您的意见，您这周有时间吗?
Wǒ xiǎng tīngqǔ yíxià nín de yìjiàn, nín zhè zhōu yǒu shíjiān ma?

점심 식사를 같이하고 싶은데, 시간 어떠십니까?

我想跟您共进午餐，您有时间吗?
Wǒ xiǎng gēn nín gòng jìn wǔcān, nín yǒu shíjiān ma?

팀장님께서 뵙고 싶어 하시는데, 시간 어떠십니까?

我们的经理想拜见您，您的时间如何?
Wǒmen de jīnglǐ xiǎng bàijiàn nín, nín de shíjiān rúhé?

다음 주 화요일에 회의할 시간 있으십니까?

下周二有时间开会吗?
Xià zhōu'èr yǒu shíjiān kāihuì ma?

언제가 좋은지 편하게 알려 주십시오.

随时告诉我您合适的时间。
Suíshí gàosu wǒ nín héshì de shíjiān.

언제 방문하실지 알려 주십시오.

请告诉我您过来的时间。
Qǐng gàosu wǒ nín guòlái de shíjiān.

请告诉我您什么时候来公司。
Qǐng gàosu wǒ nín shénme shíhou lái gōngsī.

귀사에 한번 방문하고 싶은데 가능할까요?

我想拜访贵公司，可以吗?
Wǒ xiǎng bàifǎng guì gōngsī, kěyǐ ma?

혹시 괜찮으시다면, 저희 사무실에 방문해 주실 수 있을까요?

如果可以的话，您可以来我们的办公室吗?
Rúguǒ kěyǐ dehuà, nín kěyǐ lái wǒmen de bàngōngshì ma?

다음 주에 중국에 갈 일이 있는데, 겸사겸사 한번 뵐 수 있을까요?

下周我有事要去中国，咱们顺便见个面，怎么样?
Xiàzhōu wǒ yǒu shì yào qù Zhōngguó, zánmen shùnbiàn jiàn ge miàn, zěnmeyàng?

약속 시간 및 장소 정하기

가장 편하신 날짜와 시간을 말씀해 주십시오.

您可以告诉我对您最合适的日期和时间吗?
Nín kěyǐ gàosu wǒ duì nín zuì héshì de rìqī hé shíjiān ma?

언제가 편하십니까?

什么时候方便?
Shénme shíhou fāngbiàn?

내일은 어떠십니까?

明天如何?
Míngtiān rúhé?

한 시간 뒤는 어떠십니까?

一个小时后怎么样?
Yí ge xiǎoshí hòu zěnmeyàng?

Word tip 这个星期五 zhège xīngqīwǔ 이번 주 금요일 | 下个星期一 xià ge xīngqīyī 다음 주 월요일 | 周一到周五下午 zhōuyī dào zhōuwǔ xiàwǔ 평일 오후 | 周末 zhōumò 주말

이번 주에 만나는 건 어떠십니까?

我们这周见个面怎么样?

Wǒmen zhè zhōu jiàn ge miàn zěnmeyàng?

내일 괜찮습니다.

明天可以。

Míngtiān kěyǐ.

월요일 오전이나 화요일 오후가 좋습니다.

周一上午或者周二下午比较好。

Zhōuyī shàngwǔ huòzhě zhōu'èr xiàwǔ bǐjiào hǎo.

편하신 시간에 업무를 겸한 점심 식사를 하도록 하죠.

在您方便的时间，我们共进工作餐吧。

Zài nín fāngbiàn de shíjiān, wǒmen gòng jìn gōngzuòcān ba.

*工作餐 gōngzuòcān 점심시간에 밥을 먹으면서 업무를 보는 것

귀하께서 편하신 때로 회의 일정을 잡아도 괜찮습니다.

可以按照您方便的时间制定会议日程。

Kěyǐ ànzhào nín fāngbiàn de shíjiān zhìdìng huìyì rìchéng.

언제라도 상관없습니다.

什么时候都可以。

Shénme shíhou dōu kěyǐ.

아무 때나 오십시오.

您随时可以来。

Nín suíshí kěyǐ lái.

장소는 어디가 좋겠습니까?

地点定在哪里好呢?

Dìdiǎn dìng zài nǎlǐ hǎo ne?

哪里比较好呢?

Nǎlǐ bǐjiào hǎo ne?

조용한 카페는 어떠십니까?

安静一点儿的咖啡厅怎么样?

Ānjìng yìdiǎnr de kāfēitīng zěnmeyàng?

간단하게 멀티미디어 프레젠테이션을 해야 해서 카페는 무리입니다.

因为要进行一个简短的多媒体演示，所以咖啡厅不太合适。

Yīnwèi yào jìnxíng yí ge jiǎnduǎn de duōméitǐ yǎnshì, suǒyǐ kāfēitīng bú tài héshì.

*多媒体 duōméitǐ 멀티미디어

노트북을 가져갈 테니 어디든 상관없습니다.
我会带着笔记本电脑，所以在哪儿见都可以。
Wǒ huì dàizhe bǐjìběn diànnǎo, suǒyǐ zài nǎr jiàn dōu kěyǐ.

당사 사무실이 좋을 듯합니다.
我们公司的办公室比较合适。
Wǒmen gōngsī de bàngōngshì bǐjiào héshì.

자료가 전부 사무실에 있으니, 여기가 가장 좋을 듯합니다.
所有的资料都在办公室里，这里最合适。
Suǒyǒu de zīliào dōu zài bàngōngshì li, zhèlǐ zuì héshì.

약도는 메시지로 보내 드리겠습니다.
把示意图发短信给您。
Bǎ shìyìtú fā duǎnxìn gěi nín.

약속 조율 및 변경

죄송합니다만, 그날은 선약이 있습니다.
非常抱歉，那天我已经有约了。
Fēicháng bàoqiàn, nà tiān wǒ yǐjīng yǒu yuē le.

죄송합니다만, 그 주에는 일이 있습니다.
不好意思，那周我有事。
Bù hǎoyìsi, nà zhōu wǒ yǒu shì.

오늘은 곤란합니다.
今天不太方便。
Jīntiān bú tài fāngbiàn.

두 시는 안 됩니다.
两点不行。
Liǎng diǎn bùxíng.

월요일만 빼고, 언제든 괜찮습니다.
除了周一，哪天都行。
Chúle zhōuyī, nǎ tiān dōu xíng.

오후에 뵐 수 있을까요?
下午能见个面吗?
Xiàwǔ néng jiàn ge miàn ma?

죄송합니다만, 조금 늦을 것 같습니다.
很抱歉，我可能会晚一点儿。
Hěn bàoqiàn, wǒ kěnéng huì wǎn yìdiǎnr.

시간을 바꿀 수 있을까요?

可以换个时间吗?

Kěyǐ huàn ge shíjiān ma?

약속 시간을 한 시간 미룰 수 있을까요?

可以把约定的时间推迟一个小时吗?

Kěyǐ bǎ yuēdìng de shíjiān tuīchí yí ge xiǎoshí ma?

회의 시간을 다시 정할 수 있을까요?

可以重新安排会议时间吗?

Kěyǐ chóngxīn ānpái huìyì shíjiān ma?

회의를 한동안 미룰 수 있을까요?

我们的会议可以暂且延期吗?

Wǒmen de huìyì kěyǐ zànqiě yánqī ma?

일정 변경을 원하시면 알려 주세요. 조정해 보겠습니다.

如果您想改变日程，请告诉我，我会帮您调整。

Rúguǒ nín xiǎng gǎibiàn rìchéng, qǐng gàosu wǒ, wǒ huì bāng nín tiáozhěng.

어렵게 약속을 잡았는데, 제 개인 사정으로 시간을 바꾸게 되어 정말 죄송합니다.

您好不容易才安排好的，但因为我的个人原因不得不改变时间，非常抱歉。

Nín hǎobù róngyì cái ānpái hǎo de, dàn yīnwèi wǒ de gèrén yuányīn bùdébù gǎibiàn shíjiān, fēicháng bàoqiàn.

회의가 10월 3일에서 10월 1일로 앞당겨졌습니다.

原定10月3日召开的会议提前到10月1日。

Yuándìng shí yuè sān rì zhàokāi de huìyì tíqián dào shí yuè yī rì.

6월 예정이었던 워크숍이 7월로 미뤄졌습니다.

原定6月举行的研讨会顺延至7月。

Yuándìng liù yuè jǔxíng de yántǎohuì shùnyán zhì qī yuè.

비행기가 연착돼서 오늘 미팅은 참석이 어려울 것 같습니다.

飞机延误了，我恐怕不能参加今天的会议了。

Fēijī yánwù le, wǒ kǒngpà bù néng cānjiā jīntiān de huìyì le.

내일은 사무실에 들를 수 있을 듯합니다.

明天有时间去您的办公室。

Míngtiān yǒu shíjiān qù nín de bàngōngshì.

이쪽에 도착하시면 전화주십시오.

到了这边请给我打电话。

Dàole zhèbiān qǐng gěi wǒ dǎ diànhuà.

언제 도착하실 예정인지 궁금합니다.

我想知道您的到达时间。

Wǒ xiǎng zhīdào nín de dàodá shíjiān.

我想知道您的到达日期。

Wǒ xiǎng zhīdào nín de dàodá rìqī.

약속 확인

약속 시간 확인차 메일드립니다.

今写信，是想确认一下约定的时间。

Jīn xiěxìn, shì xiǎng quèrèn yíxià yuēdìng de shíjiān.

现致函贵方是想确认一下约定的时间。 *致函 zhìhán 편지를 보내다

Xiàn zhìhán guì fāng shì xiǎng quèrèn yíxià yuēdìng de shíjiān.

5월 19일 오후 3시, 베이징 호텔 맞습니까?

5月19日下午3点，北京饭店，对吗?

Wǔ yuè shíjiǔ rì xiàwǔ sān diǎn, Běijīng Fàndiàn, duì ma?

이번 회의에 귀사에서는 몇 분이 참석하십니까?

此次会议，贵公司有几位出席?

Cǐ cì huìyì, guì gōngsī yǒu jǐ wèi chūxí?

회의 날짜가 변경되었다고 하던데, 다시 한번 확인해 주시겠습니까?

听说会议日期有变动，请再确认一次好吗?

Tīngshuō huìyì rìqī yǒu biàndòng, qǐng zài quèrèn yí cì hǎo ma?

이번 주 회의가 다음 주로 연기되었음을 알려 드립니다.

原定本周举行的会议顺延至下周，特此通知。

Yuándìng běn zhōu jǔxíng de huìyì shùnyán zhì xiàzhōu, tècǐ tōngzhī.

회의 일정이 변경되었는데, 연락받으셨습니까?

会议日程改变了，您收到通知了吗?

Huìyì rìchéng gǎibiàn le, nín shōudào tōngzhī le ma?

대회의실을 사용할 수 없다는데, 어느 회의실로 가면 되나요?

大会议室不能使用，我们要去哪个会议室呢?

Dàhuìyìshì bù néng shǐyòng, wǒmen yào qù nǎge huìyìshì ne?

회의실 예약하는 것 잊지 마세요.

请不要忘记预订会议室。

Qǐng búyào wàngjì yùdìng huìyìshì.

상황별 업무 메일

상황 확인

사용 설명서의 몇 가지 사항이 전혀 이해가 안 됩니다.

操作说明书中有几个项目，我一点儿都看不明白。

Cāozuò shuōmíngshū zhōng yǒu jǐ ge xiàngmù, wǒ yìdiǎnr dōu kàn bù míngbai.

말씀하신 것 중 대부분에 추가 설명이 필요합니다.

您所说的内容中，多半需要再加以说明。

Nín suǒ shuō de nèiróng zhōng, duōbàn xūyào zài jiā yǐ shuōmíng.

문서로 좀 더 자세한 설명 부탁드립니다.

请以书面形式进行更具体的说明。 *书面 shūmiàn 서면, 지면

Qǐng yǐ shūmiàn xíngshì jìnxíng gèng jùtǐ de shuōmíng.

자료에서 몇몇 부분이 이해가 잘 안 되는데, 보조 자료를 보내 주실 수 있습니까?

资料中有几个地方我不太明白，可以将辅助材料发给我吗?

Zīliào zhōng yǒu jǐ ge dìfang wǒ bú tài míngbai, kěyǐ jiāng fǔzhù cáiliào fā gěi wǒ ma?

*辅助 fǔzhù 보조적인

보충 자료를 추가해 주십시오.

请附加补充资料。

Qǐng fùjiā bǔchōng zīliào.

영문으로 된 사용 설명서를 받아 볼 수 있습니까?

能把说明书的英文版给我看一下吗?

Néng bǎ shuōmíngshū de Yīngwénbǎn gěi wǒ kàn yíxià ma?

보내신 자료가 최근 것입니까?

您发的资料是最新的吗?

Nín fā de zīliào shì zuì xīn de ma?

보고서를 첨부하니, 확인 부탁드립니다.

随信附上报告书，请查收。 *查收 cháshōu 이상 유무를 확인하고 받다

Suí xìn fùshàng bàogàoshū, qǐng cháshōu.

첨부한 보고서를 확인하시면, 회신 부탁드립니다.

请查收随信附上的报告书并盼回复。

Qǐng cháshōu suí xìn fùshàng de bàogàoshū bìng pàn huífù.

메일이 잘못 왔습니다. 확인해 주시겠어요? [글자가 깨져서 온 경우]

邮件都是乱码，您能再确认一下吗？

*乱码 luànmǎ 깨진 글자

Yóujiàn dōu shì luànmǎ, nín néng zài quèrèn yíxià ma?

메일이 잘못 왔습니다. 확인해 주시겠어요? [잘못 왔을 경우]

邮件好像发错了，您再确认一下吧。

Yóujiàn hǎoxiàng fācuò le, nín zài quèrèn yíxià ba.

您好像发错邮件了，您再确认一下吧。

Nín hǎoxiàng fācuò yóujiàn le, nín zài quèrèn yíxià ba.

자료가 첨부되지 않았군요. 확인 부탁드립니다.

资料未附上，请确认。

Zīliào wèi fùshàng, qǐng quèrèn.

저희가 요구 사항을 자세히 설명드리지 않은 것 같습니다.

我们未对我们所提出的要求进行具体说明。

Wǒmen wèi duì wǒmen suǒ tíchū de yāoqiú jìnxíng jùtǐ shuōmíng.

저희의 요구 사항을 제대로 이해하신 것 같지 않아, 보충 자료를 첨부합니다.

贵方好像没有完全理解我们所提出的要求，因此随信附上补充材料。

Guì fāng hǎoxiàng méiyǒu wánquán lǐjiě wǒmen suǒ tíchū de yāoqiú, yīncǐ suí xìn fùshàng bǔchōng cáiliào.

매출은 어떻습니까?

销售额如何？

Xiāoshòu'é rúhé?

진행 상황은 어떻습니까?

进展如何？

Jìnzhǎn rúhé?

조건에서 다시 확인하고 싶은 점이 있습니다.

条件方面有一些想再确认一下的部分。

Tiáojiàn fāngmiàn yǒu yìxiē xiǎng zài quèrèn yíxià de bùfen.

7월 1일에 드린 메일에 답이 없으셔서 다시 연락드립니다.

我方7月1日发的邮件未得到回复，因此再次致函。

Wǒ fāng qī yuè yī rì fā de yóujiàn wèi dédào huífù, yīncǐ zàicì zhìhán.

계속해서 이 서비스를 이용하시려면, 갱신하셔야 합니다.

若要继续使用该服务，需要更新。

Ruòyào jìxù shǐyòng gāi fúwù, xūyào gēngxīn.

재고

귀사의 제안은 신중히 검토해 보겠습니다.

我们将慎重地考虑贵公司的提议。

Wǒmen jiāng shènzhòng de kǎolǜ guì gōngsī de tíyì.

이 사안은 재검토하고 싶습니다.

我希望重新讨论此项提案。

Wǒ xīwàng chóngxīn tǎolùn cǐ xiàng tí'àn.

我希望重新讨论此项事宜。

Wǒ xīwàng chóngxīn tǎolùn cǐ xiàng shìyí.

이 기획서는 재검토해 보겠습니다.

我们将重新研究这份企划书。

Wǒmen jiāng chóngxīn yánjiū zhè fèn qǐhuàshū.

왕 팀장님께서 하신 말씀은 차분히 생각해 보겠습니다.

王经理所说的话，我会冷静地去考虑。

Wáng jīnglǐ suǒ shuō de huà, wǒ huì lěngjìng de qù kǎolǜ.

왕 팀장님께서 하신 제안은 신중히 생각해 보겠습니다.

我会慎重地考虑王经理所提出的建议。

Wǒ huì shènzhòng de kǎolǜ Wáng jīnglǐ suǒ tíchū de jiànyì.

귀하의 제안은 재고해 보겠습니다.

您的提议我们会重新考虑。

Nín de tíyì wǒmen huì chóngxīn kǎolǜ.

사내 회의에 한 번 더 안건으로 올려 볼 생각입니다.

我想在公司内部会议上再一次上交提案。

Wǒ xiǎng zài gōngsī nèibù huìyì shàng zài yí cì shàngjiāo tí'àn.

죄송합니다만, 재고의 여지가 없습니다.

很抱歉，没有再考虑的余地了。

Hěn bàoqiàn, méiyǒu zài kǎolǜ de yúdì le.

사직 의사를 재고해 주실 수 없을까요?

关于辞职一事，是否能再考虑一下?

Guānyú cízhí yí shì, shìfǒu néng zài kǎolǜ yíxià?

이 건은 재고해 주시기를 바랍니다.

希望可以对此重新考虑。

Xīwàng kěyǐ duì cǐ chóngxīn kǎolǜ.

협조 요청

작년 프로젝트 자료가 필요합니다.

需要去年项目的资料。

Xūyào qùnián xiàngmù de zīliào.

Word tip 前年 qiánnián 재작년 | 第一季度 dì-yī jìdù 일사분기 | 第二季度 dì-èr jìdù 이사분기

작년 신제품 시장 점유율 통계 자료가 필요합니다.

需要去年新产品市场占有率的统计资料。

Xūyào qùnián xīn chǎnpǐn shìchǎng zhànyǒulǜ de tǒngjì zīliào.

개발 기획서의 보충 설명 자료가 필요합니다.

开发企划书需要添加补充说明材料。

Kāifā qǐhuàshū xūyào tiānjiā bǔchōng shuōmíng cáiliào.

개발팀의 상세한 상품 사용 설명서가 필요합니다.

需要开发部提供详细的商品使用说明书。

Xūyào kāifābù tígòng xiángxì de shāngpǐn shǐyòng shuōmíngshū.

이번 프로젝트의 정확한 예산을 알고 싶습니다.

我想了解一下这次项目的准确预算。

Wǒ xiǎng liǎojiě yíxià zhè cì xiàngmù de zhǔnquè yùsuàn.

사내 서버 유지 보수가 8시간가량 걸릴 예정이오니, 직원 여러분의 양해 부탁드립니다.

公司服务器的维修需要八个小时左右，请各位员工谅解。

Gōngsī fúwùqì de wéixiū xūyào bā ge xiǎoshí zuǒyòu, qǐng gè wèi yuángōng liàngjiě.

*服务器 fúwùqì 서버

아래의 일정이오니, 협조 부탁드립니다.

日程如下，希望给予大力协助。 *协助 xiézhù 협조하다

Rìchéng rúxià, xīwàng jǐyǔ dàlì xiézhù.

그 시간 동안은 메일 확인이 불가하오니, 업무에 참고 바랍니다.

跟您说一下，那段时间我不能确认邮件。

Gēn nín shuō yíxià, nà duàn shíjiān wǒ bù néng quèrèn yóujiàn.

간단한 설문 조사를 진행하오니, 직원 여러분의 협조 부탁드립니다.

现进行简单的问卷调查，希望各位员工给予大力协助。

Xiàn jìnxíng jiǎndān de wènjuàn diàochá, xīwàng gè wèi yuángōng jǐyǔ dàlì xiézhù.

*问卷 wènjuàn 설문 조사

내일까지 자료를 보내 주시면 고맙겠습니다.

恳请明天之前将材料发给我们。 *恳请 kěnqǐng 간청하다

Kěnqǐng míngtiān zhīqián jiāng cáiliào fā gěi wǒmen.

확인하신 후, 되도록 빨리 문서를 수정해 주셨으면 합니다.

请确认文件后，尽快进行修改。

Qǐng quèrèn wénjiàn hòu, jǐnkuài jìnxíng xiūgǎi.

급한 문건이라서요, 팩스로 받을 수 있을까요?

文件较急，能否发传真给我们?

Wénjiàn jiào jí, néngfǒu fā chuánzhēn gěi wǒmen?

첨부 자료

첨부 자료 확인 부탁드립니다.

请确认所附资料。

Qǐng quèrèn suǒ fù zīliào.

첨부한 파일은 모두 다섯 개입니다.

随信所附文件共5个。

Suí xìn suǒ fù wénjiàn gòng wǔ ge.

먼저 회의 자료를 보냅니다.

先将会议材料发送给您。

Xiān jiāng huìyì cáiliào fāsòng gěi nín.

PDF 파일을 첨부합니다.

随信附上PDF文件。

Suí xìn fùshàng PDF wénjiàn.

Biz tip '중국에서는 영어가 절대 통하지 않는다.' 이런 말을 한 번쯤 들어 보셨죠? 하지만 비즈니스에서는 간단한 영어 단어 정도는 자주 쓰입니다. 영어가 안 통한다는 편견에 사로잡혀 모든 단어나 표현을 중국식으로 바꾸려고 하지는 마세요.

계약서 사본을 첨부합니다.

随信附上合同书复印件。

Suí xìn fùshàng hétongshū fùyìnjiàn.

Word tip 订购单 dìnggòudān 발주서 | 报价单 bàojiàdān 견적서 | ○○名录 OO mīnglù / ○○清单 OO qīngdān 체크리스트 | 运单 yùndān / 送货单 sònghuòdān / 发货单 fāhuòdān 송장

파일이 열리지 않으면, 연락 주십시오.

若文件打不开，请联系我们。

Ruò wénjiàn dǎ bu kāi, qǐng liánxì wǒmen.

첨부한 자료는 반드시 회의 전에 읽어 보십시오.

一定要在会议前阅读随信附上的材料。

Yídìng yào zài huìyì qián yuèdú suí xìn fùshàng de cáiliào.

파일의 빈칸을 채운 후, 회신 부탁드립니다.

请填写文件中划线的部分，再回复我们。
Qǐng tiánxiě wénjiàn zhōng huàxiàn de bùfen, zài huífù wǒmen.

첨부한 문건을 출력하신 후 날인하여 우편으로 보내 주십시오.

把附件中的文件打印出来以后，请在文件上签名并邮寄给我们。
Bǎ fùjiàn zhōng de wénjiàn dǎyìn chūlái yǐhòu, qǐng zài wénjiàn shàng qiānmíng bìng yóujì gěi wǒmen.

신청서를 작성하신 후, 재무팀으로 제출해 주십시오.

请填写申请表，然后交到财务部。
Qǐng tiánxiě shēnqǐngbiǎo, ránhòu jiāodào cáiwùbù.

파일에 표시한 부분을 수정하신 후, 계획대로 진행하시면 됩니다.

请修改文件中作出标记的部分，然后按照计划进行。
Qǐng xiūgǎi wénjiàn zhōng zuòchū biāojì de bùfen, ránhòu ànzhào jìhuà jìnxíng.

PDF 파일을 jpg 파일로 바꾸어 다시 보내 주시겠어요?

可以将PDF文件转换为jpg文件后，再发送给我们吗?
Kěyǐ jiāng PDF wénjiàn zhuǎnhuàn wéi jpg wénjiàn hòu, zài fāsòng gěi wǒmen ma?

첨부하신 사진 파일이 열리지 않습니다. 다시 보내 주시겠어요?

附件中的照片文件打不开，可以再发送一次吗?
Fùjiàn zhōng de zhàopiàn wénjiàn dǎ bu kāi, kěyǐ zài fāsòng yí cì ma?

첨부하신 파일에 암호가 걸려 있습니다.

随信附上的文件设定了密码。
Suí xìn fùshàng de wénjiàn shèdìngle mìmǎ.

A 随信附上的文件设定了密码。请告诉我密码，好吗?
Suí xìn fùshàng de wénjiàn shèdìngle mìmǎ. Qǐng gàosu wǒ mìmǎ, hǎo ma?
첨부하신 파일에 암호가 걸려 있습니다. 비밀번호 좀 알려 주시겠어요?

B 哦，不好意思。密码是123456。
À, bù hǎoyìsi. Mìmǎ shì yī èr sān sì wǔ liù.
아, 죄송합니다. 암호는 123456입니다.

기밀 사항 관리

모든 회의 내용은 대외비입니다.

会议内容一律保密。
Huìyì nèiróng yílǜ bǎomì.

이 안건은 대외비입니다.

此次议案要绝对保密。 *议案 yì'àn 안건

Cǐ cì yì'àn yào juéduì bǎomì.

이 자료는 대외비입니다.

此资料对外保密。

Cǐ zīliào duìwài bǎomì.

회의 내용이 유출되지 않도록 각별한 주의 부탁드립니다.

一定要特别注意，会议内容绝不能外泄。 *泄 xiè 누설되다

Yídìng yào tèbié zhùyì, huìyì nèiróng jué bù néng wài xiè.

이번 건이 유출되지 않도록 직원 여러분의 협조 부탁드립니다.

保证此项议案绝不外泄，请各位员工给予大力协助。

Bǎozhèng cǐ xiàng yì'àn jué bù wài xiè, qǐng gè wèi yuángōng jǐyǔ dàlì xiézhù.

데이터는 유출되어서는 안 됩니다.

数据绝不能外泄。 *数据 shùjù 데이터

Shùjù jué bù néng wài xiè.

이 파일은 각별히 주의해서 보관해 주십시오.

请特别注意保管好此文件。

Qǐng tèbié zhùyì bǎoguǎn hǎo cǐ wénjiàn.

확인 후에는 반드시 파일을 파기하십시오.

确认后，一定要将文件销毁。 *销毁 xiāohuǐ 폐기하다

Quèrèn hòu, yídìng yào jiāng wénjiàn xiāohuǐ.

답장 및 피드백 요청

검토 후 연락 부탁드립니다.

您看了之后，请跟我们联系。

Nín kànle zhīhòu, qǐng gēn wǒmen liánxì.

您过目后，请跟我们联系。

Nín guòmù hòu, qǐng gēn wǒmen liánxì.

확인하시는 대로 연락 부탁드립니다.

请确认后马上联系我们。

Qǐng quèrèn hòu mǎshàng liánxì wǒmen.

상부에서 결정이 나는 대로 연락 부탁드립니다.

请在上级做出决定后马上联系我们。

Qǐng zài shàngjí zuòchū juédìng hòu mǎshàng liánxì wǒmen.

회의가 끝나는 대로 회의록을 단체 메일로 보내 주십시오.

请在会议结束后，马上将会议记录用邮件群发给大家。
Qǐng zài huìyì jiéshù hòu, mǎshàng jiāng huìyì jìlù yòng yóujiàn qúnfā gěi dàjiā.

*群发 qúnfā (메일 등을) 한 번에 대량으로 보내다

발송 확인을 하시면, 위치와 송장 번호를 알려 주십시오.

请在确认发货后，将位置及发货单编号告诉我。
Qǐng zài quèrèn fāhuò hòu, jiāng wèizhi jí fāhuòdān biānhào gàosu wǒ.

발송한 물품의 현재 위치를 확인하시는 대로 연락 부탁드립니다.

请您在确认发送的物品现在所处的位置后，马上跟我们联系。
Qǐng nín zài quèrèn fāsòng de wùpǐn xiànzài suǒ chǔ de wèizhi hòu, mǎshàng gēn wǒmen liánxì.

문의 사항이 있으시면, 첨부한 양식에 적으신 후 회신해 주십시오.

若有疑问，请在附上的表格中填写好后回寄给我们。
Ruò yǒu yíwèn, qǐng zài fùshàng de biǎogé zhōng tiánxiě hǎo hòu huí jì gěi wǒmen.

제품에 이상이 있을 경우, 그 내용을 자세히 적어 주십시오.

若产品有问题，请具体将问题写下来。
Ruò chǎnpǐn yǒu wèntí, qǐng jùtǐ jiāng wèntí xiě xiàlái.

대안이 있으시면, 주저 말고 말씀해 주십시오.

若您有什么方案，请直接告诉我们。
Ruò nín yǒu shénme fāng'àn, qǐng zhíjiē gàosu wǒmen.

若您有什么方案，请直言。
Ruò nín yǒu shénme fāng'àn, qǐng zhíyán.

요구 사항이 있으시면, 담당자에게 메일을 보내십시오.

若有什么要求，请给负责人发邮件。
Ruò yǒu shénme yāoqiú, qǐng gěi fùzérén fā yóujiàn.

견적 문의

귀사의 견적서를 받고 싶습니다.

希望贵方提供报价单。
Xīwàng guì fāng tígòng bàojiàdān.

되도록 빨리 견적서를 받을 수 있을까요?

能不能尽快将报价单发给我?
Néng bu néng jǐnkuài jiāng bàojiàdān fā gěi wǒ?

조금 전 전화로 말씀하신 내용을 반영한 견적서를 받을 수 있을까요?

刚才您在电话上说的内容能反映在报价单上发给我吗?

Gāngcái nín zài diànhuà shàng shuō de nèiróng néng fǎnyìng zài bàojiàdān shàng fā gěi wǒ ma?

견적서 잘 받아 보았습니다.

报价单已收悉。

Bàojiàdān yǐ shōuxī.

*收悉 shōuxī 잘 받아 보다

귀사에서 보내신 견적은 저희 예산을 훨씬 초과합니다.

贵方所报价格远远超过了我们的预算。

Guì fāng suǒ bàojiàgé yuǎnyuǎn chāoguòle wǒmen de yùsuàn.

협의하신 후 다시 견적서를 보내 주실 수 있나요?

请商议后，将报价单再发给我们好吗?

Qǐng shāngyì hòu, jiāng bàojiàdān zài fā gěi wǒmen hǎo ma?

어떤 항목이 협상 가능합니까?

可商讨的项目有哪些?

Kě shāngtǎo de xiàngmù yǒu nǎxiē?

*商讨 shāngtǎo 의견을 교환하다

몇 개 이상 구매해야 할인을 받을 수 있습니까?

购买多少可以得到优惠?

Gòumǎi duōshao kěyǐ dédào yōuhuì?

귀사 제품의 가격 및 할인율을 알고 싶습니다.

我们想了解贵方产品的价格及折扣率。

Wǒmen xiǎng liǎojiě guì fāng chǎnpǐn de jiàgé jí zhékòulǜ.

이 서비스를 하루 이용하는 데 얼마입니까?

使用此项服务一天所需费用是多少?

Shǐyòng cǐ xiàng fúwù yì tiān suǒ xū fèiyòng shì duōshao?

샘플 및 자료 요청

구매하기 전에 샘플을 먼저 받아 보고 싶습니다.

购买之前，我们想先得到样品。

Gòumǎi zhīqián, wǒmen xiǎng xiān dédào yàngpǐn.

홈페이지에 샘플은 10개만 제공한다고 되어 있는데, 5개를 더 받을 수 있습니까?

网页上标明仅提供10个样品，不知可否再得到5个样品。

Wǎngyè shàng biāomíng jǐn tígòng shí ge yàngpǐn, bù zhī kě fǒu zài dédào wǔ ge yàngpǐn.

발송 가능한 샘플 개수와 발송 예정일을 확인하시고 회신 부탁드립니다.

请确认可发送样品的数量及发送预定日期后，给我们回信。

Qǐng quèrèn kě fāsòng yàngpǐn de shùliàng jí fāsòng yùdìng rìqī hòu, gěi wǒmen huíxìn.

카탈로그를 보내 주실 수 있습니까?

可否发给我们商品目录?

Kě fǒu fā gěi wǒmen shāngpǐn mùlù?

PDF 버전으로 된 카탈로그가 있으면 메일로 보내 주십시오.

商品目录若有PDF版本，请用电子邮件发给我们。

Shāngpǐn mùlù ruò yǒu PDF bǎnběn, qǐng yòng diànzǐ yóujiàn fā gěi wǒmen.

*版本 bǎnběn 버전, 판본

귀사의 작년 상품 출시 목록을 받아 보고 싶습니다.

我们想得到贵公司去年所推出商品的目录。

Wǒmen xiǎng dédào guì gōngsī qùnián suǒ tuīchū shāngpǐn de mùlù.

요청하신 자료 보내 드렸습니다.

已将贵方所要求的资料发出。

Yǐ jiāng guì fāng suǒ yāoqiú de zīliào fāchū.

확인하는 대로 자료를 보내 드리겠습니다.

确认后马上将材料发给您。

Quèrèn hòu mǎshàng jiāng cáiliào fā gěi nín.

귀사에서 개발한 앱과 관련된 정보는 어떤 형태로 받을 수 있습니까? 메일로 보내 주실 수 있나요?

贵公司所开发APP的相关信息以哪种方式发给我们呢?
能用电子邮件发给我们吗?

Guì gōngsī suǒ kāifā APP de xiāngguān xìnxī yǐ nǎ zhǒng fāngshì fā gěi wǒmen ne?
Néng yòng diànzǐ yóujiàn fā gěi wǒmen ma?

설명서를 한국어로 번역해서 보내 주실 수 있습니까?

能将说明书翻译成韩语后发给我们吗?

Néng jiāng shuōmíngshū fānyì chéng Hányǔ hòu fā gěi wǒmen ma?

아래의 주소로 자료를 보내 주시면 감사하겠습니다.

请将材料发送到以下所示地址，谢谢。

Qǐng jiāng cáiliào fāsòng dào yǐxià suǒ shì dìzhǐ, xièxie.

주문 관련

최소 주문량은 몇 개입니까?

最低订货数量是多少?

Zuì dī dìnghuò shùliàng shì duōshao?

최소 주문량은 1,000개입니다.

最低订货数量是1000个。

Zuì dī dìnghuò shùliàng shì yìqiān ge.

이번 주 안에 발주서를 보내 드리겠습니다.

订购单将在本周内发出。 *订购单 dìnggòudān 발주서, 구매 주문서

Dìnggòudān jiāng zài běn zhōu nèi fāchū.

300개를 주문했는데, 500개로 변경할 수 있을까요?

可以将订货数量从300个变更为500个吗?

Kěyǐ jiāng dìnghuò shùliàng cóng sānbǎi ge biàngēng wéi wǔbǎi ge ma?

지난주에 1,000개를 주문했는데, 추가로 500개를 더 주문하려고 합니다.

上周订了1000个，我们想在订单中再加500个。

Shàngzhōu dìngle yìqiān ge, wǒmen xiǎng zài dìngdān zhōng zài jiā wǔbǎi ge.

200개 더 주문하면 배송료를 할인받을 수 있을까요?

若将订货数量增加到200个，运费能否得到优惠?

Ruò jiāng dìnghuò shùliàng zēngjiā dào liǎngbǎi ge, yùnfèi néngfǒu dédào yōuhuì?

발주서를 잘못 보냈습니다.

订购单发送错误。

Dìnggòudān fāsòng cuòwù.

지난주에 보낸 발주서는 취소 부탁드립니다. 다시 보내겠습니다.

请取消上周所发的订购单，我们将重新再发。

Qǐng qǔxiāo shàngzhōu suǒ fā de dìnggòudān, wǒmen jiāng chóngxīn zài fā.

현재 추가 주문은 받지 않습니다.

我们现在不接收追加订货。

Wǒmen xiànzài bù jiēshōu zhuījiā dìnghuò.

제품 생산이 시작되어 주문을 취소하실 수 없습니다.

产品生产已经上线，现在无法取消订货单。

Chǎnpǐn shēngchǎn yǐjīng shàng xiàn, xiànzài wúfǎ qǔxiāo dìnghuòdān.

주문하면 일주일 안에 제품을 받을 수 있을까요?

订货后，一周之内能拿到产品吗?

Dìnghuò hòu, yì zhōu zhī nèi néng nádào chǎnpǐn ma?

말씀하신 날짜 안에 납품하기는 어렵습니다.

我们很难在您所要求的时间内交货。

Wǒmen hěn nán zài nín suǒ yāoqiú de shíjiān nèi jiāohuò.

추가 주문 수량은 납기일 안에 맞출 수 없습니다.

增订的数量我们不能在交货期内交货。

Zēngdìng de shùliàng wǒmen bù néng zài jiāohuòqī nèi jiāohuò.

출하 · 배송 관련

이번 주에 출하합니다.

本周内发货。

Běn zhōu nèi fāhuò.

선금 입금 확인 후, 24시간 안에 출하합니다.

确认订金后，24小时之内发货。

Quèrèn dìngjīn hòu, èrshísì xiǎoshí zhī nèi fāhuò.

출하 시기는 재고 유무에 따라 달라집니다.

发货时间根据库存会有所变动。

Fāhuò shíjiān gēnjù kùcún huì yǒu suǒ biàndòng.

*库存 kùcún 재고

깨지기 쉬운 물건은 완충 포장하여 출하합니다.

易碎物品进行特别包装后发货。

Yì suì wùpǐn jìnxíng tèbié bāozhuāng hòu fāhuò.

출하 때 생긴 파손은 생산자가 책임집니다.

发货时所发生的破损问题，责任由发货方承担。

Fāhuò shí suǒ fāshēng de pòsǔn wèntí, zérèn yóu fāhuò fāng chéngdān.

*破损 pòsǔn 파손(하다) 承担 chéngdān 부담하다

정기 구매 시 배송료가 무료입니다.

定期购买时免收运费。

Dìngqī gòumǎi shí miǎn shōu yùnfèi.

50개보다 적게 주문할 경우, 배송료가 유료입니다.

若订货数量在50个以下，则收取运费。

Ruò dìnghuò shùliàng zài wǔshí ge yǐxià, zé shōuqǔ yùnfèi.

배송료는 택배 회사의 규정에 따릅니다.

运费标准按照快递公司的规定决定。

Yùnfèi biāozhǔn ànzhào kuàidì gōngsī de guīdìng juédìng.

*快递公司 kuàidì gōngsī 택배 회사

항공편과 배편, 어느 쪽으로 보낼까요?

空运还是船运?

Kōngyùn háishi chuányùn?

별다른 문제가 없을 경우, 내일이나 모레쯤 상품을 수령하실 수 있습니다.

没有意外的话，您将于明天或后天收到货物。

Méiyǒu yìwài dehuà, nín jiāng yú míngtiān huò hòutiān shōudào huòwù.

다음 주까지 발송이 지연됩니다.

货物发送延至下周。

Huòwù fāsòng yán zhì xiàzhōu.

기상 여건상 일주일 정도 발송이 지연됩니다.

由于天气原因，发货时间推迟一周。

Yóuyú tiānqì yuányīn, fāhuò shíjiān tuīchí yì zhōu.

운수 노조의 파업으로 발송이 무기한 지연됩니다.

由于运输工会罢工，发货时间无期限推迟。

Yóuyú yùnshū gōnghuì bàgōng, fāhuò shíjiān wú qīxiàn tuīchí.

*工会 gōnghuì 노동조합　罢工 bàgōng 파업하다　期限 qīxiàn 예정된 시간

예정대로 보내 드리지 못해 죄송합니다.

很抱歉，没能按照预定时间发货。

Hěn bàoqiàn, méi néng ànzhào yùdìng shíjiān fāhuò.

빠르고 차질 없이 배송하도록 노력하겠습니다.

我们会尽力快速、准确地发货。

Wǒmen huì jìnlì kuàisù、zhǔnquè de fāhuò.

적환을 일주일 앞당기면 늦지 않을 겁니다.

将转船时间提前一周的话，不会延误。

Jiāng zhuǎnchuán shíjiān tíqián yì zhōu dehuà, bú huì yánwù.

*转船 zhuǎnchuán 배로 옮겨 싣다

발송이 장기간 지연되어 주문을 취소하겠습니다.

由于发货时间长期拖延，故取消订货。

*拖延 tuōyán 지연하다

Yóuyú fāhuò shíjiān chángqī tuōyán, gù qǔxiāo dìnghuò.

발송 예정일을 알려 주십시오.

请告知商品预定发货时间。

Qǐng gàozhī shāngpǐn yùdìng fāhuò shíjiān.

지난주 월요일에 발송한 것으로 알고 있습니다.

我们得知上周一货物已经发送。

Wǒmen dézhī shàng zhōuyī huòwù yǐjīng fāsòng.

*得知 dézhī 알게 되다

다음 주 월요일에 발송할 것으로 알고 있습니다.

我们得知下周一将发货。

Wǒmen dézhī xià zhōuyī jiāng fāhuò.

상품이 언제쯤 도착할까요?

货物何时到达?

Huòwù héshí dàodá?

늦어도 10월 20일까지는 선적품이 도착할 것입니다.

转载的货物最晚将在10月20日到达。

Zhuǎnzǎi de huòwù zuì wǎn jiāng zài shí yuè èrshí rì dàodá.

상품이 도착하면 알려 주십시오.

货物到达后请告知我们。

Huòwù dàodá hòu qǐng gàozhī wǒmen.

물품을 받으시면 확인 메일을 보내 주십시오.

收到物品后，请发电子邮件告知我们。

Shōudào wùpǐn hòu, qǐng fā diànzǐ yóujiàn gàozhī wǒmen.

10월 20일에 물품을 수령했습니다.

物品于10月20日收悉。

Wùpǐn yú shí yuè èrshí rì shōuxī.

배송료 100달러는 선불로 지불해 주셔야 합니다.

请支付100美元的运费订金。

Qǐng zhīfù yìbǎi měiyuán de yùnfèi dìngjīn.

*订金 dìngjīn 계약금, 선금

물건을 받으시면 남은 배송료를 지불해 주십시오.

收到货物后，支付其余的运费。

Shōudào huòwù hòu, zhīfù qíyú de yùnfèi.

40달러의 배송료가 추가됩니다.

追加40美元的运费。

Zhuījiā sìshí měiyuán de yùnfèi.

운송 보험금은 저희 쪽에서 지불했습니다.

运输保险费我方已经支付。

Yùnshū bǎoxiǎnfèi wǒ fāng yǐjīng zhīfù.

지불 관련

다음 상품의 최저 가격을 알려 주십시오.

请告知以下商品的最低价格。
Qǐng gàozhī yǐxià shāngpǐn de zuì dī jiàgé.

지불 방법을 선택해 주십시오.

请选择支付方式。
Qǐng xuǎnzé zhīfù fāngshì.

贵方将采用哪种支付方式? *采用 cǎiyòng 채택하다
Guì fāng jiāng cǎiyòng nǎ zhǒng zhīfù fāngshì?

货款将采用哪种方式支付?
Huòkuǎn jiāng cǎiyòng nǎ zhǒng fāngshì zhīfù?

달러 또는 위안화로 지불 가능합니다.

可用美金或人民币支付。
Kě yòng měijīn huò rénmínbì zhīfù.

계좌 이체로 결제해도 되나요?

可以用银行转账的方式支付吗? *转账 zhuǎnzhàng 계좌 이체하다
Kěyǐ yòng yínháng zhuǎnzhàng de fāngshì zhīfù ma?

화물 발송 전 (총액의) 30%를 선지급, 물건 수령 후 두 번에 나누어 남은 대금을 완납해 주십시오.

请在发货前预付30%，收到货物后分两次缴清余额。
Qǐng zài fāhuò qián yùfù bǎi fēn zhī sānshí, shōudào huòwù hòu fēn liǎng cì jiǎoqīng yú'é.
*缴 jiǎo 납부하다

송금받을 계좌는 중국은행 123-4567-890입니다.

请汇款至中国银行，账号是123-4567-890。
Qǐng huìkuǎn zhì Zhōngguó Yínháng, zhànghào shì yāo èr sān - sì wǔ liù qī - bā jiǔ líng.
*汇款 huìkuǎn 송금하다 账号 zhànghào 계좌 번호

Word tip 工商银行 Gōngshāng Yínháng 공상은행 | 建设银行 Jiànshè Yínháng 건설은행 | 交通银行 Jiāotōng Yínháng 교통은행 | 农业银行 Nóngyè Yínháng 농업은행

대금은 위안화로 지불 부탁드립니다.

货款请支付人民币。
Huòkuǎn qǐng zhīfù rénmínbì.

Word tip 韩币 hánbì 원화 | 日币 rìbì 엔화 | 美元 měiyuán 달러 | 欧元 ōuyuán 유로화

세전 총액입니다.

这是税前总额。
Zhè shì shuì qián zǒng'é.

세후 총액입니다.

这是税后总额。

Zhè shì shuì hòu zǒng'é.

대금 총액은 영업세 8%를 제외한 2백만 위안입니다.

货款去除8%的营业税后，共200万元。

Huòkuǎn qùchú bǎi fēn zhī bā de yíngyèshuì hòu, gòng liǎngbǎi wàn yuán.

＊去除 qùchú 제거하다

총액의 10%를 선지급해 주십시오.

请先支付总额的10%。

Qǐng xiān zhīfù zǒng'é de bǎi fēn zhī shí.

총액의 10%를 15일 내에 입금하지 않으면, 주문은 자동 취소됩니다.

若未在15日之内支付总额的10%，订货将自动取消。

Ruò wèi zài shíwǔ rì zhī nèi zhīfù zǒng'é de bǎi fēn zhī shí, dìnghuò jiāng zìdòng qǔxiāo.

최근에 수수료가 인상되었습니다.

最近手续费有所上涨。

＊手续费 shǒuxùfèi 수수료

Zuìjìn shǒuxùfèi yǒu suǒ shàngzhǎng.

판매 대행 수수료 4%는 의무적으로 지불하셔야 합니다.

必须要支付4%的销售代理费。

Bìxū yào zhīfù bǎi fēn zhī sì de xiāoshòu dàilǐfèi.

서비스 요금 25%는 선지급해 주셔야 합니다.

要先支付25%的服务费。

Yào xiān zhīfù bǎi fēn zhī èrshíwǔ de fúwùfèi.

주문 번호 321의 상품 대금 420달러를 입금했습니다.

已将321号订单的货款420美金汇入贵方帐户。

Yǐ jiāng sān èr yāo hào dìngdān de huòkuǎn sìbǎi èrshí měijīn huìrù guì fāng zhànghù.

＊汇入 huìrù 입금하다

한국 시간으로 오후 두시에 주문 금액을 입금했습니다.

已于韩国时间下午两点将汇款汇入贵方帐户。

Yǐ yú Hánguó shíjiān xiàwǔ liǎng diǎn jiāng huìkuǎn huìrù guì fāng zhànghù.

상품 대금을 지불했습니다.

货款已交付。

Huòkuǎn yǐ jiāofù.

지불 기한을 연장해 주실 수 있나요?

能否延长付款期限?

Néng fǒu yáncháng fùkuǎn qīxiàn?

즉시 입금해 주시면 감사하겠습니다.

请即刻汇款，谢谢。

Qǐng jíkè huìkuǎn, xièxie.

되도록 빨리 송금해 주시면 감사하겠습니다.

请尽快汇款，谢谢。

Qǐng jǐnkuài huìkuǎn, xièxie.

귀사의 지불 기한이 지났습니다.

贵方的付款期限已过。

Guì fāng de fùkuǎn qīxiàn yǐ guò.

귀사는 현재 물품 대금 2천 달러가 15일째 연체 중입니다.

贵方的2000美金货款已拖延了15天。

Guì fāng de liǎngqián měijīn huòkuǎn yǐ tuōyánle shíwǔ tiān.

귀사의 지불이 완료되었습니다.

贵公司所汇货款已收到。

Guì gōngsī suǒ huì huòkuǎn yǐ shōudào.

贵公司的货款已收到。

Guì gōngsī de huòkuǎn yǐ shōudào.

결제 대금 잘 받았습니다. 고맙습니다.

货款已收到，非常感谢。

Huòkuǎn yǐ shōudào, fēicháng gǎnxiè.

빠른 입금 감사드립니다.

请尽早汇款。

Qǐng jǐnzǎo huìkuǎn.

죄송합니다만, 인터넷 뱅킹에 문제가 발생하여 현재 입금 확인이 어렵습니다.

非常抱歉，由于网上银行出现了问题，现在不能确认汇款。

Fēicháng bàoqiàn, yóuyú wǎngshàng yínháng chūxiànle wèntí, xiànzài bù néng quèrèn huìkuǎn.

문제 제기

데이터에 이상이 있습니다.

数据有问题。

Shùjù yǒu wèntí.

공장 생산 라인에 문제가 생겼습니다.

工厂生产线发生了问题。

Gōngchǎng shēngchǎnxiàn fāshēngle wèntí.

선적일이 계약 조건과 다릅니다.

交运日期与合约相异。

Jiāoyùn rìqī yǔ héyuē xiāngyì.

고객이 불만을 제기했습니다.

有客户投诉。 *投诉 tóusù 신고하다, 불평하다

Yǒu kèhù tóusù.

귀사의 서비스가 만족스럽지 못합니다.

我们对贵公司的服务不甚满意。 *不甚 bú shèn 그다지 ~하지 않다

Wǒmen duì guì gōngsī de fúwù bú shèn mǎnyì.

귀사는 고객을 대하는 태도를 고치시는 게 좋겠습니다.

希望贵公司能改变对待客户的态度。

Xīwàng guì gōngsī néng gǎibiàn duìdài kèhù de tàidu.

한 달 전에 귀사에 샘플을 요청했는데, 아직까지 회답을 받지 못했습니다.

一个月前我方已经请求贵方提供样品，但至今还未得到答复。

Yí ge yuè qián wǒ fāng yǐjīng qǐngqiú guì fāng tígòng yàngpǐn, dàn zhì jīn hái wèi dédào dáfù.

주문한 수량과 납품받은 물품 수량이 다릅니다.

我们收到的商品数量与所订数量不符。

Wǒmen shōudào de shāngpǐn shùliàng yǔ suǒ dìng shùliàng bù fú.

요청한 샘플 중 두 종이 누락되었습니다.

所要求的样品中，有两种漏掉了。

Suǒ yāoqiú de yàngpǐn zhōng, yǒu liǎng zhǒng lòudiào le.

상품에 결함이 있습니다.

商品存在缺陷。 *缺陷 quēxiàn 결함

Shāngpǐn cúnzài quēxiàn.

귀사의 제품 품질이 평균 이하입니다.

贵公司的产品质量低劣。 *低劣 dīliè (질이) 매우 낮다

Guì gōngsī de chǎnpǐn zhìliàng dīliè.

납품받은 상품 중에 불량이 있습니다.

我们收到的商品中有次品。 *次品 cìpǐn 불량품

Wǒmen shōudào de shāngpǐn zhōng yǒu cìpǐn.

귀사의 제품이 제대로 작동하지 않습니다.

贵公司的产品不能正常运转。 *运转 yùnzhuǎn (기계가) 돌아가다

Guì gōngsī de chǎnpǐn bù néng zhèngcháng yùnzhuǎn.

실제로 제품을 사용해 보니, 시연 때보다 효과가 떨어집니다.

我们发现实际使用产品后，达不到演示时所产生的效果。

Wǒmen fāxiàn shíjì shǐyòng chǎnpǐn hòu, dá bu dào yǎnshì shí suǒ chǎnshēng de xiàoguǒ.

*演示 yǎnshì 시연하다

상품 중 일부가 파손되었습니다.

部分商品发生破损。

Bùfen shāngpǐn fāshēng pòsǔn.

상품이 파손된 원인을 확인하신 후 연락 주십시오.

请确认商品破损的原因后与我们联系。

Qǐng quèrèn shāngpǐn pòsǔn de yuányīn hòu yǔ wǒmen liánxì.

앞으로 더욱 주의해 주십시오.

今后请多加注意。

Jīnhòu qǐng duō jiā zhùyì.

귀사의 사과를 요구합니다.

我们要求贵方致歉。

Wǒmen yāoqiú guì fāng zhì qiàn.

신속하게 대책을 마련해 주시지 않으면, 법적 조치를 취할 수밖에 없습니다.

如果不迅速采取相应措施的话，我们将采取法律行动。

Rúguǒ bú xùnsù cǎiqǔ xiāngyìng cuòshī dehuà, wǒmen jiāng cǎiqǔ fǎlǜ xíngdòng.

*措施 cuòshī 대책

성의 있는 답변 기다리겠습니다.

我们期待贵方给予诚恳的答复。 *诚恳 chéngkěn 진실하다

Wǒmen qīdài guì fāng jǐyǔ chéngkěn de dáfù.

문제 제기에 대응

바로 데이터를 확인해 보겠습니다.

我马上确认数据。

Wǒ mǎshàng quèrèn shùjù.

바로 조사하여 보고드리겠습니다.

我马上去调查，然后向您报告。

Wǒ mǎshàng qù diàochá, ránhòu xiàng nín bàogào.

내용을 확인하는 대로 연락드리겠습니다.

确认内容后，马上跟您联系。

Quèrèn nèiróng hòu, mǎshàng gēn nín liánxì.

부족한 납품 수량은 바로 보내 드리겠습니다.

短装的货物立即发送。

Duǎnzhuāng de huòwù lìjí fāsòng.

결함이 있는 상품은 착불로 반송해 주십시오.

有问题的商品请用货到付款的方式退还给我们。

Yǒu wèntí de shāngpǐn qǐng yòng huòdào fùkuǎn de fāngshì tuìhuán gěi wǒmen.

*货到付款 huòdào fùkuǎn 착불, 대금 상환 인도

불량품은 바로 보내 주십시오.

请将次品马上寄给我们。

Qǐng jiāng cìpǐn mǎshàng jì gěi wǒmen.

불량품은 바로 교환해 드리겠습니다.

质量有问题的马上为您交换。

Zhìliàng yǒu wèntí de mǎshàng wèi nín jiāohuàn.

파손된 상품 수량만큼 재발송해 드리겠습니다.

按照破损商品的数量，我们重新发货。

Ànzhào pòsǔn shāngpǐn de shùliàng, wǒmen chóngxīn fāhuò.

상품 출고 시 운송 회사의 실수가 있었습니다. 저희 쪽에서 배상하겠습니다.

商品出库时，运输公司一方有所失误，这将由我方来赔偿。

Shāngpǐn chūkù shí, yùnshū gōngsī yìfāng yǒu suǒ shīwù, zhè jiāng yóu wǒ fāng lái péicháng.

*赔偿 péicháng 물어 주다

앞으로는 더욱 주의하겠습니다.

今后我们会多加注意。

Jīnhòu wǒmen huì duō jiā zhùyì.

고객 응대에 더욱 주의하겠습니다.

在对待客户方面，我会多加注意。

Zài duìdài kèhù fāngmiàn, wǒ huì duō jiā zhùyì.

앞으로는 더욱 철저히 사원 교육을 하겠습니다.

今后我们会更加有效地对员工进行培训。

Jīnhòu wǒmen huì gèngjiā yǒuxiào de duì yuángōng jìnxíng péixùn.

앞으로는 완벽한 서비스를 제공해 드릴 수 있도록 더욱 노력하겠습니다.

今后我会更加努力地去完善服务。

Jīnhòu wǒ huì gèngjiā nǔlì de qù wánshàn fúwù.

앞으로는 이와 같은 일이 다시는 일어나지 않도록 노력하겠습니다.

今后我们会努力不让这种事情再次发生。

Jīnhòu wǒmen huì nǔlì bú ràng zhè zhǒng shìqing zàicì fāshēng.

이번 일을 계기로 앞으로는 이와 같은 일이 다시는 일어나지 않도록 노력하겠습니다.

以此事为鉴，今后我们会努力不让这种事情再次发生。

Yǐ cǐ shì wéi jiàn, jīnhòu wǒmen huì nǔlì bú ràng zhè zhǒng shìqing zàicì fāshēng.

*鉴 jiàn 본보기

교환 · 환불 · 수리 요청

불량품이 있던데 교환해 주시겠어요?

我们发现有次品，可以给我们换货吗?

Wǒmen fāxiàn yǒu cìpǐn, kěyǐ gěi wǒmen huàn huò ma?

파손된 상품은 교환해 주십시오.

发生破损的商品，请给我们换货。

Fāshēng pòsǔn de shāngpǐn, qǐng gěi wǒmen huàn huò.

흠집이 난 상품은 교환해 주십시오.

有瑕疵的商品，请给我们换货。

Yǒu xiácī de shāngpǐn, qǐng gěi wǒmen huàn huò.

*瑕疵 xiácī 흠집

큰 사이즈로 교환해 주십시오.

请给我们换大号的。

Qǐng gěi wǒmen huàn dàhào de.

수량이 맞지 않으니 확인 후 추가로 발송해 주십시오.

数量不符，请确认后补发过来。

Shùliàng bùfú, qǐng quèrèn hòu bǔ fā guòlái.

귀사의 환불 정책을 알고 싶습니다.

我想了解一下贵公司的退款政策。

Wǒ xiǎng liǎojiě yíxià guì gōngsī de tuìkuǎn zhèngcè.

반품은 어떻게 합니까?

怎么退货?

Zěnme tuìhuò?

반품은 언제까지 가능합니까?

到什么时候能退货?

Dào shénme shíhou néng tuìhuò?

반품하면 계약금을 모두 돌려받을 수 있습니까?

如果退货的话，订金能全额收回吗?

Rúguǒ tuìhuò dehuà, dìngjīn néng quán'é shōuhuí ma?

실전회화

A **如果退货的话，订金能全额收回吗?**
Rúguǒ tuìhuò dehuà, dìngjīn néng quán'é shōuhuí ma?
반품하면 계약금을 모두 돌려받을 수 있습니까?

B **按照合同条款，订金不能全额收回。根据退货理由，可收回部分订金。**
Ànzhào hétong tiǎokuǎn, dìngjīn bù néng quán'é shōuhuí. Gēnjù tuìhuò lǐyóu, kě shōuhuí bùfen dìngjīn.
계약 조건에 따라 계약금 전부를 회수하실 수는 없습니다. 반품 사유에 따라 일부 돌려받으실 수 있습니다.

반품 시 배송료는 누가 부담합니까?

退货时，运输费由谁来承担?

Tuìhuò shí, yùnshūfèi yóu shéi lái chéngdān?

실전회화

A **退货时，运输费由谁来承担?**
Tuìhuò shí, yùnshūfèi yóu shéi lái chéngdān?
반품 시 배송료는 누가 부담합니까?

B **发送的产品没有质量问题的话，由贵方承担。**
Fāsòng de chǎnpǐn méiyǒu zhìliàng wèntí dehuà, yóu guì fāng chéngdān.
제품 이상이 아닌 경우, 귀사에서 부담하셔야 합니다.

아직 사용하지 않은 상품인데 환불할 수 있습니까?

还没使用过的商品能退吗?

Hái méi shǐyòngguo de shāngpǐn néng tuì ma?

며칠 전에 받은 상품이 당사의 규격에 맞지 않습니다. 환불 처리해 주십시오.

几天前拿到的商品与我们公司的规格不符，请给我们办理退款手续。

Jǐ tiān qián nádào de shāngpǐn yǔ wǒmen gōngsī de guīgé bùfú, qǐng gěi wǒmen bànlǐ tuìkuǎn shǒuxù.

실전회화

A **您要退款的理由是什么?**
Nín yào tuìkuǎn de lǐyóu shì shénme?
환불을 원하시는 이유를 말씀해 주세요.

B **几天前拿到的商品与我们公司的规格不符。**
Jǐ tiān qián nádào de shāngpǐn yǔ wǒmen gōngsī de guīgé bùfú.
며칠 전에 받은 상품이 당사의 규격에 맞지 않습니다.

상품 수리는 어디에서 합니까?

请告诉我商品在哪儿修理。

Qǐng gàosu wǒ shāngpǐn zài nǎr xiūlǐ.

가끔씩 기계가 저절로 꺼집니다.

机器有时会自动关闭。

Jīqì yǒushí huì zìdòng guānbì.

너무 장시간 기계를 가동할 경우, 기계가 과열될 수 있습니다.

机器运转时间过长，会导致机器过热。

Jīqì yùnzhuǎn shíjiān guò cháng, huì dǎozhì jīqì guòrè.

*导致 dǎozhì (나쁜 상황을) 야기하다, 초래하다

이 기계를 수리할 수 있는 분을 보내 주십시오.

请派一个人来帮忙修一下这个机器。

Qǐng pài yí ge rén lái bāngmáng xiū yíxià zhège jīqì.

기계 수리가 끝날 때까지 대신 사용할 기계를 보내 주시나요?

在机器修好之前，会给我们代用的机器吗?

Zài jīqì xiūhǎo zhīqián, huì gěi wǒmen dàiyòng de jīqì ma?

*代用 dàiyòng 대체하여 사용하다

이 장비들을 수리해야 할지 아니면 교환해야 할지 한번 살펴봐 주십시오.

您考虑一下这些设备是修理还是换新的。

Nín kǎolǜ yíxià zhèxiē shèbèi shì xiūlǐ háishi huàn xīn de.

공지 및 안내

회신 안내

아래의 주소로 회신 부탁드립니다.

回信请发到下面地址。

Huíxìn qǐng fādào xiàmiàn dìzhǐ.

아래의 메일 주소 두 곳으로 회신 부탁드립니다.

回信请发到下面两个邮箱地址。

Huíxìn qǐng fādào xiàmiàn liǎng ge yóuxiāng dìzhǐ.

모든 팀원에게 회신해 주세요.

回复邮件请发给每个组员。

Huífù yóujiàn qǐng fā gěi měi ge zǔyuán.

메일에 팀장님을 참조해 주세요.

把邮件抄送给经理。

Bǎ yóujiàn chāosòng gěi jīnglǐ.

메일이 반송되었습니다. 메일함의 남은 용량을 확인해 주세요.

邮件被退回来了，请确认一下邮箱所剩容量。

Yóujiàn bèi tuì huílái le, qǐng quèrèn yíxià yóuxiāng suǒ shèng róngliàng.

*退回 tuìhuí 반송하다, 반송되다 容量 róngliàng 용량

수신인의 메일함이 꽉 찼습니다.

收信人的邮件箱容量已满。

Shōuxìnrén de yóujiànxiāng róngliàng yǐ mǎn.

존재하지 않는 메일 주소라는 안내가 뜨는군요.

提示窗显示"该邮箱不存在"。

Tíshìchuāng xiǎnshì "gāi yóuxiāng bù cúnzài".

부재중 회신

본 메일은 부재중 자동 회신입니다.

这是自动回复邮件。

Zhè shì zìdòng huífù yóujiàn.

본 메일은 부재중 자동 회신이니, 회신하지 마십시오.

这是自动回复邮件，请不要回复。

Zhè shì zìdòng huífù yóujiàn, qǐng búyào huífù.

현재 휴가 중입니다.

我现在正在休假。

Wǒ xiànzài zhèngzài xiūjià.

5월 10일까지 메일을 확인할 수 없습니다.

到5月10日无法收发邮件。

Dào wǔ yuè shí rì wúfǎ shōufā yóujiàn.

휴가 기간 동안 메일을 확인할 수 없으니, 양해 부탁드립니다.

休假期间无法收发邮件，请谅解。

Xiūjià qījiān wúfǎ shōufā yóujiàn, qǐng liàngjiě.

11일까지 출장 후, 13일에 회사로 복귀합니다.

我出差到11号，13号回到公司。

Wǒ chūchāi dào shíyī hào, shísān hào huídào gōngsī.

돌아오는 대로 연락드리겠습니다.

回来后马上与您联系。

Huílái hòu mǎshàng yǔ nín liánxì.

긴급한 문제를 처리한 후 다시 연락드리겠습니다.

我处理好紧要的事情之后再与您联系。

Wǒ chǔlǐ hǎo jǐnyào de shìqing zhīhòu zài yǔ nín liánxì.

공지 및 회신

휴가에서 돌아왔습니다.

我刚度假回来。

Wǒ gāng dùjià huílái.

전 직원은 7월 넷째 주 또는 8월 첫째 주 중에 휴가를 선택하십시오.

所有的员工在7月的第四周和8月的第一周中选择其一。

Suǒyǒu de yuángōng zài qī yuè de dì-sì zhōu hé bā yuè de dì-yī zhōu zhōng xuǎnzé qí yī.

오늘 오후 4시에 긴급 회의가 열릴 예정이오니, 팀장급은 모두 참석해 주시기 바랍니다.

今天下午4点开紧急会议，部门经理都要参加。

Jīntiān xiàwǔ sì diǎn kāi jǐnjí huìyì, bùmén jīnglǐ dōu yào cānjiā.

이번 주말에는 건물 청소를 할 예정이라, 사무실을 개방하지 않습니다.

这个周末写字楼要进行扫除，所以办公室不开放。

Zhège zhōumò xiězìlóu yào jìnxíng sǎochú, suǒyǐ bàngōngshì bù kāifàng.

*写字楼 xiězìlóu (사무용) 빌딩　扫除 sǎochú 청소하다

일정에 차질이 없도록 대처 바랍니다.

请确保日程无误。 *确保 quèbǎo 확실히 보장하다 无误 wúwù 착오가 없다

Qǐng quèbǎo rìchéng wúwù.

사내 송년 파티에 임직원 여러분을 초대합니다.

特邀请各位员工参加公司举办的新年晚会。

Tè yāoqǐng gè wèi yuángōng cānjiā gōngsī jǔbàn de xīnnián wǎnhuì.

내일 열릴 본사 창립 20주년 기념 행사에 초대합니다.

明天我公司将举行20周年店庆，敬请光临。

Míngtiān wǒ gōngsī jiāng jǔxíng èrshí zhōunián diànqìng, jìng qǐng guānglín.

*店庆 diànqìng 기념 행사

샤오장의 송별회에 참석해 주십시오.

诚邀您参加小张的欢送会。

Chéngyāo nín cānjiā Xiǎo Zhāng de huānsònghuì.

상품개발팀 이○○ 팀장님의 모친상을 알립니다.

产品开发部李○○经理母亲去世讣告。

Chǎnpǐn kāifābù Lǐ OO jīnglǐ mǔqīn qùshì fùgào.

Word tip 父亲过世 fùqīn quòshì / 父亲亡故 fùjqīn wánggù 부친상 | 爷爷去世 yéye qùshì / 祖父亡故 zǔfù wánggù 조부상 | 奶奶去世 nǎinai qùshì / 祖母亡故 zǔmǔ wángù 조모상 | 公公去世 gōnggong qùshì 시부상 | 婆婆去世 pópo qùshì 시모상 | 丈人去世 zhàngren qùshì 빙부상(장인) | 丈母去世 zhàngmu qùshì 빙모상(장모)

삼가 고인의 명복을 빕니다.

谨向逝者表示深切哀悼。

Jǐnxiàng shìzhě biǎoshì shēnqiè āidào.

我们对○○先生的逝世表示深切的哀悼。

Wǒmen duì OO xiānsheng de shìshì biǎoshì shēnqiè de āidào.

참석하실 분께서는 부서명과 성명을 기재하신 후 회신해 주십시오.

有意参加者请填写所属部门及姓名后回复。

Yǒuyì cānjiāzhě qǐng tiānxiě suǒshǔ bùmén jí xìngmíng hòu huífù.

초대는 고맙지만, 이번 행사에는 참석할 수 없을 것 같습니다.

很感谢您的邀请，但我不能参加此次活动。

Hěn gǎnxiè nín de yāoqǐng, dàn wǒ bù néng cānjiā cǐ cì huódòng.

유감스럽지만, 이번 행사에는 참석할 수 없을 것 같습니다.

很遗憾，此次活动我不能参加。

Hěn yíhàn, cǐ cì huódòng wǒ bù néng cānjiā.

감사 · 축하 · 사과

감사 메시지

여러모로 고맙습니다.

在各个方面都很感激您。
Zài gègè fāngmiàn dōu hěn gǎnjī nín.

항상 깊이 감사드립니다.

总是对您抱有感激之情。
Zǒngshì duì nín bào yǒu gǎnjī zhī qíng.

늘 신경 써 주셔서 정말 고맙습니다.

非常感谢您一直以来对我的关心。
Fēicháng gǎnxiè nín yìzhí yǐlái duì wǒ de guānxīn.

이 일에 마음 써 주셔서 고맙습니다.

很感谢您在这件事上费心。
Hěn gǎnxiè nín zài zhè jiàn shì shàng fèixīn.

위로의 말씀 진심으로 고맙습니다.

真心感谢您的安慰。
Zhēnxīn gǎnxiè nín de ānwèi.

＊真心 zhēnxīn 진심

도와주셔서 정말 고맙습니다.

非常感谢您的帮助。
Fēicháng gǎnxiè nín de bāngzhù.

对您的帮助，我们表示衷心的感谢!
Duì nín de bāngzhù, wǒmen biǎoshì zhōngxīn de gǎnxiè!

＊衷心 zhōngxīn 마음에서 우러나오다

바쁘신 와중에도 질문에 답변해 주셔서 고맙습니다.

非常感谢您在百忙之中回答我的问题。
Fēicháng gǎnxiè nín zài bǎimáng zhī zhōng huídá wǒ de wèntí.

신속하게 답변해 주셔서 고맙습니다.

非常感谢您的快速回复。
Fēicháng gǎnxiè nín de kuàisù huífù.

感谢您的快速回复。
Gǎnxiè nín de kuàisù huífù.

이 일에 신속하게 대응해 주셔서 고맙습니다.

感谢您能如此迅速地处理这件事。
Gǎnxiè nín néng rúcǐ xùnsù de chǔlǐ zhè jiàn shì.

융통성 있게 처리해 주셔서 고맙습니다.

很感谢您能如此通融。
Hěn gǎnxiè nín néng rúcǐ tōngróng.

* 通融 tōngróng 융통성을 발휘하다

문의 고맙습니다.

感谢您的咨询。
Gǎnxiè nín de zīxún.

Word tip 关心 guānxīn 관심 | 指点 zhǐdiǎn 지적 | 请教 qǐngjiào 가르침 | 忠告 zhōnggào 조언

주문 고맙습니다.

感谢您订货。
Gǎnxiè nín dìnghuò.

귀한 의견 내 주셔서 고맙습니다.

感谢您为我们提出宝贵的意见。
Gǎnxiè nín wèi wǒmen tíchū bǎoguì de yìjiàn.

설문 조사에 협조해 주셔서 고맙습니다.

非常感谢您参与我们的问卷调查。
Fēicháng gǎnxiè nín cānyù wǒmen de wènjuàn diàochá.

당사의 상품에 관심을 가져 주셔서 고맙습니다.

非常感谢您对我们产品的关注。
Fēicháng gǎnxiè nín duì wǒmen chǎnpǐn de guānzhù.

저희에게 보내 주신 귀사의 관심과 지지에 마음 깊이 감사드립니다.

对贵公司给予我们的关心和支持，我们表示由衷的感谢。
Duì guì gōngsī jǐyǔ wǒmen de guānxīn hé zhīchí, wǒmen biǎoshì yóuzhōng de gǎnxiè.

* 由衷 yóuzhōng 진심에서 우러나오다

거래가 성사되어 매우 기쁩니다.

交易成功，这让我们感到非常高兴。
Jiāoyì chénggōng, zhè ràng wǒmen gǎndào fēicháng gāoxìng.

파트너십을 유지할 수 있게 된 점 감사드립니다.

非常感谢我们能保持合作伙伴关系。
Fēicháng gǎnxiè wǒmen néng bǎochí hézuò huǒbàn guānxi.

파티에 초대해 주셔서 고맙습니다.

感谢您邀请我们参加晚会。
Gǎnxiè nín yāoqǐng wǒmen cānjiā wǎnhuì.

선물 고맙습니다.

非常感谢您送我的礼物。
Fēicháng gǎnxiè nín sòng wǒ de lǐwù.

융숭하게 대접해 주셔서 고맙습니다.

衷心感谢您的盛情款待。
Zhōngxīn gǎnxiè nín de shèngqíng kuǎndài.

*盛情 shèngqíng 두터운 호의

바쁘신 와중에 시간 내 주셔서 고맙습니다.

非常感谢您在百忙中抽出宝贵的时间。
Fēicháng gǎnxiè nín zài bǎimáng zhōng chōuchū bǎoguì de shíjiān.

오늘 귀한 시간 내어 이 자리에 참석해 주신 여러분께 감사드립니다.

非常感谢在场的各位，今天抽出宝贵的时间来参加我们的活动。
Fēicháng gǎnxiè zài chǎng de gè wèi, jīntiān chōuchū bǎoguì de shíjiān lái cānjiā wǒmen de huódòng.

안내해 주신 덕분에 이번 여행은 정말 즐거웠습니다.

非常感谢您给我们做向导，这次旅行非常愉快。
Fēicháng gǎnxiè nín gěi wǒmen zuò xiàngdǎo, zhè cì lǚxíng fēicháng yúkuài.

*向导 xiàngdǎo 길을 안내하다

바쁘신 와중에도 메일 보내 주셔서 고맙습니다.

感谢您在百忙之中发给我们邮件。
Gǎnxiè nín zài bǎimáng zhī zhōng fā gěi wǒmen yóujiàn.

근황을 알려 주셔서 고맙습니다.

很感谢您告知您的近况。
Hěn gǎnxiè nín gàozhī nín de jìnkuàng.

축하 메시지

메일로 축하 인사드립니다.

特写信向您表示祝贺。
Tè xiě xìn xiàng nín biǎoshì zhùhè.

거래 성사를 축하드립니다.

衷心祝贺您交易成功。
Zhōngxīn zhùhè nín jiāoyì chénggōng.

계약 성사 축하드립니다.

衷心祝贺您签约成功。
Zhōngxīn zhùhè nín qiānyuē chénggōng.

승진 축하드립니다.

祝贺您升职了。
Zhùhè nín shēngzhí le.

祝贺您荣升为经理。 *荣升 róngshēng 영전하다
Zhùhè nín róngshēng wéi jīnglǐ.

Biz tip '祝贺您升职了。'라고 축하 인사를 건네도 괜찮지만, '祝贺您荣升为经理。'처럼 '祝贺您荣升为+승진한 직급' 형식의 표현이 실생활에서 더 자주 쓰이고 좋은 표현입니다. 늘 구체적으로 말하는 습관을 들이세요.

이번에 영업팀 팀장으로 승진하신다고 들었습니다. 정말 축하드립니다.

刚刚获悉您晋升为销售部经理，谨此表示祝贺。
Gānggāng huòxī nín jìnshēng wéi xiāoshòubù jīnglǐ, jǐn cǐ biǎoshì zhùhè.

축하드립니다. [생일을 맞은 사람에게]

生日快乐。
Shēngrì kuàilè.

축하드립니다. [교제 및 결혼 소식을 들었을 때]

恭喜你们两个阿！
Gōngxǐ nǐmen liǎng ge a!

祝贺你们啊！
Zhùhè nǐmen a!

축하드립니다. [출산 소식을 들었을 때]

祝贺你喜得贵子！ *贵子 guìzǐ 자제, 아드님
Zhùhè nǐ xǐ dé guìzǐ!

祝贺你喜得千金！ *千金 qiānjīn 영애, 따님
Zhùhè nǐ xǐ dé qiānjīn!

회사 창립 50주년을 축하드립니다.

热烈祝贺公司成立50周年。 *热烈 rèliè 열렬하다
Rèliè zhùhè gōngsī chénglì wǔshí zhōunián.

Biz tip 한국어는 '축하합니다!'라는 간단한 말 한마디면 두루두루 축하 인사를 건넬 수 있지만, 중국어는 그렇지 않습니다. 축하할 일을 구체적으로 언급하며 인사를 하는 것이 중국식 표현입니다.

앞으로의 활약 기대하겠습니다.

预祝你今后能大展宏图。
Yùzhù nǐ jīnhòu néng dàzhǎnhóngtú.

앞으로의 발전 기대하겠습니다. [회사의 발전을 기원하는 인사]

预祝公司持续发展、更加繁荣。

Yùzhù gōngsī chíxù fāzhǎn、gèngjiā fánróng.

앞으로의 발전 기대하겠습니다. [개인의 발전을 기원하는 인사]

期待你更上一层楼。 *更上一层楼 gèng shàng yì céng lóu 한 단계 높이 발전하다

Qīdài nǐ gèng shàng yì céng lóu.

사과 메시지

메일로나마 사과드립니다.

特写信向您道歉。

Tè xiě xìn xiàng nín dàoqiàn.

特写信向贵方致歉。

Tè xiě xìn xiàng guì fāng zhì qiàn.

사과가 너무 늦은 점 깊이 사죄드립니다.

未能及时向您致歉，深表歉意。

Wèi néng jíshí xiàng nín zhì qiàn, shēn biǎo qiànyì.

어떻게 사죄드려야 좋을지 모르겠습니다.

不知该如何向您致歉才好。

Bù zhī gāi rúhé xiàng nín zhì qiàn cái hǎo.

폐를 끼쳐 드려 정말 죄송합니다.

很抱歉，给您带来了麻烦。

Hěn bàoqiàn, gěi nín dàiláile máfan.

给您带来了麻烦，我们对此表示歉意。

Gěi nín dàiláile máfan, wǒmen duì cǐ biǎoshì qiànyì.

给您带来不便，我们深表歉意。

Gěi nín dàilái búbiàn, wǒmen shēn biǎo qiànyì.

주문을 바로 확인하지 못해 정말 죄송합니다.

非常抱歉，没能及时确认订货。

Fēicháng bàoqiàn, méi néng jíshí quèrèn dìnghuò.

배송 문제로 납품이 늦어진 점 깊이 사죄드립니다.

因运输问题，发货时间延迟，对此我们表示深深的歉意。

Yīn yùnshū wèntí, fāhuò shíjiān yánchí, duì cǐ wǒmen biǎoshì shēnshēn de qiànyì.

결제가 늦어진 점 깊이 사죄드립니다.

对付款延迟一事，我们深表歉意。

Duì fùkuǎn yánchí yí shì, wǒmen shēn biǎo qiànyì.

회의 취소 통지가 늦어져 정말 죄송합니다.

会议取消一事通知得较晚，对此我们表示歉意。

Huìyì qǔxiāo yí shì tōngzhī de jiào wǎn, duì cǐ wǒmen biǎoshì qiànyì.

배송에 오류가 있던 점 깊이 사죄드립니다.

运输上出现了一些问题，对此我们深表歉意。

Yùnshū shàng chūxiànle yìxiē wèntí, duì cǐ wǒmen shēn biǎo qiànyì.

저희 측 컴퓨터 결함으로 귀사에 불편을 끼쳐 드렸습니다.

因我方电脑出现了问题，给贵公司带来了很大的不便。

Yīn wǒ fāng diànnǎo chūxiànle wèntí, gěi guì gōngsī dàiláile hěn dà de búbiàn.

저희 측 직원 실수로 귀사에 불편을 끼쳐 드렸습니다.

因我方职员的失误，给贵公司带来了不便。

Yīn wǒ fāng zhíyuán de shīwù, gěi guì gōngsī dàiláile búbiàn.

저희 측에서 신속히 대응하지 못해 귀사에 불편을 끼쳐 드렸습니다.

因我方未能及时应对问题，给贵公司带来了不便。

Yīn wǒ fāng wèi néng jíshí yìngduì wèntí, gěi guì gōngsī dàiláile búbiàn.

저희 측 실수입니다.

是我方的失误。

Shì wǒ fāng de shīwù.

양해 부탁드립니다.

请谅解。

Qǐng liàngjiě.

사과를 받아 주십시오.

请接受我们的致歉。

Qǐng jiēshòu wǒmen de zhì qiàn.

위로 메시지

정말 유감입니다.

深表遗憾。

Shēn biǎo yíhàn.

너무 무리하지 마시고, 건강 조심하십시오.

不要过于伤心，注意身体。

Búyào guòyú shāngxīn, zhùyì shēntǐ.

제 도움이 필요하시면 언제든지 연락 주십시오.

如果有什么事需要我帮忙，随时跟我联系。

Rúguǒ yǒu shénme shì xūyào wǒ bāngmáng, suíshí gēn wǒ liánxì.

힘든 일을 겪으셨다고 들었습니다. [부모님이 돌아가신 경우]

惊闻您的父亲去世。
Jīng wén nín de fùqīn qùshì.

听说你妈妈过世了。
Tīngshuō nǐ māma guòshì le.

힘든 일을 겪으셨다고 들었습니다. [건강이 좋지 않았던 경우]

听说你前一段时间病得很厉害。
Tīngshuō nǐ qián yí duàn shíjiān bìng de hěn lìhai.

힘든 일을 겪으셨다고 들었습니다. [업무가 힘들었던 경우]

听说你最近工作不顺利。
Tīngshuō nǐ zuìjìn gōngzuò bú shùnlì.

Biz tip 한국에서는 힘든 일을 겪은 사람을 위로할 때, 구체적인 내용은 언급하지 않고 에둘러 말하는 경향이 있습니다. 하지만 이를 중국어로 직역하여 말하면, 중국인들은 상대가 무슨 말을 하려는 것인지 정확히 알아듣지 못합니다. 안 좋은 일을 다시 언급하더라도 위로의 말이라면 크게 실례를 범하는 것은 아니니, 어떤 일을 위로하는 것인지 구체적으로 말하는 게 좋습니다.

생각지도 못한 일로 너무 힘드셨겠어요.

事情发生得太突然，你现在一定很难过。
Shìqing fāshēng de tài tūrán, nǐ xiànzài yídìng hěn nánguò.

Biz tip 이 표현은 경제적인 상황 때문에 힘들었거나 슬펐을 때, 업무에서 좌천되었을 때, 체력 및 심적인 부담으로 이직이나 퇴사를 고려할 때 등 비교적 다양한 상황에서 쓸 수 있습니다.

몸이 안 좋으시다고 들었는데, 좀 어떠세요?

听说您身体不适，现在怎么样了?
Tīngshuō nín shēntǐ búshì, xiànzài zěnmeyàng le?

쾌차하시길 바랍니다.

祝您早日康复。
Zhù nín zǎorì kāngfù.

얼마나 마음이 아프시겠어요.

您一定很心痛!
Nín yídìng hěn xīntòng!

您该有多心痛啊!
Nín gāi yǒu duō xīntòng a!

我们听到您家里所发生的事情，您一定很心痛，希望一切都能早日解决。
Wǒmen tīngdào nín jiāli suǒ fāshēng de shìqing, nín yídìng hěn xīntòng, xīwàng yíqiè dōu néng zǎorì jiějué.
집안에 근심이 있다고 들었습니다. 얼마나 마음이 아프시겠어요. 빠른 시일 내에 잘 해결되길 바랍니다.

당신이 매우 걱정스러워요.

我们都非常担心。
Wǒmen dōu fēicháng dānxīn.

我们都非常挂念您。 *挂念 guàniàn 근심하다
Wǒmen dōu fēicháng guàniàn nín.

모두 잘될 테니, 너무 걱정하지 마세요.

一切都会好起来的，不要过于担心。
Yíqiè dōu huì hǎo qǐlái de, búyào guòyú dānxīn.

연말 · 신년 인사

행복한 크리스마스 보내세요.

圣诞节快乐！
Shèngdàn Jiē kuàilè!

1월 2일에 신년회가 열립니다.

1月2日将举行辞旧迎新晚会。
Yī yuè èr rì jiāng jǔxíng cí jiù yíngxīn wǎnhuì.

*辞旧迎新 cí jiù yíngxīn 묵은해를 버리고 새해를 맞다

올 한 해 마무리 잘하시고, 행복한 새해 맞이하세요.

今年即将过去，祝愿您在新的一年幸福、快乐。
Jīnnián jíjiāng guòqù, zhùyuàn nín zài xīn de yì nián xìngfú、kuàilè.

새해 인사드립니다.

在新的一年送上我的祝福。
Zài xīn de yì nián sòngshàng wǒ de zhùfú.

새해 복 많이 받으세요.

恭贺新年！
Gōnghè xīnnián!

新年快乐！
Xīnnián kuàilè!

작년 한 해 보내 주신 관심과 지지 고맙습니다. 올해도 잘 부탁드립니다.

很感谢在过去的一年您对我的关心和支持，今年也请您继续支持我。
Hěn gǎnxiè zài guòqù de yì nián nín duì wǒ de guānxīn hé zhīchí, jīnnián yě qǐng nín jìxù zhīchí wǒ.

이메일 마무리

회신 요청

답장 기다리겠습니다.

敬盼回复。

Jìng pàn huífù.

회신 부탁드립니다.

敬请回复。

Jìng qǐng huífù.

번거로우시겠지만, 회신 부탁드립니다.

麻烦您给予回复。

Máfan nín jǐyǔ huífù.

한번 생각해 보시고 회신 부탁드립니다.

您考虑一下，敬候回复。

Nín kǎolǜ yíxià, jìnghòu huífù.

*敬候 jìnghòu 공손히 기다리다

메일을 확인하시는 대로 빠른 회신 부탁드립니다.

请在确认邮件后，尽快回复。

Qǐng zài quèrèn yóujiàn hòu, jǐnkuài huífù.

갑작스러운 부탁이라 죄송하지만, 되도록 빠른 회신 부탁드립니다.

很抱歉，虽有些突然，期待贵方能尽快回复。

Hěn bàoqiàn, suī yǒuxiē tūrán, qīdài guì fāng néng jǐnkuài huífù.

내일 중으로 회신해 주시면 매우 감사하겠습니다.

如果明天能得到您的回复，我们将不胜感激。

Rúguǒ míngtiān néng dédào nín de huífù, wǒmen jiāng búshèng gǎnjī.

검토해 보시고 이번 주 중으로 회신 부탁드립니다.

确认后，请在下周之前回复。

Quèrèn hòu, qǐng zài xiàzhōu zhīqián huífù.

되도록 빨리 회신을 받고 싶지만, 일정에 무리가 있을 경우 알려 주십시오.

虽想尽早得到您的回复，但若日程繁忙，请告诉我们。

Suī xiǎng jǐnzǎo dédào nín de huífù, dàn ruò rìchéng fánmáng, qǐng gàosu wǒmen.

이 문제에 답변해 주실 수 있나요?

关于这个问题，可以回复我们吗?

Guānyú zhège wèntí, kěyǐ huífù wǒmen ma?

메일 회신 또는 전화 연락 부탁드립니다.

请邮件回复或打电话。

Qǐng yóujiàn huífù huò dǎ diànhuà.

맺음말

무슨 일이 생기면 언제든지 연락 주십시오.

若有什么事情，请随时与我们联系。

Ruò yǒu shénme shìqing, qǐng suíshí yǔ wǒmen liánxì.

궁금한 점이 있으시면 언제든지 연락 주십시오.

若有什么疑问，请随时与我们联系。

Ruò yǒu shénme yíwèn, qǐng suíshí yǔ wǒmen liánxì.

구체적인 날짜와 시간은 따로 연락드리겠습니다.

具体日期和时间另行通知。

Jùtǐ rìqī hé shíjiān lìngxíng tōngzhī.

*另行 lìngxíng 따로 ~하다

앞으로도 많은 관심 부탁드립니다.

今后也请继续关注我们。

Jīnhòu yě qǐng jìxù guānzhù wǒmen.

앞으로도 잘 부탁드립니다.

今后也请继续支持我们。

Jīnhòu yě qǐng jìxù zhīchí wǒmen.

앞으로도 좋은 파트너 관계가 되길 바랍니다.

希望我们今后也能合作愉快。

Xīwàng wǒmen jīnhòu yě néng hézuò yúkuài.

프로젝트가 순조롭길 바랍니다.

预祝项目进行顺利！

Yùzhù xiàngmù jìnxíng shùnlì!

팀장님께 안부 전해 주세요.

请代我向经理问好。

Qǐng dài wǒ xiàng jīnglǐ wènhǎo.

또 연락드리겠습니다.

我再跟您联系。
Wǒ zài gēn nín liánxì.

좋은 하루 보내십시오.

祝您度过愉快的一天。
Zhù nín dùguò yúkuài de yì tiān.

주말 잘 보내십시오.

祝您度过一个愉快的周末。
Zhù nín dùguò yí ge yúkuài de zhōumò.

周末快乐！
Zhōumò kuàilè!

휴가 즐겁게 보내십시오.

祝您假期快乐！
Zhù nín jiàqī kuàilè!

모든 일이 잘되기를 바랍니다.

希望您事事顺心。
Xīwàng nín shìshì shùnxīn.

希望您一切顺利。
Xīwàng nín yíqiè shùnlì.

祝您凡事顺心。
Zhù nín fánshì shùnxīn.

祝您万事亨通。
Zhù nín wànshì hēngtōng.

*亨通 hēngtōng 순조롭다

祝您工作顺利。
Zhù nín gōngzuò shùnlì.

부디 건강 조심하십시오.

祝愿您身体健康。
Zhùyuàn nín shēntǐ jiànkāng.

PART

5

인맥 만들기

비즈니스를 성공으로 이끄는 말 한마디!

비즈니스차 중국에 가면 여러 분야의 사람들을 만나게 됩니다. 특히 중국 사업 파트너나 바이어를 많이 만나게 되는데요. 혹시 그동안 중국어 회화에 자신이 없어 무슨 말을 해야 할지 첫 만남부터 진땀을 흘리지는 않으셨나요?

PART 5에서 첫 만남부터 관계를 발전시킬 때 필요한 다양한 표현을 알아보세요. 처음 만난 자리에서 좋은 인상을 심어 주고, 대화 중간중간 알고 있는 중국어 표현을 활용해 어색한 분위기를 풀어주는 것이야말로 비즈니스를 성공으로 이끄는 첫걸음이 될 것입니다.

Chapter 1

만남 및 인사

Chapter 2

축하 · 위로 · 감사

Chapter 3

친목 도모

Chapter 4

가벼운 대화

Chapter 5

친밀한 대화

Chapter 6

감정 표현

Chapter 7

대화 기술

만남 및 인사

첫인사

장밍이라고 합니다.

我叫张明。
Wǒ jiào Zhāng Míng.

샤오장이라고 불러 주세요.

您就叫我小张吧。
Nín jiù jiào wǒ Xiǎo Zhāng ba.

Biz tip 한국에서는 공적인 만남에서 '홍길동 씨'처럼 이름 뒤에 '씨'를 붙여 부르거나, '홍 대리님'처럼 성에 직함을 붙여 부릅니다. 이와 다르게 중국에서는 풀네임보다는 성만 말하거나, 성 앞에 小나 老와 같은 중국 고유의 호칭을 덧붙여 부릅니다. '저를 ~라고 불러 주세요'라는 '您就叫我~吧' 문형을 익혀 두면, 첫 만남에서 유창하게 자기소개를 할 수 있습니다.

실전회화

A 您好！我叫金宝英。
Nín hǎo! Wǒ jiào Jīn Bǎoyīng.
안녕하세요! 김보영이라고 합니다.

B 您好，我是张明，您就叫我小张吧。
Nín hǎo, wǒ shì Zhāng Míng, nín jiù jiào wǒ Xiǎo Zhāng ba.
안녕하세요, 장밍입니다. 샤오장이라고 불러 주세요.

대한무역 김○○입니다.

我是大韩贸易的金○○。
Wǒ shì Dàhán Màoyì de Jīn OO.

이쪽은 제 동료인 김○○ 씨입니다.

这是我的同事金○○。
Zhè shì wǒ de tóngshì Jīn OO.

这是我们公司的金○○。
Zhè shì wǒmen gōngsī de Jīn OO.

Biz tip 한국 회사는 직원 사이의 상하 관계가 확실하지만, 중국은 훨씬 수평적인 비즈니스 문화를 가지고 있습니다. 따라서 동료를 소개할 때는 '부하 직원'이나 '상사'임을 굳이 강조하지 않고, 동료를 의미하는 **同事**로 소개하면 됩니다. 단, 임원이나 대표 등 고위직이라면 반드시 직함을 붙여 소개합니다.

이○○ 씨이신가요?

您是李○○吧？
Nín shì Lǐ OO ba?

您是李先生[小姐]吗？
Nín shì Lǐ xiānsheng[xiǎojie] ma?

만나서 반갑습니다.

见到您很高兴。
Jiàndào nín hěn gāoxìng.

认识您很高兴。
Rènshi nín hěn gāoxìng.

말씀 많이 들었습니다.

久仰大名。
Jiǔyǎng dàmíng.

*大名 dàmíng 존함, 명성

久仰久仰。
Jiǔyǎng jiǔyǎng.

줄곧 만나 뵙고 싶었습니다.

一直就想认识您。
Yìzhí jiù xiǎng rènshi nín.

我一直很想见到您。
Wǒ yìzhí hěn xiǎng jiàndào nín.

드디어 만났네요, 반갑습니다.

终于见到了您，我很高兴。
Zhōngyú jiàndàole nín, wǒ hěn gāoxìng.

今天终于相见了，幸会幸会。
Jīntiān zhōngyú xiāngjiàn le, xìnghuì xìnghuì.

대중에게 인사

모두 왕림해 주셔서 고맙습니다.

感谢各位的光临。
Gǎnxiè gè wèi de guānglín.

여러분을 만나 뵙게 되어 반갑습니다.

很高兴认识大家。
Hěn gāoxìng rènshi dàjiā.

非常高兴见到大家。
Fēicháng gāoxìng jiàndào dàjiā.

대한무역에 방문해 주신 여러분을 환영합니다.

欢迎各位来到我们大韩贸易。
Huānyíng gè wèi láidào wǒmen Dàhán Màoyì.

欢迎各位到访我们大韩贸易。
Huānyíng gè wèi dàofǎng wǒmen Dàhán Màoyì.

*到访 dàofǎng 방문하다

지인에게 인사

어라? 이게 누구예요!

哦？这是谁呀？
Ò? Zhè shì shéi ya?

어? 당신이군요!

哦？是你啊！
Ò? Shì nǐ a!

어? 샤오장 아닌가요?

哦？你不是小张吗？
Ò? Nǐ bú shì Xiǎo Zhāng ma?

샤오장이군요, 전 또 누구시라고!

原来是小张啊，我还说是谁呢！
Yuánlái shì Xiǎo Zhāng a, wǒ hái shuō shì shéi ne!

原来是小张啊，我当是谁呢？
Yuánlái shì Xiǎo Zhāng a, wǒ dàng shì shéi ne?

와! 여기서 당신을 만날 줄이야!

哇！没想到会在这儿见到你。
Wā! Méi xiǎngdào huì zài zhèr jiàndào nǐ.

여긴 어쩐 일이세요?

你怎么到这儿来了？
Nǐ zěnme dào zhèr lái le?

세상 정말 좁네요!

世界真小啊！
Shìjiè zhēn xiǎo a!

世界真是太小了！
Shìjiè zhēn shì tài xiǎo le!

실전회화

A 哦？这是谁呀？
Ò? Zhè shì shéi ya?
어라? 이게 누구야!

B 李秀贤！哇！真没想到会在这儿见到你。你过得怎么样？
Lǐ Xiùxián! Wā! Zhēn méi xiǎngdào huì zài zhèr jiàndào nǐ. Nǐ guò de zěnmeyàng?
이수현! 와! 여기서 널 만날 줄이야. 어떻게 지냈어?

A 每天瞎忙。你呢？
Měi tiān xiāmáng. Nǐ ne?
매일 바쁘지. 뭐. 너는 어때?

B 我过得还行。世界真小啊！
Wǒ guò de hái xíng. Shìjiè zhēn xiǎo a!
그럭저럭 지내지. 세상 정말 좁다!

다시 만나서 반가워요!

真高兴又见到你了！
Zhēn gāoxìng yòu jiàndào nǐ le!

真高兴再次见到你！
Zhēn gāoxìng zàicì jiàndào nǐ!

잘 지내시죠?

过得还好吧？
Guò de hái hǎo ba?

过得不错吧？
Guò de búcuò ba?

잘 지내요. / 아주 좋아요.

过得很好。
Guò de hěn hǎo.

非常好。
Fēicháng hǎo.

特别好。
Tèbié hǎo.

실전회화

A 哦？你不是小张吗？真高兴再次见到你！你过得还好吧？
Ò? Nǐ bú shì Xiǎo Zhāng ma? Zhēn gāoxìng zàicì jiàndào nǐ! Nǐ guò de hái hǎo ba?
어? 샤오장 아니에요? 다시 만나서 반가워요! 잘 지내시죠?

B 你好，李秀贤。我过得很好，你过得怎么样？
Nǐ hǎo, Lǐ Xiùxián. Wǒ guò de hěn hǎo, nǐ guò de zěnmeyàng?
안녕하세요, 이수현 씨. 전 잘 지내죠. 수현 씨는 어떻게 지냈어요?

A 我也挺好的。
Wǒ yě tǐng hǎo de.
저도 잘 지냈어요.

그럭저럭 지내요.

还行吧。
Hái xíng ba.

就那样吧。
Jiù nàyàng ba.

一般般吧。
Yìbānbān ba.

별일 없어요.

每天过得很平淡。
Měi tiān guò de hěn píngdàn.

*平淡 píngdàn 평범하다

没什么特别的。
Méi shénme tèbié de.

늘 그렇죠, 뭐.

还是老样子。
Háishi lǎoyàngzi.

실전회화

A 小张，最近过得怎么样?
Xiǎo Zhāng, zuìjìn guò de zěnmeyàng?
샤오장, 요즘 어떻게 지내요?

B 还是老样子，秀贤也没什么事吧?
Háishi lǎoyàngzi, Xiùxián yě méi shénme shì ba?
늘 그렇죠, 뭐. 수현 씨도 별일 없죠?

A 我也没什么特别的，就那样吧。
Wǒ yě méi shénme tèbié de, jiù nàyàng ba.
저도 별일 없어요. 그럭저럭 지내요.

잘 못 지내요. / 별로예요.

过得不是特别好。
Guò de bú shì tèbié hǎo.

不是很好。
Bú shì hěn hǎo.

너무 바쁘네요.

忙了一段时间。
Mángle yí duàn shíjiān.

忙得不可开交。
Máng de bùkě-kāijiāo.

＊不可开交 bùkě-kāijiāo 벗어나거나 그만둘 수 없다

非常忙。
Fēicháng máng.

오랜만이에요.

好久没见。
Hǎojiǔ méi jiàn.

好久没见到你了。
Hǎojiǔ méi jiàndào nǐ le.

실전회화

A 小张，你好！没想到在这儿见到你，真是太高兴了。
Xiǎo Zhāng, nǐ hǎo! Méi xiǎngdào zài zhèr jiàndào nǐ, zhēn shì tài gāoxìng le.
샤오장, 안녕하세요. 여기서 만나다니 정말 반갑네요.

B 是金宝英啊！我还说是谁呢。好久没见了，你过得怎么样?
Shì Jīn Bǎoyīng a! Wǒ hái shuō shì shéi ne. Hǎojiǔ méi jiàn le, nǐ guò de zěnmeyàng?
김보영 씨군요! 전 또 누구시라고. 오랜만이네요. 어떻게 지내세요?

A 忙了一段时间。
Mángle yí duàn shíjiān.
너무 바쁘네요.

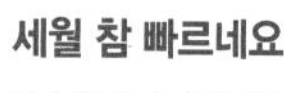

세월 참 빠르네요!

时间过得真快！
Shíjiān guò de zhēn kuài!

하나도 안 변했네요!

你一点儿都没变。
Nǐ yìdiǎnr dōu méi biàn.

你一点儿变化都没有。
Nǐ yìdiǎnr biànhuà dōu méiyǒu.

공손한 인사

만나 뵙게 되어 반갑습니다.

认识您，非常高兴。
Rènshi nín, fēicháng gāoxìng.

很高兴见到您。
Hěn gāoxìng jiàndào nín.

幸会幸会。
Xìnghuì xìnghuì.

Biz tip 한국인들은 처음 만나는 자리에서 한국어 '처음 뵙겠습니다.'를 직역한 '初次见面。Chū cì jiànmiàn.'이라고 인사하는 경우가 많습니다. 하지만 이 표현은 중국에서는 쓰지 않는 표현이죠. 가볍게 "您好!" 하고 인사한 후, 반가운 마음을 표현해 주면 됩니다.

제가 뭐라고 불러 드려야 할까요?

我怎么称呼您好呢？
Wǒ zěnme chēnghu nín hǎo ne?

실전회화

A 您好，张先生。
Nín hǎo, Zhāng xiānsheng.
안녕하세요, 장OO 님.

B 您好，王小姐。
Nín hǎo, Wáng xiǎojie.
안녕하세요, 왕OO 님.

A 很高兴见到您。
Hěn gāoxìng jiàndào nín.
만나 뵙게 되어 반갑습니다.

B 久仰大名，认识您，我也感到很高兴。
Jiǔyǎng dàmíng, rènshi nín, wǒ yě gǎndào hěn gāoxìng.
말씀 많이 들었습니다. 저도 이렇게 뵙게 되어 반갑습니다.

A 您就叫我小张吧。我怎么称呼您好呢？
Nín jiù jiào wǒ Xiǎo Zhāng ba. Wǒ zěnme chēnghu nín hǎo ne?
전 샤오장이라고 불러 주세요. 제가 뭐라고 불러 드려야 할까요?

B 那您也叫我丽丽就行。
Nà nín yě jiào wǒ Lìlì jiù xíng.
그럼 전 리리라고 불러 주세요.

근황 나누기

가족분들은 잘 계시나요?
您的家人都好吧?
Nín de jiārén dōu hǎo ba?

부모님께서는 잘 계시나요?
您的父母都过得好吗?
Nín de fùmǔ dōu guò de hǎo ma?

배우자분께서도 잘 계시나요?
您爱人也过得好吧?
Nín àirén yě guò de hǎo ba?

배우자분께 안부 전해 주세요.
请向您爱人问好。
Qǐng xiàng nín àirén wènhǎo.

아이들도 잘 있나요?
孩子们也都挺好的吧?
Háizimen yě dōu tǐng hǎo de ba?

아기는 잘 있나요?
您的孩子挺好的?
Nín de háizi tǐng hǎo de?

요즘 부쩍 컸어요.
最近长得很快。
Zuìjìn zhǎng de hěn kuài.

아이가 몇 살이죠?
您的孩子几岁了?
Nín de háizi jǐ suì le?

직업 이야기

무슨 일을 하세요?
您做什么工作?
Nín zuò shénme gōngzuò?
您从事什么工作?
Nín cóngshì shénme gōngzuò?
您是做什么工作的?
Nín shì zuò shénme gōngzuò de?
您的职业是什么?
Nín de zhíyè shì shénme?

판매 사원입니다.

我是推销员。
Wǒ shì tuīxiāoyuán.

我是搞销售的。
Wǒ shì gǎo xiāoshòu de.

我做销售。
Wǒ zuò xiāoshòu.

소프트웨어 엔지니어입니다.

我是软件工程师。
Wǒ shì ruǎnjiàn gōngchéngshī.

*工程师 gōngchéngshī 엔지니어

개인 투자자입니다.

我自己搞投资。
Wǒ zìjǐ gǎo tóuzī.

*投资 tóuzī 투자하다

중국에서 사업을 준비하고 있습니다.

我在中国准备做生意。
Wǒ zài Zhōngguó zhǔnbèi zuò shēngyi.

개인 사업을 하고 있습니다.

现在在做个体经营。
Xiànzài zài zuò gètǐ jīngyíng.

일에 만족하세요?

您对您的工作满意吗?
Nín duì nín de gōngzuò mǎnyì ma?

힘드시겠어요.

一定很不容易吧?
Yídìng hěn bù róngyì ba?

会很辛苦。
Huì hěn xīnkǔ.

실전회화

A 您从事什么工作?
Nín cóngshì shénme gōngzuò?
무슨 일을 하세요?

B 我在中国准备做生意。
Wǒ zài Zhōngguó zhǔnbèi zuò shēngyi.
중국에서 사업을 준비하고 있습니다.

A 一定很不容易吧? 您要做哪个行业?
Yídìng hěn bù róngyì ba? Nín yào zuò nǎge hángyè?
힘드시겠어요. 어떤 업종을 하시려고요?

회사 이야기

어느 회사에 다니세요?

您在哪个公司工作?

Nín zài nǎge gōngsī gōngzuò?

A사에 다닙니다.

我在A公司工作。

Wǒ zài A Gōngsī gōngzuò.

A사 인턴입니다.

我是A公司的实习生。

Wǒ shì A Gōngsī de shíxíshēng.

*实习生 shíxíshēng 인턴

A사에서 중국으로 파견 나왔습니다.

我是A公司的，我被派到中国来工作。

Wǒ shì A Gōngsī de, wǒ bèi pàidào Zhōngguó lái gōngzuò.

A公司派我到中国来工作。

A Gōngsī pài wǒ dào Zhōngguó lái gōngzuò.

저희 회사는 한국에 있습니다.

我们公司在韩国。

Wǒmen gōngsī zài Hánguó.

본사는 베이징에 있습니다.

我们的总公司在北京。

Wǒmen de zǒnggōngsī zài Běijīng.

*总公司 zǒnggōngsī 본사

무슨 일을 하는 회사인가요?

是做什么的公司?

Shì zuò shénme de gōngsī?

你的公司是做什么的?

Nǐ de gōngsī shì zuò shénme de?

실전회화

A 金〇〇，听说你找到了工作，祝贺你！
Jīn OO, tīngshuō nǐ zhǎodàole gōngzuò, zhùhè nǐ!
김〇〇 씨, 취직했다면서요. 축하해요!

B 谢谢！
Xièxie!
고마워요!

A 是做什么的公司?
Shì zuò shénme de gōngsī?
무슨 일을 하는 회사인가요?

B 贸易公司，跟中国的交易比较多。
Màoyì gōngsī, gēn Zhōngguó de jiāoyì bǐjiào duō.
무역 회사예요. 중국과 거래가 많아요.

저희 회사는 패션 사업을 하고 있습니다.

我们公司在做时装。

Wǒmen gōngsī zài zuò shízhuāng.

*时装 shízhuāng 패션, 유행 의상

저희 회사는 의류를 판매하고 있습니다.

我们公司销售服饰。

Wǒmen gōngsī xiāoshòu fúshì.

저희 회사는 가전제품을 생산하고 있습니다.

我们公司生产家用电器。

Wǒmen gōngsī shēngchǎn jiāyòng diànqì.

어떤 업무를 담당하고 계세요?

您负责什么业务?

Nín fùzé shénme yèwù?

您具体负责什么工作?

Nín jùtǐ fùzé shénme gōngzuò?

해외 영업을 담당하고 있습니다.

我负责海外销售。

Wǒ fùzé hǎiwài xiāoshòu.

어느 부서에 계세요?

您在哪个部门工作?

Nín zài nǎge bùmén gōngzuò?

실전회화

A 您在哪个公司工作?
Nín zài nǎge gōngsī gōngzuò?
어느 회사에 다니세요?

B 我在大韩贸易工作。
Wǒ zài Dàhán Màoyì gōngzuò.
대한무역에 다닙니다.

A 您在哪个部门工作?
Nín zài nǎge bùmén gōngzuò?
어느 부서에 계시는데요?

B 海外销售部，所以被派到中国来工作。
Hǎiwài xiāoshòubù, suǒyǐ bèi pàidào Zhōngguó lái gōngzuò.
해외영업팀이어서, 중국으로 파견 나왔습니다.

인사팀에서 일합니다.

我在人事部工作。

Wǒ zài rénshìbù gōngzuò.

여기에서 오래 일하셨나요?

您在这儿工作很长时间了吗?
Nín zài zhèr gōngzuò hěn cháng shíjiān le ma?

您在这儿工作很多年了吗?
Nín zài zhèr gōngzuò hěn duō nián le ma?

거기에 얼마나 다니셨어요? [이전 회사의 근속 기간을 물어볼 경우]

您在那儿工作了多长时间?
Nín zài nàr gōngzuòle duō cháng shíjiān?

您在那儿工作了多久?
Nín zài nàr gōngzuòle duō jiǔ?

새 직장은 어때요?

新公司怎么样?
Xīn gōngsī zěnmeyàng?

新换的公司怎么样?
Xīn huàn de gōngsī zěnmeyàng?

거기 일하기 어때요?

在那儿工作怎么样?
Zài nàr gōngzuò zěnmeyàng?

在那儿工作还不错吗?
Zài nàr gōngzuò hái búcuò ma?

실전회화

A 王先生，你好，很高兴又见面了。
Wáng xiānsheng, nǐ hǎo, hěn gāoxìng yòu jiànmiàn le.
안녕하세요, 왕○○ 씨. 다시 만나서 반갑습니다.

B 啊，小张，我也很高兴。听说你换了一个公司，在那儿工作怎么样?
Ā, Xiǎo Zhāng, wǒ yě hěn gāoxìng. Tīngshuō nǐ huànle yí ge gōngsī, zài nàr gōngzuò zěnmeyàng?
아, 샤오장! 만나서 반가워요. 이직했다고 들었어요. 거기 일하기 어때요?

A 我还在适应，有点儿累。
Wǒ hái zài shìyìng, yǒudiǎnr lèi.
아직 적응 중이라 조금 힘드네요.

사람들도 좋고, 다 좋습니다.

同事也很好，都很不错。
Tóngshì yě hěn hǎo, dōu hěn búcuò.

同事也不错，都挺好的。
Tóngshì yě búcuò, dōu tǐng hǎo de.

좋았다 나빴다 합니다.

一会儿好，一会儿坏。
Yíhuìr hǎo, yíhuìr huài.

하루 근무 시간이 어떻게 돼요?

一天工作几个小时?

Yì tiān gōngzuò jǐ ge xiǎoshí?

주말에도 근무하나요?

周末也工作吗?

Zhōumò yě gōngzuò ma?

주5일 근무제인가요?

是五天工作制吗?

Shì wǔ tiān gōngzuòzhì ma?

연락처 주고받기

연락처 좀 알려 주시겠어요?

可以告诉我您的电话号码吗?

Kěyǐ gàosu wǒ nín de diànhuà hàomǎ ma?

可以告诉我您的手机号码吗?

Kěyǐ gàosu wǒ nín de shǒujī hàomǎ ma?

告诉我您的联系方式，好吗?

Gàosu wǒ nín de liánxì fāngshì, hǎo ma?

휴대 전화 번호 교환해요.

我们互换一下手机号码吧。

Wǒmen hùhuàn yíxià shǒujī hàomǎ ba.

*互换 hùhuàn 교환하다

可以互换一下电话吗?

Kěyǐ hùhuàn yíxià diànhuà ma?

휴대 전화 번호가 어떻게 돼요?

您的手机号码是多少?

Nín de shǒujī hàomǎ shì duōshao?

제가 명함을 드렸던가요?

我给过您我的名片吗?

Wǒ gěiguo nín wǒ de míngpiàn ma?

제 명함 가지고 계시죠?

您有我的名片吧?

Nín yǒu wǒ de míngpiàn ba?

여기 제 명함입니다.

这是我的名片。

Zhè shì wǒ de míngpiàn.

제 이메일 주소를 알려 드릴게요.

我告诉您我的邮箱地址。

Wǒ gàosu nín wǒ de yóuxiāng dìzhǐ.

대화 마무리 하기

오늘 뵙게 되어 반가웠습니다.

今天见到你，很高兴。

Jīntiān jiàndào nǐ, hěn gāoxìng.

이야기 즐거웠습니다.

跟你谈话很愉快。

Gēn nǐ tánhuà hěn yúkuài.

귀한 시간 내 주셔서 고맙습니다.

感谢您抽出宝贵的时间。

Gǎnxiè nín chōuchū bǎoguì de shíjiān.

언제 점심 같이 해요.

改天一起吃午饭吧。

Gǎitiān yìqǐ chī wǔfàn ba.

이메일로 연락 주세요.

用电子邮件联系吧。

Yòng diànzǐ yóujiàn liánxì ba.

邮件联系。

Yóujiàn liánxì.

전화드리겠습니다.

我给您打电话。

Wǒ gěi nín dǎ diànhuà.

축하 · 위로 · 감사

사무실에서

승진 축하드려요!

我对您的晋升表示衷心的祝贺。
Wǒ duì nín de jìnshēng biǎoshì zhōngxīn de zhùhè.

恭喜您升职了。
Gōngxǐ nín shēngzhí le.

祝贺您！
Zhùhè nín!

恭喜恭喜！
Gōngxǐ gōngxǐ!

앞으로 더욱 승승장구하시길 바랄게요!

祝您今后事业顺利！
Zhù nín jīnhòu shìyè shùnlì!

祝您大展宏图。
Zhù nín dàzhǎnhóngtú.

＊大展宏图 dàzhǎnhóngtú 재능을 크게 펼치다

당연히 승진하실 줄 알았어요.

我就知道您肯定会升职。
Wǒ jiù zhīdào nín kěndìng huì shēngzhí.

이번 프로젝트를 성공적으로 마무리했다면서요? 축하드려요!

听说这次的项目取得了巨大的成功，祝贺您！
Tīngshuō zhè cì de xiàngmù qǔdéle jùdà de chénggōng, zhùhé nín!

당신 팀이 상반기 실적이 제일 좋았다면서요? 축하드려요!

听说你们团队上半年的业绩排名第一，恭喜恭喜！
Tīngshuō nǐmen tuánduì shàngbànnián de yèjí páimíng dì-yī, gōngxǐ gōngxǐ!

과찬의 말씀이세요.

您过奖了。
Nín guòjiǎng le.

过奖过奖。
Guòjiǎng guòjiǎng.

Biz tip 상대방의 칭찬에 '그렇게 말씀해 주시니 고맙습니다.'를 직역한 '**很感谢您这么说。**'를 많이 쓰지만, 이 표현은 한국식 중국어입니다. 칭찬하는 말을 들었다면 간단하게 '**谢谢！**'라고 하거나, 겸손하게 '**您过奖了。**', '**过奖过奖。**'이라고 대답하세요.

도와주시지 않았다면, 해내지 못했을 거예요.

要不是您帮我，我是不可能做到的。 ＊要不是 yàobúshì ~이 아니라면
Yàobúshì nín bāng wǒ, wǒ shì bù kěnéng zuòdào de.

要不是您帮我，我自己肯定办不到。
Yàobúshì nín bāng wǒ, wǒ zìjǐ kěndìng bàn bu dào.

多亏有您帮我，要不然我肯定办不到。
Duōkuī yǒu nín bāng wǒ, yàobùrán wǒ kěndìng bàn bu dào.

다 당신 덕분이에요.

都是托您的福。
Dōu shì tuō nín de fú.

실전회화

A 小张，恭喜你升职了。
Xiǎo Zhāng, gōngxǐ nǐ shēngzhí le.
샤오장, 승진 축하해요!

B 谢谢。
Xièxie.
고맙습니다.

A 不错不错，希望你以后也能再接再厉。
Búcuò búcuò, xīwàng nǐ yǐhòu yě néng zàijiē-zàilì.
잘했어요. 앞으로도 지금처럼 늘 그렇게 잘하길 바랄게요!

B 要不是您帮我，我是不可能做到的。都是托您的福。
Yàobúshì nín bāng wǒ, wǒ shì bù kěnéng zuòdào de. Dōu shì tuō nín de fú.
도와주시지 않았다면, 해내지 못했을 거예요. 다 선배님 덕분이에요.

A 哪里哪里。这都是你努力的结果嘛，升职是应该的。
Nǎlǐ nǎlǐ. Zhè dōu shì nǐ nǔlì de jiéguǒ ma, shēngzhí shì yīnggāi de.
아니에요. 다 샤오장이 열심히 했기 때문이죠. 승진하는 게 당연해요.

B 您过奖了。
Nín guòjiǎng le.
과찬의 말씀이세요.

＊再接再厉 zàijiē-zàilì 한층 더 분발하다

결혼식에서

결혼 축하드려요!

恭喜两位新人！
Gōngxǐ liǎng wèi xīnrén!

祝你们的婚姻生活幸福美满！ ＊美满 měimǎn 행복하고 즐겁다
Zhù nǐmen de hūnyīn shēnghuó xìngfú měimǎn!

당신과 샤오장이 결혼한다니, 정말 기쁘네요!

你跟小张结婚，真替你们高兴！
Nǐ gēn Xiǎo Zhāng jiéhūn, zhēn tì nǐmen gāoxìng!

真为你和小张两个人感到高兴，希望你们幸福！
Zhēn wéi nǐ hé Xiǎo Zhāng liǎng ge rén gǎndào gāoxìng, xīwàng nǐmen xìngfú!

두 분 행복하게 잘 사시길 바라요.

希望你们白头偕老、幸福美满。 *白头偕老 báitóu-xiélǎo 백년해로하다
Xīwàng nǐmen báitóu-xiélǎo、xìngfú měimǎn.

祝愿二位白头偕老、幸福美满。
Zhùyuàn èr wèi báitóu xiélǎo、xìngfú měimǎn.

祝你们永结同心。 *同心 tóngxīn 마음을 합치다
Zhù nǐmen yǒng jié tóngxīn.

두 분 정말 잘 어울려요.

二位真是郎才女貌。 *郎才女貌 lángcái-nǚmào 커플이 잘 어울리다
Èr wèi zhēn shì lángcái-nǚmào.

你们很般配。 *般配 bānpèi 잘 어울리다
Nǐmen hěn bānpèi.

二位非常相配。
Èr wèi fēicháng xiāngpèi.

장례식에서

심심한 조의를 표합니다.

对您表示真切地哀悼。 *真切 zhēnqiè 진지하다 哀悼 āidào 애도하다
Duì nín biǎoshì zhēnqiè de āidào.

상심이 크시겠어요.

您心里一定非常难过。
Nín xīnli yídìng fēicháng nánguò.

가족분들께서 많이 힘드시겠어요.

这对您的家人来说一定是最艰难的时刻。 *艰难 jiānnán 힘들다
Zhè duì nín de jiārén lái shuō yídìng shì zuì jiānnán de shíkè.

家人受到的打击一定很大。 *打击 dǎjī 타격을 주다
Jiārén shòudào de dǎjī yídìng hěn dà.

도움이 필요하시면 언제든지 말씀하세요.

有什么需要帮忙的，请尽管说。
Yǒu shénme xūyào bāngmáng de, qǐng jǐnguǎn shuō.

有什么需要帮助的，请随时告诉我。
Yǒu shénme xūyào bāngzhù de, qǐng suíshí gàosu wǒ.

이렇게 와 주셔서 고맙습니다. [유족 입장의 응답]

谢谢您特意来送他最后一程。
Xièxie nín tèyì lái sòng tā zuìhòu yì chéng.

谢谢您特意过来。
Xièxie nín tèyì guòlái.

A 您心里一定非常难过。他是一个很了不起的人，我会很想念他的。
Nín xīnli yídìng fēicháng nánguò. Tā shì yí ge hěn liǎobuqǐ de rén, wǒ huì hěn xiǎngniàn tā de.
상심이 크시겠어요. 그는 정말 훌륭한 사람이었습니다. 많이 보고 싶을 거예요.

B 谢谢您特意来送他最后一程。我儿子生前说过您是个好人。
Xièxie nín tèyì lái sòng tā zuìhòu yì chéng. Wǒ érzi shēngqián shuōguo nín shì ge hǎorén.
이렇게 와 주셔서 고맙습니다. 생전에 아들이 당신을 아주 좋은 사람이라고 했습니다.

A 有什么需要帮助的，请随时告诉我。
Yǒu shénme xūyào bāngzhù de, qǐng suíshí gàosu wǒ.
도움이 필요하시면 언제든지 말씀하세요.

B 谢谢您。
Xièxie nín.
고맙습니다.

생일 파티에서

생일 축하해요!

祝你生日快乐！
Zhù nǐ shēngrì kuàilè!

만수무강하세요! [웃어른의 생신을 축하할 때]

祝您健康长寿！
Zhù nín jiànkāng chángshòu!

＊长寿 chángshòu 오래 살다

이건 제가 드리는 선물이에요.

这是我给您的礼物。
Zhè shì wǒ gěi nín de lǐwù.

这是我的一点儿小心意。
Zhè shì wǒ de yìdiǎnr xiǎo xīnyì.

약소하지만 마음에 드셨으면 좋겠어요.

只是一点儿小意思，希望您喜欢。
Zhǐshì yìdiǎnr xiǎoyìsi, xīwàng nín xǐhuan.

礼轻情意重，希望您喜欢。
Lǐ qīng qíngyì zhòng, xīwàng nín xǐhuan.

Biz tip '礼轻情意重'은 '선물은 가볍지만, 마음은 무겁다'라는 뜻으로, 선물을 건넬 때 쓰는 겸손의 표현입니다. 격식을 갖춘 말이라, 비즈니스 관계에서 사용하면 중국어 고수로 보일 수 있습니다.

정말 갖고 싶었던 거예요.

这是我一直都想要的。
Zhè shì wǒ yìzhí dōu xiǎng yào de.

这正是我想要的。
Zhè zhèngshì wǒ xiǎng yào de.

정말 근사해요!

真不错！
Zhēn búcuò!

真棒呀！
Zhēn bàng ya!

太棒了！
Tài bàng le!

마음에 드신다니 저도 기쁘네요.

你喜欢，我也很高兴。
Nǐ xǐhuan, wǒ yě hěn gāoxìng.

실전회화

A 生日快乐！谢谢你邀请我来参加你的生日派对。
Shēngrì kuàilè! Xièxie nǐ yāoqǐng wǒ lái cānjiā nǐ de shēngrì pàiduì.
생일 축하해요! 생일 파티에 초대해 줘서 고마워요.

B 谢什么，也感谢您来参加。
Xiè shénme, yě gǎnxiè nín lái cānjiā.
고맙긴요. 와 주셔서 감사해요.

A 这是我给你的礼物，礼轻情意重，希望你喜欢。
Zhè shì wǒ gěi nǐ de lǐwù, lǐ qīng qíngyì zhòng, xīwàng nǐ xǐhuan.
이건 제가 드리는 선물이에요. 약소하지만 마음에 드셨으면 좋겠어요.

B 哇！我太喜欢了，这正是我想要的。谢谢。
Wā! Wǒ tài xǐhuan le, zhè zhèngshì wǒ xiǎng yào de. Xièxie.
와, 마음에 쏙 들어요! 제가 갖고 싶었던 거예요. 고마워요.

A 你喜欢，我也很高兴。
Nǐ xǐhuan, wǒ yě hěn gāoxìng.
마음에 드신다니 저도 기쁘네요.

기념일 · 명절 인사

추석 잘 보내세요!

中秋节快乐！
Zhōngqiūjié kuàilè!

中秋全家团团圆圆！
Zhōngqiū quánjiā tuántuán-yuányuán!

＊团圆 tuányuán 가족 모두가 단란하게 지내다

궈칭제 잘 보내세요.

国庆节快乐！
Guóqìngjié kuàilè!

＊国庆节 guóqìngjié 궈칭제[중화인민공화국 건국 기념일로, 양력 10월 1일]

라오둥제 잘 보내세요!

劳动节快乐！
Láodòng Jié kuàilè!

이번 연휴에 어디 가세요?

这个假期你去哪儿?
Zhège jiàqī nǐ qù nǎr?

연휴 잘 보내세요.

假期好好儿休息。
Jiàqī hǎohāor xiūxi.

황금연휴 잘 보내고 다음 주에 봬요.

黄金周好好儿休息，下周见。
Huángjīnzhōu hǎohāor xiūxi, xiàzhōu jiàn.

*黄金周 huángjīnzhōu 황금연휴

모든 일이 잘 풀리시길 바랍니다.

祝你心想事成！
Zhù nǐ xīnxiǎngshìchéng!

*心想事成 xīnxiǎngshìchéng 마음 먹은 대로 이루어지다

祝你事事顺心，万事如意！
Zhù nǐ shìshì shùnxīn, wànshì rúyì!

새해에는 모든 일이 잘되시길 바랍니다.

希望您在新的一年，万事如意！
Xīwàng nín zài xīn de yì nián, wànshì rúyì!

在新的一年里万事如意，心想事成！
Zài xīn de yì nián li wànshì rúyì, xīnxiǎngshìchéng!

더 나은 한 해가 되시길 바랍니다.

新年新气象！
Xīnnián xīn qìxiàng!

一年更比一年好！
Yì nián gèng bǐ yì nián hǎo!

행운을 빌어요.

祝你好运！
Zhù nǐ hǎoyùn!

鸿运当头！
Hóngyùn dāngtóu!

*鸿运 hóngyùn 큰 행운　当头 dāngtóu 눈앞에 닥치다

실전회화

A 祝你好运!
Zhù nǐ hǎoyùn!
행운을 빌어요.

B 也祝福您!
Yě zhùfú nín!
당신도요!

감사 인사 및 응답

고맙습니다.

谢谢！
Xièxie!

非常感谢！
Fēicháng gǎnxiè!

多谢多谢！
Duō xiè duō xiè!

선물 고맙습니다.

谢谢您的礼物。
Xièxie nín de lǐwù.

정말 근사한 저녁 식사였습니다.

非常感谢您的晚餐。
Fēicháng gǎnxiè nín de wǎncān.

很感谢您准备了这么丰盛的晚餐。
Hěn gǎnxiè nín zhǔnbèile zhème fēngshèng de wǎncān.

*丰盛 fēngshèng 풍성하다

염려해 주셔서 고맙습니다.

谢谢您的关心。
Xièxie nín de guānxīn.

感谢您对我的关心。
Gǎnxiè nín duì wǒ de guānxīn.

여러모로 고맙습니다.

感谢您为我所做的一切。
Gǎnxiè nín wèi wǒ suǒ zuò de yíqiè.

저를 위해 이렇게 애써 주시니, 고마워서 몸 둘 바를 모르겠습니다.

您帮了我这么多，真不知道该怎么感谢您。
Nín bāngle wǒ zhème duō, zhēn bù zhīdào gāi zěnme gǎnxiè nín.

您帮了我这么大的忙，真不知该怎么感谢您。
Nín bāngle wǒ zhème dà de máng, zhēn bù zhī gāi zěnme gǎnxiè nín.

천만에요. / 아니에요.

不用客气。
Búyòng kèqi.

别客气。
Bié kèqi.

您太客气了。
Nín tài kèqi le.

哪里哪里！
Nǎlǐ nǎlǐ!

오히려 제가 감사하죠.

我还要感谢您呢。
Wǒ hái yào gǎnxiè nín ne.

应该是我谢您才对。
Yīnggāi shì wǒ xiè nín cái duì.

별거 아니에요.

这没什么。
Zhè méi shénme.

这不算什么。
Zhè búsuàn shénme.

당신도 명절(기념일) 잘 보내세요.

也祝您节日快乐。
Yě zhù nín jiérì kuàilè.

也祝您度过一个愉快的节日。
Yě zhù nín dùguò yí ge yúkuài de jiérì.

실전회화

A 国庆节好好儿玩儿，好好儿休息。
Guóqìngjié hǎohāor wánr, hǎohāor xiūxi.
궈칭제 즐겁게 보내시고 푹 쉬세요.

B 谢谢，也祝您节日快乐。
Xièxie, yě zhù nín jiérì kuàilè
고맙습니다. 궈칭제 잘 보내세요.

A 假期你要去哪儿?
Jiàqī nǐ yào qù nǎr?
연휴에 어디 가세요?

B 我要回韩国看我的父母。
Wǒ yào huí Hánguó kàn wǒ de fùmǔ.
부모님 뵈러 한국에 다녀오려고요.

A 啊，那这几天好好儿陪陪你父母。
À, nà zhè jǐ tiān hǎohāor péipei nǐ fùmǔ.
그렇군요. 그럼 부모님과 즐거운 시간 보내세요.

친목 도모

모임 초대하기

내일 저녁에 시간 있으세요?

明天晚上你有时间吗?

Míngtiān wǎnshang nǐ yǒu shíjiān ma?

내일 저녁에 뭐 하실 거예요?

明天晚上您要做什么?

Míngtiān wǎnshang nín yào zuò shénme?

내일 저녁에 약속 있으세요?

明天晚上您有事吗?

Míngtiān wǎnshang nín yǒu shì ma?

明天晚上您有约吗?

Míngtiān wǎnshang nín yǒu yuē ma?

내일 저희 집에 저녁 드시러 오세요.

明天晚上来我家吃晚饭吧。

Míngtiān wǎnshang lái wǒ jiā chī wǎnfàn ba.

실전회화

A 明天晚上您要做什么?
Míngtiān wǎnshang nín yào zuò shénme?
내일 저녁에 뭐 하실 거예요?

B 还没有什么特别的事。
Hái méiyǒu shénme tèbié de shì.
아직 별다른 약속은 없는데요.

A 明天在我家有个聚会，您来我家吃晚饭吧。
Míngtiān zài wǒ jiā yǒu ge jùhuì, nín lái wǒ jiā chī wǎnfàn ba.
내일 저희 집에서 파티가 있는데, 저녁 드시러 오세요.

A 好的，谢谢您的邀请，我一定去。
Hǎo de, xièxie nín de yāoqǐng, wǒ yídìng qù.
네, 초대해 줘서 고마워요. 꼭 갈게요.

내일 저녁 드시러 오실 수 있나 해서요.

不知道明天您能不能来吃晚饭。

Bú zhīdào míngtiān nín néng bu néng lái chī wǎnfàn.

이번 주 금요일에 저희 집 집들이를 할 예정인데, 시간 괜찮아요?

这个星期五我家要办个温锅，你有时间吗？ *温锅 wēnguō 집들이

Zhège xīngqīwǔ wǒ jiā yào bàn ge wēnguō, nǐ yǒu shíjiān ma?

그 사람이 집들이를 한다는데, 함께 갈래요?

他搬家了，你跟我一起去温锅吗?
Tā bānjiā le, nǐ gēn wǒ yìqǐ qù wēnguō ma?

他搬家了，你跟我一起去他家为他庆祝一下吧。
Tā bānjiā le, nǐ gēn wǒ yìqǐ qù tā jiā wèi tā qìngzhù yíxià ba.

커피 한잔할래요?

来一杯咖啡吗?
Lái yì bēi kāfēi ma?

퇴근하고 술 한잔해요.

下班后一起喝一杯吧。
Xiàbān hòu yìqǐ hē yì bēi ba.

금요일에 퇴근하고 만나요.

周五下班后见吧。
Zhōuwǔ xiàbān hòu jiàn ba.

약속 정하기

언제가 좋으세요?

您什么时候方便?
Nín shénme shíhou fāngbiàn?

您哪天最方便?
Nín nǎ tiān zuì fāngbiàn?

언제 만날까요?

我们什么时候见面?
Wǒmen shénme shíhou jiànmiàn?

그럼 내일은 어때요?

那明天怎么样?
Nà míngtiān zěnmeyàng?

몇 시쯤 갈까요?

我几点过去?
Wǒ jǐ diǎn guòqù?

我什么时候过去?
Wǒ shénme shíhou guòqù?

어디서 만날까요?

我们在哪儿见?
Wǒmen zài nǎr jiàn?

어디로 가는데요?

我们去哪儿?
Wǒmen qù nǎr?

여기서 멀어요?

离这儿远吗?
Lí zhèr yuǎn ma?

실전회화

A 今天晚上你做什么？我下班后要和小张一起喝杯啤酒，你也一起来吧。
Jīntiān wǎnshang nǐ zuò shénme? Wǒ xiàbān hòu yào hé Xiǎo Zhāng yìqǐ hē bēi píjiǔ, nǐ yě yìqǐ lái ba.
오늘 저녁에 뭐 할 거예요? 퇴근하고 샤오장이랑 맥주 한잔할 건데, 함께 가요.

B 在哪儿？离这儿远吗?
Zài nǎr? Lí zhèr yuǎn ma?
어딘데요? 여기서 멀어요?

A 北京酒吧。
Běijīng Jiǔbā.
베이징 바에 갈 거예요.

B 几点?
Jǐ diǎn?
몇 시에요?

A 六点半在大厅见。
Liù diǎn bàn zài dàtīng jiàn.
6시 반에 로비에서 만나기로 했어요.

B 好的，到时候见。
Hǎo de, dào shíhou jiàn.
좋아요. 그때 봐요.

저녁 6시에 저희 집에서 파티를 할 거예요.

在我家办的聚会晚上六点开始。
Zài wǒ jiā bàn de jùhuì wǎnshang liù diǎn kāishǐ.

왕푸징 레스토랑, 1시로 예약했어요.

我在王府井餐厅订桌了，一点。
Wǒ zài Wángfǔjǐng cāntīng dìng zhuō le, yī diǎn.

미안하지만, 7시 반에나 도착할 듯해요.

不好意思，我可能七点半才能到。
Bù hǎoyìsi, wǒ kěnéng qī diǎn bàn cái néng dào.

어떻게 가는 게 가장 좋은가요?

怎么去最方便?
Zěnme qù zuì fāngbiàn?

지하철을 타는 게 가장 편해요.

最好坐地铁。
Zuìhǎo zuò dìtiě.

6시까지 갈게요.

我六点到。
Wǒ liù diǎn dào.

뭘 좀 가져갈까요? [집에 초대받았을 경우]

需要我带点儿东西过去吗?
Xūyào wǒ dài diǎnr dōngxi guòqù ma?

我用不用带点儿吃的过去?
Wǒ yòng bu yòng dài diǎnr chī de guòqù?

我带点儿什么去呢?
Wǒ dài diǎnr shénme qù ne?

와인을 좀 가져갈게요.

我带一瓶红酒过去。
Wǒ dài yì píng hóngjiǔ guòqù.

*红酒 hóngjiǔ 레드 와인

그냥 오시면 돼요.

什么都不用带。
Shénme dōu búyòng dài.

空手来就行。
Kōngshǒu lái jiù xíng.

실전회화

A 我今天可以去宝英的新家为她庆祝。
Wǒ jīntiān kěyǐ qù Bǎoyīng de xīn jiā wèi tā qìngzhù.
오늘 보영 씨 집들이에 갈 수 있을 것 같아요.

B 那太好了!
Nà tài hǎo le!
그거 잘됐네요!

A 需要我带点儿东西过去吗?
Xūyào wǒ dài diǎnr dōngxi guòqù ma?
뭘 좀 가져갈까요?

B 什么都不用带。
Shénme dōu búyòng dài.
그냥 오시면 돼요.

몇 명이나 오나요?

一共几个人来?
Yígòng jǐ ge rén lái?

우리까지 네 명이에요.

我们一共四个人。

Wǒmen yígòng sì ge rén.

또 누가 오는데요?

还有谁会来?

Hái yǒu shéi huì lái?

아마 다른 사람이 몇 명 더 올 거예요.

可能还有几个人会来。

Kěnéng hái yǒu jǐ ge rén huì lái.

해외영업팀 동료 한 명과 함께 갈 거예요.

我带海外销售部的一个同事一起去。

Wǒ dài hǎiwài xiāoshòubù de yí ge tóngshì yìqǐ qù.

초대 수락 및 거절

좋아요.

好的。

Hǎo de.

그거 좋네요.

那样最好。

Nàyàng zuì hǎo.

네, 고맙습니다. 몇 시죠?

好的，谢谢。几点?

Hǎo de, xièxie. Jǐ diǎn?

그럼 그때 봐요.

那到时候见。

Ná dào shíhou jiàn.

마음 써 주셔서 정말 고맙습니다.

让您多费心了，非常感谢。

Ràng nín duō fèixīn le, fēicháng gǎnxiè.

이번 주 금요일 저녁 7시 맞죠?

这周五晚上七点对吧?

Zhè zhōuwǔ wǎnshang qī diǎn duì ba?

확인 좀 할게요. 일요일 오후 3시 맞죠?

我确认一下，周日下午三点对吧?

Wǒ quèrèn yíxià, zhōurì xiàwǔ sān diǎn duì ba?

예정대로 일요일에 만나는 거 맞죠?

周日见，对吧？没有什么变动吧？
Zhōurì jiàn, duì ba? Méiyǒu shénme biàndòng ba?

고맙습니다만, 먼저 일정을 확인해 봐야 해요.

非常感谢，不过我得先确认一下我的日程。
Fēicháng gǎnxiè, búguò wǒ děi xiān quèrèn yíxià wǒ de rìchéng.

고맙습니다만, 아직 일정이 확실하지 않습니다.

非常感谢，不过日程还没有完全定下来。
Fēicháng gǎnxiè, búguò rìchéng hái méiyǒu wánquán dìng xiàlái.

고맙습니다만, 그날은 안 될지도 모르겠습니다.

非常感谢，但恐怕我那天没有时间。
Fēicháng gǎnxiè, dàn kǒngpà wǒ nà tiān méiyǒu shíjiān.

나중에 알려 드려도 될까요?

等一下再答复您可以吗？
Děng yíxià zài dáfù nín kěyǐ ma?

실전회화

A 这周日您能来我家吃晚饭吗？宝英和王丽那天都来。
Zhè zhōurì nín néng lái wǒ jiā chī wǎnfàn ma? Bǎoyīng hé Wáng Lì nà tiān dōu lái.
이번 주 일요일에 저희 집에 저녁 드시러 오실래요? 보영 씨와 왕리도 올 거예요.

B 谢谢，不过我还不知道那天有没有事，等一下再答复您可以吗？
Xièxie, búguò wǒ hái bù zhīdào nà tiān yǒu méiyǒu shì, děng yíxià zài dáfù nín kěyǐ ma?
고맙습니다. 그런데 아직 그날 일정이 어떻게 될지 모르겠어요. 나중에 알려 드려도 될까요?

A 当然可以，这周五之前告诉我就行，希望您能来。
Dāngrán kěyǐ, zhè zhōuwǔ zhīqián gàosu wǒ jiù xíng, xīwàng nín néng lái.
물론이죠. 이번 주 금요일까지 알려 주시면 돼요. 오실 수 있으면 좋겠어요.

죄송하지만, 못 갈 것 같습니다.

很抱歉，我恐怕去不了。
Hěn bàoqiàn, wǒ kǒngpà qù bu liǎo.

죄송하지만, 요즘 일이 많아서요.

对不起，最近事情比较多。
Duìbuqǐ, zuìjìn shìqing bǐjiào duō.

对不起，最近事务繁忙。
Duìbuqǐ, zuìjìn shìwù fánmáng.

对不起，最近比较忙。
Duìbuqǐ, zuìjìn bǐjiào máng.

가고 싶지만, 요즘 너무 바쁘네요.

我很想去，不过最近太忙了。

Wǒ hěn xiǎng qù, búguò zuìjìn tài máng le.

가고 싶지만, 선약이 있습니다.

我很想去，不过我已经有约在先。

Wǒ hěn xiǎng qù, búguò wǒ yǐjīng yǒuyuēzàixiān.

가고 싶지만, 볼일이 있습니다.

我很想去，不过我有事儿。

Wǒ hěn xiǎng qù, búguò wǒ yǒu shìr.

죄송하지만, 오늘은 몸이 좀 안 좋아서요.

很抱歉，我今天身体不太好。

Hěn bàoqiàn, wǒ jīntiān shēntǐ bú tài hǎo.

对不起，我今天身体不舒服。

Duìbuqǐ, wǒ jīntiān shēntǐ bù shūfu.

죄송하지만, 갑자기 일이 생겨서요.

对不起，我突然有事。

Duìbuqǐ, wǒ tūrán yǒu shì.

늦게 말씀드려서 죄송합니다.

对不起，这么晚才告诉您。

Duìbuqǐ, zhème wǎn cái gàosu nín.

对不起，没能早点儿告诉您。

Duìbuqǐ, méi néng zǎo diǎnr gàosu nín.

약속 변경 및 취소

다른 날로 바꿔도 될까요?

可以换一天吗?

Kěyǐ huàn yì tiān ma?

可以换到别的日子吗?

Kěyǐ huàndào bié de rìzi ma?

며칠만 미뤄도 될까요?

可以把时间向后推几天吗?

Kěyǐ bǎ shíjiān xiànghòu tuī jǐ tiān ma?

화요일 약속을 며칠 뒤로 미뤄도 될까요?

不知道可不可以将我们下周二的约会推迟几天。

Bù zhīdào kě bu kěyǐ jiāng wǒmen xià zhōu'èr de yuēhuì tuīchí jǐ tiān.

다음 기회에 해요.

下次再去吧。

Xiàcì zài qù ba.

那下次吧。

Nà xiàcì ba.

A 张明，今天我们一起去看电影吧。
Zhāng Míng, jīntiān wǒmen yìqǐ qù kàn diànyǐng ba.
장밍, 오늘 저녁에 영화 보러 갈래요?

B 啊，对不起，我去不了，要做的事情一大堆，下次再去吧。
À, dìbuqǐ, wǒ qù bu liǎo, yào zuò de shìqing yí dà duī, xiàcì zài qù ba.
아, 미안하지만 못 갈 것 같아요. 할 일이 산더미라서요. 다음 기회에 해요.

A 那好吧，下次再去。
Nà hǎo ba, xiàcì zài qù.
그럼 그래요. 다음에 가요.

*一大堆 yí dà duī 매우 많다, 산더미

시간을 조금 앞당길 수 있을까요?

可以把时间提前一点儿吗?

Kěyǐ bǎ shíjiān tíqián yìdiǎnr ma?

30분만 시간을 앞당길 수 있을까요?

可以把时间提前三十分钟吗?

Kěyǐ bǎ shíjiān tíqián sānshí fēnzhōng ma?

6시로 변경할 수 있을까요?

可以把时间改到六点吗?

Kěyǐ bǎ shíjiān gǎidào liù diǎn ma?

다음 주 목요일 오후는 어떠세요?

下周四下午怎么样?

Xià zhōusì xiàwǔ zěnmeyàng?

목요일 오후에는 별다른 일정이 없으니, 괜찮습니다.

周四下午没什么特别的事，可以。

Zhōusì xiàwǔ méi shénme tèbié de shì, kěyǐ.

죄송하지만, 약속 장소를 바꿀 수 있을까요?

对不起，见面地点能不能换到其他地方?

Duìbuqǐ, jiànmiàn dìdiǎn néng bu néng huàndào qítā dìfang?

죄송하지만, 이번 약속을 취소해야 할 것 같습니다.

对不起，这次的约会恐怕要取消了。

Duìbuqǐ, zhè cì de yuēhuì kǒngpà yào qǔxiāo le.

할 수 없죠. 다음에 봬요.

没办法，下次见吧。

Méi bànfǎ, xiàcì jiàn ba.

손님맞이

어서 오세요.

快请进。

Kuài qǐng jìn.

欢迎欢迎。

Huānyíng huānyíng.

아니, 이게 누구예요! [뜻밖일 때]

哟，这是谁呀！

Yō, zhè shì shéi ya!

길은 쉽게 찾으셨나요?

路好找吗?

Lù hǎo zhǎo ma?

늦어서 죄송합니다.

对不起，我来晚了。

Duìbuqǐ, wǒ láiwǎn le.

차가 너무 막혔습니다.

路上太堵了。

Lùshang tài dǔ le.

이렇게 먼 거리인 줄 미처 몰랐습니다.

没想到这么远。

Méi xiǎngdào zhème yuǎn.

예상보다 더 오래 걸렸습니다.

比预想的时间还要长。

Bǐ yùxiǎng de shíjiān hái yào cháng.

공사를 하고 있어서, 시간이 조금 더 걸렸습니다.

路上施工，所以耽误了点儿时间。

Lùshang shīgōng, suǒyǐ dānwule diǎnr shíjiān.

＊施工 shīgōng 공사를 하다　耽误 dānwu 지체하다

A 对不起，我来晚了。
Duìbuqǐ, wǒ láiwǎn le.
늦어서 죄송합니다.

B 没关系，快请进。这儿不好找吧？
Méi guānxi, kuài qǐng jìn. Zhèr bù hǎo zhǎo ba?
괜찮아요. 어서 오세요. 찾아오시기 힘드셨죠?

A 路上施工，所以耽误了点儿时间。
Lùshang shīgōng, suǒyǐ dānwùle diǎnr shíjiān.
공사를 하고 있어서, 시간이 조금 더 걸렸어요.

오시느라 수고하셨습니다.

一路上辛苦了。
Yílù shàng xīnkǔ le.

오셔서 정말 기쁩니다.

你能来，我真高兴。
Nǐ néng lái, wǒ zhēn gāoxìng.

실전회화

A 秀贤，你能来，我真高兴。
Xiùxián, nǐ néng lái, wǒ zhēn gāoxìng.
수현 씨, 오셔서 정말 기뻐요.

B 你好，张明。谢谢你的邀请。
Nǐ hǎo, Zhāng Míng. Xièxie nǐ de yāoqǐng.
안녕하세요, 장밍. 초대 고마워요.

A 一路上辛苦了，快请进。
Yílù shàng xīnkǔ le, kuài qǐng jìn.
오시느라 수고하셨어요. 어서 들어와요.

앉으세요.

请坐。
Qǐng zuò.

편히 계세요.

请随意。
Qǐng suíyì.

＊随意 suíyì 마음대로 하다

집 구경시켜 드릴게요.

我带你看看我的家。
Wǒ dài nǐ kànkan wǒ de jiā.

필요한 게 있으면 언제든지 말씀하세요.

有什么需要的尽管说。
Yǒu shénme xūyào de jǐnguǎn shuō.

뭐 좀 마실래요?

您要喝点儿什么?

Nín yào hē diǎnr shénme?

한 잔 하실래요?

来一杯吗?

Lái yì bēi ma?

실전회화

A **来一杯吗?**
Lái yì bēi ma?
한 잔 하실래요?

B **不行，我得开车。**
Bùxíng, wǒ děi kāichē.
괜찮습니다. 운전을 해야 해서요.

한 잔 더 하실래요?

再来一杯吗?

Zài lái yì bēi ma?

무알코올 음료는 어떠세요?

无酒精饮料怎么样?

Wú jiǔjīng yǐnliào zěnmeyàng?

*酒精 jiǔjīng 알코올

오렌지 주스 한 잔 드릴까요?

给您来一杯橙汁吗?

Gěi nín lái yì bēi chéngzhī ma?

*橙汁 chéngzhī 오렌지 주스

저녁 다 됐습니다.

晚饭已经准备好了。

Wǎnfàn yǐjīng zhǔnbèi hǎo le.

맛있게 드세요.

请慢用。

Qǐng mànyòng.

실전회화

A **太丰盛了!**
Tài fēngshèng le!
정말 근사하네요!

B **请慢用。**
Qǐng mànyòng.
맛있게 드세요.

많이 드세요.

多吃点儿。
Duō chī diǎnr.

정말 맛있어 보여요.

看起来太好吃了。
Kàn qǐlái tài hǎochī le.

看起来非常美味。
Kàn qǐlái fēicháng měiwèi.

*美味 měiwèi 맛있다

看上去特别好吃。
Kàn shàngqù tèbié hǎochī.

많이 드셨나요?

吃好了吗?
Chīhǎo le ma?

정말 잘 먹었습니다.

吃得非常饱!
Chī de fēicháng bǎo!

真是太好吃了。
Zhēn shì tài hǎochī le.

작별 인사

시간이 늦었네요.

时间太晚了。
Shíjiān tài wǎn le.

시간이 이렇게나 됐는지 몰랐습니다.

没想到都这么晚了。
Méi xiǎngdào dōu zhème wǎn le.

이제 가 봐야겠습니다.

我该走了。
Wǒ gāi zǒu le.

좀 더 있다 가세요.

再坐一会儿吧。
Zài zuò yíhuìr ba.

환대에 감사드립니다.

非常感谢您的热情款待。
Fēicháng gǎnxiè nín de rèqíng kuǎndài.

초대해 주셔서 고맙습니다.

很感谢您邀请我来您家做客。
Hěn gǎnxiè nín yāoqǐng wǒ lái nín jiā zuòkè.

非常感谢您的邀请。
Fēicháng gǎnxiè nín de yāoqǐng.

谢谢您的邀请。
Xièxie nín de yāoqǐng.

실전회화

A 真好吃，很感谢您邀请我来您家做客。
Zhēn hǎochī, hěn gǎnxiè nín yāoqǐng wǒ lái nín jiā zuòkè.
정말 맛있었어요! 초대해 주셔서 고맙습니다.

B 你喜欢吃，我也很高兴。
Nǐ xǐhuan chī, wǒ yě hěn gāoxìng.
입맛에 맞으셨다니, 저도 기쁘네요.

오늘 정말 즐거웠습니다.

今天我很愉快。
Jīntiān wǒ hěn yúkuài.

今天跟你在一起真高兴。
Jīntiān gēn nǐ zài yìqǐ zhēn gāoxìng.

다음에는 제가 초대하겠습니다.

下次由我来请您。
Xiàcì yóu wǒ lái qǐng nín.

가벼운 대화

관심사 · 취미

관심사가 뭔가요?

你对哪方面有兴趣?

Nǐ duì nǎ fāngmiàn yǒu xìngqù?

취미가 뭔가요?

你有什么爱好?

Nǐ yǒu shénme àihào?

你的爱好是什么?

Nǐ de àihào shì shénme?

여가 시간에는 뭘 하세요?

业余时间你都做什么?

Yèyú shíjiān nǐ dōu zuò shénme?

퇴근하고 저녁에는 주로 뭘 하세요?

下班后，晚上你一般做什么?

Xiàbān hòu, wǎnshang nǐ yìbān zuò shénme?

주말에는 주로 뭘 하세요?

周末你一般做什么?

Zhōumò nǐ yìbān zuò shénme?

제 취미는 낚시입니다.

我的爱好是钓鱼。

Wǒ de àihào shì diàoyú.

我喜欢钓鱼。

Wǒ xǐhuan diàoyǔ.

제 취미는 독서입니다.

我的爱好是看书。

Wǒ de àihào shì kàn shū.

我喜欢阅读。

Wǒ xǐhuan yuèdú.

사진에 관심이 있습니다.

我对摄影有兴趣。

Wǒ duì shèyǐng yǒu xìngqù.

드라마 보는 걸 좋아합니다.

我喜欢看电视剧。
Wǒ xǐhuan kàn diànshìjù.

실전회화

A 你对哪方面有兴趣?
Nǐ duì nǎ fāngmiàn yǒu xìngqù?
관심사가 뭔가요?

B 我喜欢看电视剧。
Wǒ xǐhuan kàn diànshìjù.
드라마 보는 걸 좋아해요.

A 你喜欢什么电视剧?
Nǐ xǐhuan shénme diànshìjù?
어떤 드라마를 좋아하나요?

B 我喜欢武侠片，周末看中国电视剧对我来说再幸福不过了。
Wǒ xǐhuan wǔxiápiàn, zhōumò kàn Zhōngguó diànshìjù duì wǒ lái shuō zài xìngfú búguò le.
무협 드라마를 특히 좋아해요. 주말에 중국 드라마 보는 게 제 낙이에요.

*武侠片 wǔxiápiàn 무협 드라마(영화)

제 취미는 패러글라이딩입니다.

我的爱好是滑翔伞飞行。
Wǒ de àihào shì huáxiángsǎn fēixíng.

*滑翔伞 huáxiángsǎn 패러글라이더

암벽 등반을 좋아합니다.

我喜欢攀岩。
Wǒ xǐhuan pānyán.

*攀岩 pānyán 암벽 등반, 클라이밍

미술관에 자주 갑니다.

我经常去美术馆。
Wǒ jīngcháng qù měishùguǎn.

실전회화

A 业余时间你都做什么?
Yèyú shíjiān nǐ dōu zuò shénme?
여가 시간에는 뭘 하세요?

B 我喜欢看美术作品，所以我经常去美术馆。
Wǒ xǐhuan kàn měishù zuòpǐn, suǒyǐ wǒ jīngcháng qù měishùguǎn.
미술 작품 보는 것을 좋아해서, 미술관에 자주 가요.

A 你最喜欢哪位艺术家?
Nǐ zuì xǐhuan nǎ wèi yìshùjiā?
가장 좋아하는 예술가가 누구예요?

B 我最喜欢克里姆特。
Wǒ zuì xǐhuan Kèlǐmǔtè.
클림트를 제일 좋아해요.

*克里姆特 Kèlǐmǔtè 클림트[오스트리아의 화가]

여가 시간에는 친구들과 시간을 보냅니다.

业余时间和朋友们一起度过。

Yèyú shíjiān hé péngyoumen yìqǐ dùguò.

너무 바빠서 여가를 즐길 시간이 없습니다.

我太忙了，没有业余时间。

Wǒ tài máng le, méiyǒu yèyú shíjiān.

실전회화

A 周末你一般做什么?

Zhōumò nǐ yìbān zuò shénme?

주말에는 주로 뭘 하세요?

B 其实我最近太忙了，所以没有业余时间。周末还要做家务、照顾孩子。

Qíshí wǒ zuìjìn tài máng le, suǒyǐ méiyǒu yèyú shíjiān. Zhōumò hái yào zuò jiāwù、zhàogù háizi.

사실 요즘 너무 바빠서 여가를 즐길 시간이 없어요. 주말에는 집안일도 하고 아이도 돌봐야 해요.

A 没有自己的时间，真可怜。

Méiyǒu zìjǐ de shíjiān, zhēn kělián.

자신을 위한 시간이 없다니, 정말 안됐네요.

최근에 새로운 취미가 생겼어요.

我最近有了一个新的爱好。

Wǒ zuìjìn yǒule yí ge xīn de àihào.

어떻게 그런 취미를 갖게 됐어요?

你怎么喜欢上那件事的?

Nǐ zěnme xǐhuan shàng nà jiàn shì de?

Biz tip '你怎么喜欢上那件事的?'도 충분히 가능한 표현이지만, 那件事에 구체적인 취미를 언급하면, 더 자연스러운 중국어 표현이 됩니다. 이를테면 '你怎么喜欢上钓鱼的?'와 같이 말하는 것이죠.

음악

연주할 줄 아는 악기가 있나요?

你会演奏什么乐器吗?

Nǐ huì yǎnzòu shénme yuèqì ma?

＊演奏 yǎnzòu 연주(하다)

피아노를 몇 년 쳤습니다.

我弹过几年钢琴。

Wǒ tánguo jǐ nián gāngqín.

我学了几年钢琴。

Wǒ xuéle jǐ nián gāngqín.

바이올린을 배우고 있어요.

我现在在学小提琴。

Wǒ xiànzài zài xué xiǎotíqín.

콘서트에 자주 가시나요?

你常去听音乐会吗?
Nǐ cháng qù tīng yīnyuèhuì ma?

음악 듣는 걸 좋아하시나요?

你喜欢听音乐吗?
Nǐ xǐhuan tīng yīnyuè ma?

클래식을 즐겨 듣습니다.

我喜欢听古典音乐。
Wǒ xǐhuan tīng gǔdiǎn yīnyuè.

대중음악을 좋아합니다.

我喜欢通俗音乐。
Wǒ xǐhuan tōngsú yīnyuè.

특히 케이팝을 좋아합니다.

我特别喜欢K-Pop。
Wǒ tèbié xǐhuan K-Pop.

특히 중국 대중가요를 좋아합니다.

我特别喜欢中国的流行歌曲。
Wǒ tèbié xǐhuan Zhōngguó de liúxíng gēqǔ.

인디 음악을 좋아합니다.

我喜欢独立音乐。
Wǒ xǐhuan dúlì yīnyuè.

我喜欢硬地音乐。
Wǒ xǐhuan yìngdì yīnyuè.

A 秀贤，你在听什么?
Xiùxián, nǐ zài tīng shénme?
수현 씨, 뭐 들어요?

B 我在听M乐队的音乐。
Wǒ zài tīng M yuèduì de yīnyuè.
M밴드의 음악을 듣고 있어요.

A 这个乐队还是头一次听说，他们是什么样的音乐风格?
Zhège yuèduì háishi tóu yí cì tīngshuō, tāmen shì shénmeyàng de yīnyuè fēnggé?
처음 듣는 밴드인데, 어떤 음악을 하나요?

B 你不知道是正常的，他们是非主流音乐，我就喜欢这种独立音乐。
Nǐ bù zhīdào shì zhèngcháng de, tāmen shì fēizhǔliú yīnyuè, wǒ jiù xǐhuan zhè zhǒng dúlì yīnyuè.
모르시는 게 당연해요. 비주류 음악이거든요. 저는 이런 인디 음악을 좋아해요.

요즘 재즈에 푹 빠졌습니다.

我最近迷上了爵士乐。

Wǒ zuìjìn míshàngle juéshìyuè.

노래 부르는 걸 좋아하시나요?

你喜欢唱歌吗?

Nǐ xǐhuan chàng gē ma?

你喜不喜欢唱歌?

Nǐ xǐ bu xǐhuan chàng gē?

잘 부르지는 못하지만, 듣는 건 좋아합니다.

我唱得不太好，不过我喜欢听歌。

Wǒ chàng de bú tài hǎo, búguò wǒ xǐhuan tīng gē.

잘 부르지는 못하지만, 노래방 가는 건 정말 좋아합니다.

我唱得不太好，不过我很喜欢去K歌。

Wǒ chàng de bú tài hǎo, búguò wǒ hěn xǐhuan qù K gē.

我唱得不太好，不过我很喜欢去练歌房。

Wǒ chàng de bú tài hǎo, búguò wǒ hěn xǐhuan qù liàngēfáng.

Biz tip K歌와 练歌房 모두 노래방을 뜻하는데요, K歌가 비교적 젊은층에서 많이 쓰는 단어입니다. 젊은 동료에게는 K歌, 연배가 있는 동료에게는 练歌房으로 구분하여 말하는 센스를 발휘해 보세요.

독서

책을 자주 읽으시나요?

你经常看书吗?

Nǐ jīngcháng kàn shū ma?

책 읽는 걸 좋아하시나요?

你喜欢看书吗?

Nǐ xǐhuan kàn shū ma?

책을 많이 읽는 편입니다.

我看书看得比较多。

Wǒ kàn shū kàn de bǐjiào duō.

책 읽는 걸 좋아하는데, 요즘은 바빠서 잘 읽지 못합니다.

我很喜欢看书，不过最近太忙，没时间看。

Wǒ hěn xǐhuan kàn shū, búguò zuìjìn tài máng, méi shíjiān kàn.

어떤 작가를 좋아하시나요?

你喜欢哪位作家?

Nǐ xǐhuan nǎ wèi zuòjiā?

어떤 분야의 책을 좋아하시나요?

你喜欢看哪方面的书籍?

Nǐ xǐhuan kàn nǎ fāngmiàn de shūjí?

* 书籍 shūjí 책, 서적

고전 소설을 좋아합니다.

我喜欢看古典小说。

Wǒ xǐhuan kàn gǔdiǎn xiǎoshuō.

Word tip 中国小说 Zhōngguó xiǎoshuō 중국 소설 | 外国文学 wàiguó wénxué 외국 문학 | 漫画书 mànhuàshū 만화책 | 自我开发方面的书 zìwǒ kāifā fāngmiàn de shū 자기 계발서

A **你喜欢看书吗?**
Nǐ xǐhuan kàn shū ma?
책 읽는 걸 좋아하세요?

B **喜欢，我看书看得比较多。**
Xǐhuan, wǒ kàn shū kàn de bǐjiào duō.
네, 책을 많이 읽는 편이에요.

A **你喜欢看哪方面的书籍?**
Nǐ xǐhuan kàn nǎ fāngmiàn de shūjí?
어떤 분야의 책을 좋아하세요?

B **我喜欢看自我开发方面的书，这有助于完善我的人生。**
Wǒ xǐhuan kàn zìwǒ kāifā fāngmiàn de shū, zhè yǒuzhùyú wánshàn wǒ de rénshēng.
자기 계발서 읽기를 좋아해요. 더 나은 삶을 살도록 해 주거든요.

요즘 읽은 책 중에 추천할 만한 것 있나요?

你最近看过的书当中，有什么值得推荐的吗?

Nǐ zuìjìn kànguo de shū dāngzhōng, yǒu shénme zhíde tuījiàn de ma?

실전회화

A **你有什么特别的爱好吗?**
Nǐ yǒu shénme tèbié de àihào ma?
뭐 특별한 취미가 있나요?

B **没有，不过我看的书很多。**
Méiyǒu, búguò wǒ kàn de shū hěn duō.
아뇨, 근데 책은 많이 읽어요.

A **你最近看过的书当中，有什么值得推荐的吗?**
Nǐ zuìjìn kànguo de shū dāngzhōng, yǒu shénme zhíde tuījiàn de ma?
요즘 읽은 책 중에 추천할 만한 것 있나요?

B **最近看了一部中国小说，题目是《人啊，人!》，真是一口气就看完了。**
Zuìjìn kànle yí bù Zhōngguó xiǎoshuō, tímù shì 《Rén a, rén!》, zhēn shì yìkǒuqì jiù kànwán le.
얼마 전에 《사람아 아, 사람아!》라는 중국 소설을 읽었는데, 정말 술술 읽히더라고요.

영화

영화 보러 자주 가시나요?

你经常去看电影吗?
Nǐ jīngcháng qù kàn diànyǐng ma?

영화 보는 걸 좋아하시나요?

你喜欢看电影吗?
Nǐ xǐhuan kàn diànyǐng ma?

저는 영화광이에요.

我是电影迷。
Wǒ shì diànyǐngmí.

어떤 배우를 좋아하시나요?

你喜欢哪个演员?
Nǐ xǐhuan nǎge yǎnyuán?

가장 좋아하는 영화 감독이 누군가요?

你最喜欢的导演是谁?
Nǐ zuì xǐhuan de dǎoyǎn shì shéi?

어떤 영화를 좋아하시나요?

你喜欢什么样的电影?
Nǐ xǐhuan shénmeyàng de diànyǐng?

저는 로맨틱 코미디를 좋아합니다.

我喜欢浪漫喜剧片。
Wǒ xǐhuan làngmàn xǐjùpiàn.

Word tip 喜剧片 xǐjùpiàn 코미디 영화 | 爱情片 àiqíngpiàn 로맨스 영화 | 动作片 dòngzuòpiàn 액션 영화 | 恐怖片 kǒngbùpiàn 공포 영화 | 惊悚片 jīngsǒngpiàn 스릴러 영화 | 纪录片 jìlùpiàn 다큐멘터리 영화 | 科幻片 kēhuànpiàn SF 영화 | 动画片 dònghuàpiàn 애니메이션

저는 신파극을 정말 싫어합니다.

我最讨厌哭哭啼啼的电影。
Wǒ zuì tǎoyàn kūkūtítí de diànyǐng.

* 哭哭啼啼 kūkūtítí [하염없이 훌쩍이며 우는 모양]

그 영화 봤나요?

那个电影你看了吗?
Nàge diànyǐng nǐ kàn le ma?

요즘에 재미있는 영화 본 거 있나요?

你最近看过什么有意思的电影吗?
Nǐ zuìjìn kànguo shénme yǒu yìsi de diànyǐng ma?

최근에 무슨 영화를 봤나요?

最近看的电影是什么?

Zuìjìn kàn de diànyǐng shì shénme?

A 有时间的时候你做什么?

Yǒu shíjiān de shíhou nǐ zuò shénme?

한가할 때 뭘 하세요?

B 我一般去看电影。

Wǒ yìbān qù kàn diànyǐng.

보통 영화를 보러 가요.

A 最近看过的电影是什么?

Zuìjìn kànguo de diànyǐng shì shénme?

최근에 무슨 영화를 봤나요?

B 刚刚看了《爱情麻辣烫》，这部电影虽然不是新片，但非常有意思，你也一定要看吧。

Gānggāng kànle《Àiqíng málàtàng》, zhè bù diànyǐng suīrán bú shì xīn piàn, dàn fēicháng yǒu yìsi, nǐ yě yídìng yào kàn ba.

며칠 전에 《爱情麻辣烫》이라는 영화를 봤는데, 신작은 아니지만 정말 재밌더라고요. 꼭 보세요.

운동

할 수 있는 운동이 있나요?

你会什么运动?

Nǐ huì shénme yùndòng?

운동을 자주 하시나요?

你经常做运动吗?

Nǐ jīngcháng zuò yùndòng ma?

건강을 유지하려고 체육관에 즐겨 갑니다.

为了保持身体健康，我喜欢去体育馆运动。

Wèile bǎochí shēntǐ jiànkāng, wǒ xǐhuan qù tǐyùguǎn yùndòng.

A 你会什么运动?

Nǐ huì shénme yùndòng?

할 수 있는 운동이 있나요?

B 没有什么特别的运动，不过为了保持身体健康，我喜欢去体育馆运动。

Méiyǒu shénme tèbié de yùndòng, búguò wèile bǎochí shēntǐ jiànkāng, wǒ xǐhuan qù tǐyùguǎn yùndòng.

뭐 특별히 하는 운동은 없어요. 하지만 건강을 유지하려고 체육관에 즐겨 가요.

매일 퇴근하고 피트니스 센터에 가서 운동을 합니다.

每天下班后都去健身房运动。

Měi tiān xiàbān hòu dōu qù jiànshēnfáng yùndòng.

요즘 복싱을 배우고 있습니다.

最近在学拳击。

Zuìjìn zài xué quánjī.

익스트림 스포츠를 해 본 적 있나요?

你做过极限运动吗?

Nǐ zuòguo jíxiàn yùndòng ma?

운동을 좋아합니다. 다양한 스포츠를 하면서 야외에서 시간을 많이 보내요.

我很喜欢运动，经常做各种运动，大部分时间都在室外度过。

Wǒ hěn xǐhuan yùndòng, jīngcháng zuò gè zhǒng yùndòng, dàbùfen shíjiān dōu zài shìwài dùguò.

실내 운동보다는 야외 운동을 좋아합니다.

比起在室内运动，我更喜欢在室外运动。

Bǐqǐ zài shìnèi yùndòng, wǒ gèng xǐhuan zài shìwài yùndòng.

실전회화

A 你在健身房运动吗?
Nǐ zài jiànshēnfáng yùndòng ma?
피트니스 센터에 다니시나요?

B 不，我不太喜欢在健身房运动，比起在室内运动，更喜欢在室外运动。
Bù, wǒ bú tài xǐhuan zài jiànshēnfáng yùndòng, bǐqǐ zài shìnèi yùndòng, gèng xǐhuan zài shìwài yùndòng.
아뇨, 저는 피트니스 센터에서 하는 운동은 별로예요. 실내 운동보다는 야외 운동을 좋아해요.

요즘 미세 먼지가 심해서 주로 실내 암벽 등반을 합니다.

最近因为雾霾很严重，所以经常去室内攀岩。

Zuìjìn yīnwèi wùmái hěn yánzhòng, suǒyǐ jīngcháng qù shìnèi pānyán.

수영이나 다이빙 같은 수상 스포츠를 좋아합니다.

我喜欢游泳或者跳水这类水上运动。 ＊跳水 tiàoshuǐ 다이빙

Wǒ xǐhuan yóuyǒng huòzhě tiàoshuǐ zhè lèi shuǐshàng yùndòng.

여행

여행 좋아하시나요?

你喜欢旅行吗?

Nǐ xǐhuan lǚxíng ma?

여행을 좋아합니다.

我很喜欢旅行。

Wǒ hěn xǐhuan lǚxíng.

여행 많이 하시나요?

你经常去旅游吗?

Nǐ jīngcháng qù lǚyóu ma?

어디어디로 여행을 가 보셨나요?

你都去过哪些地方?

Nǐ dōu qùguo nǎxiē dìfang?

가 보셨던 곳 중에서 어디가 가장 좋던가요?

你去过的地方当中，哪个地方最好?

Nǐ qùguo de dìfang dāngzhōng, nǎge dìfang zuì hǎo?

해외여행 가 보신 적 있나요?

你去海外旅行过吗?

Nǐ qù hǎiwài lǚxíngguo ma?

어디에 가장 가고 싶으세요?

你最想去哪儿?

Nǐ zuì xiǎng qù nǎr?

你最想去哪个国家?

Nǐ zuì xiǎng qù nǎge guójiā?

중국에 여행 가 보셨나요?

你去中国旅游过吗?

Nǐ qù Zhōngguó lǚyóuguo ma?

Word tip 新加坡 Xīnjiāpō 싱가포르 | 香港 Xiānggǎng 홍콩 | 越南 Yuènán 베트남 | 澳大利亚 Àodàlìyà 호주 | 加拿大 Jiānádà 캐나다 | 冰岛 Bīngdǎo 아이슬란드 | 西班牙 Xībānyá 스페인 | 土耳其 Tǔ'ěrqí 터키 | 青岛 Qīngdǎo 칭다오 | 大阪 Dàbǎn 오사카 | 巴厘岛 Bālí Dǎo 발리 섬 | 夏威夷州 Xiàwēiyí zhōu 하와이 | 巴黎 Bālí 파리 | 罗马 Luómǎ 로마 | 布拉格 Bùlāgé 프라하

중국의 어느 지역이 가장 좋던가요?

中国的哪个地方最好?

Zhōngguó de nǎge dìfang zuì hǎo?

A **中国哪个地方最好?**
Zhōngguó nǎge dìfang zuì hǎo?
중국의 어느 지역이 가장 좋던가요?

B **云南的香格里拉给我的印象最深刻，那儿的雪山真是太美丽了!**
Yúnnán de Xiānggélǐlā gěi wǒ de yìnxiàng zuì shēnkè, nàr de xuěshān zhēn shì tài měilì le!
윈난성의 상거리라가 가장 기억에 남아요. 그곳 설산이 정말 아름다워요!

다음 휴가 때는 어디에 가실 건가요?

下次休假的时候你打算去哪儿?

Xià cì xiūjià de shíhou nǐ dǎsuan qù nǎr?

혼자 가는 여행을 좋아하나요, 아니면 함께 다니는 여행을 좋아하나요?

你喜欢一个人去旅行，还是跟别人一起去?

Nǐ xǐhuan yí ge rén qù lǚxíng, háishi gēn biéren yìqǐ qù?

혼자 가는 여행을 좋아합니다.

我喜欢一个人去旅行。

Wǒ xǐhuan yí ge rén qù lǚxíng.

실전회화

A 你喜欢旅游吗?
Nǐ xǐhuan lǚyóu ma?
여행 좋아하세요?

B 喜欢，我经常去旅游。
Xǐhuan, wǒ jīngcháng qù lǚyóu.
네, 자주 여행 다녀요.

A 你喜欢一个人去旅行，还是跟别人一起去?
Nǐ xǐhuan yí ge rén qù lǚxíng, háishi gēn biéren yìqǐ qù?
혼자 가는 여행을 좋아하나요, 아니면 함께 다니는 여행을 좋아하나요?

B 我喜欢一个人去旅行，而且我不喜欢去那些大家都去的旅游景点。
Wǒ xǐhuan yí ge rén qù lǚxíng, érqiě wǒ bù xǐhuan qù nàxiē dàjiā dōu qù de lǚyóu jǐngdiǎn.
혼자 가는 여행을 좋아하고, 관광지화된 여행지는 별로 좋아하지 않아요.

혼자 여기저기 떠도는 걸 좋아해요.

我喜欢一个人东转转西转转。

Wǒ xǐhuan yí ge rén dōng zhuànzhuan xī zhuànzhuan.

혼자 다니다 보면 머릿속에 가득 찼던 걱정들이 다 사라져요.

一个人走走，脑子里的烦恼就都烟消云散了。

Yí ge rén zǒuzou, nǎozi li de fánnǎo jiù dōu yānxiāo-yúnsàn le.

*烟消云散 yānxiāo-yúnsàn 깨끗이 사라지다

친구와 함께 여행하는 걸 좋아해요.

我喜欢跟朋友一起去旅行。

Wǒ xǐhuan gēn péngyou yìqǐ qù lǚxíng.

친구와 함께 여행을 해야 더 재미있는 것 같아요.

跟朋友一起去旅行才更有意思。

Gēn péngyou yìqǐ qù lǚxíng cái gèng yǒu yìsi.

여행은 친구와 추억을 남겨야 의미 있는 것 같아요.

留下跟朋友在一起的美好回忆，这就是旅行的意义所在。
Liúxià gēn péngyou zài yìqǐ de měihǎo huíyì, zhè jiù shì lǚxíng de yìyì suǒzài.

여행은 주로 부모님과 함께 다녀요.

我一般跟父母一起去旅行。
Wǒ yìbān gēn fùmǔ yìqǐ qù lǚxíng.

여름휴가 때마다 국내든 해외든 여행을 가요.

不管在国内，还是去国外，每年夏天休假的时候我都会去旅行。
Bùguǎn zài guónèi, háishi qù guówài, měi nián xiàtiān xiūjià de shíhou wǒ dōu huì qù lǚxíng.

이번 여름휴가에는 부모님과 태국에 가기로 했어요.

今年夏天休假的时候我要跟父母去泰国玩儿。
Jīnnián xiàtiān xiūjià de shíhou wǒ yào gēn fùmǔ qù Tàiguó wánr.

이번 궈칭제에 친구와 라싸에 놀러 가기로 했어요.

今年国庆节我要跟朋友去拉萨。
Jīnnián guóqìngjié wǒ yào gēn péngyou qù Lāsà.

*拉萨 Lāsà 라싸[시짱자치구의 성도]

겨울에는 따뜻한 나라로, 여름에는 시원한 나라로 여행을 가요.

我冬天会去暖和的国家旅游，夏天去凉快的国家。
Wǒ dōngtiān huì qù nuǎnhuo de guójiā lǚyóu, xiàtiān qù liángkuai de guójiā.

겨울에 시솽반나에 가니, 반팔만 입고 다녀도 되고 좋았어요!

冬天去西双版纳，只穿短袖就行，多好啊!
Dōngtiān qù Xīshuāngbǎnnà, zhǐ chuān duǎnxiù jiù xíng, duō hǎo a!

*西双版纳 Xīshuāngbǎnnà 시솽반나[윈난성에 위치한 소수 민족 자치구]

주로 풍경이 좋은 곳으로 여행을 가요.

我一般都去风景好的地方旅游。
Wǒ yìbān dōu qù fēngjǐng hǎo de dìfang lǚyóu.

주로 대도시로 여행을 가요.

我一般都去大都市旅游。
Wǒ yìbān dōu qù dàdūshì lǚyóu.

싫어하는 것

쇼핑에는 관심이 없어요.

我对购物一点儿兴趣都没有。
Wǒ duì gòuwù yìdiǎnr xìngqù dōu méiyǒu.

다른 사람이 시끄럽게 떠드는 건 참을 수 없어요.

我受不了别人大声喧哗。 *喧哗 xuānhuá 떠들썩하다

Wǒ shòu bu liǎo biéren dà shēng xuānhuá.

축구 경기는 잘 안 봐요.

我不太爱看足球比赛。

Wǒ bú tài ài kàn zúqiú bǐsài.

Word tip 游泳 yóuyǒng 수영 | 棒球 bàngqiú 야구 | 篮球 lánqiú 농구 | 乒乓球 pīngpāngqiú 탁구 | 高尔夫球 gāo'ěrfūqiú 골프

경기 룰을 몰라서, 봐도 재미가 없더라고요.

我不懂比赛规则，所以看着没意思。 *规则 guīzé 규칙

Wǒ bù dǒng bǐsài guīzé, suǒyǐ kànzhe méi yìsi.

운동하는 건 좋아하지 않아요.

我不喜欢运动。

Wǒ bù xǐhuan yùndòng.

我讨厌运动。

Wǒ tǎoyàn yùndòng.

실전회화

A 业余时间你一般做什么?

Yèyú shíjiān nǐ yìbān zuò shénme?

여가 시간에는 주로 뭘 하세요?

B 我喜欢看足球、棒球、网球比赛什么的。不过我不喜欢运动。

Wǒ xǐhuan kàn zúqiú、bàngqiú、wǎngqiú bǐsài shénmede. Búguò wǒ bù xǐhuan yùndòng.

축구, 야구, 테니스 같은 스포츠 경기 보는 걸 좋아해요. 그런데 운동하는 건 좋아하지 않아요.

A 为什么?

Wéishénme?

왜요?

B 我这个人不太爱动，更喜欢呆在房间里。

Wǒ zhège rén bú tài ài dòng, gèng xǐhuan dāi zài fángjiān li.

제가 그리 활동적인 사람은 아니라, 방 안에 있는 걸 더 좋아해요.

등산하는 걸 정말 싫어해요.

我特别不喜欢爬山。

Wǒ tèbié bù xǐhuan pá shān.

음악은 별로 안 들어요.

不怎么听音乐。

Bù zěnme tīng yīnyuè.

극장 가는 걸 그다지 좋아하지 않아서, 주로 집에서 DVD로 봐요.

我不是很喜欢去电影院，一般都在家看DVD。

Wǒ bú shì hěn xǐhuan qù diànyǐngyuàn, yìbān dōu zài jiā kàn DVD.

날씨 · 계절

요즘 날씨가 참 좋네요.

最近天气真好。

Zuìjìn tiānqì zhēn hǎo.

最近天气真不错。

Zuìjìn tiānqì zhēn búcuò.

날씨가 점점 따뜻해지네요.

天气越来越暖和。

Tiānqì yuè lái yuè nuǎnhuo.

오늘은 35도예요.

今天35摄氏度。

Jīntiān sānshíwǔ shèshìdù.

*摄氏度 shèshìdù 섭씨온도

날씨가 정말 엉망이네요!

天气真不好！

Tiānqì zhēn bù hǎo!

요즘 날씨는 변덕이 정말 심하군요.

最近天气忽冷忽热。

Zuìjìn tiānqì hūlěnghūrè.

*忽冷忽热 hūlěnghūrè 추웠다 더웠다 하다, 변덕이 심하다

最近天气一会儿冷一会热。

Zuìjìn tiānqì yíhuìr lěng yíhuìr rè.

정말 너무 덥네요, 그렇지 않아요?

真是太热了，是吧？

Zhēn shì tài rè le, shì ba?

A **真是太热了，是吧?**
Zhēn shì tài rè le, shì ba?
정말 너무 덥네요, 그렇지 않아요?

B **是啊，办公室里又不给空调，热得人没法儿工作。**
Shì a, bàngōngshì li yòu bù gěi kōngtiáo, rè de rén méifǎr gōngzuò.
맞아요. 사무실에 에어컨도 안 나오니, 더워서 일을 할 수가 없네요.

오늘 진짜 덥고 습하네요.

今天又热又潮。

Jīntiān yòu rè yòu cháo.

비가 올 것 같아요.

好像要下雨。

Hǎoxiàng yào xiàyǔ.

오늘 소나기가 온대요.

听说今天有阵雨。 *阵雨 zhènyǔ 소나기

Tīngshuō jīntiān yǒu zhènyǔ.

비가 금세 그칠 것 같지 않아요.

看起来雨一时半会儿停不了。 *一时半会儿 yìshí-bànhuìr 잠깐 동안

Kàn qǐlái yǔ yìshí-bànhuìr tíng bu liǎo.

곧 날씨가 갤 것 같은데요.

我觉得天马上就要晴了。

Wǒ juéde tiān mǎshàng jiù yào qíng le.

꽃이 피니 거리 곳곳이 다 예쁘네요.

花儿都开了，路上到处都很美丽。

Huār dōu kāi le, lùshang dàochù dōu hěn měilì.

날씨가 이렇게나 따뜻하고 맑으니, 정말 출근하기 싫네요.

这么暖和又晴朗的天，都不想上班了。

Zhème nuǎnhuo yòu qínglǎng de tiān, dōu bù xiǎng shàngbān le.

*晴朗 qínglǎng (날씨가) 맑다

날씨가 이렇게나 따뜻하고 맑으니, 정말 사무실에 앉아 있기 싫네요.

这么暖和又晴朗的天，真不想坐在办公室里。

Zhème nuǎnhuo yòu qínglǎng de tiān, zhēn bù xiǎng zuò zài bàngōngshì li.

날씨가 이렇게 좋은데, 어디 놀러 안 가세요?

天气这么好，你不出去玩儿吗?

Tiānqì zhème hǎo, nǐ bù chūqù wánr ma?

이번 주말에 꽃놀이 갈래요?

这个周末我们一起去赏花怎么样? *赏花 shǎnghuā 꽃놀이하다

Zhège zhōumò wǒmen yìqǐ qù shǎnghuā zěnmeyàng?

어느 계절을 가장 좋아해요?

你最喜欢哪个季节?

Nǐ zuì xǐhuan nǎge jìjié?

실전회화

A 你最喜欢哪个季节?
Nǐ zuì xǐhuan nǎge jìjié?
어느 계절을 가장 좋아해요?

B 我最喜欢春天，而且我是在春天出生的。
Wǒ zuì xǐhuan chūntiān, érqiě wǒ shì zài chūntiān chūshēng de.
봄을 제일 좋아해요. 제가 태어난 계절이기도 하고요.

봄이 되니 오후에는 늘 졸리네요.

到了春天，下午总是很困。

Dàole chūntiān, xiàwǔ zǒngshì hěn kùn.

날씨가 너무 더워서 기운이 없어요.

天气太热，浑身没劲儿。

Tiānqì tài rè, húnshēn méijìnr.

날씨가 너무 더운데 보양식 먹으러 가죠?

天气太热，一起去吃点儿什么可以补身的东西吧。

Tiānqì tài rè, yìqǐ qù chī diǎnr shénme kěyǐ bǔshēn de dōngxi ba.

땀이 너무 많이 나서 온몸이 끈적끈적해요.

汗出得太多，全身都粘粘的。

Hàn chū de tài duō, quánshēn dōu niánnián de.

이제 가을이네요. 하늘이 정말 맑아요.

现在是秋天了，晴空万里。

Xiànzài shì qiūtiān le, qíngkōng wànlǐ.

*晴空万里 qíngkōng wànlǐ 구름 한 점 없는 하늘

날씨가 선선하니 등산하기에 딱 좋은 때인 것 같아요.

天气凉爽，正适合去爬山。

Tiānqì liángshuǎng, zhèng shìhé qù pá shān.

한더위도 지나갔는데, 회사 체육 대회를 한번 열면 어떨까요?

最热的时候也已经过去了，公司搞个运动会怎么样?

Zuì rè de shíhou yě yǐjīng guòqù le, gōngsī gǎo ge yùndònghuì zěnmeyàng?

날씨가 너무 추워졌어요.

天气变得太冷了。

Tiānqì biàn de tài lěng le.

겨울이 너무 싫어요. 지금이 여름이라면 좋겠어요.

我特别不喜欢冬天，现在要是夏天就好了。

Wǒ tèbié bù xǐhuan dōngtiān, xiànzài yàoshi xiàtiān jiù hǎo le.

곧 눈이 올 것 같아요.

好像快要下雪了。

Hǎoxiàng kuàiyào xiàxuě le.

뼛속까지 바람이 들어오니, 옷을 따뜻하게 입어야겠어요.

寒风刺骨，得多穿点儿衣服。

Hánfēngcìgǔ, děi duō chuān diǎnr yīfu.

*寒风刺骨 hánfēngcìgǔ 차가운 바람이 뼛속까지 들어오다

황사가 심하니 마스크 꼭 챙기세요.

沙尘暴太严重，一定要戴上口罩。 *口罩 kǒuzhào 마스크

Shāchénbào tài yánzhòng, yídìng yào dàishàng kǒuzhào.

황사 때문에 입안에서 모래가 씹히는 느낌이 들어요.

因为沙尘暴，嘴里好像吃了沙子似的。

Yīnwèi shāchénbào, zuǐ li hǎoxiàng chīle shāzi shìde.

소나기인 것 같은데, 우산은 챙겨 왔어요?

好像是阵雨，你带雨伞了吗?

Hǎoxiàng shì zhènyǔ, nǐ dài yǔsǎn le ma?

일회용 우산을 하나 사야 할 것 같네요.

好像得买个一次性的雨伞。 *一次性 yícìxìng 일회용

Hǎoxiàng děi mǎi ge yícìxìng de yǔsǎn.

하늘은 맑은데 비가 내리네요.

天挺晴的，可是下雨了。

Tiān tǐng qíng de, kěshì xiàyǔ le.

한국에서는 하늘이 맑을 때 비가 내리는 걸 두고 '여우가 시집가는 날'이라고 해요.

在韩国，把晴天下雨叫做"狐狸出嫁的日子"。

Zài Hánguó, bǎ qíng tiān xiàyǔ jiào zuò "húli chūjià de rìzi".

마른하늘에 번개가 치네요.

晴天打雷。

Qíng tiān dǎléi.

光打雷，不下雨。

Guāng dǎléi, bú xiàyǔ.

천둥 소리가 너무 커서 무서워요.

雷声太大，真吓人。

Léi shēng tài dà, zhēn xiàrén.

쓰촨성에서 지진이 났대요.

听说四川省发生了地震。 *地震 dìzhèn 지진

Tīngshuō Sìchuān Shěng fāshēngle dìzhèn.

실전회화

A 听说四川省发生了7级地震。
Tīngshuō Sìchuān Shěng fāshēngle qī jí dìzhèn.
쓰촨성에서 진도 7의 지진이 났대요.

B 啊? 真的? 伤亡者多吗?
À? Zhēn de? Shāngwángzhě duō ma?
어머, 정말요? 사상자가 많나요?

남부 연해에 쓰나미가 와서 피해가 아주 컸대요.

听说南部沿海地区发生了海啸，损失惨重。

Tīngshuō nánbù yánhǎi dìqū fāshēngle hǎixiào, sǔnshī cǎnzhòng.

*海啸 hǎixiào 지진 해일 惨重 cǎnzhòng 손해가 크다

베이징에 비가 너무 안 와서 큰일이에요.

北京雨水太少，真成问题。

Běijīng yǔshuǐ tài shǎo, zhēn chéng wèntí.

해가 너무 뜨거워서 살이 따가울 지경이에요.

太阳太毒，晒得皮都疼。

Tàiyáng tài dú, shài de pí dōu téng.

상하이는 여름만 되면 이렇게 숨이 막히게 습해요.

上海一到夏天就闷得喘不过气来。

Shànghǎi yí dào xiàtiān jiù mēn de chuǎn búguò qì lái.

지금 네이멍구에 가도 푸르른 초원을 볼 수 있을까요?

现在去内蒙古能看到绿色的大草原吗?

Xiànzài qù Nèiménggǔ néng kàndào lǜsè de dà cǎoyuán ma?

실전회화

A 现在去内蒙古能看到绿色的大草原吗?
Xiànzài qù Nèiménggǔ néng kàndào lǜsè de dà cǎoyuán ma?
지금 네이멍구에 가도 푸르른 초원을 볼 수 있을까요?

B 草已经都枯萎了，所以看不到，而且现在内蒙古太冷，不太适合去玩儿。
Cǎo yǐjīng dōu kūwěi le, suǒyǐ kàn bu dào, érqiě xiànzài Nèiménggǔ tài lěng, bú tài shìhé qù wánr.
초원은 이미 시들어서 볼 수 없는 데다가, 지금은 너무 추워서 네이멍구로 놀러 가는 건 별로예요.

요즘 같은 날씨에는 남쪽으로 여행 가는 게 딱 좋아요.

现在这样的天气去南方旅行最好。

Xiànzài zhèyàng de tiānqì qù nánfāng lǚxíng zuì hǎo.

다음 달이면 하얼빈 얼음 축제에 갈 수 있겠어요.

下个月就能去哈尔滨冰灯节了。

Xià ge yuè jiù néng qù Hā'ěrbīn Bīngdēngjié le.

실전회화

A 下个月就能去哈尔滨冰灯节了。
Xià ge yuè jiù néng qù Hā'ěrbīn Bīngdēngjié le.
다음 달이면 하얼빈 얼음 축제에 갈 수 있겠어요.

B 哈尔滨太冷，我不想去，全身都好像冻僵了似的。
Hā'ěrbīn tài lěng, wǒ bù xiǎng qù, quánshēn dōu hǎoxiàng dòngjiāngle shìde.
하얼빈에는 너무 추워서 가기 싫어요. 온몸이 꽁꽁 얼어 버리는 것 같았어요.

제주도는 날씨가 어때요?

济州岛的天气怎么样?

Jìzhōu Dǎo de tiānqì zěnmeyàng?

화제 · 토픽

그 중국 배우가 한국 가수와 사귄대요.

听说那个中国演员和一个韩国歌手交往。

Tīngshuō nàge Zhōngguó yǎnyuán hé yí ge Hánguó gēshǒu jiāowǎng.

A **听说那个中国演员和一个韩国歌手交往。**
Tīngshuō nàge Zhōngguó yǎnyuán hé yí ge Hánguó gēshǒu jiāowǎng.
그 중국 배우가 한국 가수와 사귄대요.

B **我也看到新闻了，两个人很般配呀。**
Wǒ yě kàndào xīnwén le, liǎng ge rén hěn bānpèi ya.
저도 기사 봤어요. 둘이 정말 잘 어울려요.

요즘 중국에는 케이팝이 대세라면서요?

听说最近在中国，K-Pop的人气冲天?

Tīngshuō zuìjìn zài Zhōngguó, K-Pop de rénqì chōngtiān?

* 冲天 chōngtiān (기개, 인기 등이) 하늘을 찌를 듯하다

한국의 그 예능 프로그램은 중국에서도 방영되고 있어요.

韩国的那个综艺节目最近在中国也播出。

Hánguó de nàge zōngyì jiémù zuìjìn zài Zhōngguó yě bōchū.

* 综艺节目 zōngyì jiémù 예능 프로그램, 버라이어티 쇼

요즘 중국에서 가장 핫한 배우는 누구예요?

最近在中国最红的演员是谁?

Zuìjìn zài Zhōngguó zuì hóng de yǎnyuán shì shéi?

* 红 hóng 인기가 있다

중국 연예인 중에서 누가 가장 좋아요?

中国的明星中，你最喜欢谁?

Zhōngguó de míngxīng zhōng, nǐ zuì xǐhuan shéi?

* 明星 míngxīng 스타, 인기 있는 연예인[운동선수]

그 노래 요즘 인기 많아요.

那首歌最近太红了。

Nà shǒu gē zuìjìn tài hóng le.

그 드라마 봤어요? 정말 재미있더라고요.

你看那部电视剧了吗? 真是好看啊!

Nǐ kàn nà bù diànshìjù le ma? Zhēn shì hǎokàn a!

중국인들은 요즘 한국에 관심이 많아요.

最近中国人特别关注韩国。
Zuìjìn Zhōngguórén tèbié guānzhù Hánguó.

실전회화

A 最近中国人特别关注韩国。
Zuìjìn Zhōngguórén tèbié guānzhù Hánguó.
중국인들은 요즘 한국에 관심이 많아요.

B 韩国也一样，两国离得很近，周末到中国去旅行也很不错。
Hánguó yě yíyàng, liǎng guó lí de hěn jìn, zhōumò dào Zhōngguó qù lǚxíng yě hěn búcuò.
한국도 마찬가지예요. 거리가 가까우니, 주말을 이용해 중국에 여행 가기도 좋거든요.

특히 한국 드라마는 중국에서 인기가 아주 많아요.

特别是韩剧在中国特别有人气。
Tèbié shì Hánjù zài Zhōngguó tèbié yǒu rénqì.

특히 한국 화장품은 중국에서 아주 인기가 많아요.

特别是韩国的化妆品在中国特别有人气。
Tèbié shì Hánguó de huàzhuāngpǐn zài Zhōngguó tèbié yǒu rénqì.

한국의 몇몇 유명 브랜드는 중국에서 명품으로 인식되고 있어요.

韩国的几个比较知名的品牌在中国被看作名牌。
Hánguó de jǐ ge bǐjiào zhīmíng de pǐnpái zài Zhōngguó bèi kànzuò míngpái.

*名牌 míngpái 명품, 유명 상품

이번에 한중 정상회담이 열린다고 해요.

听说要召开韩中首脑会议。
Tīngshuō yào zhàokāi Hán-Zhōng shǒunǎo huìyì.

현재 중국 국가주석의 이름이 뭔지 아세요?

你知道现在中国国家主席的名字吗?
Nǐ zhīdào xiànzài Zhōngguó guójiā zhǔxí de míngzi ma?

현재 한국 대통령의 이름이 뭔지 아세요?

你知道现任韩国总统的名字吗?
Nǐ zhīdào xiànrèn Hánguó zǒngtǒng de míngzi ma?

*总统 zǒngtǒng 대통령

한국과 중국이 지금처럼 돈독한 동반자 관계를 잘 유지했으면 좋겠어요.

希望韩中可以维持现在这种友好合作伙伴关系。
Xīwàng Hán-Zhōng kěyǐ wéichí xiànzài zhè zhǒng yǒuhǎo hézuò huǒbàn guānxi.

*维持 wéichí 유지하다 伙伴 huǒbàn 동반자

요 근래 한국에는 중국인 관광객이 부쩍 늘었어요.

最近来韩国旅游的中国游客一下子增加了很多。
Zuìjìn lái Hánguó lǚyóu de Zhōngguó yóukè yíxiàzi zēngjiāle hěn duō.

한국과 중국 사이에 문화 교류가 더 활발했으면 좋겠어요.

我希望韩中两国之间的文化交流可以更加频繁。
Wǒ xīwàng Hán-Zhōng liǎng guó zhī jiān de wénhuà jiāoliú kěyǐ gèngjiā pínfán.

*频繁 pínfán 잦다, 빈번하다

오늘 뉴스 봤어요?

今天的新闻你看了吗?
Jīntiān de xīnwén nǐ kàn le ma?

오늘 헤드라인 봤어요?

今天的头条新闻你看了吗?
Jīntiān de tóutiáo xīnwén nǐ kàn le ma?

*头条新闻 tóutiáo xīnwén 헤드라인

아뇨, 무슨 일 있어요?

没有，出什么事了?
Méiyǒu, chū shénme shì le?

충격적인 소식이네요.

这个消息太让人感到震惊了。
Zhège xiāoxi tài ràng rén gǎndào zhènjīng le.

*震惊 zhènjīng 깜짝 놀라게 하다

우울한 소식이네요.

这个消息让人感到很郁闷。
Zhège xiāoxi ràng rén gǎndào hěn yùmèn.

흥미로운 소식이네요.

这个消息很有意思。
Zhège xiāoxi hěn yǒu yìsi.

다른 사람 이야기

그 사람 어때요?

那个人怎么样?
Nàge rén zěnmeyàng?

그는 외향적이에요.

他很外向。
Tā hěn wàixiàng.

그는 내성적이에요.

他比较内向。

Tā bǐjiào nèixiàng.

그는 말수가 적어요.

他话不多。

Tā huà bù duō.

他寡言寡语。

Tā guǎyánguǎyǔ.

*寡言寡语 guǎyánguǎyǔ 말수가 적다

그는 낯을 좀 가려서 친해지려면 시간이 좀 걸려요.

他有些认生，得过一段时间才能亲近起来。

Tā yǒuxiē rènshēng, děi guò yí duàn shíjiān cái néng qīnjìn qǐlái.

그는 정말 성실해요.

他做事踏实认真。

Tā zùoshì tāshi rènzhēn.

*踏实 tāshi 착실하다

그는 입이 좀 가벼운 편이에요.

他嘴不紧。

Tā zuǐ bù jǐn.

他是个大嘴巴。

Tá shì ge dà zuǐba.

친밀한 대화

가족 이야기

결혼하셨어요?

您结婚了吗?

Nín jiéhūn le ma?

네, 결혼한 지 3년 됐어요.

结了，结婚已经有三年了。

Jié le, jiéhūn yǐjīng yǒu sān nián le.

아직 싱글이에요.

我还是单身。

Wǒ háishi dānshēn.

A 您结婚了吗?
Nín jiéhūn le ma?
결혼하셨어요?

B 还没有，我还是单身。
Hái méiyǒu, wǒ háishi dānshēn.
아뇨, 아직 싱글이에요.

사실 이혼했어요.

其实我离婚了。

Qíshí wǒ líhūn le.

배우자분은 무슨 일을 하세요?

您爱人做什么工作?

Nín àirén zuò shénme gōngzuò?

가족이 몇 명이에요?

您家有几口人?

Nín jiā yǒu jǐ kǒu rén?

세 식구예요.

我家有三口人。

Wǒ jiā yǒu sān kǒu rén.

형제자매가 있나요?

你有兄弟姐妹吗?

Nǐ yǒu xiōngdìjiěmèi ma?

외동이에요.

我是独生子。
Wǒ shì dúshēngzǐ.

我是独生女。
Wǒ shì dúshēngnǚ.

첫째예요.

我是老大。
Wǒ shì lǎodà.

Word tip 老二 lǎo'èr (형제자매의) 둘째 | 老三 lǎosān 셋째 | 老幺 lǎoyāo 막내

여동생이 하나 있어요.

我有一个妹妹。
Wǒ yǒu yí ge mèimei.

아이는 몇 살이에요?

你的孩子几岁?
Nǐ de háizi jǐ suì?

큰애는 일곱 살, 작은애는 네 살이에요.

老大7岁，老二4岁。
Lǎodà qī suì, lǎo'èr sì suì.

다음 달이면 첫돌이에요.

下个月就满周岁了。
Xià ge yuè jiù mǎn zhōusuì le.

*周岁 zhōusuì 첫돌

부모님과 함께 살아요.

我跟父母一起生活。
Wǒ gēn fùmǔ yìqǐ shēnghuó.

건강 · 다이어트

건강을 위해 신경 쓰는 부분이 있나요?

对于健康，你比较注意哪些方面?
Duìyú jiànkāng, nǐ bǐjiào zhùyì nǎxiē fāngmiàn?

체력을 키우려고 일주일에 세 번은 운동을 해요.

为了增进体力，我每周运动三次。
Wèile zēngjìn tǐlì, wǒ měi zhōu yùndòng sān cì.

운동을 싫어해서, 주로 음식에 신경을 쓰는 편이에요.

我不喜欢运动，所以在饮食方面比较注意。
Wǒ bù xǐhuan yùndòng, suǒyǐ zài yǐnshí fāngmiàn bǐjiào zhùyì.

건강 괜찮으세요?

你身体没事吧?

Nǐ shēntǐ méishì ba?

어디가 안 좋으세요?

哪儿不舒服?

Nǎr bù shūfu?

오늘 몸이 좀 안 좋네요.

今天身体不太舒服。

Jīntiān shēntǐ bú tài shūfu.

몸살이 났어요.

我全身酸疼。

Wǒ quánshēn suānténg.

*酸疼 suānténg 시큰시큰 쑤시고 아프다

감기에 걸린 듯해요.

我好像感冒了。

Wǒ hǎoxiàng gǎnmào le.

머리가 깨질 듯이 아프네요.

头疼得好像要炸了似的。

Tóuténg de hǎoxiàng yào zhàle shìde.

*炸 zhà 터지다

배탈이 났어요.

我闹肚子了。

Wǒ nào dùzi le.

좀 피곤해서 그래요.

只是有点儿累。

Zhǐshì yǒudiǎnr lèi.

푹 쉬시고 얼른 나으세요.

好好儿休息，希望你快点儿好起来。

Hǎohāor xiūxi, xīwàng nǐ kuài diǎnr hǎo qǐlái.

스트레스

요즘 직장에서 스트레스가 심해요.

我最近工作上压力比较大。

Wǒ zuìjìn gōngzuò shàng yālì bǐjiào dà.

스트레스는 어떻게 푸세요?

怎么缓解压力?

Zěnme huǎnjiě yālì?

*缓解 huǎnjiě 완화시키다

스트레스를 푸는 좋은 방법을 아세요?

有什么可以缓解压力的好办法吗?

Yǒu shénme kěyǐ huǎnjiě yālì de hǎo bànfǎ ma?

스트레스를 풀려고 테니스를 쳐요.

为了缓解压力，我去打网球。

Wèile huǎnjiě yālì, wǒ qù dǎ wǎngqiú.

천 조각짜리 퍼즐을 맞추다 보면, 스트레스가 자연스레 풀리더라고요.

拼一千块的拼图，拼着拼着压力就没了。 ＊拼图 pīntú 직소 퍼즐

Pīn yìqiān kuài de pīntú, pīnzhe pīnzhe yālì jiù méi le.

실전회화

A 你怎么缓解自己的压力?
Nǐ zěnme huǎnjiě zìjǐ de yālì?
스트레스는 어떻게 푸세요?

B 我会拼一千块的拼图，拼着拼着压力就没了。
Wǒ huì pīn yìqiān kuài de pīntú, pīnzhe pīnzhe yālì jiù méi le.
천 조각짜리 퍼즐을 맞추다 보면, 스트레스가 자연스레 풀리더라고요.

A 啊，一千块的特别难吧? 会不会更有压力?
À, yìqiān kuài de tèbié nán ba? Huì bu huì gèng yǒu yālì?
어머, 그거 정말 어렵잖아요? 스트레스가 더 생기지 않나요?

B 集中精神拼图的话，其他的什么都不想，心情就会好起来。
Jízhōng jīngshén pīntú dehuà, qítā de shénme dōu bù xiǎng, xīnqíng jiù huì hǎo qǐlái.
집중해서 퍼즐을 맞추다 보면, 아무 생각도 안 들고 기분이 나아져요.

주로 영화나 드라마를 보면서 스트레스를 풀어요.

我一般会看电影或者电视剧来消除压力。 ＊消除 xiāochú 없애다

Wǒ yìbān huì kàn diànyǐng huòzhě diànshìjù lái xiāochú yālì.

스트레스 푸는 데는 드라이브가 최고예요.

要想解除压力，去兜风最好。 ＊兜风 dōufēng 드라이브하다

Yào xiǎng jiěchú yālì, qù dōufēng zuì hǎo.

명상은 스트레스를 해소하는 데 도움이 돼요.

冥想有助于解除压力。

Míngxiǎng yǒuzhùyú jiěchú yālì.

스트레스가 많을 때는 아무 생각 안 하고 푹 자 버려요.

压力大的时候，什么都不想，就睡觉。

Yālì dà de shíhou, shénme dōu bù xiǎng, jiù shuìjiào.

곧 마감이라 숨 돌릴 틈도 없이 바빠요.

截止日期快到了，忙得喘不过气来。 ＊截止 jiézhǐ 마감하다

Jiézhǐ rìqī kuài dào le, máng de chuǎn búguò qìlái.

정말 좀 쉬고 싶어요.

真想好好儿休息一下。

Zhēn xiǎng hǎohāor xiūxi yíxià.

잠 좀 푹 자고 싶네요.

真想好好儿睡一觉。

Zhēn xiǎng hǎohāor shuì yí jiào.

걱정거리

무슨 걱정거리라도 있어요?

你有什么心事吗?

Nǐ yǒu shénme xīnshì ma?

실전회화

A 秀贤，有什么心事吗?
Xiùxián, yǒu shénme xīnshì ma?
수현 씨, 무슨 걱정거리라도 있어요?

B 明天要报告销售成果，不过我的不太理想。
Míngtiān yào bàogào xiāoshòu chéngguǒ, búguò wǒ de bú tài lǐxiǎng.
내일 영업 성과 발표를 해야 하는데, 성과가 좋지 못해서요.

A 别担心，下次会更好的，加油!
Bié dānxīn, xià cì huì gèng hǎo de, jiāyóu!
걱정 마세요. 다음에는 더 나아질 거예요. 파이팅!

당신은 사소한 일에도 너무 걱정이 많아서 탈이에요.

你的问题就是一点儿小事也担心得不行。

Nǐ de wèntí jiù shì yìdiǎnr xiǎoshì yě dānxīn de bùxíng.

그렇게 걱정하지 마세요.

别那么担心。

Bié nàme dānxīn.

그런 작은 일은 그냥 잊어버리세요.

那种小事就忘了吧。

Nà zhǒng xiǎoshì jiù wàng le ba.

那种小事别放在心上。

Nà zhǒng xiǎoshì bié fàng zài xīn shàng.

제가 보기에는 전혀 걱정할 일이 아니에요.

在我看来，根本不是什么值得担心的事。

Zài wǒ kànlái, gēnběn bú shì shénme zhíde dānxīn de shì.

감정 표현

기쁨

기분이 좋아 보이네요.

你看起来心情很好。
Nǐ kàn qǐlái xīnqíng hěn hǎo.

오늘 컨디션이 좋아요.

今天状态不错。
Jīntiān zhuàngtài búcuò.

무슨 일로 그렇게 기분이 좋으세요?

有什么好事，那么高兴?
Yǒu shénme hǎoshì, nàme gāoxìng?

무슨 좋은 일 있어요? 복권에라도 당첨된 거예요?

有什么好事吗? 难道是彩票中奖了吗?
Yǒu shénme hǎoshì ma? Nándào shì cǎipiào zhōngjiǎng le ma?

*彩票 cǎipiào 복권 中奖 zhōngjiǎng 당첨되다

A 你看起来心情很不错。
Nǐ kàn qǐlái xīnqíng hěn búcuò.
기분이 좋아 보이네요.

B 是的，好像在云中漫步一样。
Shì de, hǎoxiàng zài yún zhōng mànbù yíyàng.
네, 구름 위를 걷는 기분이에요.

A 有什么好事吗? 难道是彩票中奖了吗?
Yǒu shénme hǎoshì ma? Nándào shì cǎipiào zhōngjiǎng le ma?
무슨 좋은 일 있어요? 복권이라도 당첨된 거예요?

B 我找到工作了!
Wǒ zhǎodào gōngzuò le!
저 취직했어요!

A 哇! 真是太好了! 祝贺你!
Wā! Zhēn shì tài hǎo le! Zhùhè nǐ!
와! 정말 잘됐네요! 축하해요!

당신이 해낼 줄 알았어요.

我就知道你会成功。
Wǒ jiù zhīdào nǐ huì chénggōng.

슬픔

왜 그렇게 우울해 보여요?

你怎么看起来这么闷闷不乐的? *闷闷不乐 mènmèn-búlè 울적하고 답답하다

Nǐ zěnme kàn qǐlái zhème mènmèn-búlè de?

잠깐 이야기 좀 할래요?

能跟我说说吗?

Néng gēn wǒ shuōshuo ma?

마음이 안 좋아요.

心里很不好受。

Xīnli hěn bù hǎoshòu.

마음이 답답해요.

心情郁闷。

Xīnqíng yùmèn.

자꾸 눈물이 나요.

总是掉眼泪。

Zǒngshì diào yǎnlèi.

슬픈 마음이 진정되지를 않네요.

我非常难过，心情很难平静下来。

Wǒ fēicháng nánguò, xīnqíng hěn nán píngjìng xiàlái.

사실 어제 애인과 헤어졌어요.

其实我昨天跟男朋友分手了。

Qíshí wǒ zuótiān gēn nán péngyou fēnshǒu le.

其实我昨天跟女朋友分手了。

Qíshí wǒ zuótiān gēn nǚ péngyou fēnshǒu le.

집안일이에요.

是我家里的事。

Shì wǒ jiāli de shì.

놀라움

저런!

哎哟!

Āiyō!

진짜 놀랐어요.

真吓了我一大跳。

Zhēn xiàle wǒ yí dà tiào.

충격적이네요.

真令人震惊。

Zhēn lìng rén zhènjīng.

사실이에요?

真的吗?

Zhēn de ma?

那是真的吗?

Nà shì zhēn de ma?

정말 믿을 수가 없어요.

真不敢相信。

Zhēn bùgǎn xiāngxìn.

놀랐잖아요.

我被你吓到了。

Wǒ bèi nǐ xiàdào le.

이상한 소리 하지 마세요.

别发出怪声。

Bié fāchū guài shēng.

설마요!

不会吧?

Bú huì ba?

제정신이에요?

你疯了吗?

Nǐ fēng le ma?

精神不正常吧?

Jīngshén bú zhèngcháng ba?

후회

후, 그러지 말았어야 했는데.

哎，真不该那么做。

Āi, zhēn bù gāi nàme zuò.

제가 뭐에 홀렸었나 봐요.

我好像被什么给迷住了。

Wǒ hǎoxiàng bèi shénme gěi mízhù le.

그때는 왜 이 생각을 못했을까요?

那时候怎么就没想到呢?

Nà shíhou zěnme jiù méi xiǎngdào ne?

제가 한 말이 정말 후회스러워요.

我对我说过的话感到非常后悔。

Wǒ duì wǒ shuōguo de huà gǎndào fēicháng hòuhuǐ.

그런 말은 하지 말았어야 했는데.

不该说那些话。

Bù gāi shuō nàxiē huà.

정말이지 시간을 되돌리고 싶어요.

我真希望时间能倒流。

Wǒ zhēn xīwàng shíjiān néng dàoliú.

*倒流 dàoliú 거꾸로 흐르다

학창 시절에 공부를 더 열심히 했더라면 좋았을 텐데.

上学的时候要是更努力学习就好了。

Shàngxué de shíhou yàoshi gèng nǔlì xuéxí jiù hǎo le.

처음부터 이 업종에 발을 들이는 게 아니었어요.

一开始就不该从事这个行业。

Yì kāishǐ jiù bù gāi cóngshì zhège hángyè.

분노

저 정말 엄청 화났어요.

我真的非常生气。

Wǒ zhēn de fēicháng shēngqì.

왜 이렇게나 절 화나게 하는 거죠?

为什么让我这么生气?

Wèishénme ràng wǒ zhème shēngqì?

그 사람 때문에 미쳐 버리겠어요.

因为那个人，我都要气疯了。

Yīnwèi nàge rén, wǒ dōu yào qìfēng le.

因为那个人，我都快疯了!

Yīnwèi nàge rén, wǒ dōu kuài fēng le!

정말 지독한 사람이네요.

真是个恶毒的人。

Zhēn shì ge èdú de rén.

*恶毒 èdú 악독하다

정말 너무 심하네요.

真是太过分了!
Zhēn shì tài guòfèn le!

실전회화

A 工作怎么样?
Gōngzuò zěnmeyàng?
직장은 어때요?

B 工作上压力很大，因为一个同事，我都快疯了!
Gōngzuò shàng yālì hěn dà, yīnwèi yí ge tóngshì, wǒ dōu kuài fēng le!
직장에서 스트레스가 너무 심해요. 어떤 동료 때문에, 미쳐 버리겠어요!

A 怎么了?
Zěnme le?
왜요?

B 他总是让我们做一些不靠谱的事，周末还得加班。
Tā zǒngshì ràng wǒmen zuò yìxiē bú kàopǔ de shì, zhōumò hái děi jiābān.
자꾸 엉뚱한 일을 시켜서 주말에도 출근해야 돼요.

A 真是太过分了!
Zhēn shì tài guòfèn le!
정말 너무 심하네요.

*靠谱 kàopǔ 이치에 부합하다, 납득하다

저한테 어떻게 그럴 수가 있어요?

你怎么能这么对我?
Nǐ zěnme néng zhème duì wǒ?

진짜 짜증 나게 하네요!

真烦人!
Zhēn fánrén!

그만 좀 하세요! / 됐어요!

别说了!
Bié shuō le!

行了!
Xíng le!

适可而止!
Shìkě'érzhǐ!

*适可而止 shìkě'érzhǐ 적당한 정도에서 멈추다

제가 얼마나 더 참아야 하죠?

我还要忍到什么时候?
Wǒ hái yào rěndào shénme shíhou?

저한테 소리 지르지 마세요!

别对我大喊大叫!
Bié duì wǒ dàhǎndàjiào!

폭언은 삼가 주세요.

请不要恶言相向。

Qǐng búyào èyánxiāngxiàng.

그건 제 문제이니, 더는 말하지 마세요!

那是我的问题，别再说了！

Nà shì wǒ de wèntí, bié zài shuō le!

격려

당신은 최선을 다했어요.

你已经尽力了。

Nǐ yǐjīng jìnlì le.

결과보다는 과정이 중요해요.

过程比结果更重要。

Guòchéng bǐ jiéguǒ gèng zhòngyào.

이번 일을 발판으로 삼아, 다음번에는 더 잘할 수 있을 거예요.

把这件事当作教训，下次会做得更好的。

Bǎ zhè jiàn shì dāngzuò jiāoxùn, xià cì huì zuò de gèng hǎo de.

失败是成功之母。

Shībài shì chénggōng zhī mǔ.

실전회화

A 我又犯了同样的错误，我对我自己真的很失望。

Wǒ yòu fànle tóngyàng de cuòwù, wǒ duì wǒ zìjǐ zhēn de hěn shīwàng.

같은 실수를 또 저질렀네요. 정말 제 자신한테 실망했어요.

B 不要太难为自己，就把这件事当作教训，下次会做得更好的。

Búyào tài nánwei zìjǐ, jiù bǎ zhè jiàn shì dāngzuò jiāoxùn, xià cì huì zuò de gèng hǎo de.

자신을 너무 힘들게 하지 마세요. 이번 일을 발판으로 삼아, 다음번에는 더 잘할 수 있을 거예요.

포기하지 마세요!

别放弃！

Bié fàngqì!

당신은 할 수 있어요!

你能行！

Nǐ néng xíng!

자신감을 가지세요!

要有自信！

Yào yǒu zìxìn!

要对自己有信心。

Yào duì zìjǐ yǒu xìnxīn.

파이팅!

加油！
Jiāyóu!

잘 이겨 내실 거예요.

你能很好地克服困难的。
Nǐ néng hěn hǎo de kèfú kùnnan de.

당신 기분 이해해요.

我理解你的心情。
Wǒ lǐjiě nǐ de xīnqíng.

체면

체면 좀 세워 주세요.

请给我留点儿面子。 *留面子 liú miànzi 체면을 세우다
Qǐng gěi wǒ liú diǎnr miànzi.

Biz tip 중국인에게 체면, 즉 '面子 miànzi'는 떼려야 뗄 수 없는 중요한 부분입니다. 상대방의 체면을 잘 세워 주어야 '꽌시(关系 guānxi)'도 좋아지고, 친구가 될 수 있죠. 비즈니스에서는 특히 面子가 중요하니, 늘 염두에 두세요.

그 사람 체면 좀 세워 주세요.

给他留点儿面子。
Gěi tā liú diǎnr miànzi.

정말 체면이 말이 아니네요.

真是太丢人了。 *丢人 diūrén 체면이 깎이다, 창피를 당하다
Zhēn shì tài diūrén le.

(그 일 때문에) 정말 창피해 죽겠어요.

真是太丢人现眼了。 *丢人现眼 diūrénxiànyǎn 체면을 잃다, 망신을 당하다
Zhēn shì tài diūrénxiànyǎn le.

그렇게 말하면, 그 사람이 너무 면목 없지 않겠어요?

那么说的话，他不是太没面子了?
Nàme shuō dehuà, tā bú shì tài méi miànzi le?

그 사람이 날 우습게 생각하지는 않을까요?

他不会取笑我吗? *取笑 qǔxiào 비웃다, 웃음거리가 되다
Tā bú huì qǔxiào wǒ ma?

대화 기술

간단하게 대답할 때

네, 그렇게 하겠습니다. [지시 사항을 들은 후]
好的，我会按您的指示去做的。
Hǎo de, wǒ huì àn nín de zhǐshì qù zuò de.

네, 당신 말이 맞습니다. [상대방의 말에 동의할 때]
对，您说得对。
Duì, nín shuō de duì.

아, 그렇군요. [상대방의 말에 납득할 때]
啊，原来是这样。
À, yuánlái shì zhèyàng.

아, 그래요? [상대방의 말에 가볍게 반응할 때]
啊，是吗?
À, shì ma?

제대로 듣지 못했을 때

죄송합니다만, 못 들었어요.
不好意思，我没听见。
Bù hǎoyìsi, wǒ méi tīngjiàn.

다시 한번 말씀해 주시겠어요?
可以再说一遍吗?
Kěyǐ zài shuō yí biàn ma?

표준 중국어로 말씀해 주시겠어요?
可以用普通话说一遍吗?
Kěyǐ yòng pǔtōnghuà shuō yí biàn ma?

조금 천천히 말씀해 주시겠어요?
可以说得慢一些吗?
Kěyǐ shuō de màn yìxiē ma?

조금 크게 말씀해 주시겠어요?
可以大点儿声吗?
Kěyǐ dà diǎnr shēng ma?

조금 작게 말씀해 주시겠어요?

可以小点儿声吗?

Kěyǐ xiǎo diǎnr shēng ma?

맞장구칠 때

그렇죠?

是吧?

Shì ba?

그래요, 저도 그렇게 생각합니다.

是啊，我也这么认为。

Shì a, wǒ yě zhème rènwéi.

저도 같은 생각입니다.

我也这么想。

Wǒ yě zhème xiǎng.

화제를 전환할 때

그런데 그 일은 어떻게 생각하시나요?

不过您对那件事有什么看法?

Búguò nín duì nà jiàn shì yǒu shénme kànfǎ?

그러면 당신은 어떡해요?

那你怎么办呢?

Nà nǐ zěnme bàn ne?

그러면 그 일은 어떻게 해결할 건가요?

那么那件事该怎么解决?

Nàme nà jiàn shì gāi zěnme jiějué?

그 일은 잘 해결됐어요?

那件事顺利解决了吗?

Nà jiàn shì shùnlì jiějué le ma?

말문이 막혔을 때

제가 뭐라고 해야 하나요?

我该说点儿什么好呢?

Wǒ gāi shuō diǎnr shénme hǎo ne?

기가 막혀서 말이 안 나오네요.

气得我说不出话来。

Qì de wǒ shuō bu chū huàlái.

太不可思议了，让我无话可说。

Tài bùkěsīyì le, ràng wǒ wúhuàkěshuō.

*不可思议 bùkěsīyì 이해할 수 없다

글쎄요.

谁知道呢。

Shéi zhīdào ne.

생각 좀 해 보겠습니다.

我考虑一下。

Wǒ kǎolǜ yíxià.

我想一想。

Wǒ xiǎng yi xiǎng.

그게 무슨 말씀이신가요?

您那是什么意思?

Nín nà shì shénme yìsi?

제 말은 그게 아닙니다.

我不是这个意思。

Wǒ bú shì zhège yìsi.

我的本意不是这样的。

Wǒ de běnyì bú shì zhèyàng de.

이해가 되지 않을 때

이해가 안 됩니다.

我不太明白。

Wǒ bú tài míngbai.

무슨 말씀을 하시는지 모르겠습니다.

我不知道您在说什么。

Wǒ bù zhīdào nín zài shuō shénme.

무슨 말씀이세요?

您什么意思?

Nín shénme yìsi?

하시려는 말씀이 도대체 뭔가요?

您要说的到底是什么?

Nín yào shuō de dàodǐ shì shénme?

제가 잘못 이해했나 봅니다.

我可能理解错了。

Wǒ kěnéng lǐjiě cuò le.

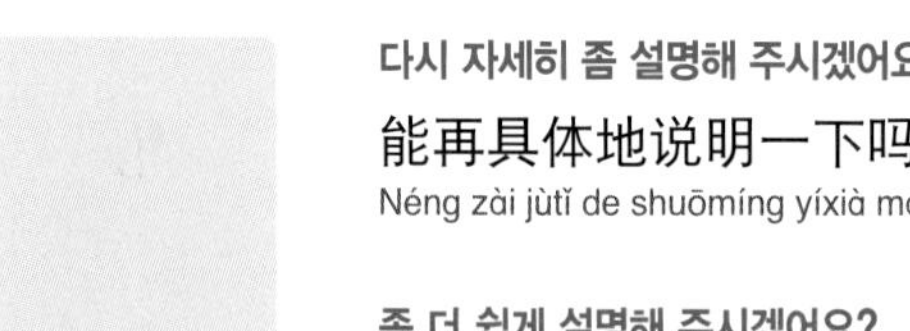

다시 자세히 좀 설명해 주시겠어요?

能再具体地说明一下吗?

Néng zài jùtǐ de shuōmíng yíxià ma?

좀 더 쉽게 설명해 주시겠어요?

能简单地说明一下吗?

Néng jiǎndān de shuōmíng yíxià ma?

이해했는지 확인할 때

무슨 말인지 아시겠어요?

你明白是什么意思了吗?

Nǐ míngbai shì shénme yìsi le ma?

이제 아시겠죠?

现在明白了吧?

Xiànzài míngbai le ba?

现在知道了吧?

Xiànzài zhīdào le ba?

무슨 말인지 어느 정도 감이 잡히시죠?

大概知道是什么意思了吧?

Dàgài zhīdào shì shénme yìsi le ba?

다시 한번 말씀드려야 하나요?

再跟您说一遍吗?

Zài gēn nín shuō yí biàn ma?

이해하지 못한 부분은 지금 말씀해 주세요.

有什么不理解的，现在可以提问。

Yǒu shénme bù lǐjiě de, xiànzài kěyǐ tíwèn.

그러니까 이 부분이 이해가 안 된다는 말씀이시죠?

您说的是这个地方不明白，对吧?

Nín shuō de shì zhège dìfang bù míngbai, duì ba?

PART 6 회의

회의, 토론도 부담스럽지 않은 중국어 표현!

중국어로 회의하는 것은 더는 외국계 회사만의 업무가 아닌, 중국에 진출하고자 하는 모든 회사들이 미리 내부적으로 준비해야 할 부분입니다. 중요한 프로젝트 회의뿐만 아니라 한두 명의 동료와 가볍게 업무에 대해 토론하는 것도 넓은 의미에서 회의이기 때문에 비즈니스 회화 실력이 중요합니다.

PART 6을 보고 회의의 시작과 전개, 본론에서 의견을 제시하고 토론하며 마무리 짓는 상황의 순서대로, 회의 상황에서 꼭 필요한 표현의 패턴 연습과 상황별 대화문을 통해 응용력을 키워 보세요.

Chapter 1

회의 시작

• • • • • •

Chapter 2

회의 진행

• • • • • •

Chapter 3

토론

• • • • • •

Chapter 4

회의 종료

회의 시작

06-1.mp3

내부 회의 인사 및 점검

다 모이셨습니까?

人都到齐了吗?

Rén dōu dàoqí le ma?

모두 자리에 앉아 주십시오.

请就座。

Qǐng jiù zuò.

의자가 부족하지는 않습니까?

椅子够吗?

Yǐzi gòu ma?

회의 시간이 다 되었습니다.

会议时间到了。

Huìyì shíjiān dào le.

10시 정각입니다.

已经十点整了。

Yǐjīng shí diǎn zhěng le.

시간이 되었으니, 회의를 시작하겠습니다.

时间到了，我们开会吧。

Shíjiān dào le, wǒmen kāihuì ba.

회의실 사용 시간이 정해져 있으니, 바로 시작하겠습니다.

会议室使用时间有限，我们马上开始吧。

Huìyìshì shǐyòng shíjiān yǒuxiàn, wǒmen mǎshàng kāishǐ ba.

왕 팀장님께서 아직 안 오셔서, 잠시 후에 회의를 시작하겠습니다.

因为王经理还没到，会议等一下再开始。

Yīnwèi Wáng jīnglǐ hái méi dào, huìyì děng yíxià zài kāishǐ.

이 팀장님께서는 외부의 급한 회의로, 오늘 회의에 불참하십니다.

李经理今天要参加外部的紧急会议，所以不能出席今天的会议。

Lǐ jīnglǐ jīntiān yào cānjiā wàibù de jǐnjí huìyì, suǒyǐ bù néng chūxí jīntiān de huìyì.

＊出席 chūxí 회의에 참석하다

바쁘신 중에도 오늘 회의에 참석해 주셔서 고맙습니다.

很感谢各位在百忙之中参加今天的会议。
Hěn gǎnxiè gè wèi zài bǎimáng zhī zhōng cānjiā jīntiān de huìyì.

갑작스러운 통고에도 모두 회의에 참석해 주셔서 고맙습니다.

突然通知大家开会，但各位都能出席，对此我们表示衷心的感谢。
Tūrán tōngzhī dàjiā kāihuì, dàn gè wèi dōu néng chūxí, duì cǐ wǒmen biǎoshì zhōngxīn de gǎnxiè.

회의실이 갑자기 바뀌었는데, 모두 잘 찾아오셨습니다.

会议室临时做了调整，看来各位还都找到了。
Huìyìshì línshí zuòle tiáozhěng, kànlái gè wèi hái dōu zhǎodào le.

그럼 회의를 시작하겠습니다.

那我们就开始开会吧。
Nà wǒmen jiù kāishǐ kāihuì ba.

그럼 주간 회의를 시작하겠습니다.

那我们就开始开周会吧。
Nà wǒmen jiù kāishǐ kāi zhōuhuì ba.

Word tip 月会 yuèhuì 월간 회의 | 经理会议 jīnglǐ huìyì 팀장 회의 | 企划会议 qǐhuà huìyì 기획 회의 | 营销会议 yíngxiāo huìyì 마케팅 회의 | 日程会议 rìchéng huìyì 일정 회의 | 上半年业绩会议 shàngbànnián yèjì huìyì 상반기 실적 보고 회의 | 下半年业绩会议 xiànbànnián yèjì huìyì 하반기 실적 보고 회의

오늘 회의의 진행을 맡은 해외영업팀 이○○입니다.

我是今天会议的主持人，海外销售部的李○○。
Wǒ shì jīntiān huìyì de zhǔchírén, hǎiwài xiāoshòubù de Lǐ OO.

외부 회의 전 인사

오늘은 처음 만나는 자리이니, 모두 먼저 자기소개를 하도록 하죠.

今天大家都是初次见面，先各自做一下自我介绍吧。
Jīntiān dàjiā dōu shì chū cì jiànmiàn, xiān gèzì zuò yíxià zìwǒ jièshào ba.

안녕하세요, 대한무역 이○○입니다.

大家好，我是大韩贸易的李○○。
Dàjiā hǎo, wǒ shì Dàhán Màoyì de Lǐ OO.

오늘 회의로 상호 간 신뢰가 더욱 깊어지길 바랍니다.

希望通过今天的会议，可以增进彼此的信任。
Xīwàng tōngguò jīntiān de huìyì, kěyǐ zēngjìn bǐcǐ de xìnrèn.

오늘 회의로 당사를 더 잘 알게 되실 거라고 생각합니다.

我想，通过今天的会议，可以使各位更好地了解我们公司。
Wǒ xiǎng, tōngguò jīntiān de huìyì, kěyǐ shǐ gè wèi gèng hǎo de liǎojiě wǒmen gōngsī.

오늘 회의로 앞으로 상호 지속적인 거래가 유지될 거라고 확신합니다.

我相信，通过今天的会议，今后我们可以保持长久的合作关系。
Wǒ xiāngxìn, tōngguò jīntiān de huìyì, jīnhòu wǒmen kěyǐ bǎochí chángjiǔ de hézuò guānxi.

모두가 이렇게 한자리에 모이기란 정말 쉽지 않은 일입니다.

大家这样共聚一堂的机会真是很难得。 *难得 nándé 얻기 어렵다
Dàjiā zhèyàng gòngjù yì táng de jīhuì zhēn shì hěn nándé.

안내

메일로 보내 드린 자료는 지참하셨나요?

发给各位邮件的资料都带来了吗?
Fā gěi gè wèi yóujiàn de zīliào dōu dàilái le ma?

자료를 안 가져오신 분께서는 여기 있는 자료를 한 부씩 가져가십시오.

资料没带来的话，这里的资料请各拿一份。
Zīliào méi dàilái dehuà, zhèlǐ de zīliào qǐng gè ná yí fèn.

오늘 다뤄야 할 안건이 많습니다.

今天我们的议题很多。
Jīntiān wǒmen de yìtí hěn duō.

먼저, 오늘 다룰 안건을 살펴보시기 바랍니다.

首先，我们来看一下今天的议题。
Shǒuxiān, wǒmen lái kàn yíxià jīntiān de yìtí.

오늘 다룰 안건이 여러분 앞에 준비되어 있으니, 지금부터 자세히 살펴보시기 바랍니다.

今天的议题都摆放在各位的面前了，从现在开始希望各位能仔细地看一下。
Jīntiān de yìtí dōu bǎifàng zài gè wèi de miànqián le, cóng xiànzài kāishǐ xīwàng gè wèi néng zǐxì de kàn yíxià.

앞에 놓여 있는 자료를 살펴보시기 바랍니다.

请看一下放在各位面前的资料。
Qǐng kàn yíxià fàng zài gè wèi miànqián de zīliào.

인쇄물 2쪽에 오늘 다룰 안건이 나와 있습니다.

今天的议题都在资料的第二页上。
Jīntiān de yìtí dōu zài zīliào de dì-èr yè shàng.

앞 장에 있는 시간표대로 회의가 진행된다는 점에 유의해 주십시오.

请注意，会议会按照前面的这张日程安排表进行。

Qǐng zhùyì, huìyì huì ànzhào qiánmiàn de zhè zhāng rìchéng ānpáibiǎo jìnxíng.

회의록은 내일 오전 중으로 사내 인트라넷 게시판에 올려 놓겠습니다.

会议记录会在明天上午上传到公司内联网的布告板上。

Huìyì jìlù huì zài míngtiān shàngwǔ shàngchuán dào gōngsī nèiliánwǎng de bùgàobǎn shàng.

＊上传 shàngchuán 업로드하다

두 개의 세션으로 진행되는데, 첫 번째 세션이 끝나고 한 시간 동안 점심 식사를 하겠습니다.

会议分为两部进行，第一部结束后，将有一小时的午餐时间。

Huìyì fēn wéi liǎng bù jìnxíng, dì-yī bù jiéshù hòu, jiāng yǒu yì xiǎoshí de wǔcān shíjiān.

점심 식사는 회사 앞 ○○식당으로 예약해 두었습니다.

已经在公司前面的○○饭店预订好午餐。

Yǐjīng zài gōngsī qiánmiàn de OO fàndiàn yùdìng hǎo wǔcān.

진행

처음 10분간은 현재까지 진행한 프로젝트에 대한 의견을 나누겠습니다.

首先我们用十分钟的时间，就目前为止所进行的项目互相交换一下意见。

Shǒuxiān wǒmen yòng shí fēnzhōng de shíjiān, jiù mùqián wéizhǐ suǒ jìnxíng de xiàngmù hùxiāng jiāohuàn yíxià yìjiàn.

먼저, 상반기 실적을 보고하겠습니다.

首先进行上半年业绩报告。

Shǒuxiān jìnxíng shàngbànnián yèjì bàogào.

먼저, 당사 제품을 간략하게 소개해 드리겠습니다.

首先向各位简单介绍一下我们的产品。

Shǒuxiān xiàng gè wèi jiǎndān jièshào yíxià wǒmen de chǎnpǐn.

월간 일정을 조율하기 전에, 먼저 연간 일정을 말씀드리겠습니다.

在调整每月日程之前，先跟大家说一下全年日程。

Zài tiáozhěng měi yuè rìchéng zhīqián, xiān gēn dàjiā shuō yíxià quánnián rìchéng.

상황 보고 후, 30분 동안 질의응답 시간을 갖겠습니다.

进行情况报告后，会有三十分钟的提问时间。

Jìnxíng qíngkuàng bàogào hòu, huì yǒu sānshí fēnzhōng de tíwèn shíjiān.

보고 중에는 질문을 자제해 주시기 바랍니다.

进行报告时，请不要提问。
Jìnxíng bàogào shí, qǐng búyào tíwèn.

질문이 있으시면, 회의 중에 말씀하셔도 됩니다.

若有问题的话，中间可以提问。
Ruò yǒu wèntí dehuà, zhōngjiān kěyǐ tíwèn.

5분 동안 쉬도록 하겠습니다.

休息五分钟。
Xiūxi wǔ fēnzhōng.

정확히 오후 3시 반에 회의를 마치겠습니다.

会议将于下午三点半准时结束。
Huìyì jiāng yú xiàwǔ sān diǎn bàn zhǔnshí jiéshù.

주제 소개

오늘 회의 안건은 무엇인가요?

今天会议的议题是什么?
Jīntiān huìyì de yìtí shì shénme?

실전회화

A 今天会议的议题是什么?
Jīntiān huìyì de yìtí shì shénme?
오늘 회의 안건은 무엇인가요?

B 有关提高销售量的问题。你也知道，因为经济不景气导致我们的销售量下降。所以要分析上半年和去年的销售情况，寻找提高销售量的好办法。
Yǒuguān tígāo xiāoshòuliàng de wèntí. Nǐ yě zhīdào, yīnwèi jīngjì bùjǐngqì dǎozhì wǒmen de xiāoshòuliàng xiàjiàng. Suǒyǐ yào fēnxī shàngbànnián hé qùnián de xiāoshòu qíngkuàng, xúnzhǎo tígāo xiāoshòuliàng de hǎo bànfǎ.
매출 증진에 관한 것입니다. 아시다시피, 경기 침체로 매출이 감소하고 있습니다. 따라서 상반기 매출과 작년도 매출을 분석하여 매출을 높일 더 나은 방법을 찾도록 해야 합니다.

* 不景气 bùjǐngqì 불경기, 불황

오늘 우리는 두 가지 주제를 가지고 토론합니다.

今天我们要针对两个主题进行讨论。
Jīntiān wǒmen yào zhēnduì liǎng ge zhǔtí jìnxíng tǎolùn.

오늘은 선전 시장 진출에 대한 의견을 나눕니다.

今天就开拓深圳市场的问题交换一下意见。
Jīntiān jiù kāituò Shēnzhèn shìchǎng de wèntí jiāohuàn yíxià yìjiàn.

* 开拓 kāituò 개척하다　深圳 Shēnzhèn 선전[중국 광둥성에 위치한 도시]

오늘은 협의할 긴급 안건이 있어서 모이시라고 했습니다.

今天开会是因为有紧急议题要商议。

Jīntiān kāihuì shì yīnwèi yǒu jǐnjí yìtí yào shāngyì.

오늘 회의 주제는 매출 분석에 관한 것이라고 알고 있습니다.

据我所知今天会议的主题是进行销售分析。

Jù wǒ suǒ zhī jīntiān huìyì de zhǔtí shì jìnxíng xiāoshòu fēnxī.

오늘은 매출을 높일 수 있는 방법에 대해 생각을 나누어 봅시다.

今天让我们互换意见，共同寻求可提高销售量的方案。

Jīntiān ràng wǒmen hùhuàn yìjiàn, gòngtóng xúnqiú kě tígāo xiāoshòuliàng de fāng'àn.

*寻求 xúnqiú 모색하다

매출을 높이려면 신규 고객을 더 많이 유치해야 합니다.

要想提高销售量，需要招揽更多的新顾客。

Yào xiǎng tígāo xiāoshòuliàng, xūyào zhāolǎn gèng duō de xīn gùkè.

*招揽 zhāolǎn 끌어모으다

홍콩 고객 유치 프로젝트의 진행 상황을 공유하기 위해 오늘 회의를 소집했습니다.

今天开会是要介绍一下有关吸引香港客户项目的进行情况。

Jīntiān kāihuì shì yào jièshào yíxià yǒuguān xīyǐn Xiānggǎng kèhù xiàngmù de jìnxíng qíngkuàng.

오늘 회의의 목적은 B사와 C사의 합병 문제를 토론하고자 하는 것입니다.

今天开会的目的是讨论一下B公司和C公司的合并问题。

Jīntiān kāihuì de mùdì shì tǎolùn yíxià B Gōngsī hé C Gōngsī de hébìng wèntí.

오늘 회의의 목적은 합병 세부 내용을 검토하는 것입니다.

今天开会的目的是要确认一下有关合并的具体内容。

Jīntiān kāihuì de mùdì shì yào quèrèn yíxià yǒuguān hébìng de jùtǐ nèiróng.

오늘 회의는 합병 중 실행되어야 할 절차를 검토하려고 소집된 것입니다.

今天开会是要确认一下合并时的各个程序。 *程序 chéngxù 절차

Jīntiān kāihuì shì yào quèrèn yíxià hébìng shí de gègè chéngxù.

오늘 회의의 목적은 앞으로 추진할 신규 프로젝트를 기획하고자 합입니다.

今天开会的目的是为了规划我们即将开展的新项目。

Jīntiān kāihuì de mùdì shì wèile guīhuà wǒmen jíjiāng kāizhǎn de xīn xiàngmù.

*规划 guīhuà 기획하다

메일에서 언급한 대로, 오늘 회의의 목적은 신규 프로젝트를 소개하기 위해서입니다.

正如邮件中所提到的，今天会议的目的是要介绍一下我们的新项目。

Zhèng rú yóujiàn zhōng suǒ tídào de, jīntiān huìyì de mùdì shì yào jièshào yíxià wǒmen de xīn xiàngmù.

오늘 회의의 목적은 여러분께 신규 프로젝트 진행 상황을 보고하는 데 있습니다.

今天开会的目的是要向各位报告一下我们新项目的进行情况。
Jīntiān kāihuì de mùdì shì yào xiàng gè wèi bàogào yíxià wǒmen xīn xiàngmù de jìnxíng qíngkuàng.

오늘 회의의 목적은 지난번 회의에서 결정하지 못한 몇 가지 사안을 다시 논의하기 위해서입니다.

今天会议的目的是为了重新商讨上次会议中未能作出决定的几个事项。
Jīntiān huìyì de mùdì shì wèile chóngxīn shāngtǎo shàng cì huìyì zhōng wèi néng zuòchū juédìng de jǐ ge shìxiàng.

그들이 새로운 영업 전략을 소개할 것입니다.

他们将介绍新的销售战略。
Tāmen jiāng jièshào xīn de xiāoshòu zhànlüè.

*战略 zhànlüè 전략

오늘 회의는 업체와의 갈등에 대한 대책 마련을 위해서입니다.

今天开会是为了商讨如何解决与客户的纠纷问题。
Jīntiān kāihuì shì wèile shāngtǎo rúhé jiějué yǔ kèhù de jiūfēn wèntí.

*纠纷 jiūfēn 다툼, 분쟁

오늘 회의 안건은 타깃층 분석입니다.

今天会议的议案是分析销售对象。
Jīntiān huìyì de yì'àn shì fēnxī xiāoshòu duìxiàng.

제품 출시가 지연되고 있습니다. 해결 방안이 시급합니다.

新产品上市计划迟迟推延，对此急需解决方案。
Xīnchǎnpǐn shàngshì jìhuà chíchí tuīyán, duì cǐ jíxū jiějué fāng'àn.

회의 진행

본론 개시

그럼 본론으로 들어가도록 하죠.
那我们就进入主题吧。
Nà wǒmen jiù jìnrù zhǔtí ba.

모두 앞의 스크린을 봐 주십시오.
各位请看前面的大屏幕。
Gè wèi qǐng kàn qiánmiàn de dà píngmù.

*屏幕 píngmù 스크린, 화면

이것은 연구개발팀에서 만든 여러 제품 중 하나입니다.
这是研究开发部所制作的产品之一。
Zhè shì yánjiū kāifābù suǒ zhìzuò de chǎnpǐn zhī yī.

연구개발팀 마오○○ 씨가 상세한 내용을 설명하도록 하겠습니다.
研究开发部的毛先生将进行详细的说明。
Yánjiū kāifābù de Máo xiānsheng jiāng jìnxíng xiángxì de shuōmíng.

계획이 지닌 문제점에 관한 정보를 이미 제공받으셨을 겁니다.
各位应该已经收到了有关我们的计划中所存在问题的信息。
Gè wèi yīnggāi yǐjīng shōudàole yǒuguān wǒmen de jìhuà zhōng suǒ cúnzài wèntí de xìnxī.

해결책을 논의하기 전에, 산재된 문제를 상세히 보고해 주실 수 있나요?
在讨论解决办法之前，先对存在的问题做一下详细的说明，可以吗？
Zài tǎolùn jiějué bànfǎ zhīqián, xiān duì cúnzài de wèntí zuò yíxià xiángxì de shuōmíng, kěyǐ ma?

여기 계신 분들은 모두 이메일로 이번 내용을 검토하셨을 겁니다.
在座的各位都已经通过邮件对此内容进行了分析。
Zài zuò de gè wèi dōu yǐjīng tōngguò yóujiàn duì cǐ nèiróng jìnxíngle fēnxī.

어디서부터 논의를 시작할까요?
我们从哪里开始讨论呢？
Wǒmen cóng nǎlǐ kāishǐ tǎolùn ne?

지난 회의 내용 정리

지난 회의록을 확인하면서 시작합시다.
我们看着上次的会议记录开始吧。
Wǒmen kànzhe shàng cì de huìyì jìlù kāishǐ ba.

여기 계신 분 대부분이 지난 회의에 참석하셨습니다.
在座的各位大部分都参加了上次的会议。
Zài zuò de gè wèi dàbùfen dōu cānjiāle shàng cì de huìyì.

지난 회의에서 다루었던 문제 모두 기억하시죠?
上次会议上所讨论的问题大家还记得吧?
Shàng cì huìyì shàng suǒ tǎolùn de wèntí dàjiā hái jìde ba?

지난 회의에서는 소프트웨어 문제를 다루었습니다.
上次会议谈到了我们的软件问题。
Shàng cì huìyì tándàole wǒmen de ruǎnjiàn wèntí.

지난 회의에서는 다음 분기 생산비를 절감할 수 있는 방법을 논의했습니다.
上次会议针对下一季度将如何降低生产成本进行了讨论。
Shàng cì huìyì zhēnduì xià yí jìdù jiāng rúhé jiàngdī shēngchǎn chéngběn jìnxíngle tǎolùn.

*生产成本 shēngchǎn chéngběn 생산비

Word tip 提高销售额 tígāo xiāoshòu'é 매출을 늘리다 | 扩大利润 kuòdà lìrùn 이윤을 높이다

지난 회의에서는 다음 분기 매출을 증진시킬 수 있는 방법을 논의했습니다.
上次会议中提到了下一季度将如何促进销售的问题。
Shàng cì huìyì zhōng tídàole xià yí jìdù jiāng rúhé cùjìn xiāoshòu de wèntí.

지난 회의에서, 오늘은 영업 전략에 대한 의견을 나누기로 했습니다.
上次会议中说好今天要就销售战略问题交换意见。
Shàng cì huìyì zhōng shuōhǎo jīntiān yào jiù xiāoshòu zhànlüè wèntí jiāohuàn yìjiàn.

지난 회의에서 마케팅 일정을 정하는 것까지 진행하였습니다.
上次会议制定了营销日程。
Shàng cì huìyì zhìdìngle yíngxiāo rìchéng.

진행 사항 확인

지난 회의 이후의 진행 상황을 보고하세요.
请将上次会议后的进行情况做一下报告。
Qǐng jiāng shàng cì huìyì hòu de jìnxíng qíngkuàng zuò yíxià bàogào.

소프트웨어 업데이트 건은 해결되었나요?
软件升级问题解决了吗?
Ruǎnjiàn shēngjí wèntí jiějué le ma?

생산비를 절감하는 방법은 생각해 보셨나요?

对于节约生产成本问题，您考虑过了吗？

Duìyú jiéyuē shēngchǎn chéngběn wèntí, nín kǎolǜguo le ma?

마케팅 일정을 정하는 문제는 진전이 있나요?

制定营销日程一事进展得如何？

Zhìdìng yíngxiāo rìchéng yí shì jìnzhǎn de rúhé?

*进展 jìnzhǎn 진전하다

각 팀별로 세운 영업 전략을 한번 볼까요?

我们来看一下各部门各自制定的销售战略吧。

Wǒmen lái kàn yíxià gè bùmén gèzì zhìdìng de xiāoshòu zhànlüè ba.

실전회화

A 上次会议中说好今天要就销售战略问题交换意见。
Shàng cì huìyì zhōng shuōhǎo jīntiān yào jiù xiāoshòu zhànlüè wèntí jiāohuàn yìjiàn.
지난 회의에서, 오늘은 영업 전략에 대한 의견을 나누기로 했습니다.

B 我们来看一下各部门各自制定的销售战略吧。
Wǒmen lái kàn yíxià gè bùmén gèzì zhìdìng de xiāoshòu zhànlüè ba.
각 팀별로 세운 영업 전략을 한번 볼까요?

미발송으로 인한 고객 클레임 건은 어떻게 처리했나요?

客户投诉的未发货问题处理得怎么样了？

Kèhù tóusù de wèi fāhuò wèntí chǔlǐ de zěnmeyàng le?

실전회화

A 客户投诉的未发货问题处理得怎么样了？
Kèhù tóusù de wèi fāhuò wèntí chǔlǐ de zěnmeyàng le?
미발송으로 인한 고객 클레임 건은 어떻게 처리했나요?

B 第二天已将货物发出，并同时发送了致歉信。
Dì-èr tiān yǐ jiāng huòwù fāchū, bìng tóngshí fāsòngle zhìqiànxìn.
이튿날 물품을 발송하면서 사과 메시지도 함께 보냈습니다.

경력직 사원 채용 건은 어떻게 진행되고 있나요?

聘用有经验员工一事进行得怎么样了？

Pìnyòng yǒu jīngyàn yuángōng yí shì jìnxíng de zěnmeyàng le?

*聘用 pìnyòng 초빙하다

신상품 주 타깃층은 결정했나요?

新产品的销售对象决定下来了吗？

Xīn chǎnpǐn de xiāoshòu duìxiàng juédìng xiàlái le ma?

계약 체결은 아직인가요?

还没签订合同吗？

Hái méi qiāndìng hétong ma?

제안하기

제안 하나 하겠습니다.

我有个提议。
Wǒ yǒu ge tíyì.

실전회화

A 我有个提议。
Wǒ yǒu ge tíyì.
제안 하나 하겠습니다.

B 好的，请讲。
Hǎo de, qǐng jiǎng.
네, 말씀해 보세요.

돌아가면서 자신의 의견을 말해 봅시다.

我们轮流说一下自己的意见。
Wǒmen lúnliú shuō yíxià zìjǐ de yìjiàn.

*轮流 lúnliú 차례로 하다

미흡한 부분이 무엇인지 이야기해 봅시다.

我们讨论一下所存在的不足之处。
Wǒmen tǎolùn yíxià suǒ cúnzài de bùzú zhī chù.

1, 2안 모두 미흡한 부분이 있으니 두 가지 안을 절충하면 어떨까요?

第一方案和第二方案都有些不足之处，将两个方案中和一下怎么样?
Dì-yī fāng'àn hé dì-èr fāng'àn dōu yǒuxiē bùzú zhī chù, jiāng liǎng ge fāng'àn zhōnghé yíxià zěnmeyàng?

이건 어떨까요?

这个怎么样?
Zhège zěnmeyàng?

这样做怎么样?
Zhèyàng zuò zěnmeyàng?

이 의견에 이의는 없으신가요?

对于这个想法有没有其他意见?
Duìyú zhège xiǎngfa yǒu méiyǒu qítā yìjiàn?

홍보 방법을 함께 생각해 봅시다.

我们一起来想一想宣传方法。
Wǒmen yìqǐ lái xiǎng yi xiǎng xuānchuán fāngfǎ.

돌아가면서 자료를 분석하는 게 더 낫습니다.

轮流来对资料进行分析更好。
Lúnliú lái duì zīliào jìnxíng fēnxī gèng hǎo.

이 일에는 창의력이 필요하니 사내 공모전을 하는 편이 좋을 듯합니다.

这件事需要创意，所以在公司内举办创意大赛比较好。

Zhè jiàn shì xūyào chuàngyì, suǒyǐ zài gōngsī nèi jǔbàn chuàngyì dàsài bǐjiào hǎo.

이 문제는 복잡한 편이니 시간을 더 많이 할애해 생각해야 합니다.

这是个比较复杂的问题，需要更多的时间去考虑。

Zhè shì ge bǐjiào fùzá de wèntí, xūyào gèng duō de shíjiān qù kǎolǜ.

이 일은 아주 중요한 사안이니 자리에 앉아 계시는 분들께서는 각자 한 부씩 기획서를 제출하십시오.

这件事情非常重要，请在座的各位各自提交企划书。

Zhè jiàn shìqing fēicháng zhòngyào, qǐng zài zuò de gè wèi gèzì tíjiāo qǐhuàshū.

팀별로 논의한 다음, 다시 함께 이야기하면 어떨까요?

各部门单独进行讨论后，再一起讨论怎么样?

Gè bùmén dāndú jìnxíng tǎolùn hòu, zài yìqǐ tǎolùn zěnmeyàng?

이 문제는 다음 회의 안건으로 상정하는 편이 좋겠습니다.

把这个问题作为下次会议的议题比较好。

Bǎ zhège wèntí zuòwéi xià cì huìyì de yìtí bǐjiào hǎo.

이 문제는 추후에 다시 다루도록 합시다.

这个问题我们下次再讨论。

Zhège wèntí wǒmen xià cì zài tǎolùn.

이번 주 안으로 임시 회의를 소집해야겠습니다.

有必要在本周内召开临时会议。

Yǒu bìyào zài běn zhōu nèi zhàokāi línshí huìyì.

나머지는 내일 다시 이야기합시다.

剩下的问题明天再讨论。

Shèngxià de wèntí míngtiān zài tǎolùn.

우리는 더 나은 계획을 생각해 내야 합니다.

我们得作出更好的计划。

Wǒmen děi zuòchū gèng hǎo de jìhuà.

우리는 이번을 좋은 기회로 삼아야 합니다.

我们应该把这次当作一个好机会。

Wǒmen yīnggāi bǎ zhè cì dāngzuò yí ge hǎo jīhuì.

의견 묻기

어떻게 생각하시나요?

您怎么看?

Nín zěnme kàn?

您有什么想法?

Nín yǒu shénme xiǎngfa?

무슨 좋은 아이디어가 없으신가요?

您没有什么好点子吗?

Nín méiyǒu shénme hǎo diǎnzi ma?

다른 의견은 없으신가요?

没有其他意见了吗?

Méiyǒu qítā yìjiàn le ma?

또 다른 의견은요?

还有没有其他意见?

Hái yǒu méiyǒu qítā yìjiàn?

생각이 떠오르면 언제든 말씀하십시오.

有什么想法请随时讲。

Yǒu shénme xiǎngfa qǐng suíshí jiǎng.

이 전략을 어떻게 생각하시나요?

对此战略，您有什么想法?

Duì cǐ zhànlüè, nín yǒu shénme xiǎngfa?

이번 합병 건을 어떻게 생각하시나요?

对于此次合并问题，您有何看法?

Duìyú cǐ cì hébìng wèntí, nín yǒu hé kànfǎ?

이○○ 씨의 기획안에 대한 의견을 들려주십시오.

对于小李的计划书，请谈一下您的想法。

Duìyú Xiǎo Lǐ de jìhuàshū, qǐng tán yíxià nín de xiǎngfa.

왜 그렇게 비관적인가요?

为什么那么悲观呢?

Wèishénme nàme bēiguān ne?

*悲观 bēiguān 비관적이다

A 我不太确定这是否是个可行的项目。
Wǒ bú tài quèdìng zhè shìfǒu shì ge kěxíng de xiàngmù.
이게 실현 가능한 프로젝트인지 확신이 서지 않습니다.

B 为什么那么悲观呢? 我们试一把吧。
Wèishénme nàme bēiguān ne? Wǒmen shì yì bǎ ba.
왜 그렇게 비관적인가요? 우리 한번 해 봅시다.

이 프로젝트를 계속해 나갈 수 있을까요?

这个项目可以继续进行吗?

Zhège xiàngmù kěyǐ jìxù jìnxíng ma?

이 일에 실현 가능한 해결 방안은 없는 건가요?

这件事没有什么可行的解决方案吗?

Zhè jiàn shì méiyǒu shénme kěxíng de jiějué fāng'àn ma?

이런 류의 프로젝트에 참여해 보신 적 있으신가요?

您参与过这种项目吗?

*参与 cānyù 참여하다

Nín cānyùguo zhè zhǒng xiàngmù ma?

이 분야에 얼마만큼의 자신이 있으신가요?

对该领域您有多大的信心呢?

Duì gāi lǐngyù nín yǒu duō dà de xìnxīn ne?

이 상품은 어떤 타깃층을 겨냥해야 한다고 생각하시나요?

您认为此商品应将销售对象定位为哪些人群呢?

Nín rènwéi cǐ shāngpǐn yīng jiāng xiāoshòu duìxiàng dìngwèi wéi nǎxiē rénqún ne?

이 제품의 목표 시장에 어떤 의견이 있으신가요?

对于此产品的目标市场，您有何意见?

Duìyú cǐ chǎnpǐn de mùbiāo shìchǎng, nín yǒu hé yìjiàn?

이러한 불황에 수익을 낼 수 있을까요?

在这种经济不景气的环境下有可能盈利吗?

Zài zhè zhǒng jīngjì bùjǐngqì de huánjìng xià yǒu kěnéng yínglì ma?

*盈利 yínglì 이윤(을 얻다)

A 在这种经济不景气的环境下有可能盈利吗?
Zài zhè zhǒng jīngjì bùjǐngqì de huánjìng xià yǒu kěnéng yínglì ma?
이러한 불황에 수익을 낼 수 있을까요?

B 虽然不容易，但只要制定好销售策略，还是完全有可能的。
Suīrán bù róngyì, dàn zhǐyào zhìdìng hǎo xiāoshòu cèlüè, háishi wánquán yǒu kěnéng de.
쉽지는 않겠지만 영업 전략만 잘 세운다면 충분히 가능하다고 봅니다.

이 계획이 마음에 들지 않으시면 다른 방안도 고려하시겠어요?

如果您对此方案不满意的话，还会考虑其他方案吗?

Rúguǒ nín duì cǐ fāng'àn bù mǎnyì dehuà, hái huì kǎolǜ qítā fāng'àn ma?

익스트림 스포츠를 후원하면 어떨까요?

赞助极限运动怎么样?

*极限 jíxiàn 극한

Zànzhù jíxiàn yùndòng zěnmeyàng?

축구처럼 세간의 이목을 끄는 스포츠 종목을 후원하면 어떨까요?

赞助一些像足球这种世人瞩目的体育项目如何?
Zànzhù yìxiē xiàng zúqiú zhè zhǒng shìrén zhǔmù de tǐyù xiàngmù rúhé?

*赞助 zànzhù 협찬하다 瞩目 zhǔmù 눈여겨보다

차라리 당사 브랜드 이미지 제고에 도움을 줄 만한 스포츠 스타와 계약하면 어떨까요?

不如跟那些可提高我们品牌形象的体育明星签约怎么样?
Bùrú gēn nàxiē kě tígāo wǒmen pǐnpái xíngxiàng de tǐyù míngxīng qiānyuē zěnmeyàng?

우리 제품에서 타사와 차별화되는 점이 무엇인가요?

我们公司产品的独特之处在哪里?
Wǒmen gōngsī chǎnpǐn de dútè zhī chù zài nǎlǐ?

동의하시는 분은 손을 들어 주십시오.

同意这个意见的请举手。
Tóngyì zhège yìjiàn de qǐng jǔshǒu.

赞成的人请举手。
Zànchéng de rén qǐng jǔshǒu.

이 의견에 반대하시는 분은 안 계신가요?

有人反对这个意见吗?
Yǒu rén fǎnduì zhège yìjiàn ma?

反对这个意见的有吗?
Fǎnduì zhège yìjiàn de yǒu ma?

반대하면 '아니오'로 대답해 주십시오.

反对的话请回答"不"。
Fǎnduì dehuà qǐng huídá "bù".

Chapter 3

토론

06-3.mp3

상황 및 논점 제기

이번 프로젝트를 여러분께 간단히 설명해 드리겠습니다.

我向各位简单说明一下这个项目。

Wǒ xiàng gè wèi jiǎndān shuōmíng yíxià zhège xiàngmù.

그들이 합병 건을 반대한다고 들었습니다.

听说他们反对公司合并。

Tīngshuō tāmen fǎnduì gōngsī hébìng.

이달 말 전에 이 프로젝트를 끝내야 합니다.

月底之前要完成这个项目。

Yuèdǐ zhīqián yào wánchéng zhège xiàngmù.

세부 계획이 많이 미흡하여 예상대로 결과가 좋지 않았습니다.

具体计划有很多不足之处，果然不出所料，结果不理想。

Jùtǐ jìhuà yǒu hěn duō bùzú zhī chù, guǒrán bùchūsuǒliào, jiéguǒ bù lǐxiǎng.

자료에서 언급한 것처럼, 불황 때문에 많은 회사가 방어적으로 대응하고 있습니다.

正如材料中所提到的，因为经济不景气，很多公司都采取防御性的措施。

Zhèng rú cáiliào zhōng suǒ tídào de, yīnwèi jīngjì bùjǐngqì, hěn duō gōngsī dōu cǎiqǔ fángyùxìng de cuòshī.

*防御 fángyù 방어하다

매출 총액이 감소하고 있습니다.

我们的销售总额在下降。

Wǒmen de xiāoshòu zǒng'é zài xiàjiàng.

그들이 당사와 계약하지 않으려는 가장 큰 이유는 지나치게 높은 가격 때문입니다.

他们不与我们签定合同的最大原因是因为我们的价格过高。

Tāmen bù yǔ wǒmen qiāndìng hétong de zuì dà yuányīn shì yīnwèi wǒmen de jiàgé guògāo.

이 계약을 따내지 못한다면, 이는 당사의 견적가가 너무 높다는 것을 의미합니다.

我们争取不到这个合同的话，那说明我们的报价过高。

Wǒmen zhēngqǔ bu dào zhège hétong dehuà, nà shuōmíng wǒmen de bàojià guògāo.

그들은 견적가를 낮춰 주길 희망합니다.

他们要求降低报价。

Tāmen yāoqiú jiàngdī bàojià.

예산을 다시 잡아야 하는 상황입니다.

现在的情况是得重新制定预算。
Xiànzài de qíngkuàng shì děi chóngxīn zhìdìng yùsuàn.

거래처에서 배상을 청구했습니다.

客户要求赔偿。
Kèhù yāoqiú péicháng.

거래처에서 청구한 배상 문제를 해결하지 못한다면, 재계약은 어렵습니다.

客户所要求的赔偿问题不能解决的话，下次再要签定合同就困难了。
Kèhù suǒ yāoqiú de péicháng wèntí bù néng jiějué dehuà, xià cì zài yào qiāndìng hétong jiù kùnnan le.

주문 대량 취소로 인한 큰 손실이 예상됩니다.

由于订单被大量取消，估计会造成很大的损失。
Yóuyú dìngdān bèi dàliàng qǔxiāo, gūjì huì zàochéng hěn dà de sǔnshī.

*损失 sǔnshī 손실

A **由于订单被大量取消，估计会造成很大的损失。**
Yóuyú dìngdān bèi dàliàng qǔxiāo, gūjì huì zàochéng hěn dà de sǔnshī.
주문 대량 취소로 인한 큰 손실이 예상됩니다.

B **真是出乎意料，该怎么去解决呢?**
Zhēn shì chūhūyìliào, gāi zěnme qù jiějué ne?
생각지도 못한 일이 발생했네요. 어떻게 해결해야 하죠?

*出乎意料 chūhūyìliào 예상 밖이다

그렇게 되면, 순식간에 적자로 돌아설 수 있습니다.

那样的话很可能会在一瞬间转为赤字。
Nàyàng dehuà hěn kěnéng huì zài yíshùn jiān zhuǎn wéi chìzì.

*赤字 chìzì 적자

인력이 부족합니다.

我们面对着劳力不足的问题。
Wǒmen miànduìzhe láolì bùzú de wèntí.

각 팀의 지원이 절실합니다.

现在迫切需要各部门的援助。
Xiànzài pòqiē xūyào gè bùmén de yuánzhù.

*迫切 pòqiē 절실하다

의견 제시 및 설득

이 제품의 출시 여부를 결정하려면, 소비자 트렌드와 관련한 정보가 필요합니다.

为了判断这个产品是否能上市，需要消费者消费趋势的相关信息。

Wèile pànduàn zhège chǎnpǐn shìfǒu néng shàngshì, xūyào xiāofèizhě xiāofèi qūshì de xiāngguān xìnxī.

이 상품은 좀 더 높은 연령층이 사용하기에 알맞을 듯합니다.

这个商品适用于年龄更大一些的人。

Zhège shāngpǐn shìyòng yú niánlíng gèng dà yìxiē de rén.

청년층을 타깃으로 하는 편이 좋습니다. 신상품을 구매하게끔 유도하는 게 좀 더 수월하기 때문입니다.

销售对象定为18岁到30岁的人群比较好，因为更容易说服他们去购买新产品。

Xiāoshòu duìxiàng dìng wéi shíbā suì dào sānshí suì de rénqún bǐjiào hǎo, yīnwèi gèng róngyì shuōfú tāmen qù gòumǎi xīn chǎnpǐn.

이 시장은 수익성이 좋습니다.

这个市场效益很好。

Zhège shìchǎng xiàoyì hěn hǎo.

이번에는 좀 더 신중하게 시장 조사를 진행해야 합니다.

这一次得更加慎重地去进行市场调查。

Zhè yí cì děi gèngjiā shènzhòng de qù jìnxíng shìchǎng diàochá.

이 기획서는 시장의 요구에 부응하지 못하는 듯합니다.

这份企划书好像不能满足市场需求。

Zhè fèn qǐhuàshū hǎoxiàng bù néng mǎnzú shìchǎng xūqiú.

이 기획서는 재검토가 필요합니다.

这份企划书需要再探讨一下。

Zhè fèn qǐhuàshū xūyào zài tàntǎo yíxià.

오늘 다루어야 할 사항이 아직 많은데, 이 문제에 관해 논의할 부분이 더 남았습니다.

今天要商议的事项还有很多，不过这个问题还有很多需要讨论的部分。

Jīntiān yào shāngyì de shìxiàng hái yǒu hěn duō, búguò zhège wèntí hái yǒu hěn duō xūyào tǎolùn de bùfen.

이 문제에 관해 논의할 부분이 아직 많이 남았지만, 안타깝게도 이 문제에 더는 시간을 할애할 수 없습니다.

这个问题还有很多需要讨论的部分，不过很遗憾现在没有更多的时间花费在这个问题上。

Zhège wèntí hái yǒu hěn duō xūyào tǎolùn de bùfen, búguò hěn yíhàn xiànzài méiyǒu gèng duō de shíjiān huāfèi zài zhège wèntí shàng.

그 문제는 다음 회의 때 다시 이야기 나누면 어떨까요? 각자 생각할 시간이 필요할 테니까요.

关于那个问题下次开会的时候再谈怎么样？每个人都需要考虑的时间。

Guānyú nàge wèntí xià cì kāihuì de shíhou zài tán zěnmeyàng? Měi ge rén dōu xūyào kǎolǜ de shíjiān.

회사를 확장하는 것은 매우 좋은 생각이라고 봅니다.

我认为扩大公司规模是一个非常好的想法。

Wǒ rènwéi kuòdà gōngsī guīmó shì yí ge fēicháng hǎo de xiǎngfa.

장기적인 관점에서 이 회사 주식을 미리 사 두는 것은 훌륭한 투자라고 봅니다.

从长远的角度来看，提前买下这家公司的股份是一个很好的投资。

Cóng chángyuǎn de jiǎodù lái kàn, tíqián mǎixià zhè jiā gōngsī de gǔfèn shì yí ge hěn hǎo de tóuzī.

계획을 재고해 주십시오.

我建议您再考虑一下您的计划。

Wǒ jiànyì nín zài kǎolǜ yíxià nín de jìhuà.

제안을 받아들여 주십시오.

我建议您接受这个提议。

Wǒ jiànyì nín jiēshòu zhège tíyì.

이 시점에서 수수료를 인상하도록 하죠.

在这个时候提高手续费吧。

Zài zhège shíhou tígāo shǒuxùfèi ba.

A 即使出现赤字，我们也在这个时候提高手续费吧。
Jíshǐ chūxiàn chìzì, wǒmen yě zài zhège shíhou tígāo shǒuxùfèi ba.
적자가 난다 하더라도, 우리도 이 시점에서 수수료를 인상하도록 합시다.

B 好的，会议结束后，我马上给他们打电话。
Hǎo de, huìyì jiéshù hòu, wǒ mǎshàng gěi tāmen dǎ diànhuà.
알겠습니다. 회의가 끝나는 대로 바로 그들에게 전화하겠습니다.

팀워크를 강화해야 한다고 생각합니다.

我认为我们应该提高团队精神。

Wǒ rènwéi wǒmen yīnggāi tígāo tuánduì jīngshén.

지금은 전 사원이 한마음 한뜻으로 이 난관을 극복해야 합니다.

现在全体员工应齐心协力，共度难关。

Xiànzài quántǐ yuángōng yīng qíxīn-xiélì, gòngdù nánguān.

* 齐心协力 qíxīn-xiélì 마음을 모아 함께 노력하다

이 매뉴얼은 좀 더 검토해야 합니다.

这个〇〇守则还需进一步地研究。　　＊守则 shǒuzé 규정

Zhège OO shǒuzé hái xū jìn yí bù de yánjiū.

Biz tip 한국에서는 '매뉴얼'이란 표현을 어떤 경우에서나 쓸 수 있지만, 중국에서는 그렇지 않습니다. '安全守则(ānquán shǒuzé 안전 수칙)', '客户服务守则(kèhù fúwù shǒuzé 고객 응대법)', '员工守则(yuángōng shǒuzé 사내 규칙)' 등과 같이 상황에 따라 구체적으로 말해야 상대방이 제대로 이해할 수 있습니다.

솔직히 말씀드리면, 이 일을 마치느라 고생을 좀 했습니다.

说实话，为了做好这件事，我们吃了不少苦头。

Shuō shíhuà, wèile zuòhǎo zhè jiàn shì, wǒmen chīle bù shǎo kǔtou.

솔직히 말씀드리면, 귀하의 프로젝트 결과가 마음에 들지 않습니다.

说实话，我们对贵方项目的结果不甚满意。

Shuō shíhuà, wǒmen duì guì fāng xiàngmù de jiéguǒ búshèn mǎnyì.

문제의 요점은 프로젝트가 지연되어 제때에 마치지 못한 것이라고 생각합니다.

我认为问题在于项目延误，未按期完成。

Wǒ rènwéi wèntí zàiyú xiàngmù yánwù, wèi ànqī wánchéng.

이 분야는 이미 포화 상태라고 생각합니다.

我个人的想法是这个领域已经处于饱和状态了。

Wǒ gèrén de xiǎngfa shì zhège lǐngyù yǐjīng chǔyú bǎohé zhuàngtài le.

＊饱和 bǎohé 최고 상태에 달하다

제 입장에서 그 문제를 보신다면 이해가 되실 겁니다.

如果您站在我的立场上来看那个问题的话，您就会理解的。

Rúguǒ nín zhàn zài wǒ de lìchǎng shàng lái kàn nàge wèntí dehuà, nín jiù huì lǐjiě de.

한번 해 봐도 괜찮겠군요.

不妨一试。

Bùfáng yí shì.

이것은 단지 제 사견입니다.

这只是我的个人意见。

Zhè zhǐshì wǒ de gèrén yìjiàn.

좋은 생각이 떠올랐습니다.

我想到了一个好办法。

Wǒ xiǎngdàole yí ge hǎo bànfǎ.

我有了一个好主意。

Wǒ yǒule yí ge hǎo zhǔyi.

이건 아주 좋은 기회라고 생각합니다.
我认为这是一个极好的机会。
Wǒ rènwéi zhè shì yí ge jíhǎo de jīhuì.

그건 말도 안 됩니다.
那实在太不像话。
Nà shízài tài búxiànghuà.

여러분께 요점을 말씀드리겠습니다.
我跟大家说一下要点。
Wǒ gēn dàjiā shuō yíxià yàodiǎn.

시기상조입니다.
还为时过早。
Hái wéishíguòzǎo.

* 为时过早 wéishíguòzǎo 때가 이르다

IT전문가를 채용하면 어떨까요?
聘用IT专家如何?
Pìnyòng IT zhuānjiā rúhé?

발언 연결 및 제지

제가 말을 좀 해도 될까요?
可以让我来说一下吗?
Kěyǐ ràng wǒ lái shuō yíxià ma?

귀 기울여 듣고 있습니다. 계속하세요.
我在认真听，请继续。
Wǒ zài rènzhēn tīng, qǐng jìxù.

소감을 말씀해 주십시오.
请谈一下您的感想。
Qǐng tán yíxià nín de gǎnxiǎng.

제가 잠깐 끼어들어도 될까요?
我可以插个嘴吗?
Wǒ kěyǐ chā ge zuǐ ma?

* 插嘴 chāzuǐ 말참견하다

그 사람에 대한 생각을 말씀드려도 될까요?
我能说一下我对他的看法吗?
Wǒ néng shuō yíxià wǒ duì tā de kànfǎ ma?

제가 한마디드려도 될까요?
我能说一句吗?
Wǒ néng shuō yí jù ma?

말씀 중에 죄송합니다만, 한마디하겠습니다.

很抱歉打断您的话，我说一句。

Hěn bàoqiàn dǎduàn nín de huà, wǒ shuō yí jù.

제가 하려던 말이 아직 안 끝났습니다.

我的话还没说完。

Wǒ de huà hái méi shuōwán.

하던 이야기를 마저 해도 될까요?

我可以继续说吗?

Wǒ kěyǐ jìxù shuō ma?

我可以把话说完吗?

Wǒ kěyǐ bǎ huà shuōwán ma?

잠시만요. 괜찮으시다면, 하던 이야기를 마저 끝내겠습니다.

请等一下，如果可以的话，我想把话说完。

Qǐng děng yíxià, rúguǒ kěyǐ dehuà, wǒ xiǎng bǎ huà shuōwán.

이 문제는 여전히 논의해야 할 여러 사항이 있습니다.

这个问题还有许多事项需要讨论。

Zhège wèntí hái yǒu xǔduō shìxiàng xūyào tǎolùn.

다시 한번 회의를 해서 이 토론을 이어 나가야 합니다.

得再开一次会继续讨论。

Děi zài kāi yí cì huì jìxù tǎolùn.

이 부분은 우선 그냥 두고 다음 항목으로 넘어갑시다.

这一点先放在一边，先看下一个项目吧。

Zhè yì diǎn xiān fàng zài yì biān, xiān kàn xià yí ge xiàngmù ba.

마지막으로 한마디 덧붙이겠습니다.

最后我再补充一句。

Zuìhòu wǒ zài bǔchōng yí jù.

最后我再说一句。

Zuìhòu wǒ zài shuō yí jù.

의견은 간단하게 부탁드립니다.

请简单说一下您的意见。

Qǐng jiǎndān shuō yíxià nín de yìjiàn.

표결에 부칠 수밖에 없겠습니다.

只好选择表决的方式了。

Zhǐhǎo xuǎnzé biǎojué de fāngshì le.

동의하기

동의합니다.
我同意。
Wǒ tóngyì.

전적으로 찬성합니다.
完全同意。
Wánquán tóngyì.

당신 의견에 전적으로 찬성합니다. [강한 어조]
我完全同意您的意见。
Wǒ wánquán tóngyì nín de yìjiàn.

일리 있는 말씀입니다.
您的话有道理。
Nín de huà yǒu dàolǐ.

당신 의견도 일리가 있습니다.
您的意见也有道理。
Nín de yìjiàn yě yǒu dàolǐ.

이 점은 저도 당신 의견에 동의합니다.
这一点我同意您的意见。
Zhè yì diǎn wǒ tóngyì nín de yìjiàn.

그 점은 별문제가 되지 않습니다.
那一点应该没有什么问题。
Nà yì diǎn yīnggāi méiyǒu shénme wèntí.

맞습니다.
对。
Duì.

그건 그렇습니다.
那倒也是。
Nà dào yě shì.

그런 것 같습니다. [약한 어조]
好像是。
Hǎoxiàng shì.

제 말이 바로 그 이야기입니다.
我说的就是这个意思。
Wǒ shuō de jiù shì zhège yìsi.

좋은 의견입니다.

这个意见很好。
Zhège yìjiàn hěn hǎo.

这个想法很不错。
Zhège xiǎngfa hěn búcuò.

이 관점에서는 생각해 본 적이 없습니다.

从来没从这个角度考虑过。
Cónglái méi cóng zhège jiǎodù kǎolǜguo.

*角度 jiǎodù 관점, 각도

자리에 앉아 계신 분 모두 저와 같은 생각이리라 믿습니다.

我相信在座的各位都和我有相同的想法。
Wǒ xiāngxìn zài zuò de gè wèi dōu hé wǒ yǒu xiāngtóng de xiǎngfa.

이건 시도해 볼 만한 계획이라고 확신합니다.

我确信这是一个可尝试的计划。
Wǒ quèxìn zhè shì yí ge kě chángshì de jìhuà.

반대 의견 없습니다.

我没有反对意见。
Wǒ méiyǒu fǎnduì yìjiàn.

결정 잘하셨습니다.

您的决定是正确的。
Nín de juédìng shì zhèngquè de.

您做出了一个很好的决定。
Nín zuòchūle yí ge hěn hǎo de juédìng.

제대로 된 결정이라고 확신합니다.

我确信这是一个正确的决定。
Wǒ quèxìn zhè shì yí ge zhèngquè de juédìng.

부담 없이 결정하십시오.

您随意决定。
Nín suíyì juédìng.

귀하의 판단에 맡기겠습니다.

您自行判断。
Nín zìxíng pànduàn.

모든 게 귀하의 결정에 달려 있습니다.

一切都取决于您的决定。
Yíqiè dōu qǔjué yú nín de juédìng.

정 그러시다면, 말리지 않겠습니다.

一定要那样的话，那我也不反对。

Yídìng yào nàyàng dehuà, nà wǒ yě bù fǎnduì.

이 가격[조건]이면 합리적인 편입니다.

这个价格[条件]比较合理。

Zhège jiàgé[tiáojiàn] bǐjiào hélǐ.

이 정도 기한이면 충분합니다.

这个时间限制比较合适。

Zhège shíjiān xiànzhì bǐjiào héshì.

합병에 찬성합니다.

我支持合并。

Wǒ zhīchí hébìng.

이 중재 조건의 개정안에 찬성합니다.

我对这个调解条款的修订项目表示支持。 *调解 tiáojiě 조정하다

Wǒ duì zhège tiáojiě tiáokuǎn de xiūdìng xiàngmù biǎoshì zhīchí.

그가 당신의 제안을 받아들였습니다.

他接受您的提议。

Tā jiēshòu nín de tíyì.

이 문제에는 전 이○○ 씨 편입니다.

对于这个问题，我同意小李的意见。

Duìyú zhège wèntí, wǒ tóngyì Xiǎo Lǐ de yìjiàn.

반대하기

반대합니다.

我反对。

Wǒ fǎnduì.

我不同意。

Wǒ bù tóngyì.

전적으로 반대합니다.

我完全反对。

Wǒ wánquán fǎnduì.

절대로 동의하지 않습니다.

我绝不同意。

Wǒ juébù tóngyì.

그렇게 생각하지 않습니다.

我不那么认为。
Wǒ bú nàme rènwéi.

죄송합니다만, 그건 현실과 다릅니다.

很抱歉，那与现实不符。
Hěn bàoqiàn, nà yǔ xiànshí bùfú.

그런 말씀을 왜 하시는지 알지만, 그건 현실과 다릅니다.

我理解您为什么那么说，但那不符合现实。
Wǒ lǐjiě nín wèishénme nàme shuō, dàn nà bù fúhé xiànshí.

결코 그렇지 않습니다.

并非如此。
Bìngfēi rúcǐ.

*并非 bìngfēi 결코 ~하지 않다

결코 항상 그렇지는 않습니다.

并非总是如此。
Bìngfēi zǒngshì rúcǐ.

귀하의 말씀도 맞기는 하지만, 이 상황에는 적절하지 않습니다.

您说的也对，但不适用于这种情况。
Nín shuō de yě duì, dàn bú shìyòng yú zhè zhǒng qíngkuàng.

您的想法也有道理，但不适用于这种情况。
Nín de xiǎngfa yě yǒu dàolǐ, dàn bú shìyòng yú zhè zhǒng qíngkuàng.

귀하의 생각도 맞기는 하지만, 조금 과장됐습니다.

您的想法也对，不过有些夸张。
Nín de xiǎngfa yě duì, búguò yǒuxiē kuāzhāng.

그 부분은 그다지 확실하지 않습니다.

我对那个方面不太确定。
Wǒ duì nàge fāngmiàn bú tài quèdìng.

제 생각은 좀 다릅니다.

我的想法不同。
Wǒ de xiǎngfa bù tóng.

그 문제에 관련해서 제 생각은 좀 다릅니다.

对那个问题我持不同的看法。
Duì nàge wèntí wǒ chí bù tóng de kànfa.

귀하의 생각은 이해하지만, 그 방법으로는 문제를 해결할 수 없습니다.

我理解你的想法，但那个方法不能解决问题。

Wǒ lǐjiě nǐ de xiǎngfa, dàn nàge fāngfǎ bù néng jiějué wèntí.

그 점을 이해하기는 하지만, 납득할 수 없습니다.

我理解这一点，但这一点不能让人接受。

Wǒ lǐjiě zhè yì diǎn, dàn zhè yì diǎn bù néng ràng rén jiēshòu.

하시는 말씀을 이해는 합니다만, 동의할 수 없습니다.

您说的我也理解，但我不能同意。

Nín shuō de wǒ yě lǐjiě, dàn wǒ bù néng tóngyì.

귀하의 의견에 일부 동의하지만, 완전히 찬성하는 건 아닙니다. 해결해야 할 일이 너무 많습니다.

您的意见我部分同意，但不是百分之百支持。需要解决的问题很多。

Nín de yìjiàn wǒ bùfen tóngyì, dàn bú shì bǎi fēn zhī bǎi zhīchí. Xūyào jiějué de wèntí hěn duō.

이에 일부 동의하기는 하지만, 제가 떠맡을 위험이 너무 큽니다.

对此我虽然部分同意，但我个人要承担的风险太大。

Duì cǐ wǒ suīrán bùfen tóngyì, dàn wǒ gèrén yào chéngdān de fēngxiǎn tài dà.

마○○ 씨, 귀하의 의견에 반대합니다.

马先生，我个人反对您的看法。

Mǎ xiānsheng, wǒ gèrén fǎnduì nín de kànfǎ.

계획이 틀어진다면, 회사에 어떤 결과를 초래할지 알고 계시나요?

如果计划不能按照您所想的进行时，会给公司带来怎样的结果，您知道吗?

Rúguǒ jìhuà bù néng ànzhào nín suǒ xiǎng de jìnxíng shí, huì gěi gōngsī dàilái zěnyàng de jiéguǒ, nín zhīdào ma?

미리 말씀드리지만, 이건 절대 성공 못 합니다.

我把话说在前头，这绝对不会成功的。

Wǒ bǎ huà shuō zài qiántóu, zhè juéduì bú huì chénggōng de.

이건 좋은 생각이 아닙니다.

这并不是个好主意。

Zhè bìng bú shì ge hǎo zhǔyi.

중요한 점을 놓치신 듯합니다.

你好像忽略了很重要的部分。

Nǐ hǎoxiàng hūlüèle hěn zhòngyào de bùfen.

*忽略 hūlüè 소홀히 하다

제가 틀렸을지도 모르지만, 계속 진행하고 싶습니다.

也许我是错的，但是我还是想把它进行下去。

Yěxǔ wǒ shì cuò de, dànshì wǒ háishi xiǎng bǎ tā jìnxíng xiàqù.

글쎄요.

不好说。

Bù hǎo shuō.

글쎄요, 물론 그게 무엇이냐에 달렸죠.

不好说，要看那是什么。

Bù hǎo shuō, yào kàn nà shì shénme.

정말 죄송합니다만, 이 프로그램은 중단해야 합니다.

非常抱歉，这个项目得中断。

Fēicháng bàoqiàn, zhège xiàngmù děi zhōngduàn.

죄송합니다만, 다른 의견 없이는 이번 거래에 찬성할 수 없습니다.

很抱歉，没有其他意见的话，这次交易我不能赞同。

Hěn bàoqiàn, méiyǒu qítā yìjiàn dehuà, zhè cì jiāoyì wǒ bù néng zàntóng.

법무팀과 상의하기 전에는 답변해 드릴 수 없습니다.

在我们与法务部商议之前，不能给您答复。

Zài wǒmen yǔ fǎwùbù shāngyì zhīqián, bù néng gěi nín dáfù.

A 合同里能不能把我方的提议加进去后重新签订呢?
Hétong li néng bu néng bǎ wǒ fāng de tíyì jiā jìnqù hòu chóngxīn qiāndìng ne?
저희 측 제안을 추가하여 계약서를 다시 쓸 수 있을까요?

B **很抱歉，在我们与法务部商议之前，不能给您答复。**
Hěn bàoqiàn, zài wǒmen yǔ fǎwùbù shāngyì zhīqián, bù néng gěi nín dáfù.
죄송합니다만, 법무팀과 상의하기 전에는 답변해 드릴 수 없습니다.

새로운 계획에 반대하는 분 계신가요?

有人反对这个新计划吗?

Yǒurén fǎnduì zhège xīn jìhuà ma?

그건 생각의 문제입니다.

那是看法上的问题。

Nà shì kànfǎ shàng de wèntí.

그 문제는 한 치도 양보 못 합니다.

对于这个问题，我们绝不让步。

Duìyú zhège wèntí, wǒmen juébù ràngbù.

귀하의 방식을 참을 수가 없습니다.

我们对您的方式感到不能容忍。

Wǒmen duì nín de fāngshì gǎndào bù néng róngrěn.

*容忍 róngrěn 참고 견디다

그 논조에는 찬성할 수 없습니다.

我们不赞同这个说法。

Wǒmen bú zàntóng zhège shuōfa.

엄격히 말하자면, 그건 정확하지 않습니다.

严格来说，那不准确。

Yángé lái shuō, nà bù zhǔnquè.

보수적인 사고방식입니다.

您的想法很保守。

Nín de xiǎngfa hěn bǎoshǒu.

귀하께서는 이 일을 이해하지 못하시는 듯합니다.

看来您对此不了解。

Kànlái nín duì cǐ bù liǎojiě.

빙빙 돌리지 말고, 요점을 말씀하십시오.

说话不要绕弯子，直接说重点吧。

Shuōhuà búyào rào wānzi, zhíjiē shuō zhòngdiǎn ba.

*绕弯子 rào wānzi 에두르다

말씀의 의미는 알지만, 상황이 다소 변했습니다.

我明白您的意思，但情况有所变化。

Wǒ míngbai nín de yìsi, dàn qíngkuàng yǒu suǒ biànhuà.

그 문제를 더 논의할 필요는 없을 듯합니다.

我认为对这个问题不用再过多讨论了。

Wǒ rènwéi duì zhège wèntí búyòng zài guò duō tǎolùn le.

말하자면 깁니다.

说来话长。

Shuōláihuàcháng.

제 말의 취지는 그게 아닙니다.

我不是那个意思。

Wǒ bú shì nàge yìsi.

뭐라고 말씀드려야 할까요?

该说些什么好呢?

Gāi shuō xiē shénme hǎo ne?

적절한 말이 생각나지 않습니다.

不知道该怎么说才好。
Bù zhīdào gāi zěnme shuō cái hǎo.

그건 말도 안 됩니다!

那太不像话！
Nà tài búxiànghuà!

那不可能！
Nà bù kěnéng!

질문하기

질문드려도 될까요?

可以问个问题吗?
Kěyǐ wèn ge wèntí ma?

可以提问吗?
Kěyǐ tíwèn ma?

이 기획서에 관해 몇 가지 여쭤봐도 될까요?

关于这份企划书，我可以提几个问题吗?
Guānyú zhè fèn qǐhuàshū, wǒ kěyǐ tí jǐ ge wèntí ma?

이 용어의 의미를 설명해 주시겠어요?

能不能解释一下这个术语的意思?
Néng bu néng jiěshì yíxià zhège shùyǔ de yìsi?

*术语 shùyǔ 전문 용어

'과도기'라고 말씀하셨는데요, 무슨 뜻인가요?

您说到了“过渡期”，这指的是什么呢?
Nín shuōdàole “guòdùqī”, zhè zhǐ de shì shénme ne?

죄송합니다만, 아직 잘 이해가 안 돼서요. 좀 쉽게 설명해 주시겠어요?

对不起，我还不太明白，可以说得简单一些吗?
Duìbuqǐ, wǒ hái bú tài míngbai, kěyǐ shuō de jiǎndān yìxiē ma?

예를 들어 설명해 주시겠어요?

可以举例说明吗?
Kěyǐ jǔlì shuōmíng ma?

방금 하신 말씀은 무슨 의미인가요?

您刚才说的是什么意思?
Nín gāngcái shuō de shì shénme yìsi?

방금 언급하신 내용을 다시 한번 말씀해 주시겠어요?

您可以把刚才说过的再说一遍吗?

Nín kěyǐ bǎ gāngcái shuōguo de zài shuō yí biàn ma?

할인을 하는 게 좋다는 말씀이신가요?

您的意思是降价更好吗?

Nín de yìsi shì jiàngjià gèng hǎo ma?

타깃층을 바꾸자는 말씀이신가요?

您的意思是要改变销售对象吗?

Nín de yìsi shì yào gǎibiàn xiāoshòu duìxiàng ma?

회의 종료

회의 마무리

회의가 거의 끝나 갑니다.

会议快结束了。

Huìyì kuài jiéshù le.

회의 내용를 정리하겠습니다.

我把会议内容整理一下。

Wǒ bǎ huìyì nèiróng zhěnglǐ yíxià.

나올 만한 의견은 다 나온 듯합니다.

该提的意见看来都提了。

Gāi tí de yìjiàn kànlái dōu tí le.

아이디어를 내 주셔서 고맙습니다.

谢谢各位所提的建议。

Xièxie gè wèi suǒ tí de jiànyì.

오늘 내 주신 귀중한 의견과 제안에 깊이 감사드립니다.

非常感谢各位今天所提的宝贵意见和建议。

Fēicháng gǎnxiè gè wèi jīntiān suǒ tí de bǎoguì yìjiàn hé jiànyì.

이 점은 토론할 부분이 아직 많지만, 시간 관계상 다음 회의 때 이어서 논의하도록 하겠습니다.

关于这一点还有很多需要讨论，不过因为时间关系，下次会议再继续进行讨论。

Guānyú zhè yì diǎn hái yǒu hěn duō xūyào tǎolùn, búguò yīnwèi shíjiān guānxi, xià cì huìyì zài jìxù jìnxíng tǎolùn.

다음 회의까지 본인이 해야 할 업무는 인지하고 계시기 바랍니다.

大家都知道在下次开会之前各自所要做的工作吧?

Dàjiā dōu zhīdào zài xià cì kāihuì zhīqián gèzì suǒ yào zuò de gōngzuò ba?

오늘 협의한 내용을 업무에 잘 활용해 주시기 바랍니다.

今天商议的内容希望各位可以应用到各自的工作中。

Jīntiān shāngyì de nèiróng xīwàng gè wèi kěyǐ yìngyòng dào gèzì de gōngzuò zhōng.

이른 아침부터 회의에 참석해 주셔서 고맙습니다.

感谢各位一早来参加会议。

Gǎnxiè gè wèi yì zǎo lái cānjiā huìyì.

질의응답

질문 있으면 하십시오.

有问题的话请讲。

Yǒu wèntí dehuà qǐng jiǎng.

몇 가지 질문에 답한 후, 오늘 회의를 마치겠습니다.

对所提出的问题进行回答后结束今天的会议。

Duì suǒ tíchū de wèntí jìnxíng huídá hòu jiéshù jīntiān de huìyì.

신제품 출시에 추가 의견은 없으신가요?

关于推出新产品一事，有没有其他意见?

Guānyú tuīchū xīn chǎnpǐn yí shì, yǒu méiyǒu qítā yìjiàn?

실전회화

A **关于推出新产品一事，有没有其他意见?**
Guānyú tuīchū xīn chǎnpǐn yí shì, yǒu méiyǒu qítā yìjiàn?
신제품 출시에 추가 의견은 없으신가요?

B **现在没有，谢谢。**
Xiànzài méiyǒu, xièxie.
현재까지는 없습니다. 감사합니다.

마케팅 전략에 더 하실 말씀은 없으신가요?

关于营销战略，还有什么其他意见吗?

Guānyú yíngxiāo zhànlüè, hái yǒu shénme qítā yìjiàn ma?

가격 인상안에 덧붙일 말씀은 없으신가요?

关于价格提升方案还有什么要说的吗?

Guānyú jiàgé tíshēng fāng'àn hái yǒu shénme yào shuō de ma?

오늘 결정한 사안에 더 하실 말씀은 없으신가요?

关于今天所做出的决定还有什么其他意见吗?

Guānyú jīntiān suǒ zuòchū de juédìng hái yǒu shénme qítā yìjiàn ma?

오늘 협의 내용에 다른 의견이 있으시면 지금 말씀해 주십시오.

关于今天商议的内容，如果还有什么意见现在请讲。

Guānyú jīntiān shāngyì de nèiróng, rúguǒ hái yǒu shénme yìjiàn xiànzài qǐng jiǎng.

추가할 사항이 없습니다.

没有什么要补充的了。

Méiyǒu shénme yào bǔchōng de le.

한 말씀드려도 될까요?

可以顺便说一句吗?

Kěyǐ shùnbiàn shuō yí jù ma?

오늘 안건과는 관련이 없지만, 몇 마디 해도 될까요?

虽然跟今天的议题无关，但我可以说几句吗?

Suīrán gēn jīntiān de yìtí wúguān, dàn wǒ kěyǐ shuō jǐ jù ma?

무슨 근거로 그런 말씀을 하시나요?

您凭什么那么说?

Nín píng shénme nàme shuō?

您说的有什么根据吗?

Nín shuō de yǒu shénme gēnjù ma?

그 정보들은 어디에서 입수하신 건가요?

这些信息都是从哪里获得的?

Zhèxiē xìnxī dōu shì cóng nǎlǐ huòdé de?

추가 금액을 상세하게 설명해 주시겠어요?

可以详细地说明一下追加金额吗?

Kěyǐ xiángxì de shuōmíng yíxià zhuījiā jīn'é ma?

저희가 책임지지 않아도 된다는 뜻인가요?

您的意思是我们可以不承担责任吗?

Nín de yìsi shì wǒmen kěyǐ bù chéngdān zérèn ma?

상황이 어떻든 간에, 이것은 적절하지 않다는 점을 모두 이해하시나요?

不管情况如何，这都不合适，这一点大家都理解吗?

Bùguǎn qíngkuàng rúhé, zhè dōu bù héshì, zhè yì diǎn dàjiā dōu lǐjiě ma?

앞으로 2주간 해야 할 일을 알고 있나요?

你知道今后两周要做的是什么吧?

Nǐ zhīdào jīnhòu liǎng zhōu yào zuò de shì shénme ba?

A 你知道今后两周要做的是什么吧?
Nǐ zhīdào jīnhòu liǎng zhōu yào zuò de shì shénme ba?
앞으로 2주간 해야 할 일을 알고 있나요?

B 是的，我知道。
Shì de, wǒ zhīdào.
네, 숙지했습니다.

사적인 질문을 드려도 괜찮을까요?

如果可以的话，我可以问一个私人问题吗?

Rúguǒ kěyǐ dehuà, wǒ kěyǐ wèn yí ge sīrén wèntí ma?

부탁이 하나 있습니다.

我有个请求。

Wǒ yǒu ge qǐngqiú.

마지막으로 의견이나 관심사를 말씀하셔도 됩니다.

最后可以提一提意见或者说一说所关心的问题。

Zuìhòu kěyǐ tí yi tí yìjiàn huòzhě shuō yi shuō suǒ guānxīn de wèntí.

다른 의견이 있으시면, 주저하지 말고 제게 이메일을 보내십시오.

如果有什么其他意见，请尽管发邮件告诉我。

Rúguǒ yǒu shénme qítā yìjiàn, qǐng jǐnguǎn fā yóujiàn gàosu wǒ.

결론 맺기

결정을 내리기에는 아직 이릅니다.

下结论还为时尚早。

Xià jiélùn hái wéishíshàngzǎo.

생각할 시간을 며칠만 주십시오.

给我几天时间考虑一下。

Gěi wǒ jǐ tiān shíjiān kǎolǜ yíxià.

고민해 보신 후 연락 부탁드립니다.

您考虑一下，然后联系我们吧。

Nín kǎolǜ yíxià, ránhòu liánxì wǒmen ba.

달리 방법이 없습니다.

没有其他办法。

Méiyǒu qítā bànfǎ.

잠시 상황을 지켜봅시다.

先观察一下进展情况。

Xiān guānchá yíxià jìnzhǎn qíngkuàng.

현실적으로 생각해 봅시다.

我们想得现实一些。

Wǒmen xiǎng de xiànshí yìxiē.

결과가 나올 때까지 두고 봅시다.

我们静待结果吧。

Wǒmen jìng dài jiéguǒ ba.

어려운 결정을 내리셨습니다.

您做出了一个艰难的决定。

Nín zuòchūle yí ge jiānnán de juédìng.

이 건은 사장님과 상의해 봐야 합니다.

这个问题我们要和老板商议才行。

Zhège wèntí wǒmen yào hé lǎobǎn shāngyì cái xíng.

편하실 때 저희가 방문하여 이 건에 대해 다시 상의드리겠습니다.

您方便的时候，我们过去再就这个问题进行探讨。

Nín fāngbiàn de shíhou, wǒmen guòqù zài jiù zhège wèntí jìnxíng tàntǎo.

이 상태로 결론이 날까요?

这样能得出什么结论?

Zhèyàng néng déchū shénme jiélùn?

아무런 결정도 나지 않았습니다.

没有做出任何决定。

Méiyǒu zuòchū rènhé juédìng.

만장일치로 가결되었습니다.

全场一致通过。

Quánchǎng yízhì tōngguò.

결론은 다음 회의 때까지 보류하겠습니다.

下次开会时再下结论吧。

Xià cì kāihuì shí zài xià jiélùn ba.

심사숙고 끝에, 이 안건은 급하게 해결할 필요가 없다는 의견입니다.

经过再三考虑，我们认为该问题不用急于解决。

Jīngguò zàisān kǎolǜ, wǒmen rènwéi gāi wèntí búyòng jíyú jiějué.

보안 정책을 협의하려면 기술 지원 센터의 참여가 필요하다는 의견입니다.

为了商议保安政策问题，我们认为这需要技术支援中心的参与。

Wèile shāngyì bǎo'ān zhèngcè wèntí, wǒmen rènwéi zhè xūyào jìshù zhīyuán zhōngxīn de cānyù.

유급 휴가와 관련해 결론을 내렸습니다.

我们对带薪休假作出了结论。

Wǒmen duì dàixīn xiūjià zuòchūle jiélùn.

*带薪休假 dàixīn xiūjià 유급 휴가

중국 시장은 아직 블루오션이라는 결론입니다.

结论是中国市场还是蓝海。

Jiélùn shì Zhōngguó shìchǎng háishi lánhǎi.

*蓝海 lánhǎi 블루오션

결론적으로, 향후 5년 동안 큰 기대를 거셔도 좋겠습니다.

总而言之，今后五年让我们共同期待吧。

Zǒng'éryánzhī, jīnhòu wǔ nián ràng wǒmen gòngtóng qīdài ba.

*总而言之 zǒng'éryánzhī 결론적으로

이번 회의로, 우리가 이 문제를 어떻게 생각하는지 알게 되었습니다.

通过此次会议，使我们了解到我们对这个问题的想法。
Tōngguò cǐ cì huìyì, shǐ wǒmen liǎojiě dào wǒmen duì zhège wèntí de xiǎngfa.

끝으로, 오늘의 핵심 사항을 기억하시기 바랍니다.

最后希望大家记住今天的主要事项。
Zuìhòu xīwàng dàjiā jìzhù jīntiān de zhǔyào shìxiàng.

모두 함께 결정한 일이니 많은 협조 부탁드립니다.

这是大家共同做出的决定，所以请给予大力合作。
Zhè shì dàjiā gòngtóng zuòchū de juédìng, suǒyǐ qǐng jǐyǔ dàlì hézuò.

회의 마치기

각 부서의 팀장은 모레까지 전략 보고서를 제출하십시오.

请各部门的经理后天提交战略报告。
Qǐng gè bùmén de jīnglǐ hòutiān tíjiāo zhànlüè bàogào.

실전회화

A 那今天的会议就进行到这里吧。请各部门的经理后天提交战略报告。为了观察进展情况，下周同一时间再举行会议。
Nà jīntiān de huìyì jiù jìnxíng dào zhèlǐ ba. Qǐng gè bùmén de jīnglǐ hòutiān tíjiāo zhànlüè bàogào. Wèile guānchá jìnzhǎn qíngkuàng, xiàzhōu tóngyī shíjiān zài jǔxíng huìyì.
그럼 오늘 회의는 여기에서 마칩니다. 각 부서 팀장은 모레까지 전략 보고서를 제출하십시오. 돌아가는 상황을 파악하기 위해 다음 주 같은 시간에 다시 회의를 진행합니다.

B 好的，没问题。
Hǎo de, méi wèntí.
네, 문제없습니다.

A 那到时见吧。
Nà dào shí jiàn ba.
그럼 그때 봅시다.

남은 부분은 다음 회의에서 계속 논의하도록 합시다.

没有讨论完的部分下次会议继续讨论。
Méiyǒu tǎolùn wán de bùfen xià cì huìyì jìxù tǎolùn.

다음 주 중에 만나 프로젝트 진행 상황을 다시 확인하도록 합시다.

下周我们见面后再对项目的进展情况进行确认吧。
Xiàzhōu wǒmen jiànmiàn hòu zài duì xiàngmù de jìnzhǎn qíngkuàng jìnxíng quèrèn ba.

이 내용이 어떻게 돌아가는지 언제든지 말씀해 주십시오.

请随时告诉我有关这个事项的进展情况。
Qǐng suíshí gàosu wǒ yǒuguān zhège shìxiàng de jìnzhǎn qíngkuàng.

충분히 협의했으니 계약서에 서명합시다.

我们已经充分地进行了意见交换，请在合同上签字。

Wǒmen yǐjīng chōngfèn de jìnxíngle yìjiàn jiāohuàn, qǐng zài hétong shàng qiānzì.

다음 회의 일정을 정하도록 하겠습니다.

制定一下下次会议的日程。

Zhìdìng yíxià xià cì huìyì de rìchéng.

다음 주 수요일 오후 3시, 여기서 만납시다.

下周三下午3点，还在这里见吧。

Xià zhōusān xiàwǔ sān diǎn, hái zài zhèlǐ jiàn ba.

다시 회의를 하게 되면 알려 드리겠습니다.

如果再举行会议的话，我们会通知您。

Rúguǒ zài jǔxíng huìyì dehuà, wǒmen huì tōngzhī nín.

다음 회의에서 봅시다.

下次会议上再见。

Xià cì huìyì shàng zàijiàn.

이만 회의를 마칩니다.

会议到此结束。

Huìyì dào jiéshù.

就到这里。

Jiù dào zhèlǐ.

그럼 이번 회의는 여기서 마칩니다.

那这次会议就到此结束吧。

Nà zhè cì huìyì jiù dào cǐ jiéshù ba.

那这次会议就到这里吧。

Nà zhè cì huìyì jiù dào zhèlǐ ba.

충분히 논의했으니 이만 회의를 마치겠습니다.

我们已经进行了足够的讨论，会议就开到这里吧。

Wǒmen yǐjīng jìnxíngle zúgòu de tǎolùn, huìyì jiù kāidào zhèlǐ ba.

더 논의할 사항이 없으면, 이만 회의를 마치겠습니다.

没有其他问题要讨论的话，那会议就到此结束。

Méiyǒu qítā wèntí yào tǎolùn dehuà, nà huìyì jiù dào cǐ jiéshù.

대단히 수고 많으셨습니다.

各位都辛苦了。

Gè wèi dōu xīnkǔ le.

PART

7

프레젠테이션

청중을 사로잡는 프레젠테이션 표현 익히기!

중국 업무를 담당하는 실무자라면 회사 소개, 사업/신제품 설명 등 중국어로 프레젠테이션을 하는 경우가 많이 있습니다. 중국어로, 그것도 많은 청중 앞에 서서 말로 전달해야 한다는 부담감 때문에 이메일이나 문서 작성보다 더 어렵고 부담스러워 하는 업무 중 하나인데요.

PART 7의 표현만 잘 익혀 두어도 프레젠테이션을 성공적으로 마칠 수 있습니다. 대본 작성할 때 유용한 표현을 모두 모았으니, 필요할 때 바로 찾아 발표 준비를 좀 더 수월하게 할 수 있습니다.

프레젠테이션 시작 및 소개

06-1.mp3

인사

오늘 이 자리에 와 주셔서 고맙습니다.

非常感谢各位今天来到这里。

Fēicháng gǎnxiè gè wèi jīntiān láidào zhèlǐ.

바쁘신 중에도 이 자리에 와 주셔서 고맙습니다.

很感谢各位在百忙之中来到这里。

Hěn gǎnxiè gè wèi zài bǎimáng zhī zhōng láidào zhèlǐ.

오늘 설명회에 참석해 주셔서 고맙습니다.

很感谢各位来参加今天的说明会。

Hěn gǎnxiè gè wèi lái cānjiā jīntiān de shuōmínghuì.

Biz tip '很感谢各位来参加今天的○○○。' 문형을 기억하세요. 반드시 '참석하다'라는 뜻의 동사 参加와 목적어가 함께 나와야 합니다. 비즈니스에서는 '开会 kāihuì / 报告 bàogào / 展销会 zhǎnxiāohuì' 등과 자주 쓰이니, 하나로 묶어서 기억하면 좋습니다.

먼저, 찾아 주신 모든 분께 깊은 감사 인사드립니다.

首先对到场的各位表示诚挚的感谢。

Shǒuxiān duì dào chǎng de gè wèi biǎoshì chéngzhì de gǎnxiè.

*诚挚 chéngzhì 성실하고 진지하다

당사의 신제품 발표회에 참석해 주셔서 정말 감사드립니다.

非常感谢各位来参加我们的新产品说明会。

Fēicháng gǎnxiè gè wèi lái cānjiā wǒmen de xīn chǎnpǐn shuōmínghuì.

당사의 제품을 여기에 계신 여러분께 먼저 선보일 수 있어서 영광입니다.

能将我们的产品首先展示给在场的各位，这让我们感到很荣幸。

Néng jiāng wǒmen de chǎnpǐn shǒuxiān zhǎnshì gěi zàichǎng de gè wèi, zhè ràng wǒmen gǎndào hěn róngxìng.

여러분을 만나 뵙게 되어 정말 기쁩니다.

非常高兴见到各位。

Fēicháng gāoxìng jiàndào gè wèi.

대한무역에 오신 것을 환영합니다.

欢迎大家光临我们大韩贸易公司。

Huānyíng dàjiā guānglín wǒmen Dàhán Màoyì Gōngsī.

여러분을 대단히 환영합니다.

对大家表示热烈的欢迎。
Duì dàjiā biǎoshì rèliè de huānyíng.

오늘 회의에 참석해 주셔서 고맙습니다.

很感谢各位出席今天的会议。
Hěn gǎnxiè gè wèi chūxí jīntiān de huìyì.

프레젠테이션을 시작할 시간입니다.

开始进行报告的时间到了。
Kāishǐ jìnxíng bàogào de shíjiān dào le.

모두 착석해 주시기 바랍니다.

请各位就座。
Qǐng gè wèi jiù zuò.

그럼, 이제 발표를 시작합니다.

那么，报告开始吧。
Nàme, bàogào kāishǐ ba.

오늘 프레젠테이션은 중국어로 하는 거라 조금 긴장이 됩니다.

今天是用汉语来进行报告，这让我感到有些紧张。
Jīntiān shì yòng Hànyǔ lái jìnxíng bàogào, zhè ràng wǒ gǎndào yǒuxiē jǐnzhāng.

간단히 주간 업무 보고를 하겠습니다.

简单地进行一下本周工作汇报。 *汇报 huìbào 종합하여 보고하다
Jiǎndān de jìnxíng yíxià běn zhōu gōngzuò huìbào.

소개

먼저 제 소개를 하겠습니다.

首先我来做一下自我介绍。
Shǒuxiān wǒ lái zuò yíxià zìwǒ jièshào.

我来介绍一下我自己。
Wǒ lái jièshào yíxià wǒ zìjǐ.

Biz tip 프레젠테이션에 앞서 '제 소개를 하겠습니다.'와 같은 간단한 인사말로 시작을 알린 후, 구체적인 내용을 발표하는 것이 정중해 보입니다. 자기소개는 간략하게 부서와 직책, 이름 정도만 말합니다.

오늘 프레젠테이션을 담당할 사원을 소개하겠습니다.

我来介绍一下今天负责报告的职员。
Wǒ lái jièshào yíxià jīntiān fùzé bàogào de zhíyuán.

오늘 프레젠테이션 담당은 수출 업무 파트의 장밍입니다.

今天要进行报告的是负责出口业务的张明。
Jīntiān yào jìnxíng bàogào de shì fùzé chūkǒu yèwù de Zhāng Míng.

해외영업팀 이○○입니다.

我是海外销售部的李○○。
Wǒ shì hǎiwài xiāoshòubù de Lǐ OO.

이번에 해외영업을 담당하게 된 김○○입니다.

我是这次负责海外销售的金○○。
Wǒ shì zhè cì fùzé hǎiwài xiāoshòu de Jīn OO.

저는 새로 부임한 프로젝트 매니저입니다.

我是新来的项目经理。
Wǒ shì xīn lái de xiàngmù jīnglǐ.

*项目经理 xiàngmù jīnglǐ 프로젝트 매니저

저는 오랫동안 중국 수출 업무를 담당하고 있습니다.

很长时间以来，我一直负责中国出口业务。
Hěn cháng shíjiān yǐlái, wǒ yìzhí fùzé Zhōngguó chūkǒu yèwù.

저를 모르는 분이 많이 계시리라 생각됩니다.

相信在座有很多人不知道我是谁。
Xiāngxìn zài zuò yǒu hěn duō rén bù zhīdào wǒ shì shéi.

본사는 서울이고, 베이징과 홍콩에 지사를 두고 있습니다.

总公司位于首尔，分公司分别在北京和香港。
Zǒnggōngsī wèiyú Shǒu'ěr, fēngōngsī fēnbié zài Běijīng hé Xiānggǎng.

당사의 기업 슬로건은 '친환경'입니다.

我们公司的口号是"追求绿色环保"。
Wǒmen gōngsī de kǒuhào shì "zhuīqiú lǜsè huánbǎo".

*口号 kǒuhào 슬로건, 구호

我们公司的理念是成为绿色环保企业。
Wǒmen gōngsī de lǐniàn shì chéngwéi lǜsè huánbǎo qǐyè.

*绿色环保 lǜsè huánbǎo 친환경

프레젠테이션 서론

07-2.mp3

주제 및 목적 소개

오늘 프레젠테이션은 신제품을 선보이고자 마련되었습니다.

今天的报告是要推出新产品。 *推出 tuīchū 출시하다

Jīntiān de bàogào shì yào tuīchū xīn chǎnpǐn.

오늘 프레젠테이션은 홍콩 기업과의 합병 문제를 다루고자 마련되었습니다.

今天的报告是有关与香港的企业合并的问题。

Jīntiān de bàogào shì yǒuguān yǔ Xiānggǎng de qǐyè hébìng de wèntí.

반도체 산업의 최신 기술을 설명드리겠습니다.

现在说明一下半导体产业的最新技术。 *半导体 bàndǎotǐ 반도체

Xiànzài shuōmíng yíxià bàndǎotǐ chǎnyè de zuìxīn jìshù.

당사 신제품의 차별화된 특징을 소개해 드리겠습니다.

现在跟大家介绍一下我们新产品的特色。

Xiànzài gēn dàjiā jièshào yíxià wǒmen xīn chǎnpǐn de tèsè.

깜짝 놀랄 만한 결과를 발표하겠습니다.

现在向大家公布一个令人吃惊的结果。

Xiànzài xiàng dàjiā gōngbù yí ge lìng rén chījīng de jiéguǒ.

최신 기술에 관한 흥미로운 조사 결과를 발표하려고 합니다.

关于最新技术，我们想向大家公布一个有意思的调查结果。

Guānyú zuìxīn jìshù, wǒmen xiǎng xiàng dàjiā gōngbù yí ge yǒu yìsi de diàochá jiéguǒ.

关于最新技术，我们想向大家公布一个令人关注的调查结果。

Guānyú zuìxīn jìshù, wǒmen xiǎng xiàng dàjiā gōngbù yí ge lìng rén guānzhù de diàochá jiéguǒ.

오늘 프레젠테이션의 주제는 자동차 연비입니다.

今天报告的主题是汽车油耗。 *油耗 yóuhào 연비

Jīntiān bàogào de zhǔtí shì qìchē yóuhào.

오늘 프레젠테이션의 주제는 효율적인 개선 방안입니다.

今天报告的主题是有效的改善方案。

Jīntiān bàogào de zhǔtí shì yǒuxiào de gǎishàn fāng'àn.

저희의 사업 목표를 말씀드리겠습니다.

现在介绍一下我们的事业目标。

Xiànzài jièshào yíxià wǒmen de shìyè mùbiāo.

저희의 사업 계획을 말씀드리겠습니다.

现在介绍一下我们的事业计划。

Xiànzài jièshào yíxià wǒmen de shìyè jìhuà.

이번 프레젠테이션의 핵심은 저희 마케팅 전략을 알려 드리려는 것입니다.

此次报告的核心是向各位介绍我们的营销战略。

Cǐ cì bàogào de héxīn shì xiàng gè wèi jièshào wǒmen de yíngxiāo zhànlüè.

이번 프레젠테이션의 핵심은 문화 차이가 고려되어야 한다는 것입니다.

此次报告的重点是一定要考虑到文化差异问题。

Cǐ cì bàogào de zhòngdiǎn shì yídìng yào kǎolǜ dào wénhuà chàyì wèntí.

모두 다음 내용을 주의 깊게 들어 주시기 바랍니다.

请大家注意听一下下面的内容。

Qǐng dàjiā zhùyì tīng yíxià xiàmiàn de nèiróng.

이번 분기 매출 실적을 보고드리겠습니다.

下面给大家看一下本季度的销售业绩。

Xiàmiàn gěi dàjiā kàn yíxià běn jìdù de xiāoshòu yèjì.

오늘 여러분께서는 오늘날의 국제 무역과 관련한 새로운 관점을 배워 가실 것입니다.

今天大家能了解到有关当今国际贸易的新视角。

Jīntiān dàjiā néng liǎojiě dào yǒuguān dāngjīn guójì màoyì de xīn shìjiǎo.

*视角 shìjiǎo 시각

오늘 프레젠테이션의 목적은 국제 거래에 관한 최신 정보를 업데이트해 드리려는 것입니다.

今天报告的目的是，要将最近有关我们国际交易的信息进行升级。

Jīntiān bàogào de mùdì shì, yào jiāng zuìjìn yǒuguān wǒmen guójì jiāoyì de xìnxī jìnxíng shēngjí.

이번 세미나의 목적은 새로운 고용 정책 및 그에 따른 몇 가지 사항을 명확히 해 드리려는 것입니다.

本次报告会的目的是将我们新的雇用政策及几点事项明确地介绍给大家。

Běn cì bàogàohuì de mùdì shì jiāng wǒmen xīn de gùyòng zhèngcè jí jǐ diǎn shìxiàng míngquè de jièshào gěi dàjiā.

*雇用 gùyòng 고용하다

이번 세미나의 목적은 이번 분기 사업 계획을 논의하려는 것입니다.

此次报告会的目的是要讨论一下本季度我们的事业计划。

Cǐ cì bàogàohuì de mùdì shì yào tǎolùn yíxià běn jìdù wǒmen de shìyè jìhuà.

이번 세미나의 목적은 상품의 경쟁력을 높이는 몇 가지 방법을 제안하려는 것입니다.

此次报告会的目的是提出几个可提升我们产品竞争力的方法。
Cǐ cì bàogàohuì de mùdì shì tíchū jǐ ge kě tíshēng wǒmen chǎnpǐn jìngzhēnglì de fāngfǎ.

이번 세미나는 여러분이 더 나은 투자를 하시도록 돕고자 마련되었습니다.

此次说明会是为了帮助各位在投资时，作出更正确的选择。
Cǐ cì shuōmínghuì shì wèile bāngzhù gè wèi zài tóuzī shí, zuòchū gèng zhèngquè de xuǎnzé.

이번 세미나는 신규 사업의 간략한 내용을 알려 드리려고 마련되었습니다.

本次说明会是要向大家简单介绍一下我们新项目的概要。
Běn cì shuōmínghuì shì yào xiàng dàjiā jiǎndān jièshào yíxià wǒmen xīn xiàngmù de gàiyào.

이번 사업 전략에 대해 논의하고자 오늘 이 자리에 나왔습니다.

今天的目的是要对本次的事业战略进行讨论。
Jīntiān de mùdì shì yào duì běn cì de shìyè zhànlüè jìnxíng tǎolùn.

이번 세미나에서 국내 무역 시장에서의 저희 상황을 알려 드릴 수 있습니다.

通过此次说明会，可以为大家提供一些有关我们在国内贸易市场现况的信息。
Tōngguò cǐ cì shuōmínghuì, kěyǐ wèi dàjiā tígòng yìxiē yǒuguān wǒmen zài guónèi màoyì shìchǎng xiànkuàng de xìnxī.

프레젠테이션 시작 알리기

그럼 회사 정책을 소개한 다음, 프레젠테이션을 시작하겠습니다.

那我先来介绍一下公司政策，然后开始作陈述报告。
Nà wǒ xiān lái jièshào yíxià gōngsī zhèngcè, ránhòu kāishǐ zuò chénshù bàogào.

*陈述 chénshù 진술하다

먼저 목차를 살펴보겠습니다.

首先我们来看一下目录。
Shǒuxiān wǒmen lái kàn yíxià mùlù.

먼저 오늘 프레젠테이션에서 다룰 몇 가지 사항을 소개하겠습니다.

首先我来介绍一下今天报告中涉及的几个问题。
Shǒuxiān wǒ lái jièshào yíxià jīntiān bàogào zhōng shèjí de jǐ ge wèntí.

*涉及 shèjí 언급하다

먼저 프레젠테이션 주요 내용을 간단히 알려 드리겠습니다.

首先简要地介绍一下报告的主要内容。 *简要 jiǎnyào 간단명료하다
Shǒuxiān jiǎnyào de jièshào yíxià bàogào de zhǔyào nèiróng.

배경지식을 설명드리기 전에, 오늘 프레젠테이션의 핵심 내용을 말씀드리며 시작하겠습니다.

在介绍一些背景知识之前，先简单地介绍一下今天报告的主要内容。

Zài jièshào yìxiē bèijǐng zhīshí zhīqián, xiān jiǎndān de jièshào yíxià jīntiān bàogào de zhǔyào nèiróng.

주요 내용을 살펴보면서 프레젠테이션을 시작하겠습니다.

首先来看一下报告的主要内容。

Shǒuxiān lái kàn yíxià bàogào de zhǔyào nèiróng.

마케팅 계획을 전체적으로 살펴보면서 시작하겠습니다.

首先整体看一下我们的营销企划。

Shǒuxiān zhěngtǐ kàn yíxià wǒmen de yíngxiāo qǐhuà.

그럼 시간을 더 지체하지 않고, 현재의 판매 전략을 간단히 소개하면서 프레젠테이션을 시작하겠습니다.

那我们不浪费时间了，现在就开始简要介绍一下现在的销售战略。

Nà wǒmen bú làngfèi shíjiān le, xiànzài jiù kāishǐ jiǎnyào jièshào yíxià xiànzài de xiāoshòu zhànlüè.

설문 조사 결과를 자세히 설명해 드리면서 시작하겠습니다.

现在马上向大家具体说明问卷调查的结果。

Xiànzài mǎshàng xiàng dàjiā jùtǐ shuōmíng wènjuàn diàochá de jiéguǒ.

판매 데이터를 살펴보면서 프레젠테이션을 시작할까 합니다.

在进行报告前，首先来看一下销售数据。

Zài jìnxíng bàogào qián, shǒuxiān lái kàn yíxià xiāoshòu shùjù.

데이터를 몇 가지를 보여 드리면서 프레젠테이션을 시작할까 합니다.

在进行报告前，让我们一起先来看几项数据。

Zài jìnxíng bàogào qián, ràng wǒmen yìqǐ xiān lái kàn jǐ xiàng shùjù.

새로운 시스템의 장점을 살펴보면서 프레젠테이션을 시작할까 합니다.

在开始之前，我们先来看一下新系统的优点。

Zài kāishǐ zhīqián, wǒmen xiān lái kàn yíxià xīn xìtǒng de yōudiǎn.

개요 설명

오늘 프레젠테이션은 세 부분으로 나누어 진행하겠습니다.

今天的报告共分为三部分。

Jīntiān de bàogào gòng fēnwéi sān bùfen.

说明分为以下三个部分。

Shuōmíng fēnwéi yǐxià sān ge bùfen.

오늘은 브랜드 로열티, 신용도, 상품 가격 책정, 이 세 가지를 말씀드리겠습니다.

今天要说明品牌专利费、品牌信用度以及产品定价这三个问题。

Jīntiān yào shuōmíng pǐnpái zhuānlìfèi、pǐnpái xìnyòngdù yǐjí chǎnpǐn dìngjià zhè sān ge wèntí.

*专利费 zhuānlìfèi 로열티

프레젠테이션 첫 번째 파트에서는 신제품 샘플 사진을 보여 드리겠습니다.

报告的第一环节里，先看一下我们新产品样品的照片。

Bàogào de dì-yī huánjié li, xiān kàn yíxià wǒmen xīn chǎnpǐn yàngpǐn de zhàopiàn.

*环节 huánjié 부분

첫 번째로, 저희 연구의 최근 조사 결과를 알려 드리겠습니다.

首先汇报一下我们研究最近的调查结果。

Shǒuxiān huìbào yíxià wǒmen yánjiū zuìjìn de diàochá jiéguǒ.

첫 번째로, 프로젝트 진행 상황을 간단하게 말씀드리겠습니다.

首先简单介绍一下项目的进展情况。

Shǒuxiān jiǎndān jièshào yíxià xiàngmù de jìnzhǎn qíngkuàng.

그다음으로, 이 문제에 관련한 저희 팀 의견을 말씀드리겠습니다.

然后，就此问题，我们将会提出我们组的意见。

Ránhòu, jiù cǐ wèntí, wǒmen jiāng huì tíchū wǒmen zǔ de yìjiàn.

진행 상황을 말씀드린 다음, 앞으로 5년간의 계획을 말씀드리겠습니다.

报告完进展情况后，再介绍一下我们今后5年的计划。

Bàogào wán jìnzhǎn qíngkuàng hòu, zài jièshào yíxià wǒmen jīnhòu wǔ nián de jìhuà.

다음으로, 12개월간의 프로젝트 계획과 일정을 협의하려고 합니다.

下面，我们想对十二个月的项目计划及日程进行商讨。

Xiàmiàn, wǒmen xiǎng duì shí'èr ge yuè de xiàngmù jìhuà jí rìchéng jìnxíng shāngtǎo.

프레젠테이션의 핵심은 효율적인 유통 시스템입니다.

报告的核心是高效率的流通系统。

Bàogào de héxīn shì gāoxiàolǜ de liútōng xìtǒng.

프로젝트 진행 상황과 효율적인 마케팅 전략을 말씀드린 다음, 실현 가능성 있는 정책 설명으로 넘어가겠습니다.

介绍完项目进展情况以及高效率的营销战略后，下面再介绍一下切实可行的政策。

Jièshào wán xiàngmù jìnzhǎn qíngkuàng yǐjí gāoxiàolǜ de yíngxiāo zhànlüè hòu, xiàmiàn zài jièshào yíxià qièshí kěxíng de zhèngcè.

마지막으로, 몇 가지 제안을 드리겠습니다.

最后，我们再提几点建议。

Zuìhòu, wǒmen zài tí jǐ diǎn jiànyì.

마지막으로, 구조 조정 계획을 말씀드리겠습니다.

最后，说一下我们的结构调整计划。

Zuìhòu, shuō yíxià wǒmen de jiégòu tiáozhěng jìhuà.

마지막으로, 내년 매출액 증가를 위한 몇 가지 구체적인 전략을 제시하겠습니다.

最后，为了提高明年的销售额，我们提出几个具体计划。

Zuìhòu, wèile tígāo míngnián de xiāoshòu'é, wǒmen tíchū jǐ ge jùtǐ jìhuà.

소요 시간

이 프레젠테이션은 30분가량 소요됩니다.

这个报告需要三十分钟左右。

Zhège bàogào xūyào sānshí fēnzhōng zuǒyòu.

오늘 프레젠테이션은 30~40분가량 소요됩니다.

今天的报告大概需要三四十分钟。

Jīntiān de bàogào dàgài xūyào sān-sìshí fēnzhōng.

오늘 프레젠테이션은 한 시간가량 걸릴 예정이오며, 중간에 휴식 시간 10분이 있습니다.

今天的报告预计需要一个小时，中间会有十分钟的休息时间。

Jīntiān de bàogào yùjì xūyào yí ge xiǎoshí, zhōngjiān huì yǒu shí fēnzhōng de xiūxi shíjiān.

오늘 프레젠테이션은 10분이면 끝납니다.

今天的报告只需要十分钟。

Jīntiān de bàogào zhǐ xūyào shí fēnzhōng.

이 프레젠테이션은 점심시간 전에 끝날 예정입니다.

这个报告会在午餐时间之前结束。

Zhège bàogào huì zài wǔcān shíjiān zhīqián jiéshù.

이 프레젠테이션은 질의응답 시간까지 포함하여 한 시간가량 소요됩니다.

包括问答时间，这个报告大概需要一个小时。

Bāokuò wèndá shíjiān, zhège bàogào dàgài xūyào yí ge xiǎoshí.

오늘은 간단하게만 설명드리겠습니다.

今天仅作简单的说明。

Jīntiān jǐn zuò jiǎndān de shuōmíng.

질의응답

궁금한 점이 있으시면 언제든지 말씀해 주십시오.

如果有什么疑问，随时请讲。

Rúguǒ yǒu shénme yíwèn, suíshí qǐng jiǎng.

주저하시지 말고 바로바로 질문해 주십시오.

请尽管提问，不用有任何的顾忌。 *顾忌 gùjì 주저하다

Qǐng jǐnguǎn tíwèn, búyòng yǒu rènhé de gùjì.

프레젠테이션 끝나면 질의응답 시간을 드릴 테니, 질문이 있으시면 프레젠테이션이 끝나고 해 주십시오.

报告结束后有问答时间，若有问题，请到时再问。

Bàogào jiéshù hòu yǒu wèndá shíjiān, ruò yǒu wèntí, qǐng dào shí zài wèn.

若有问题，请在报告结束后提问。

Ruò yǒu wèntí, qǐng zài bàogào jiéshù hòu tíwèn.

프레젠테이션이 끝나고 10분간의 질의응답 시간을 드릴 예정입니다.

报告结束后，会有十分钟的问答时间。

Bàogào jiéshù hòu, huì yǒu shí fēnzhōng de wèndá shíjiān.

세미나 마지막 부분에 모든 질문에 답변해 드리겠습니다.

此次说明会的最后一个环节会对所有疑问一并作答。

Cǐ cì shuōmínghuì de zuìhòu yí ge huánjié huì duì suǒyǒu yíwèn yí bìng zuòdá.

시간이 허락하는 한, 모든 질문에 성심껏 답변해 드리겠습니다.

只要时间允许，我会认真回答所有的问题。

Zhǐyào shíjiān yǔnxǔ, wǒ huì rènzhēn huídá suǒyǒu de wèntí.

일반적 프레젠테이션 서론

很感谢各位出席今天的会议。首先我来做一下自我介绍 。我是大韩贸易销售部的金○○，从事市场调查工作已经有十年了。今天报告的主题是香港市场的最新动向。希望通过今天的报告，可以有助于我们对市场的选择。我会从最近市场调查动向的三个方面进行说明。第一，企业动态分析；第二，材料收集工具；第三，市场统计。若有什么疑问，随时请讲。那我就简单地作一下报告。

Hěn gǎnxiè gè wèi chūxí jīntiān de huìyì. Shǒuxiān wǒ lái zuò yíxià zìwǒ jièshào. Wǒ shì Dàhán Màoyì xiāoshòubù de Jīn OO, cóngshì shìchǎng diàochá gōngzuò yǐjīng yǒu shí nián le. Jīntiān bàogào de zhǔtí shì Xiānggǎng shìchǎng de zuìxīn dòngxiàng. Xīwàng tōngguò jīntiān de bàogào, kěyǐ yǒu zhùyú wǒmen duì shìchǎng de xuǎnzé. Wǒ huì cóng zuìjìn shìchǎng diàochá dòngxiàng de sān ge fāngmiàn jìnxíng shuōmíng. Dì-yī, qǐyè dòngtài fēnxī; dì-èr, cáiliào shōují gōngjù; dì-sān, shìchǎng tǒngjì. Ruò yǒu shénme yíwèn, suíshí qǐng jiǎng. Nà wǒ jiù jiǎndān de zuò yíxià bàogào.

오늘 회의에 참석해 주셔서 고맙습니다. 먼저 제 소개를 하겠습니다. 저는 대한무역 영업팀 김○○입니다. 지난 10년간 시장 조사 분야에서 일해 왔습니다. 오늘 프레젠테이션의 주제는 홍콩 시장의 최근 동향입니다. 시장을 선택하는 데 이번 프레젠테이션이 도움이 되길 바랍니다. 최근의 시장 조사 동향의 세 가지 측면을 프레젠테이션에서 다루겠습니다. 첫째, 기업 프로파일링, 둘째, 자료 수집 도구, 그리고 마지막으로 시장 통계입니다. 만약 궁금한 점이 있으시면 언제든지 말씀해 주세요. 그럼 간단히 발표 시작하겠습니다.

공지 사항

두 번째 세션이 시작하기 전에 잠깐 쉬겠습니다.

第二部开始之前，先稍作休息。

Dì-èr bù kāishǐ zhīqián, xiān shāo zuò xiūxi.

이 프레젠테이션 끝나고, 30분간 휴식 시간이 있을 예정입니다.

这个报告结束后，会有三十分钟的休息时间。

Zhège bàogào jiéshù hòu, huì yǒu sānshí fēnzhōng de xiūxi shíjiān.

질의응답 시간 전에 잠깐 쉬도록 하겠습니다.

问答时间之前，先暂时休息一下。

Wèndá shíjiān zhīqián, xiān zànshí xiūxi yíxià.

이○○ 씨의 프레젠테이션 끝나고 잠시 쉬도록 하겠습니다.

李○○的报告结束后，稍微休息一下。

Lǐ OO de bàogào jiéshù hòu, shāowēi xiūxi yíxià.

15분의 휴식 시간이 끝난 다음, 지식관리팀 책임자이신 정 팀장님께서 간단하게 프레젠테이션을 하겠습니다.

休息十五分钟后，将由知识管理部的负责人郑经理来做简单的报告。

Xiūxi shíwǔ fēnzhōng hòu, jiāng yóu zhīshí guǎnlǐbù de fùzérén Zhèng jīnglǐ lái zuò jiǎndān de bàogào.

휴식 시간에는 간단한 먹을거리가 제공됩니다.

休息时间会提供茶点。

Xiūxi shíjiān huì tígòng chádiǎn.

프레젠테이션이 끝나고 점심 식사가 제공됩니다.

报告结束后会提供午餐。

Bàogào jiéshù hòu huì tígòng wǔcān.

프레젠테이션이 끝나고 짧은 토론이 이어집니다.

报告结束后会进行简单的讨论。

Bàogào jiéshù hòu huì jìnxíng jiǎndān de tǎolùn.

이 프레젠테이션을 마친 후, 개인[팀] 발표가 있겠습니다.

这个报告结束后，将进行个人[小组]发言。

Zhège bàogào jiéshù hòu, jiāng jìnxíng gèrén[xiǎozǔ] fāyán.

강연이 끝나고, 강연자의 신간을 구입하실 수 있습니다.

演讲结束后，可以购买演讲人新出版的书籍。

Yǎnjiǎng jiéshù hòu, kěyǐ gòumǎi yǎnjiǎngrén xīn chūbǎn de shūjí.

자료를 나누어 드리겠습니다.

我把资料发给大家。

Wǒ bǎ zīliào fā gěi dàjiā.

프레젠테이션 자료는 저쪽에 놓여 있으니 필요하신 분은 가져가세요.

报告资料都放在了那边，需要的人可以拿走。

Bàogào zīliào dōu fàngzàile nàbiān, xūyào de rén kěyǐ názǒu.

여러분께서 좀 더 쉽게 이해하실 수 있도록 소책자를 나누어 드립니다.

为了帮助大家更好地理解这个问题，我们将发给大家小册子。

Wèile bāngzhù dàjiā gèng hǎo de lǐjiě zhège wèntí, wǒmen jiāng fā gěi dàjiā xiǎocèzi.

이 자료집에는 여러분의 이해를 돕는 세부 자료와 정보가 포함되어 있습니다.

这份资料中有一些更具体的材料及信息，有助于大家理解。

Zhè fèn zīliào zhōng yǒu yìxiē gèng jùtǐ de cáiliào jí xìnxī, yǒu zhùyú dàjiā lǐjiě.

필요하신 게 있으시면 직원에게 문의해 주십시오.

有什么需要的请告诉职员。

Yǒu shénme xūyào de qǐng gàosu zhíyuán.

실전예문

공지 사항

这个报告大概需要一个小时，中间会有十分钟的休息时间，休息时间提供茶点。报告结束后，将回答所有的问题，所以如果有什么问题，请在报告结束后提出。现在发给大家的资料中包含了一些更具体的材料及信息，可以有助于大家理解。那么我就不再耽误时间了，马上进入第一个主题吧。

Zhège bàogào dàgài xūyào yí ge xiǎoshí, zhōngjiān huì yǒu shí fēnzhōng de xiūxi shíjiān, xiūxi shíjiān tígòng chádiǎn. Bàogào jiéshù hòu, jiāng huídá suǒyǒu de wèntí, suǒyǐ rúguǒ yǒu shénme wèntí, qǐng zài bàogào jiéshù hòu tíchū. Xiànzài fā gěi dàjiā de zīliào zhōng bāohánle yìxiē gèng jùtǐ de cáiliào jí xìnxī, kěyǐ yǒu zhùyú dàjiā lǐjiě. Nàme wǒ jiù bú zài dānwù shíjiān le, mǎshàng jìn rù dì-yī ge zhǔtí ba.

이 프레젠테이션은 1시간 정도 걸릴 예정이오며, 중간에 휴식 시간 10분이 있습니다. 휴식 시간에는 간단한 먹을거리를 드립니다. 프레젠테이션이 끝나고, 모든 질문에 대해 답변해 드리도록 하겠습니다. 그러니 질문은 프레젠테이션이 끝날 때까지 기다려 주시기 바랍니다. 지금 나누어 드리는 이 자료집에는 여러분께서 상황을 더 쉽게 이해할 수 있도록 세부 자료와 정보가 포함되어 있습니다. 그럼 지체하지 않고 첫 번째 사항으로 넘어가겠습니다.

프레젠테이션 본론

도입

소개는 여기까지 하고, 본론으로 들어가겠습니다.

介绍就先到这里，下面我们进入主题吧。

Jièshào jiù xiān dào zhělǐ, xiàmiàn wǒmen jìnrù zhǔtí ba.

그럼 프레젠테이션을 시작하겠습니다.

那么报告开始吧。

Nàme bàogào kāishǐ ba.

먼저 목차를 설명드리겠습니다.

我先为大家说明一下目录。

Wǒ xiān wèi dàjiā shuōmíng yíxià mùlù.

먼저 판매 현황을 살펴보겠습니다.

我们先来看一下销售现况。

Wǒmen xiān lái kàn yíxià xiāoshòu xiànkuàng.

먼저 프레젠테이션의 주요 내용을 간단히 설명드리겠습니다.

我先简单介绍一下报告的摘要。 ＊摘要 zhāiyào 요점을 추려 말하다

Wǒ xiān jiǎndān jièshào yíxià bàogào de zhāiyào.

프레젠테이션의 주요 내용을 살펴보겠습니다.

我们来看一下报告的主要内容。

Wǒmen lái kàn yíxià bàogào de zhǔyào nèiróng.

먼저 저희 마케팅 계획을 전체적으로 살펴보겠습니다.

先来整体看一下我们的营销计划。 ＊整体 zhěngtǐ 전체

Xiān lái zhěngtǐ kàn yíxià wǒmen de yíngxiāo jìhuà.

먼저 최근 프로젝트의 결과부터 보겠습니다.

先看一下最近项目的成果。

Xiān kàn yíxià zuìjìn xiàngmù de chéngguǒ.

먼저 앞의 스크린을 봐 주십시오.

首先请大家看**大屏幕**。

Shǒuxiān qǐng dàjiā kàn dàpíngmù.

Word tip 幻灯片 huàndēngpiàn 슬라이드 | 新产品说明书 xīn chǎnpǐn shuōmíngshū 신제품 설명서 | 问卷调查 wènjuàn diàochá 설문 조사

먼저 여러분께 질문 하나를 드리겠습니다.

我先问大家一个问题。

Wǒ xiān wèn dàjiā yí ge wèntí.

오늘 프레젠테이션의 주요 포인트를 짚어 보겠습니다.

我说一下今天报告的重点内容。

Wǒ shuō yíxià jīntiān bàogào de zhòngdiǎn nèiróng.

내용 연결

지금까지 프로젝트 관련 진행 상황을 말씀드렸습니다.

这些就是有关项目的进展情况。

Zhèxiē jiù shì yǒuguān xiàngmù de jìnzhǎn qíngkuàng.

이어서 이번 프로젝트 신제품 샘플 몇 개를 보여 드리겠습니다.

下面我给大家看一下此次项目新产品的几个样品。

Xiàmiàn wǒ gěi dàjiā kàn yíxià cǐ cì xiàngmù xīn chǎnpǐn de jǐ ge yàngpǐn.

이어서 당사와 주요 경쟁사 상품 간 품질 비교를 하겠습니다.

下面对我们与主要对手公司产品的品质进行比较。

Xiàmiàn duì wǒmen yǔ zhǔyào duìshǒu gōngsī chǎnpǐn de pǐnzhì jìnxíng bǐjiào.

다음으로, 2018년도 재무 현황을 살펴보겠습니다.

接下来，看一下2018年度的财务现况。

Jiē xiàlái, kàn yíxià èr íing yī bā niándù de cáiwù xiànkuàng.

다음으로, 이번 분기 현황과 문제점 및 다음 분기 마케팅 전략을 설명드리겠습니다.

接下来，介绍一下本季度的情况与存在的问题，以及下一季度的营销策略。

Jiē xiàlái, jièshào yíxià běn jìdù de qíngkuàng yǔ cúnzài de wèntí, yǐjí xià yí jìdù de yíngxiāo cèlüè.

그다음으로, 본사가 직면한 어려움을 집중적으로 살펴보겠습니다.

然后，主要分析一下我们公司所面临的困难。

Ránhòu, zhǔyào fēnxī yíxià wǒmen gōngsī suǒ miànlín de kùnnan.

*面临 miànlín (문제에) 직면하다

그럼 다음 내용으로 넘어가겠습니다.

那么我们来看下面的内容。

Nàme wǒmen lái kàn xiàmiàn de nèiróng.

Word tip 下一项 xià yí xiàng 다음 항목 | 第二个问题 dì-èr ge wèntí 두 번째 사항 | 下面的主题 xiàmiàn de zhǔtí 다음 주제 | 第二部分 dì-èr bùfen 제2파트

설명을 위해 이전 슬라이드로/방금 전 이야기로 돌아가보도록 하겠습니다.

为了说明这个问题，我们重新看一下前面的幻灯片。
Wèile shuōmíng zhège wèntí, wǒmen chóngxīn kàn yíxià qiánmiàn de huàndēngpiàn.

为了说明这个问题，我们回到刚才的话题。
Wèile shuōmíng zhège wèntí, wǒmen huídào gāngcái de huàtí.

즉, 점점 더 많은 사람이 친환경 제품에 관심을 보인다는 것입니다.

也就是说，越来越多的人开始关心环保产品。
Yě jiù shì shuō, yuè lái yuè duō de rén kāishǐ guānxīn huánbǎo chǎnpǐn.

예를 들어 설명하겠습니다.

我举个例子来说明。
Wǒ jǔ ge lìzi lái shuōmíng.

이 부분은 다음 내용에서 다시 자세하게 설명드리겠습니다.

这个问题在下面的内容中再具体讲。
Zhège wèntí zài xiàmiàn de nèiróng zhōng zài jùtǐ jiǎng.

마지막으로, 앞으로의 마케팅 전략을 이야기드리겠습니다.

最后讲一下今后的营销战略。
Zuìhòu jiǎng yíxià jīnhòu de yíngxiāo zhànlüè.

청중을 내 편 만들기

오늘 프레젠테이션은 중국 기업과 합작을 고려하시는 분들께 도움이 될 것입니다.

如果在座的各位有与中国企业合作的意向的话，今天的内容会对各位有所帮助。
Rúguǒ zài zuò de gè wèi yǒu yǔ Zhōngguó qǐyè hézuò de yìxiàng dehuà, jīntiān de nèiróng huì duì gè wèi yǒu suǒ bāngzhù.

＊意向 yìxiàng 의향, 의도

오늘 프레젠테이션은 한국에서 투자 기회를 찾고 계신 분들께 큰 도움을 주리라고 생각합니다.

我认为，如果您在寻找在韩国投资的机会的话，今天的报告对您将会大有帮助。
Wǒ rènwéi, rúguǒ nín zài xúnzhǎo zài Hánguó tóuzī de jīhuì dehuà, jīntiān de bàogào duì nín jiāng huì dà yǒu bāngzhù.

오늘 프레젠테이션은 이번 회계 감사를 담당하시는 분들께 꼭 필요할 것입니다.

如果您从事的事业与此次审计相关，那今天的报告一定不要错过。
Rúguǒ nín cóngshì de shìyè yǔ cǐ cì shěnjì xiāngguān, nà jīntiān de bàogào yídìng búyào cuòguò.

＊审计 shěnjì 회계 감사를 하다

오늘 프레젠테이션은 최근 예산 감축에 대처할 수 있는 지침이 될 것입니다.

今天的报告可以看作是应对最近预算缩减问题的指南。

Jīntiān de bàogào kěyǐ kànzuò shì yìngduì zuìjìn yùsuàn suōjiǎn wèntí de zhǐnán.

*缩减 suōjiǎn 감축하다

오늘 내용에서 팀을 더 효율적으로 관리할 수 있는 방법을 알 수 있게 되실 겁니다.

怎样能更有效地管理团队，这是今天要与各位共享的内容。

Zěnyàng néng gèng yǒuxiào de guǎnlǐ tuánduì, zhè shì jīntiān yào yǔ gè wèi gòngxiǎng de nèiróng.

여러분은 신제품을 어떻게 마케팅하시겠습니까?

各位如何宣传销售我们的新产品?

Gè wèi rúhé xuānchuán xiāoshòu wǒmen de xīn chǎnpǐn?

Biz tip 소극적인 청중을 프레젠테이션에 적극적으로 참여하게 하려면, 절대 시작부터 서두르지 말아야 합니다. 먼저 아주 쉬운 질문을 던져 대답하기 편하게 만든 후, 중요한 이슈를 질문하는 순으로 진행해야 합니다.

여러분께서는 신규 고객을 어떻게 만족시키겠습니까?

在座的各位怎么去满足新客户的要求?

Zài zuò de gè wèi zěnme qù mǎnzú xīn kèhù de yāoqiú?

합리적인 시간 관리 방법을 생각해 봅시다.

要我们来想一想怎样合理安排时间。

Yào wǒmen lái xiǎng yi xiǎng zěnyàng hélǐ ānpái shíjiān.

현 경제 동향에 대해 잠시 생각해 봅시다.

让我们来想一想现在的经济动向。

Ràng wǒmen lái xiǎng yi xiǎng xiànzài de jīngjì dòngxiàng.

최근 중국 시장 수요에 대해 잠시 생각해 봅시다.

让我们来想一想最近中国的市场需求是什么。

Ràng wǒmen lái xiǎng yi xiǎng zuìjìn Zhōngguó de shìchǎng xūqiú shì shénme.

효과적인 신입 사원 교육 방법을 잠시 생각해 봅시다.

让我们来想一想如何能有效地培训新员工。

Ràng wǒmen lái xiǎng yi xiǎng rúhé néng yǒuxiào de péixùn xīn yuángōng.

이 프로젝트의 초기 비용을 줄일 수 있는 방법을 잠시 생각해 봅시다.

让我们来想一想怎么降低这个项目的前期费用。

Ràng wǒmen lái xiǎng yi xiǎng zěnme jiàngdī zhège xiàngmù de qiánqī fèiyòng.

이 프로젝트의 수입이 얼마나 될지 예상해 봅시다.

让我们来预想一下这个项目的收入大概有多少。
Ràng wǒmen lái yùxiǎng yíxià zhège xiàngmù de shōurù dàgài yǒu duōshao.

빠르게 변화하는 시장을 잠시 생각해 봅시다.

请想一想飞速变化的市场。 *飞速 fēisù 나는 듯이 빠르다
Qǐng xiǎng yi xiǎng fēisù biànhuà de shìchǎng.

여기 계신 여러분 중, 인터넷이 어린이에게 치명적인 피해를 입힌다는 관점에 몇 분이나 동의하십니까?

在座的各位当中，有几位同意网络会对儿童造成致命的伤害这一观点?
Zài zuò de gè wèi dāngzhōng, yǒu jǐ wèi tóngyì wǎngluò huì duì értóng zàochéng zhìmìng de shānghài zhè yì guāndiǎn?

10대 청소년들이 우리 상품을 구입하지 않는 이유를 보여 드리면, 오늘 회의에 관심이 생기실 겁니다.

如果给大家看一下为什么十多岁的青少年不购买我们产品的理由，各位会对今天的会议更有兴趣。
Rúguǒ gěi dàjiā kàn yíxià wèishénme shí duō suì de qīngshàonián bú gòumǎi wǒmen chǎnpǐn de lǐyóu, gè wèi huì duì jīntiān de huìyì gèng yǒu xìngqù.

고객이 우리 상품에 썩 만족하지 못하는 이유를 짐작하시겠습니까?

大家能想到为什么顾客对我们的产品不是十分满意吗?
Dàjiā néng xiǎngdào wèishénme gùkè duì wǒmen de chǎnpǐn bú shì shífèn mǎnyì ma?

고객의 관심사가 무엇인지 생각해 보신 적 있으십니까?

大家有没有考虑过我们客户所关心的是什么?
Dàjiā yǒu méiyǒu kǎolǜguo wǒmen kèhù suǒ guānxīn de shì shénme?

여러분께서는 어떤 식으로 마케팅 전략을 개선하시겠습니까?

各位将怎样完善我们的营销战略?
Gè wèi jiāng zěnyàng wánshàn wǒmen de yíngxiāo zhànlüè?

인사 시스템 개선에 동의하시는 분은 손을 들어 주십시오.

如果同意对人事系统进行改善，请举手。
Rúguǒ tóngyì duì rénshì xìtǒng jìnxíng gǎishàn, qǐng jǔshǒu.

직원 절반을 해고하라는 경영진의 요구를 받았다고 가정해 보십시오.

让我们做个假设，假设领导要解雇一半的员工。
Ràng wǒmen zuò ge jiǎshè, jiǎshè lǐngdǎo yào jiěgù yí bàn de yuángōng.
*假设 jiǎshè 가정하다

임원의 입장이라면, 어떤 직원에게 호감을 느끼겠습니까?

请从公司主管的角度上想一想，他们会看好什么样的员工?

Qǐng cóng gōngsī zhǔguǎn de jiǎodù shàng xiǎng yi xiǎng, tāmen huì kànhǎo shénmeyàng de yuángōng?

*主管 zhǔguǎn 주요 책임자

CEO와 면접을 본다고 상상해 보십시오. 첫 번째 질문이 무엇일까요?

请想象一下，如果CEO是面试官，他提的第一个问题会是什么?

Qǐng xiǎngxiàng yíxià, rúguǒ CEO shì miànshìguān, tā tí de dì-yī ge wèntí huì shì shénme?

고위급 임원에 왜 여성 비율이 적은지 생각해 본 적 있으십니까?

大家有没有想过，为什么公司高级主管当中女性相对较少?

Dàjiā yǒu méiyǒu xiǎngguo, wèishénme gōngsī gāojí zhǔguǎn dāngzhōng nǚxìng xiāngduì jiào shǎo?

상사와 대립해 본 적이 있으십니까?

你有没有经历过与上司站在对立面的时候?

Nǐ yǒu méiyǒu jīnglìguo yǔ shàngsī zhàn zài duìlìmiàn de shíhou?

你有没有与上司站在对立面的时候?

Nǐ yǒu méiyǒu yǔ shàngsī zhàn zài duìlìmiàn de shíhou?

중국인과 협상해 본 적이 있으십니까?

各位有没有跟中国人进行过协商?

Gè wèi yǒu méiyǒu gēn Zhōngguórén jìnxíngguo xiéshāng?

작년 매출이 지난 10년 중 가장 높았다는 사실을 알고 계십니까?

大家都知道吗? 去年的销售额是十年以来最高的。

Dàjiā dōu zhīdào ma? Qùnián de xiāoshòu'é shì shí nián yǐlái zuì gāo de.

인터넷이 텔레비전보다 광고 효과가 더 확실한 매체인 이유를 알고 계십니까?

各位知道为什么跟电视相比，网络是更大的广告媒体吗?

Gè wèi zhīdào wèishénme gēn diànshì xiāngbǐ, wǎngluò shì gèng dà de guǎnggào méitǐ ma?

이 문제를 해결하려면 우리는 무엇을 해야 할까요?

为了解决这个问题，我们该做些什么?

Wèile jiějué zhège wèntí, wǒmen gāi zuò xiē shénme?

내용 보충

매출 하락은 비단 당사만의 문제는 아닙니다.

销售额下降这一问题不只是我们公司所存在的问题。

Xiāoshòu'é xiàjiàng zhè yì wèntí bùzhǐ shì wǒmen gōngsī suǒ cúnzài de wèntí.

신입 사원 교육뿐만 아니라 경력직 사원의 이탈을 줄일 대책을 마련해야 합니다.

我们不仅要对新员工进行培训，还要采取适当的对策来减少员工外流。

Wǒmen bùjǐn yào duì xīn yuángōng jìnxíng péixùn, hái yào cǎiqǔ shìdāng de duìcè lái jiǎnshǎo yuángōng wàiliú.

*外流 wàiliú 외부로 빠져나가다

달러뿐만 아니라 위안화의 환율도 고려해야 합니다.

不仅要考虑美金的汇率，人民币的汇率也要考虑。

Bùjǐn yào kǎolǜ měijīn de huìlǜ, rénmínbì de huìlǜ yě yào kǎolǜ.

요즘은 영어뿐만 아니라 중국어와 일본어도 필수인 시대입니다.

最近除了英语以外，汉语和日语也是必需的。

Zuìjìn chúle Yīngyǔ yǐwài, Hànyǔ hé Rìyǔ yě shì bìxū de.

이 프로젝트는 중국 진출은 물론이고, 아시아 진출의 발판이 될 것입니다.

这个项目不仅是进军中国的踏板，而且是进军亚洲的踏板。

Zhège xiàngmù bùjǐn shì jìnjūn Zhōngguó de tàbǎn, érqiě shì jìnjūn Yàzhōu de tàbǎn.

*踏板 tàbǎn 발판

또한, 대부분 회사는 신제품의 퀄리티와 서비스를 개선하여 시장 요구에 대응합니다.

并且，大部分公司都通过提高新产品的质量及服务来对应市场的要求。

Bìngqiě, dàbùfen gōngsī dōu tōngguò tígāo xīn chǎnpǐn de zhìliàng jí fúwù lái duìyìng shìchǎng de yāoqiú.

그밖에 산재한 문제들이 많습니다.

此外，还有一些需要考虑的问题。

Cǐwài, hái yǒu yìxiē xūyào kǎolǜ de wèntí.

덧붙여 말하자면, 서비스와 퀄리티도 물론 중요하지만 그 나라에 대한 이해가 더 시급합니다.

再补充一点，服务、质量固然重要，但更重要的是需要了解那个国家。

Zài bǔchōng yì diǎn, fúwù、zhìliàng gùrán zhòngyào, dàn gèng zhòngyào de shì xūyào liǎojiě nàge guójiā.

반대 내용 제시

선택적 근로 시간제는 좋은 복지 제도이지만, 부서 간 협업 시 혼란을 야기할 수 있으므로 일부 부서는 시행하지 않습니다.

弹性工作制虽是一个好的福利制度，但因为会影响部门之间的良好合作，所以一些部门不采用此制度。

Dànxìng gōngzuòzhì suīshì yí ge hǎo de fúlì zhìdù, dàn yīnwèi huì yǐngxiǎng bùmén zhī jiān de liánghǎo hézuò, suǒyǐ yìxiē bùmén bù cǎiyòng cǐ zhìdù.

해결 방안을 시도했음에도 부서 간 의사소통 문제는 여전히 존재합니다.

虽然试行了一些解决方案，但部门间的沟通问题仍然存在。
Suīrán shxíngle yìxiē jiějué fāng'àn, dàn bùmén jiān de gōutōng wèntí réngrán cúnzài.

당사는 빠르게 문제에 대처했지만, 상대방은 계약 해지까지 요구하고 있습니다.

我们公司对所出现的问题及时采取了应对措施，但对方竟然要求解除合同。
Wǒmen gōngsī duì suǒ chūxiàn de wèntí jíshí cǎiqǔle yìngduì cuòshī, dàn duìfāng jìngrán yāoqiú jiěchú hétong.

중국 거래처가 계속 늘고 있지만, 본사에는 아직 중국어로 된 계약서 양식이 없습니다.

中国的客户不断增加，但我公司还没有中文版的合同样本。
Zhōngguó de kèhù búduàn zēngjiā, dàn wǒ gōngsī hái méiyǒu Zhōngwénbǎn de hétong yàngběn.

중국인이 선호하는 제품이긴 하지만, 아직 시장 반응은 미미합니다.

这个产品虽然是中国人比较喜欢的，但市场反应还不理想。
Zhège chǎnpǐn suīrán shì Zhōngguórén bǐjiào xǐhuan de, dàn shìchǎng fǎnyìng hái bù lǐxiǎng.

한국에서 인기 있는 제품이지만, 중국에서는 메인 상품이 되지 못할 것 같습니다.

虽然在韩国是人气产品，但在中国不能成为主打商品。
Suīrán zài Hánguó shì rénqì chǎnpǐn, dàn zài Zhōngguó bù néng chéngwéi zhǔdǎ shāngpǐn.

*主打 zhǔdǎ 주력의

디자인은 예쁘지만, 녹색 모자는 중국 수출이 어렵습니다.

帽子的设计很好，但绿色的帽子不能出口到中国。
Màozi de shèjì hěn hǎo, dàn lǜsè de màozi bù néng chūkǒu dào Zhōngguó.

Biz tip 중국 남자는 녹색 모자를 쓰기 꺼립니다. 이는 '녹색 모자를 쓰다'라는 뜻의 '**戴绿帽子** dài lǜ màozi'라는 표현에 '아내가 바람이 났다'라는 의미가 담겨 있기 때문이죠. 선물을 주고받을 때 주의하세요.

그 업체는 비용이 비싸긴 하지만, 일 처리는 매우 확실합니다.

那个企业的费用虽然较高，但办事牢靠。 *牢靠 láokào 믿음직스럽다
Nàge qǐyè de fèiyòng suīrán jiào gāo, dàn bànshì láokào.

새로운 기술이 많이 개발되고 있지만, 거래처에서는 변화 속도를 따라가기 어려워 합니다.

虽然正在开发多种新技术，但我们的客户很难追赶变化的速度。
Suīrán zhèngzài kāifā duō zhǒng xīn jìshù, dàn wǒmen de kèhù hěn nán zhuīgǎn biànhuà de sùdù.

원인 및 결과 설명

부서 간 의사소통이 잘되지 않는 이유는 무엇일까요?

部门之间沟通不畅的原因是什么?

Bùmén zhī jiān gōutōng bú chàng de yuányīn shì shénme?

*畅 chàng 막힘이 없다

'내 일만 잘하자' 하는 개인주의가 가장 큰 원인입니다.

最主要的原因是个人主义，每个人都只抱有"做好我自己的工作"这种想法。

Zuì zhǔyào de yuányīn shì gèrénzhǔyì, měi ge rén dōu zhǐ bàoyǒu "zuòhǎo wǒ zìjǐ de gōngzuò" zhè zhǒng xiǎngfa.

이번 프로젝트의 실패 원인은 두 나라 간 문화 차이를 이해하지 못했기 때문입니다.

这个项目失败的原因是不了解两国间的文化差异。

Zhège xiàngmù shībài de yuányīn shì bù liǎojiě liǎng guó jiān de wénhuà chàyì.

판매 부진 및 비용 손실을 만회하려고 A팀을 해체하였습니다.

A组解体是为了挽回销售不振及费用损失。

A zǔ jiětǐ shì wèile wǎnhuí xiāoshòu búzhèn jí fèiyòng sǔnshī.

*解体 jiětǐ 해체하다　挽回 wǎnhuí 만회하다　不振 búzhèn 부진하다

계약이 실패한 원인은 납품량을 맞추지 못했기 때문입니다.

没能签署合同的原因是因为不能提供所需货量。

Méi néng qiānshǔ hétong de yuányīn shì yīnwèi bù néng tígòng suǒxū huòliàng.

*签署 qiānshǔ (서류 등에) 서명하다

따라서 공장 신축이 시급합니다.

因此建设新工厂是当务之急。

*当务之急 dāngwùzhījí 급히 서둘러 해야 할 일

Yīncǐ jiànshè xīn gōngchǎng shì dāngwùzhījí.

이번 개발 결과에 따라 내년 중국 진출이 가능할지 판가름 납니다.

根据这次开发的结果可以判断明年是否要进军中国。

Gēnjù zhè cì kāifā de jiéguǒ kěyǐ pànduàn míngnián shìfǒu yào jìnjūn Zhōngguó.

따라서 재무팀에서는 이번 연구 개발비 예산을 늘려 주시길 바랍니다.

因此希望财务部可以增加此次研究开发的预算。

Yīncǐ xīwàng cáiwùbù kěyǐ zēngjiā cǐ cì yánjiū kāifā de yùsuàn.

노사가 서로 협조해야 한다는 것이 결론입니다.

结论就是劳资双方要进行协调。

Jiélùn jiù shì láozī shuāngfāng yào jìnxíng xiédiào.

단가를 높이기보다는 서로 간의 배려가 필요하다는 것이 이번 협상의 결론입니다.

此次协商的结论是比起提高单价，更需要的是相互间的理解。

Cǐ cì xiéshāng de jiélùn shì bǐqǐ tígāo dānjià, gèng xūyào de shì xiānghù jiān de lǐjiě.

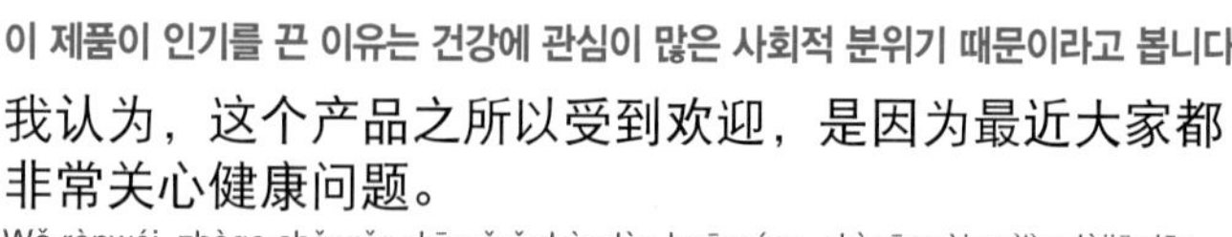
이 제품이 인기를 끈 이유는 건강에 관심이 많은 사회적 분위기 때문이라고 봅니다.

我认为，这个产品之所以受到欢迎，是因为最近大家都非常关心健康问题。

Wǒ rènwéi, zhège chǎnpǐn zhīsuǒyǐ shòudào huānyíng, shì yīnwèi zuìjìn dàjiā dōu fēicháng guānxīn jiànkāng wèntí.

*之所以 zhīsuǒyǐ ~한 까닭

기간 대비 비교

이번 분기 매출은 지난 분기보다 20% 늘었습니다.

跟上一季度相比，本季度销售收入提高了20%。

Gēn shàng yí jìdù xiāngbǐ, běn jìdù xiāoshòu shōurù tígāole bǎi fēn zhī èrshí.

이번 분기 매출은 지난 분기보다 크게 늘었습니다.

本季度的销售额跟上一季度相比大幅提高。

Běn jìdù de xiāoshòu'é gēn shàng yí jìdù xiāngbǐ dàfú tígāo.

올해 매출액이 작년 대비 두 자릿수로 증가했습니다.

跟去年相比，今年的销售收入增加到两位数。

Gēn qùnián xiāngbǐ, jīnnián de xiāoshòu shōurù zēngjiā dào liǎng wèi shù.

올해는 작년보다 총 매출이 30% 올랐습니다.

今年的销售收入比去年提高了30%。

Jīnnián de xiāoshòu shōurù bǐ qùnián tígāole bǎi fēn zhī sānshí.

올해 매출은 작년 대비 매달 크게 감소하는 추세입니다.

跟去年相比，今年的销售收入每个月呈大幅下降趋势。

Gēn qùnián xiāngbǐ, jīnnián de xiāoshòu shōurù měi ge yuè chéng dàfú xiàjiàng qūshì.

*趋势 qūshì 추세, 경향

올해 1월 기준, 매달 15% 정도 매출이 감소하고 있습니다.

从今年一月开始，销售收入逐月减少15%左右。

Cóng jīnnián yī yuè kāishǐ, xiāoshòu shōurù zhúyuè jiǎnshǎo bǎi fēn zhī shíwǔ zuǒyòu.

*逐月 zhúyuè 다달이, 매달

올 4월은 작년 동기 대비 매출이 10%나 줄었습니다.

与去年同期相比，今年4月的销售额降低10%。

Yǔ qùnián tóngqī xiāngbǐ, jīnnián sì yuè de xiāoshòu'é jiàngdī bǎi fēn zhī shí.

今年4月的销售额同比下降10%。

Jīnnián sì yuè de xiāoshòu'é tóngbǐ xiàjiàng bǎi fēn zhī shí.

올 5월은 작년 동기 대비 경비 지출이 큰 폭으로 감소했습니다.

今年5月的经费支出同比大幅下降。

Jīnnián wǔ yuè de jīngfèi zhīchū tóngbǐ dàfú xiàjiàng.

당사의 목표는 향후 5년 내에 천 억원의 매출을 달성하는 것입니다.

我公司的目标是今后5年内销售收入实现1000亿元。

Wǒ gōngsī de mùbiāo shì jīnhòu wǔ nián nèi xiāoshòu shōurù shíxiàn yìqián yì yuán.

올 한 해 동안 공장 스무 곳을 더 지을 예정입니다.

预计今年增建20家工厂。

Yùjì jīnnián zēng jiàn èrshí jiā gōngchǎng.

국내 경기가 좋지 않았지만, 올해도 작년에 이어 시장 점유율 1위를 달성했습니다.

虽然今年国内经济不景气，但我们继去年之后，今年又达到了市场占有率第一。

Suīrán jīnnián guónèi jīngjì bújǐngqì, dàn wǒmen jì qùnián zhīhòu, jīnnián yòu dádàole shìchǎng zhànyǒulǜ dì-yī.

효과적인 프레젠테이션

중요 내용 강조 및 요점 전달

제가 강조하고자 하는 점은 영업 교육 워크숍을 준비해야 한다는 것입니다.

我要强调的是我们需要筹备销售培训。

Wǒ yào qiángdiào de shì wǒmen xūyào chóubèi xiāoshòu péixùn.

＊筹备 chóubèi 사전에 준비하다

제가 강조하고자 하는 점은 협상 가이드라인을 제시해야 한다는 것입니다.

我想强调的是需要制定谈判准则。

Wǒ xiǎng qiángdiào de shì xūyào zhìdìng tánpàn zhǔnzé.

＊准则 zhǔnzé 규범, 법칙

제가 강조하고자 하는 점은 경영진을 재정비해야 한다는 것입니다.

我要强调的是有必要对我们的管理团队进行改组。

Wǒ yào qiángdiào de shì yǒu bìyào duì wǒmen de guǎnlǐ tuánduì jìnxíng gǎizǔ.

여기서 제가 강조하고 싶은 점은 우리에게는 구조 조정이 필요하다는 것입니다.

我在这里想要强调的是我们需要进行结构调整。

Wǒ zài zhèlǐ xiǎng yào qiángdiào de shì wǒmen xūyào jìnxíng jiégòu tiáozhěng.

제가 가장 강조하고 싶은 점은 어느 사업이든 직원이 재산이라는 것입니다.

我最想强调的是不管开展什么项目，职员都是财产。

Wǒ zuì xiǎng qiángdiào de shì bùguǎn kāizhǎn shénme xiàngmù, zhíyuán dōu shì cáichǎn.

제가 집중적으로 살펴보고자 하는 것은 바로 이 22인치 LED 모니터입니다.

我要特别提到的就是这个22英寸的LED屏幕。

Wǒ yào tèbié tídào de jiù shì zhège èrshíèr yīngcùn de LED píngmù.

＊英寸 yīngcùn 인치

당면한 문제는 우리가 시장을 선두하는 브랜드가 아니라는 점입니다.

摆在我们面前的问题就是我们不是市场先锋品牌。

Bǎi zài wǒmen miànqián de wèntí jiù shì wǒmen bú shì shìchǎng xiānfēng pǐnpái.

＊先锋 xiānfēng 무리의 앞자리

쟁점은 몇몇 기획팀원들에게 새로운 아이디어와 혁신이 부족하다는 것입니다.

这里的争论焦点就是企划部的部分职员缺乏创意力和创新能力。

Zhèlǐ de zhēnglùn jiāodiǎn jiù shì qǐhuàbù de bùfen zhíyuán quēfá chuàngyìlì hé chuàngxīn nénglì.

중요한 사실은, 중국 경제 발전에 따른 소비 수준의 향상을 잘 활용해야 한다는 점입니다.

重要的事实是随着中国经济的发展，其消费水平提高，我们必须要很好地利用这个机会。

Zhòngyào de shìshí shì suízhe Zhōngguó jīngjì de fāzhǎn, qí xiāofèi shuǐpíng tígāo, wǒmen bìxū yào hěn hǎo de lìyòng zhège jīhuì.

가장 중요한 점은 여러분 개개인이 자신의 일을 즐기는 것입니다.

最为重要的是大家各自要热爱自己的事业。

Zuì wéi zhòngyào de shì dàjiā gèzì yào rè'ài zìjǐ de shìyè.

가장 중요한 점은 당사가 지난 5년 동안 무역 흑자를 유지하고 있다는 점입니다.

最重要的是，我们公司5年来一直保持贸易盈余。

Zuì zhòngyào de shì, wǒmen gōngsī wǔ nián lái yìzhí bǎochí màoyì yíngyú.

*盈余 yíngyú (이윤이) 남다, 흑자를 남기다

제안하고자 하는 가이드라인은 많지만, 세 번째 조항이 오늘 특히 강조하려는 부분입니다.

我们所提出的准则较多，特别第三条是我今天要特别强调的。

Wǒmen suǒ tíchū de zhǔnzé jiào duō, tèbié dì-sān tiáo shì wǒ jīntiān yào tèbié qiángdiào de.

*准则 zhǔnzé 규범

비용을 걱정하시는 것은 아주 당연한 일입니다.

各位担心费用方面的问题，这是很正常的。

Gè wèi dānxīn fèiyòng fāngmiàn de wèntí, zhè shì hěn zhèngcháng de.

간단히 말하자면, 가격을 낮춰야 합니다.

简单说，就是要降低价格。

Jiǎndān shuō, jiù shì yào jiàngdī jiàgé.

바로 여기에서 해결책을 모색해야 합니다.

今天在这里，我们需要找出解决方案。

Jīntiān zài zhèlǐ, wǒmen xūyào zhǎochū jiějué fāng'àn.

우리 팀은 기대했던 것보다 훨씬 더 잘해 왔습니다.

这比我们组所期待的做得还要好。

Zhè bǐ wǒmen zǔ suǒ qīdài de zuò de hái yào hǎo.

결론부터 말하자면, 인력 충원이 생산성 향상에 크게 도움이 되었습니다.

结论就是，增加人力对促进生产将大有帮助。

Jiélùn jiù shì, zēngjiā rénlì duì cùjìn shēngchǎn jiāng dàyǒu bāngzhù.

결론부터 말하자면, 경력직 채용이 업무 효율에 크게 도움이 되었습니다.

结论就是，聘用有经验的员工对提高工作效率将大有帮助。

Jiélùn jiù shì, pìnyòng yǒu jīngyàn de yuángōng duì tígāo gōngzuò xiàolǜ jiāng dàyǒu bāngzhù.

바꾸어 말하면, 이번 프로젝트의 목적은 이 제품을 구매하도록 사람들을 설득하는 것입니다.

换句话说，这个项目的本质就是说服人们去购买这个产品。

Huàn jù huà shuō, zhège xiàngmù de běnzhì jiù shì shuōfú rénmen qù gòumǎi zhège chǎnpǐn.

솔직히 말하면, 올해는 판매 수익이 저조하리라 예상됩니다.

坦白地说，今年的销售额估计会呈现低迷状态。

Tǎnbái de shuō, jīnnián de xiāoshòu'é gūjì huì chéngxiàn dīmí zhuàngtài.

중국 시장은 절대로 포기할 수 없습니다.

绝不能放弃中国市场。

Jué bù néng fàngqì Zhōngguó shìchǎng.

SNS상의 반응에 특히 주의를 기울여야 합니다.

我们要特别注视SNS上的意见。

Wǒmen yào tèbié zhùshì SNS shàng de yìjiàn.

SNS上的意见我们绝不能忽视。

SNS shàng de yìjiàn wǒmen jué bù néng hūshì.

회사의 추가 예산 지원이 필요합니다.

当前公司需要增加预算。

Dāngqián gōngsī xūyào zēngjiā yùsuàn.

A사는 현재 최고 레벨의 기업입니다. M&A만이 살길입니다.

A公司现在是最好的公司，企业唯有并购才是出路。

A Gōngsī xiànzài shì zuìhǎo de gōngsī, qǐyè wéiyǒu bìnggòu cái shì chūlù.

*并购 bìnggòu 인수 합병하다[M&A]

가장 효과적인 방법은 M&A입니다.

最好的办法就是进行企业并购。

Zuìhǎo de bànfǎ jiù shì jìnxíng qǐyè bìnggòu.

무엇보다도 M&A가 사업 규모를 확장하는 가장 효과적인 방법입니다.

进行企业并购是扩大事业规模的最好办法。

Jìnxíng qǐyè bìnggòu shì kuòdà shìyè guīmó de zuìhǎo bànfǎ.

그보다 더 중요한 것은, 제조와 수출의 병행입니다.

比这个更重要的是，制造与出口要并行。

Bǐ zhège gèng zhòngyào de shì, zhìzào yǔ chūkǒu yào bìngxíng.

한국산 화장품은 중국 내에서 호평이 자자한데, 그중에서도 한방 화장품이 가장 인기 있습니다.

韩国的化妆品在中国获得了好评，其中特别是韩方化妆品最有人气。
Hánguó de huàzhuāngpǐn zài Zhōngguó huòdéle hǎopíng, qízhōng tèbié shì hánfāng huàzhuāngpǐn zuì yǒu rénqì.

고객 만족도에 관한 한 어느 곳에도 지지 않습니다.

在客户满足度方面，我们绝不输于别人。
Zài kèhù mǎnzúdù fāngmiàn, wǒmen jué bù shū yú biéren.

직원들을 해고하는 수밖에 없습니다.

不得不解雇员工。
Bùdébù jiěgù yuángōng.

다시 한번 시도해 보는 수밖에 없습니다.

只能再试一次。
Zhǐ néng zài shì yí cì.

이번에는 한발 물러서는 수밖에 없습니다.

这次只能后退一步。
Zhè cì zhǐ néng hòutuì yí bù.

这次只能放弃。
Zhè cì zhǐ néng fàngqì.

그럼 제가 말하고자 하는 요점이 무엇일까요? 그것은 연구개발팀에 연구원을 좀 더 채용해야 한다는 것입니다.

那么我要说的重点是什么呢？重点就是研究开发部需要再聘用几位研究员。
Nàme wǒ yào shuō de zhòngdiǎn shì shénme ne? Zhòngdiǎn jiù shì yánjiū kāifābù xūyào zài pìnyòng jǐ wèi yánjiūyuán.

그래서 우리의 주된 목적이 무엇이냐고요? 그것은 환경오염을 줄이자는 것입니다.

所以我们的主要目的是什么呢？主要目的就是减少环境污染。
Suǒyǐ wǒmen de zhǔyào mùdì shì shénme ne? Zhǔyào mùdì jiù shì jiǎnshǎo huánjìng wūrǎn.

그 결과가 어땠을까요? 결과는 대실패였습니다.

结果如何呢？结果就是彻底失败了。
Jiéguǒ rúhé ne? Jiéguǒ jiù shì chèdǐ shībài le.

비교

1안보다는 2안이 실현 가능성이 높습니다.

跟第一方案相比，第二方案更可行。

Gēn dì-yī fāng'àn xiāngbǐ, dì-èr fāng'àn gèng kěxíng.

1안보다는 2안이 덜 위험합니다.

跟第一方案相比，第二方案的风险性较小。

Gēn dì-yī fāng'àn xiāngbǐ, dì-èr fāng'àn de fēngxiǎnxìng jiào xiǎo.

1안보다는 2안이 더 위험합니다.

跟第一方案相比，第二方案风险性更大。

Gēn dì-yī fāng'àn xiāngbǐ, dì-èr fāng'àn fēngxiǎnxìng gèng dà.

1안은 2안만큼이나 위험합니다.

第一方案和第二方案的风险性都较大。

Dì-yī fāng'àn hé dì-èr fāng'àn de fēngxiǎnxìng dōu jiào dà.

이번 샘플은 지난번보다 색이 더 화려하고 기능은 좋아졌습니다.

跟上次的样品相比，这次的样品颜色更鲜艳，功能更好。

Gēn shàng cì de yàngpǐn xiāngbǐ, zhè cì de yàngpǐn yánsè gèng xiānyàn, gōngnéng gèng hǎo.

A사의 제품이 우리 신제품과 매우 흡사한데, 어떻게 된 일이죠?

A公司的产品与我们的新产品非常相似，这是怎么回事?

A Gōngsī de chǎnpǐn yǔ wǒmen de xīn chǎnpǐn fēicháng xiāngsì, zhè shì zěnme huí shì?

A사의 제품은 우리와 달리, 30미터까지 방수가 가능합니다.

A公司的产品与我们的不同的是，他们的产品具有水下30米的防水功能。

A Gōngsī de chǎnpǐn yǔ wǒmen de bù tóng de shì, tāmen de chǎnpǐn jùyǒu shuǐxià sānshí mǐ de fángshuǐ gōngnéng.

타사 제품과 그다지 차이가 없네요. 이래서는 경쟁력이 없습니다.

我们的产品与其它公司的产品没有差别，因此没有竞争力。

Wǒmen de chǎnpǐn yǔ qítā gōngsī de chǎnpǐn méiyǒu chàbié, yīncǐ méiyǒu jìngzhēnglì.

이번 기획안은 지난번과 다른 부분이 많습니다.

这次的企划案跟上次的相比，有很多不同之处。

Zhè cì de qǐhuà'àn gēn shàng cì de xiāngbǐ, yǒu hěn duō bù tóng zhī chù.

이번 마케팅 전략은 몇 년 전과 다를 바가 없네요. 이래서야 퇴보하는 게 아닌가요?

这次的营销战略与几年前的相似，这样不是倒退吗?

Zhè cì de yíngxiāo zhànlüè yǔ jǐ nián qián de xiāngsì, zhèyàng bú shì dàotuì ma?

＊倒退 dàotuì 뒷걸음치다

이 소프트웨어는 업그레이드 버전이지만, 예전 버전과 많은 점에서 유사합니다. 따라서 사용하시기에 어려움이 없을 것입니다.

这个软件虽是升级后的版本，但在很多方面都与上一个版本相似，因此使用上不会感到不便。

Zhège ruǎnjiàn suī shì shēngjí hòu de bǎnběn, dàn zài hěn duō fāngmiàn dōu yǔ shàng yí ge bǎnběn xiāngsì, yīncǐ shǐyòng shàng bú huì gǎndào búbiàn.

우리가 제시한 가격이 경쟁사보다 훨씬 높습니다.

我们的提价比竞争公司更高。

Wǒmen de tíjià bǐ jìngzhēng gōngsī gèng gāo.

우리 가격이 경쟁사보다 좀 더 비싸다고 생각합니다.

我认为我们的价格与竞争公司相比较高。

Wǒ rènwéi wǒmen de jiàgé yǔ jìngzhēng gōngsī xiāngbǐ jiào gāo.

타사보다 기술 면에서 앞선다고 생각합니다.

我认为我们公司的技术能力要高于其他公司。

Wǒ rènwéi wǒmen gōngsī de jìshù nénglì yào gāo yú qítā gōngsī.

장기 투자를 하기에는 인도보다 중국이 낫다고 생각합니다.

我认为中国比印度更适合进行长期投资。

Wǒ rènwéi Zhōngguó bǐ Yìndù gèng shìhé jìnxíng chángqī tóuzī.

예산보다 지출이 매우 큽니다.

支出比预算多很多。

Zhīchū bǐ yùsuàn duō hěn duō.

작년보다 예산이 더 줄었습니다.

今年比去年的预算更少了。

Jīnnián bǐ qùnián de yùsuàn gèng shǎo le.

3개월 동안 주가가 5%나 떨어졌습니다.

三个月股价下跌了5%。

Sān ge yuè gǔjià xiàdiēle bǎi fēn zhī wǔ.

＊下跌 xiàdiē 떨어지다

A사는 연간 천만 달러의 매출을 올리고 있습니다.

A公司年销售额达1000万美金。

A Gōngsī nián xiāoshòu'é dá yìqián wàn měijīn.

A사는 올해 매출이 18%나 올랐습니다.

A公司今年的销售额增加了18%。

A Gōngsī jīnnián de xiāoshòu'é zēngjiāle bǎi fēn zhī shíbā.

A사는 올해 매출이 급증했습니다.

A公司今年的销售额突增。

A Gōngsī jīnnián de xiāoshòu'é tū zēng.

지난 1년 동안 거래처가 다섯 곳이나 줄었습니다.

去年一年客户减少了五家。

Qùnián yì nián kèhù jiǎnshǎole wǔ jiā.

대조

반면, A사는 회원 등급에 따라 홈페이지 자료 사용 권한이 제한되어 있습니다.

相反，A公司按照会员等级的不同，在使用网站上的材料时会受到限制。

Xiāngfǎn, A Gōngsī ànzhào huìyuán děngjí de bù tóng, zài shǐyòng wǎngzhàn shàng de cáiliào shí huì shòudào xiànzhì.

반면, A사는 음악과 영화의 무료 이용이 제한되어 있습니다.

相反，A公司对免费欣赏音乐和电影有所限制。

Xiāngfǎn, A Gōngsī duì miǎnfèi xīnshǎng yīnyuè hé diànyǐng yǒu suǒ xiànzhì.

반면, 저희 제품은 3년이라는 품질 보증 기간이 있습니다.

相反，我们的产品具有三年的质量保证期。

Xiāngfǎn, wǒmen de chǎnpǐn jùyǒu sān nián de zhìliàng bǎozhèngqī.

중국 시장이 이렇게 커지고 있는데, 우리 회사는 오히려 투자를 줄이고 있습니다.

中国市场如此壮大，我们公司的投资反而减少了。

Zhōngguó shìchǎng rúcǐ zhuàngdà, wǒmen gōngsī de tóuzī fǎn'ér jiǎnshǎo le.

사실 이 새로운 시스템은 10만 달러가 추가로 듭니다.

其实这个新系统需要多投入十万美金。

Qíshí zhège xīn xìtǒng xūyào duō tóurù shíwàn měijīn.

비록 저희 상품이 다른 상품보다 15% 정도 가격이 비싸지만, 품질은 보장합니다.

虽然我们的产品比其他产品贵15%左右，但我们保证质量。

Suīrán wǒmen de chǎnpǐn bǐ qítā chǎnpǐn guì bǎi fēn zhī shíwǔ zuǒyòu, dàn wǒmen bǎozhèng zhìliàng.

우리 상품은 타사보다 가격이 비싸지만, 더 오래 쓸 수 있습니다.

我们的产品虽然比其他公司的产品贵，但可以使用更长的时间。

Wǒmen de chǎnpǐn suīrán bǐ qítā gōngsī de chǎnpǐn guì, dàn kěyǐ shǐyòng gèng cháng de shíjiān.

경기가 불황이지만, 더욱 공격적으로 투자해야 합니다.

虽然经济不景气，但我们更需要加强投资。

Suīrán jīngjì bùjǐngqì, dàn wǒmen gèng xūyào jiāqiáng tóuzī.

경제가 불안정하지만, 우리 제품은 조금씩 시장 점유율을 높혀 가고 있습니다.

虽然经济不稳定，但我们的产品在逐渐占有市场。
Suīrán jīngjì bù wěndìng, dàn wǒmen de chǎnpǐn zài zhújiàn zhànyǒu shìchǎng.

虽然经济不稳定，但我们产品的市场占有率在逐渐上升。
Suīrán jīngjì bù wěndìng, dàn wǒmen chǎnpǐn de shìchǎng zhànyǒulǜ zài zhújiàn shàngshēng.

물가는 치솟고 있지만, 월급은 그대로입니다.

物价上涨，但工资收入不上涨。
Wùjià shàngzhǎng, dàn gōngzī shōurù bú shàngzhǎng.

物价上涨，但工资收入没有变化。
Wùjià shàngzhǎng, dàn gōngzī shōurù méiyǒu biànhuà.

与物价上涨相比，工资收入停滞不前。
Yǔ wùjià shàngzhǎng xiāngbǐ, gōngzī shōurù tíngzhìbùqián.

*停滞不前 tíngzhìbùqián 정체되어 앞으로 나아가지 못하다

의견 제시

자유무역협정(FTA)이 장기적으로는 한국 경제 발전에 유리하리라 확신합니다.

我相信自由贸易协定有利于韩国经济的长期发展。
Wǒ xiāngxìn Zìyóu Màoyì Xiédìng yǒulì yú Hánguó jīngjì de chángqī fāzhǎn.

*自由贸易协定 Zìyóu Màoyì Xiédìng 자유무역협정(Free Trade Agreement)

우리 신상품이 시장에서 큰 인기를 끌 것이라 확신합니다.

我确信我们的新产品在市场上一定会大受欢迎。
Wǒ quèxìn wǒmen de xīn chǎnpǐn zài shìchǎng shàng yídìng huì dà shòu huānyíng.

우수한 인재를 추가로 채용해야 한다고 생각합니다.

我认为我们有必要再聘用一些优秀人才。
Wǒ rènwéi wǒmen yǒu bìyào zài pìnyòng yìxiē yōuxiù réncái.

내년 상반기까지 기다릴 필요 없이 당장 신입 사원을 채용해야 합니다.

我们不要等到明年上半年，应该马上招聘新员工。
Wǒmen búyào děngdào míngnián shàngbànnián, yīnggāi mǎshàng zhāopìn xīn yuángōng.

이것은 단지 임시방편일 뿐입니다.

这只是一个临时性措施而已。
Zhè zhǐshì yí ge línshíxìng cuòshī éryǐ.

这只是一个临时性的解决方案而已。
Zhè zhǐshì yí ge línshíxìng de jiějué fāng'àn éryǐ.

고객의 불만이 커지기 전에 서둘러 해결책을 마련해야 합니다.

应该在顾客的不满情绪高涨前，尽快找到解决办法。
Yīnggāi zài gùkè de bùmǎn qíngxù gāozhǎng qián, jǐnkuài zhǎodào jiějué bànfǎ.

계약을 갱신하기 전에 협력 업체의 상황을 파악해야 합니다.

在续签合同之前，应该先确认合作公司的情况。

Zài xùqiān hétong zhīqián, yīnggāi xiān quèrèn hézuò gōngsī de qíngkuàng.

판매를 촉진하기 위해서는 광고를 더 활발히 해야 합니다.

为了促进销售，需要加大广告宣传。

Wèile cùjìn xiāoshòu, xūyào jiā dà guǎnggào xuānchuán.

메뉴 개발이 시급한 때입니다.

当务之急是开发菜单。

Dāngwùzhījí shì kāifā càidān.

Word tip 开发产品 kāifā chǎnpǐn 제품 개발 | 开发APP kāifā APP 앱 개발 | 下调价格 xiàtiáo jiàgé 가격 인하

고객의 니즈를 제때에 읽어 내어 제품에 반영해야 합니다.

应及时了解顾客的要求，并反映到我们的产品上。

Yīng jíshí liǎojiě gùkè de yāoqiú, bìng fǎnyìng dào wǒmen de chǎnpǐn shàng.

가격을 낮추지 못하면 경쟁력이 없습니다.

不能降低价格的话就没有竞争力。

Bù néng jiàngdī jiàgé dehuà jiù méiyǒu jìngzhēnglì.

제품이 참신하지 않으면 시장에서 살아남을 수 없습니다.

产品没有新意的话，就不能存活于市场。

Chǎnpǐn méiyǒu xīnyì dehuà, jiù bù néng cúnhuó yú shìchǎng.

제품의 콘셉트가 불분명합니다.

产品特色定位不明确。

Chǎnpǐn tèsè dìngwèi bù míngquè.

부연 설명

뿐만 아니라 선물은 뇌물로 오해받을 수 있습니다.

不仅如此，送礼还会被误会为行贿。 *行贿 xínghuì 뇌물을 주다

Bùjǐn rúcǐ, sòng lǐ hái huì bèi wùhuì wéi xínghuì.

회사에서 성공하려면 단순히 일을 잘하는 것만으로는 안 됩니다.

要想在公司取得成功，仅靠努力工作是不够的。

Yào xiǎng zài gōngsī qǔdé chénggōng, jǐn kào nǔlì gōngzuò shì búgòu de.

업무 능력만큼 성격이나 근무 태도도 중요합니다.

工作能力固然重要，性格及工作态度也非常重要。

Gōngzuò nénglì gùrán zhòngyào, xìnggé jí gōngzuò tàidu yě fēicháng zhòngyào.

적은 투자로 큰 수익을 내야 일을 잘하는 것입니다.

投资小、利润大才是真正的能干。
Tóuzī xiǎo、lìrùn dà cái shì zhēnzhèng de nénggàn.

쉼 없는 혁신과 개발을 해야만 고객의 니즈에 대처할 수 있습니다.

只有不断地进行创新、开发，才能应对客户的要求。
Zhǐyǒu búduàn de jìnxíng c huàngxīn、kāifā, cái néng yìngduì kèhù de yāoqiú.

그렇게 하지 않으면 한순간에 도태될 것입니다.

不那样做的话，很快就会被淘汰。 ＊淘汰 táotài 도태하다, 추려내다
Bú nàyàng zuò dehuà, hěn kuài jiù huì bèi táotài.

이 시스템의 도입으로, 많은 사무직 직원이 쾌적하게 업무를 볼 수 있게 되었습니다.

投入这个系统后，很多办公室职员可以舒适地进行工作。
Tóurù zhège xìtǒng hòu, hěn duō bàngōngshì zhíyuán kěyǐ shūshì de jìnxíng gōngzuò.
＊舒适 shūshì 쾌적하다

스카우트를 제안받았다면, 업무의 안정성, 승진 기회, 출퇴근 편의성 등 여러 요소를 고려해야 합니다.

如果别的公司要聘用我的话，我要考虑的因素很多，比如，工作是否稳定、是否有晋升机会、上下班是否方便等。
Rúguǒ biéde gōngsī yào pìnyòng wǒ dehuà, wǒ yào kǎolǜ de yīnsù hěn duō, bǐrú, gōngzuò shìfǒu wěndìng、shìfǒu yǒu jìnshēng jīhuì、shàngxiàbān shìfǒu fāngbiàn děng.

如果别的公司要把我挖走的话，我要考虑的因素很多，比如，工作是否稳定、是否有晋升机会、上下班是否方便等。
Rúguǒ biéde gōngsī yào bǎ wǒ wāzǒu dehuà, wǒ yào kǎolǜ de yīnsù hěn duō, bǐrú, gōngzuò shìfǒu wěndìng、shìfǒu yǒu jìnshēng jīhuì、shàngxiàbān shìfǒu fāngbiàn děng.

如果别的公司邀请我加入他们的公司，我要考虑的因素很多，比如，工作是否稳定、是否有晋升机会、上下班是否方便等。
Rúguǒ biéde gōngsī yāoqǐng wǒ jiārù tāmen de gōngsī, wǒ yào kǎolǜ de yīnsù hěn duō, bǐrú, gōngzuò shìfǒu wěndìng、shìfǒu yǒu jìnshēng jīhuì、shàngxiàbān shìfǒu fāngbiàn děng.

전문가라고 해서 그를 완전히 믿는 것은 매우 위험한 일입니다.

如果因为他是专家就百分之百相信的话，那是非常危险的。
Rúguǒ yīnwèi tā shì zhuānjiā jiù bǎi fēn zhī bǎi xiāngxìn dehuà, nà shì fēicháng wēixiǎn de.

오래 거래한 협력 업체라고 해도 수시로 진행 상황을 체크해야 합니다.

即使是长期合作的企业，也要随时确认情况的进展。
Jíshǐ shì chángqī hézuò de qǐyè, yě yào suíshí quèrèn qíngkuàng de jìnzhǎn.

사후 고객 관리는 매우 중요하니 절대 허투루해서는 안 됩니다.

出售后对客户的管理十分重要，绝不能马虎。
Chūshòu hòu duì kèhù de guǎnlǐ shífēn zhòngyào, jué bù néng mǎhu.

자료를 매일 백업해 놓지 않으면 불시에 문제가 생겨 데이터를 날릴 수 있습니다.

如果不每天进行数据备份的话，说不定哪天突然发生问题，数据就会丢失。

Rúguǒ bù měi tiān jìnxíng shǔjù bèifèn dehuà, shuō bu dìng nǎ tiān túrán fāshēng wèntí, shùjù jiù huì diūshī.

*备份 bèifèn 백업하다

예를 들어, 금리가 16%일 경우, 72를 16으로 나누면 4.5가 나오므로 돈이 두 배가 되는 데는 4년 반이 걸립니다.

比如，利率是16%的话，72除以16等于4.5，也就是钱要翻一倍的话，需要四年半的时间。

Bǐrú, lìlǜ shì bǎi fēn zhī shíliù dehuà, qīshí'èr chú yǐ shíliù děngyú sì diǎn wǔ, yě jiù shì qián yào fān yí bèi dehuà, xūyào sì nián bàn de shíjiān.

우리 회사의 성장 속도를 회복하려면 중국 진출이 관건입니다.

为了恢复我们公司的发展势头，进军中国是最关键的。

Wèile huīfù wǒmen gōngsī de fāzhǎn shìtóu, jìnjūn Zhōngguó shì zuì guānjiàn de.

*势头 shìtóu 형세, 추세

말씀하신 불공평이 무엇을 의미하는지, 좀 더 자세히 설명해 주십시오.

您所说的不公平意味的是什么，请具体说明一下。

Nín suǒ shuō de bù gōngpíng yìwèi de shì shénme, qǐng jùtǐ shuōmíng yíxià.

근거 제시

수치로 설명드리겠습니다.

我用数据来说明一下。

Wǒ yòng shùjù lái shuōmíng yíxià.

이 자료 사진을 봐 주십시오.

请看一下这些资料照片。

Qǐng kàn yíxià zhèxiē zīliào zhàopiàn.

광범위한 연구 조사를 바탕으로, 우리가 해외 사업을 확장해야 한다고 생각합니다.

通过大量的研究调查，我认为我们应该开拓海外市场。

Tōngguò dàliàng de yánjiū diàochá, wǒ rènwéi wǒmen yīnggāi kāituò hǎiwài shìchǎng.

이 시연 과정을 보시면, 이 제품의 장점을 바로 아실 수 있을 것입니다.

通过这个演示过程，大家就能知道这个产品的优点。

Tōngguò zhège yǎnshì guòchéng, dàjiā jiù néng zhīdào zhège chǎnpǐn de yōudiǎn.

이 통계에서 보시는 것처럼, 협력 업체인 B사에 대부분의 피해 원인이 있습니다.

大家看这个统计数据，大部分的受损原因都在于合作伙伴B公司。

Dàjiā kàn zhège tǒngjì shùjù, dàbùfen de shòusǔn yuányīn dōu zàiyú hézuò huǒbàn B Gōngsī.

직원들의 말에 따르면, 도저히 협업이 어려울 정도로 B사의 갑질이 심하다고 합니다.

员工们说，B公司仗势欺人，实在无法共事。

Yuángōngmen shuō, B Gōngsī zhàngshìqīrén, shízài wúfǎ gòngshì.

*仗势欺人 zhàngshìqīrén 세력을 믿고 남을 업신여기다

보도 자료에 따르면, 그 회사는 중국 진출을 준비하고 있다고 합니다.

根据报道材料，那个公司正在准备进军中国市场。

Gēnjù bàodào cáiliào, nàge gōngsī zhèngzài zhǔnbèi jìnjūn Zhōngguó shìchǎng.

퇴사자들의 말에 따르면, 우리 회사는 주6일 근무제인 것이 문제라고 합니다.

辞职的员工说，我们公司的问题是实行六天工作制。

Cízhí de yuángōng shuō, wǒmen gōngsī de wèntí shì shíxíng liù tiān gōngzuòzhì.

설문 조사에 따르면, 최근 많은 수의 한국 젊은이가 중국 취업을 긍정적으로 생각하고 있다는 것을 알 수 있습니다.

从问卷调查可以看出，最近很多韩国青年对就业于中国持有肯定的态度。

Cóng wènjuàn diàochá kěyǐ kànchū, zuìjìn hěn duō Hánguó qīngnián duì jiùyè yú Zhōngguó chíyǒu kěndìng de tàidu.

매출 실적 보고서에 따르면, 우리 회사의 총매출이 해마다 조금씩 증가하는 것을 알 수 있습니다.

从销售业绩报告可以看出，我们公司每年的总销售收入都有所增长。

Cóng xiāoshòu yèjì bàogào kěyǐ kànchū, wǒmen gōngsī měi nián de zǒngxiāoshòu shōurù dōu yǒu suǒ zēngzhǎng.

A사의 동향을 보면, 우리 전략을 모방하고 있음을 알 수 있습니다

从A公司的动向来看，他们在效仿我们的战略。

Cóng A Gōngsī de dòngxiàng lái kàn, tāmen zài xiàofǎng wǒmen de zhànlüè.

*效仿 xiàofǎng 모방하다

시각 자료 활용

슬라이드를 봐 주십시오.

请看幻灯片。

Qǐng kàn huàndēngpiàn.

Word tip 曲线图 qǔxiàntú 그래프 | 图表 túbiǎo 도표, 차트

나눠 드린 자료를 봐 주십시오.

请看一下刚才发给各位的资料。

Qǐng kàn yíxià gāngcái fā gěi gè wèi de zīliào.

자료 5쪽을 봐 주십시오.

请看一下资料的第五页。

Qǐng kàn yíxià zīliào de dì-wǔ yè.

가지고 계신 서류 25쪽입니다.

各位手中所拿文件的第25页。

Gè wèi shǒuzhōng suǒ ná wénjiàn de dì-èrshíwǔ yè.

3쪽에 있는 재무제표를 봐 주십시오.

请看一下第三页上的财务报表。

Qǐng kàn yíxià dì-sān yè shàng de cáiwù bàobiǎo.

이것은 일사분기 판매 수치를 나타낸 그래프입니다.

这是第一季度销售数据的曲线图。

Zhè shì dì-yī jìdù xiāoshòu shùjù de qǔxiàntú.

이 그래프에 주목해 주시기 바랍니다.

请注意看一下这个曲线图。

Qǐng zhùyì kàn yíxià zhège qǔxiàntú.

이 차트에 주목해 주시기 바랍니다.

请注意看一下这个图表。

Qǐng zhùyì kàn yíxià zhège túbiǎo.

이제 이쪽을 봐 주십시오.

现在请看这边。

Xiànzài qǐng kàn zhèbiān.

이 자료는 우리 회사의 매출이 전년 대비 하락했음을 보여 줍니다.

通过这个资料可以看出，我们公司的销售收入同比有所下降。

Tōngguò zhège zīliào kěyǐ kànchū, wǒmen gōngsī de xiāoshòu shōurù tóngbǐ yǒu suǒ xiàjiàng.

이 그래프는 최근의 판매 경향을 매우 뚜렷하게 보여 주고 있습니다.

这个曲线图准确地显示出最近的销售趋势。

Zhège qǔxiàntú zhǔnquè de xiǎnshì chū zuìjìn de xiāoshòu qūshì.

이 차트는 무료 콘텐츠가 인터넷에서 인기 있다는 것을 보여 줍니다.

通过这个图表可以看出，免费的文化资源在网络上很有人气。

Tōngguò zhège túbiǎo kěyǐ kànchū, miǎnfèi de wénhuà zīyuán zài wǎngluò shàng hěn yǒu rénqì.

이 세 가지 색깔은 각각 다른 연도를 나타내고 있습니다.

这三种颜色表示不同的年度。

Zhè sān zhǒng yánsè biǎoshì bù tóng de niándù.

이 세 가지 색깔은 각각 다른 연령대를 나타내고 있습니다.

这三种颜色表示不同的年龄段。

Zhè sān zhǒng yánsè biǎoshì bù tóng de niánlíng duàn.

이 세 가지 색깔은 각 분기별 판매 실적을 나타내고 있습니다.

这三种颜色表示每一季度的销售业绩。

Zhè sān zhǒng yánsè biǎoshì měi yí jìdù de xiāoshòu yèjì.

이 세 가지 색깔은 각 업체별 단가 비교를 나타내고 있습니다.

这三种颜色表示每个企业的单价对比。

Zhè sān zhǒng yánsè biǎoshì měi ge qǐyè de dānjià duìbǐ.

이 세 가지 색깔은 각 팀별 업무 성과를 나타내고 있습니다.

这三种颜色表示每个小组的业绩成果。

Zhè sān zhǒng yánsè biǎoshì měi ge xiǎozǔ de yèjì chéngguǒ.

이것은 중국에 위치한 우리 공장 수를 나타낸 것입니다.

这表示我们在中国的工厂数量。

Zhè biǎoshì wǒmen zài Zhōngguó de gōngchǎng shùliàng.

이것은 중국과 한국 업체의 견적을 비교한 것입니다.

这是中国企业与韩国企业的报价对比。

Zhè shì Zhōngguó qǐyè yǔ Hánguó qǐyè de bàojià duìbǐ.

가로축은 매출액, 세로축은 연도입니다.

横轴代表销售额，纵轴代表年度。

Héngzhóu dàibiǎo xiāoshòu'é, zòngzhóu dàibiǎo niándù.

*横轴 héngzhóu 횡축, X축 纵轴 zòngzhóu 종축, Y축

Word tip 顾客满意度 gùkè mǎnyìdù 고객 만족도 | 价格 jiàgé 가격

이 소재로 된 샘플을 직접 만져 보십시오.

请摸一摸这个布料的样品。

Qǐng mō yi mō zhège bùliào de yàngpǐn.

자료 분석

이윤이 19% 올랐습니다.

利润提高了19%。

Lìrùn tígāole bǎi fēn zhī shíjiǔ.

이윤이 11% 증가해, 27억 달러가 되었습니다.

利润为27亿美金，上涨了11%。

Lìrùn wéi èrshíqī yì měijīn, shàngzhǎngle bǎi fēn zhī shíyī.

이윤이 20% 증가해, 순이익은 3만 5천 달러가 되었습니다.

利润增长了20%，净利润达到了三万五千美金。

Lìrùn zēngzhǎngle bǎi fēn zhī èrshí, jìng lìrùn dádàole sānwàn wǔqiān měijīn.

작년 우리 사업이 10% 성장했습니다.

去年我们的事业增长了10%。

Qùnián wǒmen de shìyè zēngzhǎngle bǎi fēn zhī shí.

이윤이 하락하고 있습니다.

利润在下降。

Lìrùn zài xiàjiàng.

작년 이윤은 340만 파운드에 머물렀습니다.

去年的利润为340万英镑。 ＊英镑 yīngbàng 파운드[영국의 화폐 단위]

Qùnián de lìrùn wéi sānbǎi sìshí wàn yīngbàng.

연 매출이 백만 달러 감소했습니다.

年度销售额减少了100万美金。

Niándù xiāoshòu'é jiǎnshǎole yìbǎi wàn měijīn.

1월 매출이 곤두박질쳤습니다.

1月的销售收入跌落严重。 ＊跌落 diēluò 떨어지다

Yī yuè de xiāoshòu shōurù diēluò yánzhòng.

지난 몇 년간 매출에 변동이 없습니다.

我们的销售收入在过去的几年间没有变动。

Wǒmen de xiāoshòu shōurù zài guòqù de jǐ nián jiān méiyǒu biàndòng.

작년 매출 수준을 간신히 유지하고 있습니다.

我们勉强维持着去年的销售水平。

Wǒmen miǎnqiáng wéichízhe qùnián de xiāoshòu shuǐpíng.

재정적인 어려움에도 올해 중국으로 2억 달러를 수출했습니다.

虽在财政方面有困难，但我们今年对中国的出口额达2亿美金。

Suī zài cáizhèng fāngmiàn yǒu kùnnan, dàn wǒmen jīnnián duì Zhōngguó de chūkǒu'é dá liǎngyì měijīn.

경쟁이 치열했지만, 결국 이익을 냈습니다.

虽然竞争非常激烈，但我们还是取得了效益。

Suīrán jìngzhēng fēicháng jīliè, dàn wǒmen háishi qǔdéle xiàoyì.

시장 점유율이 23% 감소하여, 현재 약 15%입니다.

我们的市场占有率下降了23%，现在大约为15%。
Wǒmen de shìchǎng zhànyǒulǜ xiàjiàngle bǎi fēn zhī èrshísān, xiànzài dàyuē wéi bǎi fēn zhī shíwǔ.

유가가 불안정합니다.

油价浮动很大。 *浮动 fúdòng 불안정하다
Yóujià fúdòng hěn dà.

지난주는 주식 시장이 불안정했습니다.

上周股市浮动很大。
Shàngzhōu gǔshì fúdòng hěn dà.

이번 주 코스피 지수가 불안정했습니다.

这周KOSPI指数浮动很大。
Zhèzhōu KOSPI zhǐshù fúdòng hěn dà.

주가가 19위안에서 25위안으로 올랐습니다.

股票从19元涨到了25元。
Gǔpiào cóng shíjiǔ yuán zhǎngdàole èrshíwǔ yuán.

이직률이 9%에서 5.5%로 감소했습니다.

员工流动率从9%降低到5.5%。
Yuángōng liúdònglǜ cóng bǎi fēn zhī jiǔ jiàngdī dào bǎi fēn zhī wǔ diǎn wǔ.

Word tip 그래프 및 차트 관련 단어
提高 tígāo / 增长 zēngzhǎng 향상하다 | 减少 jiǎnshǎo / 下降 xiàjiàng 감소하다 | 发展 fāzhǎn 발전하다 | 停滞不前 tíngzhìbùqián 부진하다 | 显示出 xiǎnshì chū 보여 주다 | 表示 biǎoshì 나타내다 | 持续 chíxù 계속되다 | 变化 biànhuà 변하다 | 直线上升 zhíxiàn shàngshēng 수직 상승하다 | 直线下降 zhíxiàn xiàjiàng 수직 하강하다 | 活跃 huóyuè 활발하다 | 停滞 tíngzhì 침체되다 | 繁荣 fánróng 호황 | 疲软 píruǎn / 萧条 xiāotiáo 불황

소주제 설명 마무리

이것이 바로 제가 말씀드리고자 하는 새로운 프로젝트 전략의 첫 번째 포인트입니다.

这就是我向各位介绍的有关我们新项目战略的第一个要点。
Zhè jiù shì wǒ xiàng gè wèi jièshào de yǒuguān wǒmen xīn xiàngmù zhànlüè de dì-yī ge yàodiǎn.

정리하자면, 이는 초기 목표를 달성해야 한다는 것을 의미합니다.

总而言之，这就意味着我们有必要实现我们的前期目标。
Zǒng'éryánzhī, zhè jiù yìwèizhe wǒmen yǒu bìyào shíxiàn wǒmen de qiánqī mùbiāo.

지금까지 제가 말씀드린 내용은 올 상반기 매출 실적입니다.

我刚才向大家介绍的就是今年上半年的销售业绩。
Wǒ gāngcái xiàng dàjiā jièshào de jiù shì jīnnián shàngbànnián de xiāoshòu yèjì.

여러분 스스로가 지금부터 변화해야 한다는 점을 다시 한번 강조하고 싶습니다.

我想再次强调的就是，各位现在需要改变自我。

Wǒ xiǎng zàicì qiángdiào de jiù shì, gè wèi xiànzài xūyào gǎibiàn zìwǒ.

제가 말씀드리고 싶은 것은, 혁신만이 당사가 살길이라는 것입니다.

我要说的就是，创新是我们公司的唯一出路。

Wǒ yào shuō de jiù shì, chuàngxīn shì wǒmen gōngsī de wéiyī chūlù.

두 번째 파트로 넘어가겠습니다.

下面让我们来看第二部分。

Xiàmiàn ràng wǒmen lái kàn dì-èr bùfen.

두 번째 파트까지 발표를 마쳤습니다. 잠시 휴식을 취한 후, 세 번째 파트를 이어서 진행하겠습니다.

前面两个部分的报告到此结束，休息一下后继续进行第三个部分的报告。

Qiánmiàn liǎng ge bùfen de bàogào dào cǐ jiéshù, xiūxi yíxià hòu jìxù jìnxíng dì-sān ge bùfen de bàogào.

변화하기 위해 취해야 할 대책을 살펴보겠습니다.

那下面让我们来看一下为了改革所要采取的措施这一内容。

Nà xiàmiàn ràng wǒmen lái kàn yíxià wèile gǎigé suǒ yào cǎiqǔ de cuòshī zhè yí nèiróng.

프레젠테이션 마무리

07-5.mp3

마무리 단계 알리기

오늘 프레젠테이션 마지막 파트입니다.

下面是今天报告的最后一部分。
Xiàmiàn shì jīntiān bàogào de zuìhòu yí bùfen.

총정리하겠습니다.

现在作一下总结。
Xiànzài zuò yíxià zǒngjié.

이상이 오늘 제가 말씀드리고 싶었던 내용입니다.

以上就是今天我要报告的内容。
Yǐshàng jiù shì jīntiān wǒ yào bàogào de nèiróng.

마지막으로 오늘 프레젠테이션의 요점을 정리해 드리면서 마무리하겠습니다.

最后在结束今天的报告之前，把主要内容作一下总结。
Zuìhòu zài jiéshù jīntiān de bàogào zhīqián, bǎ zhǔyào nèiróng zuò yíxià zǒngjié.

마지막으로 한 가지 당부드리면서 오늘 프레젠테이션을 마무리하겠습니다.

最后在结束今天的报告之前，嘱咐大家一件事。
Zuìhòu zài jiéshù jīntiān de bàogào zhīqián, zhǔfu dàjiā yí jiàn shì.

*嘱咐 zhǔfu 당부하다, 알아듣게 말하다

오늘 프레젠테이션을 마무리하기 전 말씀드리고 싶은 점은, 바로 지금이 모두가 변화해야 할 시기라는 것입니다.

在结束今天的报告之前想对大家说的就是，现在是需要大家做出改变的时候!
Zài jiéshù jīntiān de bàogào zhīqián xiǎng duì dàjiā shuō de jiù shì, xiànzài shì xūyào dàjiā zuòchū gǎibiàn de shíhou!

요약

핵심 내용은 다음과 같습니다.

主要内容如下。
Zhǔyào nèiróng rúxià.

핵심 내용을 다시 한번 정리하겠습니다.

下面再整理一下主要内容。
Xiàmiàn zài zhěnglǐ yíxià zhǔyào nèiróng.

下面再简单整理一下主要内容。
Xiàmiàn zài jiǎndān zhěnglǐ yíxià zhǔyào nèiróng.

주요 안건을 다시 확인해 보겠습니다.

再确认一下主要议题。

Zài quèrèn yíxià zhǔyào yìtí.

오늘 프레젠테이션을 한마디로 요약하면, 다음과 같습니다.

今天的报告用一句话来概括的话，内容如下。

Jīntiān de bàogào yòng yí jù huà lái gàikuò dehuà, nèiróng rúxià.

프레젠테이션의 핵심 내용은 다음 세 가지입니다.

我报告的主要内容有如下三点。

Wǒ bàogào de zhǔyào nèiróng yǒu rúxià sān diǎn.

지금까지 언급한 내용을 다시 한번 정리해 드리겠습니다.

下面把刚才说过的内容再整理一下。

Xiàmiàn bǎ gāngcái shuōguo de nèiróng zài zhěnglǐ yíxià.

오늘 다루었던 내용을 다시 한번 살펴보겠습니다.

我们再看一下今天谈过的内容。

Wǒmen zài kàn yíxià jīntiān tánguo de nèiróng.

핵심 내용을 다시 한번 살펴보겠습니다.

再看一下主要内容。

Zài kàn yíxià zhǔyào nèiróng.

간단히 말씀드리자면, 당장 새로운 투자를 해야 한다는 것입니다.

简单来说，我们要马上进行新的投资。

Jiǎndān lái shuō, wǒmen yào mǎshàng jìnxíng xīn de tóuzī.

简单来说，我们要马上做出新投资的选择。

Jiǎndān lái shuō, wǒmen yào mǎshàng zuòchū xīn tóuzī de xuǎnzé.

한마디로 요약하자면, 중국 시장 진출이 시급하다는 것입니다.

用一句话来概括的话，进军中国市场是当务之急。

Yòng yí jù huà lái gàikuò dehuà, jìnjūn Zhōngguó shìchǎng shì dāngwùzhījí.

요점은 지속적인 고객 관리가 필요하다는 것입니다.

重点只有一个，那就是需要长期进行客户管理。

Zhòngdiǎn zhǐyǒu yí ge, nà jiù shì xūyào chángqī jìnxíng kèhù guǎnlǐ.

바뀐 정책에 따라 수정해야 할 기획 방향을 간단히 설명드리겠습니다.

现在把依据修订的政策，需要作出修改的企划方向概括一下。

Xiànzài bǎ yījù xiūdìng de zhèngcè, xūyào zuòchū xiūgǎi de qǐhuà fāngxiàng gàikuò yíxià.

＊**依据** yījù 근거하다

강조 및 제안

오늘 프레젠테이션 내용은 아무리 강조해도 지나치지 않습니다.

今天报告的内容值得再三强调。
Jīntiān bàogào de nèiróng zhíde zàisān qiángdiào.

새로운 기술이 생산력을 증진시킬 수 있다는 점을 명심해 주시기 바랍니다.

这个新技术可以增强我们的生产力，这一点请大家铭记在心。
Zhège xīn jìshù kěyǐ zēngqiáng wǒmen de shēngchǎnlì, zhè yì diǎn qǐng dàjiā míngjì zàixīn.

*铭记 míngjì 깊이 새기다

제가 말씀드린 의견의 대략적인 의미를 기억해 주시기 바랍니다.

请大家记住我所提意见的大体意思。
Qǐng dàjiā jìzhù wǒ suǒ tí yìjiàn de dàtǐ yìsi.

이 프레젠테이션은 제 개인적인 견해를 바탕으로 했습니다.

这个报告的内容以我的个人见解为主。
Zhège bàogào de nèiróng yǐ wǒ de gèrén jiànjiě wéizhǔ.

연구 개발의 투자 확충을 제안드리고 싶습니다.

我提议扩大对研究开发的投资。
Wǒ tíyì kuòdà duì yánjiū kāifā de tóuzī.

이 점은 계속 실천해 주시기 바랍니다.

希望各位要不断将此付诸于行动。 *付诸 fùzhū (실천·행동으로) 옮기다
Xīwàng gè wèi yào búduàn jiāng cǐ fùzhū yú xíngdòng.

중국 시장은 지속적으로 공들여야 할 영역입니다.

中国市场是一个需要长期加以关注的领域。
Zhōngguó shìchǎng shì yí ge xūyào chángqī jiāyǐ guānzhù de lǐngyù.

중국 시장에 투입할 인력을 채용하는 것은 가장 시급하고도 중요한 문제입니다.

聘用可投入中国市场的人才是当前最紧迫、最重要的问题。
Pìnyòng kě tóurù Zhōngguó shìchǎng de réncái shì dāngqián zuì jǐnpò、zuì zhòngyào de wèntí.

오늘 프레젠테이션에서는 아무리 불경기라 하더라도 마케팅 정책을 과감하게 밀고 나가야 한다는 것을 제안드리고 싶습니다.

通过今天的报告，我想提出的建议就是，不管经济多么不景气，我们都要大胆地实施我们的营销计划。
Tōngguò jīntiān de bàogào, wǒ xiǎng tíchū de jiànyì jiù shì, bùguǎn jīngjì duōme bùjǐngqì, wǒmen dōu yào dàdǎn de shíshī wǒmen de yíngxiāo jìhuà.

신입 사원의 이탈을 막기 위해 기존 사원의 멘토링이 필요합니다.

为了防止新进员工辞职，需要老员工的指导。
Wèile fángzhǐ xīnjìn yuángōng cízhí, xūyào lǎo yuángōng de zhǐdǎo.

오늘 프레젠테이션 내용은 대외비이니, 새어 나가지 않도록 각별한 주의 부탁드립니다.

今天报告的内容是公司机密，不能对外泄露，特请大家注意。

Jīntiān bàogào de nèiróng shì gōngsī jīmì, bù néng duìwài xièlù, tè qǐng dàjiā zhùyì.

오늘 프레젠테이션 내용을 마케팅 전략에 반영해 보시기 바랍니다.

希望可以把今天报告的内容反映到营销战略中。

Xīwàng kěyǐ bǎ jīntiān bàogào de nèiróng fǎnyìng dào yíngxiāo zhànlüè zhōng.

오늘 프레젠테이션 내용에 유념하여 팀별로 기획안을 수정하시기 바랍니다.

请各组牢记今天报告的内容，并对策划书进行修改。

Qǐng gè zǔ láojì jīntiān bàogào de nèiróng, bìng duì cèhuàshū jìnxíng xiūgǎi.

*牢记 láojì 깊이 새기다

인용구 · 일화 언급

프레젠테이션과 관련한 일화를 하나 말씀드리려고 합니다.

我想说一件跟我的报告有关的事情。

Wǒ xiǎng shuō yí jiàn gēn wǒ de bàogào yǒuguān de shìqing.

我想讲一个跟我的报告有关的故事。

Wǒ xiǎng jiǎng yí ge gēn wǒ de bàogào yǒuguān de gùshi.

제 경험담을 하나 들려 드리겠습니다.

我跟大家说一个我的亲身经历。

Wǒ gēn dàjiā shuō yí ge wǒ de qīnshēn jīnglì.

회사 설립자이신 전 회장님에 관한 일화를 말씀드리려고 합니다.

我要跟大家说一个有关我们公司的创始人——前任董事长的故事。

Wǒ yào gēn dàjiā shuō yí ge yǒuguān wǒmen gōngsī de chuàngshǐrén -- qiánrèn dǒngshìzhǎng de gùshi.

한마디 표현을 빌리며 오늘 제 프레젠테이션을 마칠까 합니다.

最后引用一句话来结束我今天的报告。

Zuìhòu yǐnyòng yí jù huà lái jiéshù wǒ jīntiān de bàogào.

'위대한 기업을 세우려면 위대한 꿈을 가질 용기가 있어야 한다.' 이것은 스타벅스 전 CEO 하워드 슐츠의 명언입니다.

"要想创建一个伟大的企业，就要有胆量去拥有一个伟大的梦想。" 这是星巴克前任CEO霍华德 · 舒尔茨的名言。

"Yào xiǎng chuàngjiàn yí ge wěidà de qǐyè, jiù yào yǒu dǎnliàng qù yōngyǒu yí ge wěidà de mèngxiǎng." Zhè shì Xīngbākè qiánrèn CEO Huòhuádé·Shū'ěrcí de míngyán.

'시련은 있어도 실패는 없다.'라는 말이 있습니다.

有句话说，"会有磨难，但不会有失败。"

*磨难 mónàn 고난

Yǒu jù huà shuō, "Huì yǒu mónàn, dàn bú huì yǒu shībài."

'배우기만 하고 생각하지 않으면 얻는 것이 없고, 생각만 하고 배우지 않으면 위태롭다.' 공자님의 말씀입니다.

孔子说："学而不思则罔，思而不学则殆。"

Kǒngzǐ shuō: "Xué ér bù sī zé wǎng, sī ér bù xué zé dài."

공자께서는 '일이 잘못되면 군자는 제 탓을 하고 소인은 남을 탓한다.'라고 말씀하셨습니다. 남을 탓하기보다는 스스로 책임을 다하는 자세가 필요합니다.

孔子说过，"君子求诸己，小人求诸人。"因此做事不要责怪别人，而应自己承担起责任。

Kǒngzǐ shuōguo, "Jūnzǐ qiú zhū jǐ, xiǎorén qiú zhū rén." Yīncǐ zuò shì búyào zéguài biéren, ér yīng zìjǐ chéngdān qǐ zérèn.

'수신제가 치국평천하'라고 했습니다. 큰일을 도모하기 전에 스스로 수양하는 것은 사업을 시작할 때 꼭 필요한 덕목입니다.

"修身齐家治国平天下"，做大事之前首先要提高自己的内心修养，这是创业时所必备的品德。

"Xiūshēn qíjiā zhìguó píng tiānxià", zuò dàshì zhīqián shǒuxiān yào tígāo zìjǐ de nèixīn xiūyǎng, zhè shì chuàngyè shí suǒ bìbèi de pǐndé.

프레젠테이션 종료 인사

프레젠테이션 자료는 사내 게시판에 올려 놓겠습니다.

我会将报告的材料传送到公司的布告板上。

Wǒ huì jiāng bàogào de cáiliào chuánsòng dào gōngsī de bùgàobǎn shàng.

이것으로 프레젠테이션을 마칩니다.

今天的报告到此结束。

Jīntiān de bàogào dào cǐ jiéshù.

지금까지 경청해 주셔서 감사합니다.

谢谢大家聆听我的报告。

Xièxie dàjiā língtīng wǒ de bàogào.

*聆听 língtīng 공손히 듣다

프레젠테이션에 참석해 주셔서 고맙습니다.

感谢大家的出席。

Gǎnxiè dàjiā de chūxí.

谢谢大家抽出时间来听我的报告。

Xièxie dàjiā chōuchū shíjiān lái tīng wǒ de bàogào.

谢谢大家在百忙之中来听我的报告。

Xièxie dàjiā zài bǎimáng zhī zhōng lái tīng wǒ de bàogào.

수고 많으셨습니다.

各位都辛苦了。

Gè wèi dōu xīnkǔ le.

질의응답

질문받기

질문받겠습니다.

请大家提问。
Qǐng dàjiā tíwèn.

下面接受提问。
Xiàmiàn jiēshòu tíwèn.

의문점이 있으면 질문해 주십시오.

有什么问题请提问。
Yǒu shénme wèntí qǐng tíwèn.

10분간 질의응답 시간입니다.

下面将有十分钟的提问时间。
Xiàmiàn jiāng yǒu shí fēnzhōng de tíwèn shíjiān.

질문 있으십니까?

有什么问题吗?
Yǒu shénme wèntí ma?

방금 다룬 내용에 질문 있으십니까?

关于刚才我提到的内容，有什么问题吗?
Guānyú gāngcái wǒ tídào de nèiróng, yǒu shénme wèntí ma?

질문이나 의견이 있으신 분은 손을 들고 말씀해 주십시오.

如果有什么问题或意见请举手提出。
Rúguǒ yǒu shénme wèntí huò yìjiàn qǐng jǔshǒu tíchū.

질문하실 때 부서와 성함을 먼저 말씀해 주십시오.

请在提问前，先通报自己的所属和姓名。 ＊通报 tōngbào 알려 주다
Qǐng zài tíwèn qián, xiān tōngbào zìjǐ de suǒshǔ hé xìngmíng.

네, 이쪽 분부터 질문해 주십시오.

好的，先请这边这位提问。
Hǎo de, xiān qǐng zhèbiān zhè wèi tíwèn.

이쪽 분부터 질문을 받고, 그쪽 분 질문을 받겠습니다.

这边这位先提问后，那边那位再提问。
Zhèbiān zhè wèi xiān tíwèn hòu, nàbiān nà wèi zài tíwèn.

마지막으로 질문을 하나만 더 받겠습니다.

接受今天最后一个提问。

Jiēshòu jīntiān zuìhòu yí ge tíwèn.

질문 있으신 분 더 안 계십니까?

还有哪位要提问？没有了吗？

Hái yǒu nǎ wèi yào tíwèn? Méiyǒu le ma?

의문점이 있으시면 이메일로 연락 주십시오.

有什么问题的话，请发电子邮件。

Yǒu shénme wèntí dehuà, qǐng fā diànzǐ yóujiàn.

이상 질의응답을 마칩니다.

提问到此结束。

Tíwèn dào cǐ jiéshù.

질문하기

질문하겠습니다.

我要问个问题。

Wǒ yào wèn ge wèntí.

질문이 두 가지 있습니다.

我有两个问题要问。

Wǒ yǒu liǎng ge wèntí yào wèn.

말씀하신 '유기적 경영 관리'가 무엇인가요?

您所说的"有机的经营管理"指的是什么？

Nín suǒ shuō de "yǒujī de jīngyíng guǎnlǐ" zhǐ de shì shénme?

중국 시장에서는 공격적인 마케팅이 꼭 필요하다는 말씀이신가요?

您的意思是在中国市场上，必须要进行攻击性的营销吗？

Nín de yìsi shì zài Zhōngguó shìchǎng shàng, bìxū yào jìnxíng gōngjīxìng de yíngxiāo ma?

*攻击性 gōngjīxìng 공격성

제가 제대로 이해했는지 모르겠지만, 네트워크 시스템을 전부 업그레이드해야 한다는 말씀이신가요?

我不知道我理解的对不对，您是说我们的网络系统全部都要升级吗？

Wǒ bù zhīdào wǒ lǐjiě de duì bu duì, nín shì shuō wǒmen de wǎngluò xìtǒng quánbù dōu yào shēngjí ma?

첫 번째 전략은 투자 대비 효율이 떨어진다고 볼 수 있지 않나요?

第一个战略能不能看作投资效率下降？

Dì-yī ge zhànlüè néng bu néng kànzuò tóuzī xiàolǜ xiàjiàng?

마지막 내용을 좀 더 알기 쉽게 설명해 주시겠어요?
最后一个内容能不能说得更简单易懂一些?
Zuìhòu yí ge nèiróng néng bu néng shuō de gèng jiǎndān yìdǒng yìxiē?

질문 확인

죄송합니다만, 질문을 잘 이해하지 못했습니다. 다시 한번 말씀해 주시겠어요?
对不起，我不太了解您所问的问题，可以再说一遍吗?
Duìbuqǐ, wǒ bú tài liǎojiě nín suǒ wèn de wèntí, kěyǐ zài shuō yí biàn ma?

질문하시고자 하는 내용이 정확히 무엇인가요?
您想问的到底是什么?
Nín xiǎng wèn de dàodǐ shì shénme?

무슨 말씀을 하시는지 잘 모르겠습니다. 좀 더 구체적으로 말씀해 주시겠어요?
我不太明白您的意思，可以再说得更具体一些吗?
Wǒ bú tài míngbai nín de yìsi, kěyǐ zài shuō de gèng jùtǐ yìxiē ma?

죄송합니다만, 확실히 못 들었습니다. 방금 말씀하신 부분이 무엇인가요?
很抱歉，我没听清楚，您刚才说……?
Hěn bàoqiàn, wǒ méi tīng qīngchu, nín gāngcái shuō……?

죄송합니다만, 좀 더 천천히 말씀해 주시겠어요?
对不起，可以说得再慢一点儿吗?
Duìbuqǐ, kěyǐ shuō de zài màn yìdiǎnr ma?

죄송합니다만, 잘 안 들리네요. 조금만 더 크게 말씀해 주시겠어요?
对不起，我听不清楚，可以再大声一些吗?
Duìbuqǐ, wǒ tīng bu qīngchu, kěyǐ zài dà shēng yìxiē ma?

아주 좋은 질문입니다.
这是个非常好的问题。
Zhè shì ge fēicháng hǎo de wèntí.

매우 중요한 질문입니다.
这是个很重要的问题。
Zhè shì ge hěn zhòngyào de wèntí.

좋은 지적을 해 주셨습니다.
您指出的问题很好。
Nín zhǐchū de wèntí hěn hǎo.

답변 회피

아직은 그 정보에 관해 밝힐 수 없습니다.

现在还不能公开那个信息。

Xiànzài hái bù néng gōngkāi nàge xìnxī.

죄송합니다만, 그 정보는 기밀입니다.

很抱歉，那个信息是保密的。

Hěn bàoqiàn, nàge xìnxī shì bǎomì de.

그 점은 나중에 다시 이야기하는 게 좋겠습니다.

这一点我们以后再谈也好。

Zhè yì diǎn wǒmen yǐhòu zài tán yě hǎo.

그 질문은 여기서 명확한 답을 드리기가 어렵습니다. 추후에 다시 답변드리겠습니다.

关于这个问题，现在我不能给出明确的答复，以后我再回答您。

Guānyú zhège wèntí, xiànzài wǒ bù néng gěi chū míngquè de dáfù, yǐhòu wǒ zài huídá nín.

연구소 직원분께서도 자리해 계시니, 그 질문에 답변해 주시리라 생각합니다.

在场还有研究所的职员出席，他们能给这个问题一个答案。

Zàichǎng hái yǒu yánjiūsuǒ de zhíyuán chūxí, tāmen néng gěi zhège wèntí yí ge dá'àn.

그 질문은 전문가에게 자문해 보겠습니다.

这个问题我要向专家咨询一下。

Zhège wèntí wǒ yào xiàng zhuānjiā zīxún yíxià.

여러분 중 이 질문에 의견 있으신 분 계신가요?

在座的各位对此有何看法?

Zài zuò de gè wèi duì cǐ yǒu hé kànfǎ?

그건 상황에 따라 달라서, 일률적인 답변은 드릴 수가 없습니다.

这个得具体问题具体分析，我不能给您统一的答复。

Zhège děi jùtǐ wèntí jùtǐ fēnxī, wǒ bù néng gěi nín tǒngyī de dáfù.

그 문제는 회의에서 논의를 거친 후, 다음 프레젠테이션에서 다시 말씀드리겠습니다.

关于这个问题，我们开会讨论后，下次作报告时再答复您。

Guānyú zhège wèntí, wǒmen kāihuì tǎolùn hòu, xià cì zuò bàogào shí zài dáfù nín.

그 문제는 나중에 메일로 답변드리겠습니다.

这个问题日后发邮件答复您。

Zhège wèntí rìhòu fā yóujiàn dáfù nín.

죄송합니다만, 질의응답 시간이 다 되었습니다.

很抱歉，提问时间结束了。

Hěn bàoqiàn, tíwèn shíjiān jiéshù le.

답변 만족도 확인

명확한 답이 되었나요?

我的回答是否清楚?

Wǒ de huídá shìfǒu qīngchu?

충분한 설명이 되었나요?

我的解释是否充分?

Wǒ de jiěshì shìfǒu chōngfèn?

제 답변이 마음에 드시나요?

您对我的回答满意吗?

Nín duì wǒ de huídá mǎnyì ma?

질문에 답이 되었나요?

我回答了您所问的问题了吗?

Wǒ huídále nín suǒ wèn de wèntí le ma?

만족스러운 답이 되었길 바랍니다.

希望我的回答可以让您满意。

Xīwàng wǒ de huídá kěyǐ ràng nín mǎnyì.

이해가 되셨나요?

您明白了吗?

Nín míngbai le ma?

질의응답 종료

다른 질문이 없으시면, 여기서 마무리 짓겠습니다.

没有其他问题的话，提问时间就到这里吧。

Méiyǒu qítā wèntí dehuà, tíwèn shíjiān jiù dào zhèlǐ ba.

더 이상 질문이 없으시면, 프레젠테이션은 여기서 마치겠습니다.

没有其他问题的话，今天的报告就到这里吧。

Méiyǒu qítā wèntí dehuà, jīntiān de bàogào jiù dào zhèlǐ ba.

没有其他问题的话，今天就到此结束。

Méiyǒu qítā wèntí dehuà, jīntiān jiù dào cǐ jiéshù.

PART 8

계약 및 협상

사업 성패를 좌우하는 계약과 협상하기!

중국 관련 업무를 하다 보면 이메일과 미팅, 전화 통화를 통해 바이어와의 상담 및 사업 목적을 파악한 뒤 직접 대면하여 계약을 위한 협상 단계에 이르게 됩니다. 또, 계약 사항이나 협상에서 정해진 내용을 구두나 서면으로 전달하기도 하고요.

중요한 사항을 전달하고 조건 협상에 필요한 표현들을 자유롭게 구사하려면 전략적으로 준비할 필요가 있습니다. PART 8에서는 협상을 시작할 때 필요한 인사, 내용 정리뿐만 아니라 협상의 마무리 단계인 계약 체결에 필요한 표현까지 정리했습니다.

Chapter 1

협상의 시작

• • • • •

Chapter 2

협상 전개

• • • • •

Chapter 3

가격 협상

• • • • •

Chapter 4

제안

• • • • •

Chapter 5

양보

• • • • •

Chapter 6

반대 · 동의 · 거절

• • • • •

Chapter 7

서류 및 계약서

• • • • •

Chapter 8

협상 종결

협상의 시작

08-1.mp3

인사하기

들어와서 앉으세요.

请进来坐。

Qǐng jìnlái zuò.

Biz tip 협상 자리에서는 방문객을 먼저 환영하고 자리로 안내하는 것이 예의입니다. 중국어에 서툴다고 하여 고개나 눈짓으로만 인사하고 쑥쓰러워 고개도 들지 못하는 행동은 협상 결과에 부정적인 영향을 끼칠 수 있으니, 주의하세요.

조금 일찍 도착했네요, 폐를 끼치는 건 아닌가요?

我来得早了点儿，没有影响您的工作吧？

Wǒ lái de zǎole diǎnr, méiyǒu yǐngxiǎng nín de gōngzuò ba?

죄송합니다, 차가 너무 막혀서 조금 늦었습니다.

路上太堵了，我来晚了，很抱歉。

Lùshang tài dǔ le, wǒ láiwǎn le, hěn bàoqiàn.

왕 주임님, 안녕하셨어요?

王主任，您过得怎么样？

Wáng zhǔrèn, nín guò de zěnmeyàng?

잘 지내고 계신가요?

您一切都好？

Nín yíqiè dōu hǎo?

Biz tip 안면이 있는 사이라면, 협상 시작 전 가볍게 안부 인사를 나누면서 분위기를 부드럽게 만드는 것도 좋습니다.

이쪽으로 앉으세요.

请这边坐。

Qǐng zhèbiān zuò.

앉으셔서, 우선 차 한잔 드세요.

请坐，先喝杯茶。

Qǐng zuò, xiān hē bēi chá.

이번에도 함께 일할 수 있어서 정말 기쁩니다.

很高兴这次也能一起共事。

Hěn gāoxìng zhè cì yě néng yìqǐ gòngshì.

귀사와 함께 일하게 되어 정말 영광입니다.

很荣幸能与贵公司合作。

Hěn róngxìng néng yǔ guì gōngsī hézuò.

저희 팀원을 소개해 드리겠습니다.

我来介绍一下我们的组员。

Wǒ lái jièshào yíxià wǒmen de zǔyuán.

새로 부임한 담당자를 소개해 드리겠습니다.

我来介绍一下新上任的主任。

Wǒ lái jièshào yíxià xīn shàngrèn de zhǔrèn.

＊上任 shàngrèn 부임하다

저는 이○○이고, 이쪽은 왕 주임님이십니다.

我是李○○，这位是我们的王主任。

Wǒ shì Lǐ OO, zhè wèi shì wǒmen de Wáng zhǔrèn.

이쪽은 샤오장으로, 이번 프로젝트 책임자입니다.

这位是小张，是这个项目的负责人。

Zhè wèi shì Xiǎo Zhāng, shì zhège xiàngmù de fùzérén.

(이○○ 씨께) 말씀 많이 들었습니다.

我经常听李○○提起您。

Wǒ jīngcháng tīng Lǐ OO tíqǐ nín.

이○○ 씨, 드디어 뵙게 되네요.

李先生，终于见面了。

Lǐ xiānsheng, zhōngyú jiànmiàn le.

회사가 정말 좋네요. 이렇게 규모가 클지 미처 몰랐습니다.

公司真不错，没想到您的公司规模这么大。

Gōngsī zhēn búcuò, méi xiǎngdào nín de gōngsī guīmó zhème dà.

가벼운 대화

길이 막히지는 않으셨나요?

路上不堵吗?

Lùshang bù dǔ ma?

A 路上不堵吗?
Lùshang bù dǔ ma?
길이 막히지는 않으셨나요?

B 不堵，公司的位置不错，交通很方便。
Bù dǔ, gōngsī de wèizhi búcuò, jiāotōng hěn fāngbiàn.
안 막혔어요. 회사 위치가 좋네요. 교통이 편리하더군요.

비가 많이 와서 오시는 데 힘들지는 않으셨나요?

今天雨下得很大，路上是不是很不方便?

Jīntiān yǔ xià de hěn dà, lùshang shì bu shì hěn bù fāngbiàn?

어제까지 비가 많이 와서 걱정했는데, 다행히 오늘은 날이 개었네요.

到昨天还一直下大雨，让人很担心，幸亏今天天气晴了。

Dào zuótiān hái yìzhí xià dàyǔ, ràng rén hěn dānxīn, xìngkuī jīntiān tiānqì qíng le.

*幸亏 xìngkuī 다행히

이제 봄인가 봐요, 바람이 따뜻해졌어요.

春天了，风都变暖了。

Chūntiān le, fēng dōu biàn nuǎn le.

한국에는 처음이시죠?

您是第一次来韩国吧?

Nín shì dì-yī cì lái Hánguó ba?

A 您是第一次来韩国吧?
Nín shì dì-yī cì lái Hánguó ba?
한국에는 처음이시죠?

B 去年跟韩国也有过一笔交易，这次是第二次。
Qùnián gēn Hánguó yě yǒuguo yì bǐ jiāoyì, zhè cì shì dì-èr cì.
작년에도 한국과 거래가 한 차례 있었어요. 이번이 두 번째 방문입니다.

베이징 관광은 좀 하셨나요?

在北京有没有逛逛?

Zài Běijīng yǒu méiyǒu guàngguang?

차는 뭘로 드릴까요?

您喝什么茶?

Nín hē shénme chá?

A 您喝什么茶?
Nín hē shénme chá?
차는 뭘로 드릴까요?

B 不用了，我来之前已经喝过了。给我一杯温水就行。
Búyòng le, wǒ lái zhīqián yǐjīng hēguo le. Gěi wǒ yì bēi wēnshuǐ jiù xíng.
괜찮습니다. 방금 마시고 와서, 따뜻한 물 한 잔이면 됩니다.

화장실은 중간 문을 나가서 오른쪽에 있습니다.

从中间的门出去后，洗手间就在右手边。

Cóng zhōngjiān de mén chūqù hòu, xǐshǒujiān jiù zài yòushǒu biān.

먼저 이 카탈로그 보면서 담당자를 기다려 주세요.

在主任来之前，您先看一下这份产品目录。

Zài zhǔrèn lái zhīqián, nín xiān kàn yíxià zhè fèn chǎnpǐn mùlù.

4시 전에 오늘 협상을 마칠 수 있을까요?

如果可以的话，今天的谈判能否在4点以前结束?

Rúguǒ kěyǐ dehuà, jīntiān de tánpàn néngfǒu zài sì diǎn yǐqián jiéshù?

저희 신입 사원이 회의에 참석해도 될까요?

可以让我们的新员工一起来参加会议吗?

Kěyǐ ràng wǒmen de xīn yuángōng yìqǐ lái cānjiā huìyì ma?

협상 개시 알림

일정이 촉박했는데 이렇게 조정해 주셔서 감사합니다.

我们的时间本来很仓促，您这样为我们调整日程，对此我们表示万分感谢。

Wǒmen de shíjiān běnlái hěn cāngcù, nín zhèyàng wèi wǒmen tiáozhěng rìchéng, duì cǐ wǒmen biǎoshì wànfèn gǎnxiè.

*仓促 cāngcù 급작스럽다

덕분에 이렇게 빨리 뵐 수 있었어요, 고맙습니다.

都是因为有您，我们才能这么快就相见，非常感谢您。

Dōu shì yīnwèi yǒu nín, wǒmen cái néng zhème kuài jiù xiāngjiàn, fēicháng gǎnxiè nín.

이 시간에 만날 수 있도록 배려해 주셔서 고맙습니다.

很感谢您安排我们在这个时间见面。

Hěn gǎnxiè nín ānpái wǒmen zài zhège shíjiān jiànmiàn.

오늘 모두가 만족할 만한 결과가 있기를 바랍니다.

希望今天能有令大家都满意的结果。

Xīwàng jīntiān néng yǒu lìng dàjiā dōu mǎnyì de jiéguǒ.

귀사와 함께 일할 수 있기를 바랍니다.

希望能与贵公司合作。

Xīwàng néng yǔ guì gōngsī hézuò.

시간이 많지 않으니 회의 시작합시다.

时间不多，我们开始开会吧。

Shíjiān bù duō, wǒmen kāishǐ kāihuì ba.

그럼 이제 업무 이야기를 해 볼까요?

那我们开始谈业务问题吗?

Nà wǒmen kāishǐ tán yèwù wèntí ma?

오늘 토론으로 넘어가도록 하죠.

今天进行讨论吧。

Jīntiān jìnxíng tǎolùn ba.

오늘 협의해야 할 안건이 많으니 바로 시작합시다.

今天我们有很多要讨论的，所以现在就开始吧。

Jīntiān wǒmen yǒu hěn duō yào tǎolùn de, suǒyǐ xiànzài jiù kāishǐ ba.

그럼 지난번에 귀사에서 보내 주신 제안서를 살펴봅시다.

那我们来看看上次贵公司发给我们的计划书吧。

Nà wǒmen lái kànkan shàng cì guì gōngsī fā gěi wǒmen de jìhuàshū ba.

그 사항을 다시 한번 말씀해 주시겠어요?

关于那个事项，您可以再说一遍吗?

Guānyú nàge shìxiàng, nín kěyǐ zài shuō yí biàn ma?

关于那个问题，您可以再说一遍吗?

Guānyú nàge wèntí, nín kěyǐ zài shuō yí biàn ma?

검토해 보니 계약까지는 아직 문제가 많은 것 같습니다.

经过研究，我们认为签约之前还存在很多问题。

Jīngguò yánjiū, wǒmen rènwéi qiānyuē zhīqián hái cúnzài hěn duō wèntí.

허심탄회하게 대화해서 서로가 만족할 만한 방법을 찾아봅시다.

让我们坦诚地交换意见，找出令双方都满意的方案。

Ràng wǒmen tǎnchéng de jiāohuàn yìjiàn, zhǎochū lìng shuāngfāng dōu mǎnyì de fāng'àn.

*坦诚 tǎnchéng 솔직하고 성실하다

의견 교환

귀사의 입장은 어떤가요?

贵方的立场如何?

Guì fāng de lìchǎng rúhé?

먼저 귀사의 의견을 듣고 싶습니다.

我们想先听听贵方的意见。

Wǒmen xiǎng xiān tīngting guì fāng de yìjiàn.

저희 측 예산 범위에 있는 한, 그건 문제가 되지 않습니다.

只要在我们的预算范围内，这应该不成问题。

Zhǐyào zài wǒmen de yùsuàn fànwéi nèi, zhè yīnggāi bùchéng wèntí.

공급 업체가 가격을 올리지 않는 한, 그건 문제가 되지 않습니다.

只要供应商不提价，这应该不成问题。

Zhǐyào gōngyìngshāng bù tíjià, zhè yīnggāi bùchéng wèntí.

합의하기까지 넘어야 할 문제가 몇 군데 있습니다.

在达成协议之前，有几个问题要谈一下。
Zài dáchéng xiéyì zhīqián, yǒu jǐ ge wèntí yào tán yíxià.

가장 큰 문제는 비용입니다.

最大的问题是费用问题。
Zuì dà de wèntí shì fèiyòng wèntí.

당사에서는 귀사와 함께 일할 수 있길 바랍니다.

我们公司希望能与贵公司合作。
Wǒmen gōngsī xīwàng néng yǔ guì gōngsī hézuò

다음 주가 라오둥제라, 그 전까지는 합의를 했으면 좋겠습니다.

下周是劳动节，希望可以在那之前达成协议。
Xiàzhōu shì Láodòng Jié, xīwàng kěyǐ zài nà zhīqián dáchéng xiéyì.

실전회화

A 下周是劳动节，希望可以在那之前达成协议。因为劳动节连休三天，过了节再谈的话隔的时间太长了。
Xiàzhōu shì Láodòng Jié, xīwàng kěyǐ zài nà zhīqián dáchéng xiéyì. Yīnwèi Láodòng Jié liánxiū sān tiān, guòle jié zài tán dehuà gé de shíjiān tài cháng le.
다음 주가 라오둥제라, 그 전까지는 합의를 했으면 좋겠습니다. 연휴가 사흘이어서, 라오둥제가 지나고 다시 이야기하려면 너무 간극이 커서요.

B 好的，那协商尽量在这周之内结束。
Hǎo de, nà xiéshāng jǐnliàng zài zhè zhōu zhī nèi jiéshù.
알겠습니다. 그럼 되도록 이번 주 안으로 협상을 끝내도록 해요.

누가 되었든, 한쪽이 손해를 본다면 좋은 협상이 아닙니다.

不管是哪一方，只要有一方利益受损，都不是理想的协商。
Bùguǎn shì nǎ yì fāng, zhǐyào yǒu yì fāng lìyì shòusǔn, dōu bú shì lǐxiǎng de xiéshāng.

조건도 중요하지만, 서로 마음이 상하지 않도록 성의를 보여 주는 게 가장 중요합니다.

条件固然重要，但互不伤害感情，真心诚意才是最重要的。
Tiáojiàn gùrán zhòngyào, dàn hù bù shānghài gǎnqíng, zhēnxīn chéngyì cái shì zuì zhòngyào de.

당사에서도 그 점을 논의했는데요, 조건을 변경하기는 조금 힘들 듯합니다.

有关这个部分，我们公司也曾开会讨论过，但要改变条件恐怕有困难。
Yǒuguān zhège bùfen, wǒmen gōngsī yě céng kāihuì tǎolùnguo, dàn yào gǎibiàn tiáojiàn kǒngpà yǒu kùnnan.

일정이 촉박하기 때문에, 마감 날짜만 맞춰 주신다면 비용은 좀 더 쳐드리겠습니다.

日程很紧迫，只要能按时完成，我们可以提高费用。
Rìchéng hěn jǐnpò, zhǐyào néng ànshí wánchéng, wǒmen kěyǐ tígāo fèiyòng.

*紧迫 jǐnpò 긴박하다

그 점은 감이 잘 안 잡히네요, 좀 더 자세히 설명해 주십시오.

这一点我不太了解，请说明得更具体一些。

Zhè yì diǎn wǒ bú tài liǎojiě, qǐng shuōmíng de gèng jùtǐ yìxiē.

흘러가는 방향을 보니, 양측 모두 만족할 만한 협상이 될 것 같습니다.

从现在协商的进行情况来看，应该可以获得双方都满意的结果。

Cóng xiànzài xiéshāng de jìnxíng qíngkuàng lái kàn, yīnggāi kěyǐ huòdé shuāngfāng dōu mǎnyì de jiéguǒ.

회사 입장 관철

당사에서는 모든 계약에 이 가격을 적용합니다.

我们公司所有的合同都是这个金额。

Wǒmen gōngsī suǒyǒu de hétong dōu shì zhège jīn'é.

이 조건들은 협상이 가능합니다.

这些条件可以协商。

Zhèxiē tiáojiàn kěyǐ xiéshāng.

이 조건은 조정이 가능합니다.

这个条件可以调整。

Zhège tiáojiàn kěyǐ tiáozhěng.

내부 회의를 거쳐 이 조건들을 조정해 보겠습니다.

内部讨论后再对这些条件进行调整。

Nèibù tǎolùn hòu zài duì zhèxiē tiáojiàn jìnxíng tiáozhěng.

조건을 말씀해 주시면, 최대한 맞춰 드리겠습니다.

只要您提出条件，我们会尽可能满足您。

Zhǐyào nín tíchū tiáojiàn, wǒmen huì jǐn kěnéng mǎnzú nín.

마감 날짜는 업무 진행 속도에 따라 미뤄 드릴 수 있습니다.

截止日期可以根据进度推迟。

Jiézhǐ rìqī kěyǐ gēnjù jìndù tuīchí.

그 점은 저희 쪽에서 충분히 해결할 수 있습니다.

这个问题我们完全可以解决。

Zhège wèntí wǒmen wánquán kěyǐ jiějué.

필요한 자료는 저희 쪽에서 정리하여 빠른 시일 내로 보내 드리겠습니다.

所需的资料我们会整理后尽快发送给贵方。

Suǒxū de zīliào wǒmen huì zhěnglǐ hòu jǐnkuài fāsòng gěi guì fāng.

샘플로 보여 주신 영상보다 훨씬 높은 퀄리티로 만들어 드릴 수 있습니다.

跟您给我们看的那个视频相比，我们能制作出水平更高的视频。

Gēn nín gěi wǒmen kàn de nàge shìpín xiāngbǐ, wǒmen néng zhìzuò chū shuǐpíng gèng gāo de shìpǐn.

당사는 상품 하나하나를 정성 들여 만들기 때문에 퀄리티는 걱정하지 않으셔도 됩니다.

我们公司的每一件产品都是精心制作的，绝对保证质量。

Wǒmen gōngsī de měi yí jiàn chǎnpǐn dōu shì jīngxīn zhìzuò de, juéduì bǎozhèng zhìliàng.

당사에는 실력이 출중한 엔지니어가 많기 때문에 제품 퀄리티는 걱정하지 않으셔도 됩니다.

我们公司具有很多优秀的技术人员，所以绝对保证产品质量。

Wǒmen gōngsī jùyǒu hěn duō yōuxiù de jìshù rényuán, suǒyǐ juéduì bǎozhèng chǎnpǐn zhìliàng.

귀하가 만족하실 때까지 프로그램 해상도를 수정해 드리겠습니다.

我们会不断完善系统的清晰度，直到贵方满意为止。

Wǒmen huì búduàn wánshàn xìtǒng de qīngxīdù, zhí dào guì fāng mǎnyì wéizhǐ.

*清晰度 qīngxīdù 해상도, 선명도

작년에 이어 두 번째 거래이니, 지난번 경험을 바탕으로 더 잘해 드리겠습니다.

继去年之后这是第二次交易，有了上次的经验，这次我们会做得更好。

Jì qùnián zhīhòu zhè shì dì-èr cì jiāoyì, yǒule shàng cì de jīngyàn, zhè cì wǒmen huì zuò de gèng hǎo.

협상 전개

08-2.mp3

협상 내용 제시 및 확인

오늘은 마감 일정과 비용을 협상하고자 모였습니다.

今天主要就截止日期及费用进行协商。

Jīntiān zhǔyào jiù jiézhǐ rìqī jí fèiyòng jìnxíng xiéshāng.

오늘은 합병 조건을 논의하고자 모였습니다.

今天大家坐在一起的目的是要讨论合并的条件。

Jīntiān dàjiā zuò zài yìqǐ de mùdì shì yào tǎolùn hébìng de tiáojiàn.

오늘은 계약서 조항을 마무리하고자 모였습니다.

今天要把合同条款制定完。

Jīntiān yào bǎ hétong tiáokuǎn zhìdìng wán.

*条款 tiáokuǎn 조항

아시다시피, 오늘 우리는 합작 투자의 세부 조건을 협의하고자 모였습니다.

众所周知，今天我们要就合作投资的具体条件进行协商。

Zhòngsuǒzhōuzhī, jīntiān wǒmen yào jiù hézuò tóuzī de jùtǐ tiáojiàn jìnxíng xiéshāng.

*众所周知 zhòngsuǒzhōuzhī 모두가 알고 있다

당사의 여러 제품 중, 우선 귀사가 가장 필요로 하는 제품부터 협의하는 게 좋겠습니다.

在我们众多的产品当中，先就贵公司最需要的产品进行协商比较好。

Zài wǒmen zhòngduō de chǎnpǐn dāngzhōng, xiān jiù guì gōngsī zuì xūyào de chǎnpǐn jìnxíng xiéshāng bǐjiào hǎo.

귀사의 제안서와 견적서를 꼼꼼히 검토했는데, 조정이 필요한 부분이 몇 군데 보이더군요.

我们仔细审查了贵公司的提案书及报价单，其中有几个需要调整的部分。

Wǒmen zǐxì shěnchále guì gōngsī de tí'ànshū jí bàojiàdān, qízhōng yǒu jǐ ge xūyào tiáozhěng de bùfen.

먼저 오늘 회의 내용을 간단히 설명드린 다음, 협상에 들어가겠습니다.

我先简单地说明一下今天会议的内容，然后再开始进行协商。

Wǒ xiān jiǎndān de shuōmíng yíxià jīntiān huìyì de nèiróng, ránhòu zài kāishǐ jìnxíng xiéshāng.

이 프로젝트를 함께할 최상의 파트너를 찾고 있습니다.

我们正在寻找此次项目的最佳合作伙伴。

Wǒmen zhèngzài xúnzhǎo cǐ cì xiàngmù de zuìjiā hézuò huǒbàn.

이 프로젝트를 위해 당사와 같은 비전을 지닌 회사를 찾고 있습니다.

为了此次项目，我公司正在寻找与我们具有同样发展前途的公司。

Wèile cǐ cì xiàngmù, wǒ gōngsī zhèngzài xúnzhǎo yǔ wǒmen jùyǒu tóngyàng fāzhǎn qiántú de gōngsī.

선박 부품의 새로운 구입처를 찾고 계신다고 들어서 미팅 요청을 드렸습니다.

我们得知贵公司正在寻找购买船舶零件的新购点，希望能与贵公司开会就此问题进行商议。

Wǒmen dézhī guì gōngsī zhèngzài xúnzhǎo gòumǎi chuánbó língjiàn de xīn gòudiǎn, xīwàng néng yǔ guì gōngsī kāihuì jiù cǐ wèntí jìnxíng shāngyì.

*船舶 chuánbó 선박 零件 língjiàn 부품

실전회화

A **我们得知贵公司正在寻找购买船舶零件的新购点，希望能与贵公司开会就此问题进行商议。**
Wǒmen dézhī guì gōngsī zhèngzài xúnzhǎo gòumǎi chuánbó língjiàn de xīn gòudiǎn, xīwàng néng yǔ guì gōngsī kāihuì jiù cǐ wèntí jìnxíng shāngyì.
선박 부품의 새로운 구입처를 찾고 계신다고 들어서, 미팅 요청을 드렸습니다.

B **贵公司发送过来的提案书我们已经认真审查过。**
Guì gōngsī fāsòng guòlái de tí'ànshū wǒmen yǐjīng rènzhēn shěncháguo.
귀사에서 보내 주신 제안서는 꼼꼼히 검토해 보았습니다.

믿을 만한 외주 업체를 찾고 있습니다.

我们寻找的是可信的外协企业。 *外协 wàixié 외주하다

Wǒmen xúnzhǎo de shì kěxìn de wàixié qǐyè.

현재까지는 귀사가 이번 합작 투자 사업의 가장 강력한 후보입니다. 오늘 협상이 그야말로 관건이군요.

到目前为止，贵公司是此次合作投资事业的最热门的候选人，今天的协商是最关键的。

Dào mùqián wéizhǐ, guì gōngsī shì cǐ cì hézuò tóuzī shìyè de zuì rèmén de hòuxuǎnrén, jīntiān de xiéshāng shì zuì guānjiàn de.

*候选人 hòuxuǎnrén 입후보자

오늘은 구체적인 조건을 협의하고 싶습니다.

今天想商议一下具体条件。

Jīntiān xiǎng shāngyì yíxià jùtǐ tiáojiàn.

그럼 안건의 첫째 조항부터 시작합시다.

那我们开始吧，先看议题的第一项。

Nà wǒmen kāishǐ ba, xiān kàn yìtí de dì-yī xiàng.

우선 귀사의 제안서 내용을 브리핑해 주십시오.

请先简要介绍一下贵公司提案书的内容。

Qǐng xiān jiǎnyào jièshào yíxià guì gōngsī tí'ànshū de nèiróng.

중국의 센서 시장은 현재 블루오션입니다.

中国传感器市场现在是蓝海。

Zhōngguó chuángǎnqì shìchǎng xiànzài shì lánhǎi.

실전회화

A 中国传感器市场现在是蓝海，中国市场上80%的传感器都是进口产品。
Zhōngguó chuángǎnqì shìchǎng xiànzài shì lánhǎi, Zhōngguó shìchǎng shàng bǎi fēn zhī bāshí de chuángǎnqì dōu shì jìnkǒu chǎnpǐn.
중국의 센서 시장은 현재 블루오션입니다. 중국 센서 시장의 80%가 수입 제품입니다.

B 那以我们的技术力，胜算很大。
Nà yǐ wǒmen de jìshùlì, shèngsuàn hěn dà.
그럼 우리 기술력으로 승산이 있겠네요.

오늘은 가격, 지불 조건, 품질 보증 이 세 가지 주요 사항을 안건으로 다루겠습니다.

今天的议题涉及三个核心问题，分别为价格、支付条件以及品质保障。

Jīntiān de yìtí shèjí sān ge héxīn wèntí, fēnbié wéi jiàgé、zhīfù tiáojiàn yǐjí pǐnzhì bǎozhàng.

*涉及 shèjí 관련되다

이 제안을 어떻게 생각하십니까?

您对此提案的看法如何?

Nín duì cǐ tí'àn de kànfǎ rúhé?

이번 프로젝트의 마감 날짜와 예산을 말씀해 주시겠어요?

能否告诉我们这个项目的截止日期及预算?

Néngfǒu gàosu wǒmen zhège xiàngmù de jiézhǐ rìqī jí yùsuàn?

지난번 거래와 동일한 조건으로 재계약하기는 어려울까요?

不能以跟上次交易相同的条件进行续签吗?

Bù néng yǐ gēn shàng cì jiāoyì xiāngtóng de tiáojiàn jìnxíng xùqiān ma?

그럼 귀사의 견적을 말씀해 보십시오.

那么请讲一下贵公司的报价。

Nàme qǐng jiǎng yíxià guì gōngsī de bàojià.

비용을 협의한 다음, 세부 사항을 조율하면 훨씬 효율적일 것 같습니다.

先就费用问题进行协商后，再讨论细节问题，这样效率会更高。

Xiān jiù fèiyòng wèntí jìnxíng xiéshāng hòu, zài tǎolùn xìjié wèntí, zhèyàng xiàolǜ huì gèng gāo.

귀사에서 보내 주신 제안에 몇 가지 대안을 생각해 봤습니다.

对于贵公司发来的提案，我们想了几个解决方案。

Duìyú guì gōngsī fālái de tí'àn, wǒmen xiǎngle jǐ ge jiějué fāng'àn.

저희의 입장은 이렇습니다.

我们的立场是这样的。

Wǒmen de lìchǎng shì zhèyàng de.

어필하기

한국의 IT 기술은 매우 뛰어납니다.

韩国的IT技术非常先进。

Hánguó de IT jìshù fēicháng xiānjìn.

이것이 바로 당사의 주력 상품입니다.

这就是我们公司的主打产品。

Zhè jiù shì wǒmen gōngsī de zhǔdǎ chǎnpǐn.

이것이 이번에 출시된 신제품인데, 시장 반응이 매우 뜨겁습니다.

这就是这次推出的新产品，市场反应非常好。

Zhè jiù shì zhè cì tuīchū de xīn chǎnpǐn, shìchǎng fǎnyìng fēicháng hǎo.

특히 중국 바이어들이 당사의 제품을 마음에 들어 합니다.

特别是中国的购买商特别中意我们的产品。

Tèbié shì Zhōngguó de gòumǎishāng tèbié zhòngyì wǒmen de chǎnpǐn.

중국에 수출하는 제품 중 이 디자인이 인기가 가장 많습니다.

出口到中国的产品中，这一款最受欢迎。

Chūkǒu dào Zhōngguó de chǎnpǐn zhōng, zhè yì kuǎn zuì shòu huānyíng.

일본 수출용으로는 이 디자인이 가장 적합합니다.

要出口到日本，这个款式最合适。

Yào chūkǒu dào Rìběn, zhège kuǎnshì zuì héshì.

내구성은 이 제품이 가장 뛰어납니다.

这个产品最耐用。 *耐用 nàiyòng 오래 쓸 수 있다

Zhège chǎnpǐn zuì nàiyòng.

这个产品的耐用性最好。

Zhège chǎnpǐn de nàiyòngxìng zuì hǎo.

这个产品的使用寿命最长。

Zhège chǎnpǐn de shǐyòng shòumìng zuì cháng.

이 제품은 가성비가 좋아서 소비자에게 인기가 가장 좋습니다.

这个产品的性价比很好，所以很受消费者的欢迎。

Zhège chǎnpǐn de xìngjiàbǐ hěn hǎo, suǒyǐ hěn shòu xiāofèizhě de huānyíng.

*性价比 xìngjiàbǐ 가성비

보내 주신 샘플보다 훨씬 훌륭한 퀄리티로 만들어 드릴 수 있습니다.

我们能做出比贵公司发给我们的样品质量更好的产品。

Wǒmen néng zuòchū bǐ guì gōngsī fā gěi wǒmen de yàngpǐn zhìliàng gèng hǎo de chǎnpǐn.

시장 조사에서 국가별 인기 있는 디자인과 색상을 전반적으로 분석하였습니다.

通过市场调查，我们全面分析了各个国家受欢迎的设计及颜色。

Tōngguò shìchǎng diàochá, wǒmen quánmiàn fēnxīle gègè guójiā shòu huānyíng de shèjì jí yánsè.

이번에 업그레이드한 이 앱은, 테스트 결과 어떠한 중국산 휴대 전화 기종에서도 오류가 발견되지 않았습니다.

经测试，这次升级的这个APP，不管中国的哪一款手机都不会出现错误。

Jīng cèshì, zhè cì shēngjí de zhège APP, bùguǎn Zhōngguó de nǎ yì kuǎn shǒujī dōu bú huì chūxiàn cuòwù.

기존 청소기의 단점인 짧은 사용 시간을 보완한 신제품을 출시했습니다.

现在市面上的吸尘器待机时间太短，新推出的这款产品则弥补了这个不足。

Xiànzài shìmiàn shàng de xīchénqì dàijī shíjiān tài duǎn, xīn tuīchū de zhè kuǎn chǎnpǐn zé míbǔle zhège bùzú.

*市面 shìmiàn 시황　吸尘器 xīchénqì 청소기　弥补 míbǔ 보완하다

합작을 하게 되면 저희 쪽에서 한국 내 마케팅 권한을 갖겠습니다.

如果可以合作，韩国国内的市场营销将全权由我方负责。

Rúguǒ kěyǐ hézuò, Hánguó guónèi de shìchǎng yíngxiāo jiāng quánquán yóu wǒ fāng fùzé.

변수가 생기지 않는다면 프로젝트는 예정일 안에 예산 범위 내에서 완수될 것입니다.

如果没什么意外的话，项目可以在预定期内，并且在预算范围内完成。

Rúguǒ méi shénme yìwài dehuà, xiàngmù kěyǐ zài yùdìng qīnèi, bìngqiě zài yùsuàn fànwéi nèi wánchéng.

본격 협상 전개

한국 시장 분석을 충분히 하신 다음 제안하시는 건가요?

这个提案是在对韩国市场进行了全面调查后提出的吗?

Zhège tí'àn shì zài duì Hánguó shìchǎng jìnxíngle quánmiàn diàochá hòu tíchū de ma?

귀사의 시장 조사 분석 보고서를 좀 검토할 수 있을까요?

我们能否看一下贵公司所做的市场调查分析报告?

Wǒmen néngfǒu kàn yíxià guì gōngsī suǒ zuò de shìchǎng diàochá fēnxī bàogào?

크게 세 가지 단계로 진행할 예정입니다.

我们打算大体分三个阶段去进行。

Wǒmen dǎsuan dàtǐ fēn sān ge jiēduàn qù jìnxíng.

제 생각에 첫 번째 단계의 진행 기간은 한 달 정도가 적당하다고 봅니다.

我认为，第一阶段大概一个月的时间较为合适。

Wǒ rènwéi, dì-yī jiēduàn dàgài yí ge yuè de shíjiān jiàowéi héshì.

두 번째 단계를 진행하기 전에 이 세 가지 작업을 마무리 짓는 편이 좋을 듯합니다.

在进入第二阶段之前，先完成这三项工作比较好。

Zài jìnrù dì-èr jiēduàn zhīqián, xiān wánchéng zhè sān xiàng gōngzuò bǐjiào hǎo.

이대로 진행한다면 저희 쪽에서는 언제쯤 투자 수익을 볼 수 있을까요?

这样进行的话，我方将在什么时候可以得到投资回报?

Zhèyàng jìnxíng dehuà, wǒ fāng jiāng zài shénme shíhou kěyǐ dédào tóuzī huíbào?

실전회화

A 这样进行的话，我方将在什么时候可以得到投资回报?
Zhèyàng jìnxíng dehuà, wǒ fāng jiāng zài shénme shíhou kěyǐ dédào tóuzī huíbào?
이대로 진행한다면 저희 쪽에서는 언제쯤 투자 수익을 볼 수 있을까요?

B 三年后应该可以获得投资利益。
Sān nián hòu yīnggāi kěyǐ huòdé tóuzī lìyì.
3년 뒤에는 투자 이익을 보실 수 있을 거예요.

손익 분기점 달성 시기가 이렇게 늦는다면 투자액을 줄일 수밖에 없습니다.

如果到达盈亏平衡点需要这么长时间的话，我们不得不降低投资额。

Rúguǒ dàodá yíngkuī pínghéngdiǎn xūyào zhème cháng shíjiān dehuà, wǒmen bùdébù jiàngdī tóuzī'é.

*盈亏平衡点 yíngkuī pínghéngdiǎn 손익 분기점

환율 문제로 최근 자재 구입에 어려움을 겪고 있습니다. 그러니 가격을 적절하게 조정해 주실 수 없을까요?

最近因为汇率问题，在购买材料方面困难很大，所以是否能适当调整一下费用?

Zuìjìn yīnwèi huìlǜ wèntí, zài gòumǎi cáiliào fāngmiàn kùnnan hěn dà, suǒyǐ shìfǒu néng shìdàng tiáozhěng yíxià fèiyòng?

비용을 낮추지 않는 대신, 계약서에 이 두 가지 항목을 추가할 수 있을까요?

在不降低费用的前提下，是否能把这两项内容添加在合同中?

Zài bú jiàngdī fèiyòng de qiántí xià, shìfǒu néng bǎ zhè liǎng xiàng nèiróng tiānjiā zài hétong zhōng?

더 좋은 가격에 비슷한 상품을 제시한 회사가 있습니다.

类似的产品，有的公司出示了更好的价格。

Lèisì de chǎnpǐn, yǒu de gōngsī chūshìle gèng hǎo de jiàgé.

일정이 이렇게 빠듯하면 인력을 더 써야 하니, 견적가를 낮추기는 좀 어렵습니다.

日程这么紧的话，需要更多的人手，因此很难降低报价。
Rìchéng zhème jǐn dehuà, xūyào gèng duō de rénshǒu, yīncǐ hěn nán jiàngdī bàojià.

아, 이건 제 선에서 해결할 수 있는 문제가 아닙니다.

啊，这在我能力之外。
Ā, zhè zài wǒ nénglì zhī wài.

啊，这不是我一个人能解决的问题。
Ā, zhè bú shì wǒ yí ge rén néng jiějué de wèntí.

회사로 복귀해 상의한 다음, 다시 제안서를 보내 드려도 될까요?

我回公司商量后，再发给你提案书可以吗?
Wǒ huí gōngsī shāngliàng hòu, zài fā gěi nǐ tí'ànshū kěyǐ ma?

저희는 한 번도 이 조항을 빼고 계약한 적이 없습니다.

我们签署合同时，从未删除过这一项条款。
Wǒmen qiānshǔ hétong shí, cóng wèi shānchúguo zhè yí xiàng tiáokuǎn.

*签署 qiānshǔ 서명하다 删除 shānchú 삭제하다

중국 시장에서는 '고품질·낮은 가격'이어야 경쟁력이 있습니다.

在中国市场上，只有"高品质、低价格"才有竞争力。
Zài Zhōngguó shìchǎng shàng, zhǐyǒu "gāo pǐnzhì、dī jiàgé" cái yǒu jìngzhēnglì.

중국 내 내국인 공략은 이 제품으로, 외국인 공략은 이 제품을 권해 드립니다.

若要在中国国内市场赢得中国消费者，我们推荐这款产品，若要赢得外国消费者，则推荐那款产品。
Ruòyào zài Zhōngguó guónèi shìchǎng yíngdé Zhōngguó xiāofèizhě, wǒmen tuījiàn zhè kuǎn chǎnpǐn, ruòyào yíngdé wàiguó xiāofèizhě, zé tuījiàn nà kuǎn chǎnpǐn.

用这个产品来赢取中国消费者的芳心，用那个产品来赢取外国消费者的芳心。
Yòng zhège chǎnpǐn lái yíngqǔ Zhōngguó xiāofèizhě de fāngxīn, yòng nàge chǎnpǐn lái yíngqǔ wàiguó xiāofèizhě de fāngxīn.

재고가 쌓이더라도 덤핑 판매는 좋은 방법이 아닙니다.

即使有积压商品，倾销也不是上策。 *倾销 qīngxiāo 덤핑 판매
Jíshǐ yǒu jīyā shāngpǐn, qīngxiāo yě bú shì shàngcè.

即使有积压商品，倾销也不是好办法。
Jíshǐ yǒu jīyā shāngpǐn, qīngxiāo yě bú shì hǎo bànfǎ.

대량 생산이 가능한가요?

可以大量生产吗?
Kěyǐ dàliàng shēngchǎn ma?

이 제품은 구매하신 건가요, 자체 생산하신 건가요?

这个产品是购买的还是贵公司自己生产的?

Zhège chǎnpǐn shì gòumǎi de háishi guì gōngsī zìjǐ shēngchǎn de?

A **我们对这个产品很满意，这是购买的还是贵公司自己生产的?**
Wǒmen duì zhège chǎnpǐn hěn mǎnyì, zhè shì gòumǎi de háishi guì gōngsī zìjǐ shēngchǎn de?
이 제품이 마음에 드네요. 이 제품은 구매하신 건가요, 자체 생산하신 건가요?

B **这是购买的，化妆品产品我们只做流通，不生产。**
Zhè shì gòumǎi de, huàzhuāngpǐn chǎnpǐn wǒmen zhǐ zuò liútōng, bù shēngchǎn.
이건 구입한 거예요. 화장품류는 유통만 하고, 자체 생산은 하지 않습니다.

이 매니큐어들은 위생 검사에 통과한 제품이죠?

这些指甲油都是卫生检查合格产品吧?

Zhèxiē zhǐjiǎyóu dōu shì wèishēng jiǎnchá hégé chǎnpǐn ba?

Biz tip 중국에도 한국의 '식품의약품안전처[식약처]'와 같은 기관이 있습니다. 식품이나 의약품 등을 생산할 때는 반드시 이곳의 검증을 통과해야 하죠. 이 기관의 정식 명칭은 '国家食品药品监督管理总局(Guójiā Shípǐn Yàopǐn Jiāndūguǎnlǐ Zǒngjú)'입니다.

중국 내 판매 허가증 기간을 좀 더 늘려 주실 수 없나요?

在中国的销售许可证的期限能否再延长一段时间?

Zài Zhōngguó de xiāoshòu xǔkězhèng de qīxiàn néngfǒu zài yáncháng yí duàn shíjiān?

저희는 귀사에서 제공한 스토리보드에 따라 촬영만 담당하니, 저작권 책임에 관한 조항은 빼 주셨으면 합니다.

我们只负责按照贵公司给我们的故事板进行拍摄，因此请删除有关版权责任的条款。

Wǒmen zhǐ fùzé ànzhào guì gōngsī gěi wǒmen de gùshìbǎn jìnxíng pāishè, yīncǐ qǐng shānchú yǒuguān bǎnquán zérèn de tiáokuǎn.

*故事板 gùshìbǎn 스토리보드　版权 bǎnquán 판권, 저작권

귀사의 기술력이라면, 업계 1위는 문제없으리라 확신합니다.

我们相信，凭借贵公司的技术，成为业界第一毫无问题。

Wǒmen xiāngxìn, píngjiè guì gōngsī de jìshù, chéngwéi yèjiè dì-yī háowú wèntí.

*毫无 háowú 조금도 ~이 없다

가격 협상

가격 및 조건 제시

원하는 가격이 얼마십니까?

您所期望的价格是多少?
Nín suǒ qīwàng de jiàgé shì duōshao?

您期望的最终价格是多少?
Nín qīwàng de zuìzhōng jiàgé shì duōshao?

생각하는 단가가 있으면 먼저 말씀해 보십시오.

请先讲一下您所期望的单价是多少。
Qǐng xiān jiǎng yíxià nín suǒ qīwàng de dānjià shì duōshao.

이 도서 DVD의 수출 계약 인세는 어느 정도가 적당하다고 생각하시나요?

这次图书DVD的出口合同版税您认为多少较合适?
Zhè cì túshū DVD de chūkǒu hétong bǎnshuì nín rènwéi duōshao jiào héshì?

*版税 bǎnshuì 인세

인세는 정가의 10%, 계약 기간은 5년으로 생각하고 있습니다.

我们计划版税是定价的10%，合同期限为五年。
Wǒmen jìhuà bǎnshuì shì dìngjià de bǎi fēn zhī shí, hétong qīxiàn wéi wǔ nián.

이번 판권은 러닝 개런티가 아닌 일시불 계약을 원합니다.

我们希望这次的版权以一次性付款的方式签订，而不是根据畅销程度分红方式签订。
Wǒmen xīwàng zhè cì de bǎnquán yǐ yícìxìng fùkuǎn de fāngshì qiāndìng, ér bú shì gēnjù chàngxiāo chéngdù fēnhóng fāngshì qiāndìng.

*签订 qiāndìng 체결하다 畅销 chàngxiāo 잘 팔리다 分红 fēnhóng 이익을 분배하다

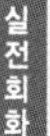

A 这次DVD的出口合同版税您认为多少较合适?
Zhè cì DVD de chūkǒu hétong bǎnshuì nín rènwéi duōshao jiào héshì?
이 DVD의 수출 계약 인세는 어느 정도가 적당하다고 생각하시나요?

B 我们希望这次的版权以一次性付款的方式签订，而不是根据畅销程度分红方式签订。
Wǒmen xīwàng zhè cì de bǎnquán yǐ yícìxìng fùkuǎn de fāngshì qiāndìng, ér bú shì gēnjù chàngxiāo chéngdù fēnhóng fāngshì qiāndìng.
이번 판권은 러닝 개런티가 아닌 일시불 계약을 원합니다.

2차 저작물 제작의 경우, 계약 조건은 이 정도로 생각합니다.

进行二次创作时，我们所期望的合同条件是这样的。
Jìnxíng èr cì chuàngzuò shí, wǒmen suǒ qīwàng de hétong tiáojiàn shì zhèyàng de.

이 의약품은 국내 생산입니다만, 퀄리티를 보면 이 가격이 결코 비싼 편은 아닙니다.

这种药是国产的，但从品质方面来看，这个价格绝对不算贵。
Zhè zhǒng yào shì guóchǎn de, dàn cóng pǐnzhì fāngmiàn lái kàn, zhège jiàgé juéduì búsuàn guì.

추가로 요구한 몇 가지 사항만 들어주신다면, 제시하신 가격을 수용하겠습니다.

如果能接受我们的几个附加要求的话，我们接受贵方的报价。
Rúguǒ néng jiēshòu wǒmen de jǐ ge fùjiā yāoqiú dehuà, wǒmen jiēshòu guì fāng de bàojià.

조금만 더 할인해 주시면, 당장이라도 발주하겠습니다.

如果价格上再给一些优惠的话，我们立即订货。
Rúguǒ jiàgé shàng zài gěi yìxiē yōuhuì dehuà, wǒmen lìjí dìnghuò.

구매 수량을 추가하려고 하니, 단가를 조금 낮춰서 견적을 다시 내 주십시오.

我们要增加购买数量，请将单价降低一些再报一次价。
Wǒmen yào zēngjiā gòumǎi shùliàng, qǐng jiāng dānjià jiàngdī yìxiē zài bào yí cì jià.

이 제품은 왜 대량 구매 할인이 적용되지 않나요?

这个产品为什么没有大量购买优惠?
Zhège chǎnpǐn wèishénme méiyǒu dàliàng gòumǎi yōuhuì?

주문 수량에서 100개씩 추가 구입할 때마다 10% 할인해 드리면 어떨까요?

在订购数量的基础上，每追加购买100个，将会得到10%的优惠，这个条件如何?
Zài dìnggòu shùliàng de jīchǔ shàng, měi zhuījiā gòumǎi yìbǎi ge, jiāng huì dédào bǎi fēn zhī shí de yōuhuì, zhège tiáojiàn rúhé?

시장 평균을 기준으로 책정한 가격입니다.

我们是以市场的平均价格为基准报的价。 *基准 jīzhǔn 기준
Wǒmen shì yǐ shìchǎng de píngjūn jiàgé wéi jīzhǔn bào de jià.

이런 유형의 컨설팅 서비스 시장 평균 가격은 3천 달러입니다.

这种咨询服务的市场价平均为3000美金。
Zhè zhǒng zīxún fúwù de shìchǎng jià píngjūn wéi sānqiān měijīn.

이런 유형의 조사 서비스까지 포함하려면 천 달러가 추가됩니다.

要包括这种调查服务，需追加1000美金。
Yào bāokuò zhè zhǒng diàochá fúwù, xū zhuījiā yìqiān měijīn.

가격을 조금 더 조정해 주실 수 있을까요?

价格能不能再调整一下?
Jiàgé néng bu néng zài tiáozhěng yíxià?

여기서 10% 더 할인하기는 어려울까요?

不能再优惠10%吗?

Bù néng zài yōuhuì bǎi fēn zhī shí ma?

10% 할인은 무리일 듯하고, 8%까지는 생각해 보겠습니다.

优惠10%恐怕有困难，8%能考虑一下。

Yōuhuì bǎi fēn zhī shí kǒngpà yǒu kùnnan, bǎi fēn zhī bā néng kǎolǜ yíxià.

실전회화

A 不能再优惠10%吗?
Bù néng zài yōuhuì bǎi fēn zhī shí ma?
여기서 10% 더 할인하기는 어려울까요?

B 优惠10%恐怕有困难，8%能考虑一下。
Yōuhuì bǎi fēn zhī shí kǒngpà yǒu kùnnan, bǎi fēn zhī bā néng kǎolǜ yíxià.
10% 할인은 무리일 듯하고, 8%까지는 생각해 보겠습니다.

A 好吧，我们接受贵方的报盘。什么时候能收到货物呢?
Hǎo ba, wǒmen jiēshòu guì fāng de bàopán. Shénme shíhou néng shōudào huòwù ne?
알겠습니다. 제시하신 가격을 수락하겠습니다. 상품은 언제 받을 수 있을까요?

4천 달러에 가능할까요?

4000美金可以吗?

Sìqiān měijīn kěyǐ ma?

A 4000美金可以吗?
Sìqiān měijīn kěyǐ ma?
4천 달러에 가능할까요?

B 很抱歉，这个产品不能接受还价。
Hěn bàoqiàn, zhège chǎnpǐn bù néng jiēshòu huánjià.
죄송합니다. 이 제품은 가격 다운이 불가능합니다.

단가는 50달러라는 말씀이군요.

也就是说单价是50美金。

Yě jiù shì shuō dānjià shì wǔshí měijīn.

이 가격에 한 달의 체험 기한은 너무 짧습니다. 3개월 정도가 적당할 듯합니다.

相对于价格来说，一个月的试用期太短了，三个月比较合适。

Xiàng duìyú jiàgé lái shuō, yí ge yuè de shìyòngqī tài duǎn le, sān ge yuè bǐjiào héshì.

제품의 퀄리티만 확실하다면 가격은 문제가 안 됩니다.

对我们来说，只要能保证产品的品质，价格不是问题。

Duì wǒmen lái shuō, zhǐyào néng bǎozhèng chǎnpǐn de pǐnzhì, jiàgé bú shì wèntí.

제품 무상 수리 기간은 몇 년인가요?

产品免费修理的期限是几年?

Chǎnpǐn miǎnfèi xiūlǐ de qīxiàn shì jǐ nián?

총비용을 더 낮춰 주십시오.

总费用再降低一些吧。

Zǒngfèiyòng zài jiàngdī yìxiē ba.

운송비는 저희가 부담할 테니, 총비용을 다시 조정해 주십시오.

运费由我方承担，总费用再调整一下吧。

Yùnfèi yóu wǒ fāng chéngdān, zǒngfèiyòng zài tiáozhěng yíxià ba.

이 비용이라면, 운송비라도 빼 주십시오.

这个价格的话，运费能不能就不要收取了?

Zhège jiàgé dehuà, yùnfèi néng bu néng jiù búyào shōuqǔ le?

주문 취소 수수료는 얼마입니까?

取消订单的手续费是多少?

Qǔxiāo dìngdān de shǒuxùfèi shì duōshao?

실전회화

A 取消订单的手续费是多少?
Qǔxiāo dìngdān de shǒuxùfèi shì duōshao?
주문 취소 수수료는 얼마입니까?

B 装运前取消的话手续费为总费用的1%，但装运后取消的话，装运所需费用也都要承担。
Zhuāngyùn qián qǔxiāo dehuà shǒuxùfèi wéi zǒngfèiyòng de bǎi fēn zhī yī, dàn zhuāngyùn hòu qǔxiāo dehuà, zhuāngyùn suǒ xū fèiyòng yě dōu yào chéngdān.
선적 전에 취소하시면 총 비용의 1%를 수수료로 지불하셔야 하고, 선적 후라면 선적과 관련한 비용을 모두 부담하셔야 합니다.

가격 협상

보내 드린 자료와 견적서를 살펴보셨으리라 생각합니다.

我想，您应该已经看了我们发的资料和报价单了。

Wǒ xiǎng, nín yīnggāi yǐjīng kànle wǒmen fā de zīliào hé bàojiàdān le.

您已经看了我们发的资料和报价单了吧?

Nín yǐjīng kànle wǒmen fā de zīliào hé bàojiàdān le ba?

견적서에서 몇 가지 걸리는 부분이 있습니다.

报价单中有几个问题。

Bàojiàdān zhōng yǒu jǐ ge wèntí.

귀사가 제시하신 가격은 타사보다 높습니다.

贵公司的报价比其他公司贵。

Guì gōngsī de bàojià bǐ qítā gōngsī guì.

컨설팅 비용치고는 너무 비쌉니다.

作为咨询费，这笔费用太高了。

Zuòwéi zīxúnfèi, zhè bǐ fèiyòng tài gāo le.

실전회화

A 作为咨询费，这笔费用太高了。
Zuòwéi zīxúnfèi, zhè bǐ fèiyòng tài gāo le.
컨설팅 비용치고는 너무 비쌉니다.

B 您说的有道理，但从品质方面来看，我们绝对不同于其他公司。
Nín shuō de yǒu dàolǐ, dàn cóng pǐnzhì fāngmiàn lái kàn, wǒmen juéduì bù tóng yú qítā gōngsī.
어느 정도 맞는 말씀이긴 한데요, 퀄리티를 보면, 확실히 타사와는 다를 겁니다.

단가가 생각보다 비싸네요. 조금 낮춰 주실 수는 없을까요?

单价比我们预想的贵，能不能把价格降低一些？

Dānjià bǐ wǒmen yùxiǎng de guì, néng bu néng bǎ jiàgé jiàngdī yìxiē?

실전회화

A 单价比我们预想的贵，能不能把价格降低一些？
Dānjià bǐ wǒmen yùxiǎng de guì, néng bu néng bǎ jiàgé jiàngdī yìxiē?
단가가 생각보다 비싸네요. 가격을 좀 낮춰 주실 수는 없을까요?

B 如果贵方承担运费的话，价格可以降低。
Rúguǒ guì fāng chéngdān yùnfèi dehuà, jiàgé kěyǐ jiàngdī.
배송비를 부담하신다면, 가격을 낮춰 드릴 수 있습니다.

2천 개를 추가로 주문할 경우, 5% 할인해 주십시오.

追加订购两千个产品时，优惠5%。

Zhuījiā dìnggòu liǎngqiān ge chǎnpǐn shí, yōuhuì bǎi fēn zhī wǔ.

구입 수량이 늘면 5%가량 할인해 드리겠습니다.

如果增加购买数量的话，可以优惠5%左右。

Rúguǒ zēngjiā gòumǎi shùliàng dehuà, kěyǐ yōuhuì bǎi fēn zhī wǔ zuǒyòu.

5천 개를 구매하시더라도, 여러 품목의 상품보다 한 가지 품목을 구입하시는 게 할인율이 더 높습니다.

如果购买多种不同产品的话，即使购买数量5000个，其优惠率也不如购买同种产品的优惠率高。

Rúguǒ gòumǎi duō zhǒng bù tóng chǎnpǐn dehuà, jíshǐ gòumǎi shùliàng wǔqiān ge, qí yōuhuìlǜ yě bùrú gòumǎi tóng zhǒng chǎnpǐn de yōuhuìlǜ gāo.

발주량이 많을수록 운송비를 낮출 수 있어서 총비용은 낮아집니다.

订货量越大，运费越便宜，总费用也会降低。

Dìnghuòliàng yuè dà, yùnfèi yuè piányi, zǒngfèiyòng yě huì jiàngdī.

그럼 단가는 이대로 하고, 계약 기간을 3년으로 하면 어떨까요?

那么单价就这么定了，合同期限三年如何？

Nàme dānjià jiù zhème dìng le, hétong qīxiàn sān nián rúhé?

저희 예산은 월 2천 달러 이하입니다.

我们的预算是每月两千美金以下。

Wǒmen de yùsuàn shì měi yuè liǎngqiān měijīn yǐxià.

여러 번 검토했지만, 요즘 같은 불경기에서는 제시하신 견적가를 맞출 여력이 없습니다.

经过多次考虑，我方认为，在最近经济不景气的情况下，很难接受贵方的报盘。

Jīngguò duō cì kǎolǜ, wǒ fāng rènwéi, zài zuìjìn jīngjì bùjǐngqì de qíngkuàng xià, hěn nán jiēshòu guì fāng de bàopán.

이 의료기는 대여 기간이 너무 짧아요. 2년 더 연장해 주시면 이 가격대로 하겠습니다.

这个医疗器械的借贷时间太短了，如果可以再延长两年的话，我们可以接受这个价格。

Zhège yīliáo qìxiè de jièdài shíjiān tài duǎn le, rúguǒ kěyǐ zài yáncháng liǎng nián dehuà, wǒmen kěyǐ jiēshòu zhège jiàgé.

이 부분은 왜 지난번 견적서와 가격이 다르게 책정되어 있죠?

这个部分为什么与上次报价单上的价格不同?

Zhège bùfen wèishénme yǔ shàng cì bàojiàdān shàng de jiàgé bù tóng?

지난번과 같은 조건으로 재구매가 가능할 줄 알았습니다.

我们以为能以上次的条件再次购买。

Wǒmen yǐwéi néng yǐ shàng cì de tiáojiàn zàicì gòumǎi.

지난번과 같은 조건으로 가격 조정은 불가능한가요?

不能按照上次的条件调整价格吗?

Bù néng ànzhào shàng cì de tiáojiàn tiáozhěng jiàgé ma?

작년보다 주문 수량이 다소 늘었는데, 비용은 왜 그대로인가요?

订货数量比去年有所增加，为什么价格没有变动?

Dìnghuò shùliàng bǐ qùnián yǒu suǒ zēngjiā, wèishénme jiàgé méiyǒu biàndòng?

가격을 더 낮출 수는 없지만, 저희 쪽에서 운송비를 부담하는 것을 생각해 보겠습니다.

价格不能再降了，但我们可以考虑由我方来承担运费。

Jiàgé bù néng zài jiàng le, dàn wǒmen kěyǐ kǎolǜ yóu wǒ fāng lái chéngdān yùnfèi.

요즘 경기가 너무 안 좋아서 예전 가격대로 해 드리기 어렵습니다. 대신 보증 기간과 체험 기간을 연장해 드리겠습니다.

最近经济不景气，我们不能给贵方提供以前的价格，但我们会延长保修期及试用期。

Zuìjìn jīngjì bùjǐngqì, wǒmen bù néng gěi guì fāng tígòng yǐqián de jiàgé, dàn wǒmen huì yáncháng bǎoxiūqī jí shìyòngqī.

이 정도는 제 선에서 가격을 조정해 드릴 수 있습니다.

在我的能力范围之内，价格可以调整到这个程度。

Zài wǒ de nénglì fànwéi zhī nèi, jiàgé kěyǐ tiáozhěng dào zhège chéngdù.

제 선에서는 5% 정도만 할인 가능합니다. 정말 죄송합니다.

非常抱歉，只能在我力所能及的范围内给贵方提供5%的降价幅度。

Fēicháng bàoqiàn, zhǐ néng zài wǒ lìsuǒnéngjí de fànwéi nèi gěi guì fāng tígōng bǎi fēn zhī wǔ de jiàngjià fúdù.

*力所能及 lìsuǒnéngjí 스스로 할 만한 능력이 있다 幅度 fúdù 정도, 폭

다른 업체에서는 A, B, C 항목을 자신들이 부담하더군요.

A、B、C这三个部分的费用其他企业都是自己承担。

A、B、C zhè sān ge bùfen de fèiyòng qítā qǐyè dōu shì zìjǐ chéngdān.

기기 대여료가 2년에 한 번씩 갱신된다면 좀 부담이군요.

机械借贷费每两年上涨一次，这让我们感到很难接受。

Jīxiè jièdàifèi měi liǎng nián shàngzhǎng yí cì, zhè ràng wǒmen gǎndào hěn nán jiēshòu.

충분히 시장 조사를 했는데, 전체적으로 견적가가 높게 잡혀 있습니다.

我方也作了充分的市场调查，整体上报价过高。

Wǒ fāng yě zuòle chōngfèn de shìchǎng diàochá, zhěngtǐ shàng bàojià guògāo.

가격을 낮출 수 있는 추가 조항은 없습니까?

没有可降低价格的增订条款吗?

Méiyǒu kě jiàngdī jiàgé de zēngdìng tiáokuǎn ma?

이 비용은 관세를 포함한 금액입니까?

这个费用包括关税吗?

Zhège fèiyòng bāokuò guānshuì ma?

생각 좀 해 보겠습니다.

我考虑一下。

Wǒ kǎolǜ yíxià.

이 가격은 저 혼자 결정할 수 없습니다.

这个价格我一个人很难决定。

Zhège jiàgé wǒ yí ge rén hěn nán juédìng.

회사와 논의해 보겠습니다.

我跟公司商量一下。

Wǒ gēn gōngsī shāngliang yíxià.

이 가격은 거의 원가 수준이라 저희도 힘듭니다.

这个价格几乎就是成本价，我们也很困难。

Zhège jiàgé jīhū jiù shì chéngběnjià, wǒmen yě hěn kùnnan.

가격만 따지지 마시고 계약 기간과 보증 기간도 생각해 주십시오.

您不要只看价格，还要考虑到合同期限及保修期。

Nín búyào zhǐ kàn jiàgé, hái yào kǎolǜ dào hétong qīxiàn jí bǎoxiūqī.

저희 예산으로 보면 여전히 가격이 높습니다.

这个价格比我们的预算还是高出很多。

Zhège jiàgé bǐ wǒmen de yùsuàn háishi gāochū hěn duō.

이 가격에 이 정도 품질은 찾아보기 힘듭니다.

这个价格很难买到这种品质的。

Zhège jiàgé hěn nán mǎidào zhè zhǒng pǐnzhì de.

이번에 이 가격에 맞춰 주시면, 다음번에도 귀사의 제품을 구입하겠습니다.

这次如果可以给我们这个价格的话，下次我们会继续订购贵公司的产品。

Zhè cì rúguǒ kěyǐ gěi wǒmen zhège jiàgé dehuà, xià cì wǒmen huì jìxù dìnggòu guì gōngsī de chǎnpǐn.

이번이 첫 거래인데, 좀 더 혜택을 주실 수 없나요?

这是第一次交易，能否再优惠一些?

Zhè shì dì-yī cì jiāoyì, néngfǒu zài yōuhuì yìxiē?

이렇게까지 가격을 내리려고 하시면 저희 같은 중소기업은 살아남을 수가 없습니다.

您这样还盘的话，像我们这样的中小企业很难生存下去。

Nín zhèyàng huánpán dehuà, xiàng wǒmen zhèyàng de zhōngxiǎo qǐyè hěn nán shēngcún xiàqù.

시스템 개발 비용은 인건비인데, 인건비가 이렇게 낮다면 퀄리티 또한 낮아질 수밖에 없습니다.

系统开发费用是劳务费，劳务费这么低的话，品质也会随之下降。

Xìtǒng kāifā fèiyòng shì láowùfèi, láowùfèi zhème dī dehuà, pǐnzhì yě huì suí zhī xiàjiàng.

가격 합의

이 가격에 동의하시나요?

您同意这个价格吗?

Nín tóngyì zhège jiàgé ma?

이것이 최종 금액이죠?

这是最终金额吧?

Zhè shì zuìzhōng jīn'é ba?

이것이 귀사의 최저가인가요?

这是贵公司的最低价吗?

Zhè shì guì gōngsī de zuì dī jià ma?

실전회화

A 这是贵公司的最低价吗?
Zhè shì guì gōngsī de zuì dī jià ma?
이것이 귀사의 최저가인가요?

B 是的，不能比这个价格再低了。
Shì de, bù néng bǐ zhège jiàgé zài dī le.
네, 이 가격보다 더 낮추기는 어렵습니다.

이 가격으로 하겠습니다만, 퀄리티 면에서 샘플과 조금의 오차도 있어서는 안 됩니다.

我们接受这个价格，但贵方一定要保证产品的品质与样品相同。

Wǒmen jiēshòu zhège jiàgé, dàn guì fāng yídìng yào bǎozhèng chǎnpǐn de pǐnzhì yǔ yàngpǐn xiāngtóng.

제가 졌습니다. 말씀하신 가격대로 하죠.

我认输，就按照您说的价格来吧。

Wǒ rèn shū, jiù ànzhào nín shuō de jiàgé lái ba.

그렇게 단호한 입장이시니 할 수 없군요.

您的态度这么坚决，那没办法了。

Nín de tàidu zhème jiānjué, nà méi bànfǎ le.

이 가격이면 저희 마진은 거의 없다고 할 수 있습니다.

这个价格，可以说我们一点儿利润都没有。

Zhège jiàgé, kěyǐ shuō wǒmen yìdiǎnr lìrùn dōu méiyǒu.

다른 컨설팅까지 함께 맡기신다고 하니, 이번 비용은 이렇게 하도록 하겠습니다.

贵方要将其他咨询一起委托给我们，所以这次的费用就这样来决定吧。

Guì fāng yào jiāng qítā zīxún yìqǐ wěituō gěi wǒmen, suǒyǐ zhè cì de fèiyòng jiù zhèyàng lái juédìng ba.

＊委托 wěituō 위탁하다

가격 협상 마무리

그럼 비용은 이대로 하고, 요청하신 사항은 계약서에 추가하겠습니다.

那价格就这么定了，关于贵方所要求的事项，我们会添加到合同中。

Nà jiàgé jiù zhème dìng le, guānyú guì fāng suǒ yāoqiú de shìxiàng, wǒmen huì tiānjiā dào hétong zhōng.

계약서에 서명하고 나면, 모든 조건에 협상이 불가합니다.

一旦签署了合同，所有的条件就不能协商了。

Yídàn qiānshǔle hétong, suǒyǒu de tiáojiàn jiù bù néng xiéshāng le.

계약서를 작성하시면, 날인 전에 우선 파일로 보여 주시겠어요?

合同制作好后，在盖章之前，能不能先发给我们看一下?

Hétong zhìzuò hǎo hòu, zài gàizhāng zhīqián, néng bu néng xiān fā gěi wǒmen kàn yíxià?

*盖章 gàizhāng 날인하다

오늘 협의한 금액으로 계약서에 견적을 다시 쓰셔야겠군요.

您要把报价改成今天协商好的价格写在合同里。

Nín yào bǎ bàojià gǎichéng jīntiān xiéshāng hǎo de jiàgé xiě zài hétong li.

오늘 협상해야 할 사항을 다 다뤘습니다.

今天要谈的问题都谈完了。

Jīntiān yào tán de wèntí dōu tánwán le.

드디어 마무리가 됐네요.

终于结束了。

Zhōngyú jiéshù le.

가까스로 끝냈네요.

好不容易弄完了。

Hǎobù róngyì nòngwán le.

마지막으로 다른 요구 사항이 있으면 지금 말씀해 주십시오.

最后，如果还有什么其他要求，现在请讲。

Zuìhòu, rúguǒ hái yǒu shénme qítā yāoqiú, xiànzài qǐng jiǎng.

最后，如果还有什么要求，请现在告诉我们。

Zuìhòu, rúguǒ hái yǒu shénme yāoqiú, qǐng xiànzài gàosu wǒmen.

마침내 협상이 완료되었습니다.

终于协商好了。

Zhōngyú xiéshāng hǎo le.

난항을 겪긴 했지만, 결국 협상이 마무리되었군요.

协商过程中遇到了一些困难，但总算结束了。

Xiéshāng guòchéng zhōng yùdàole yìxiē kùnnan, dàn zǒngsuàn jiéshù le.

제안

08-4.mp3

의견 제안

작년에 귀사의 컨설팅 서비스에 큰 도움을 받아서, 이번에도 함께 일할 수 있으면 좋겠다고 생각했습니다.

去年贵公司的咨询服务对我们帮助很大，所以这次我们也希望能与贵公司共事。

Qùnián guì gōngsī de zīxún fúwù duì wǒmen bāngzhù hěn dà, suǒyǐ zhè cì wǒmen yě xīwàng néng yǔ guì gōngsī gòngshì.

이번에 홍콩으로 진출할 계획인데, 파트너사가 되어 주실 수 있나요?

这次我们打算进军香港，贵公司能否与我们合作？

Zhè cì wǒmen dǎsuan jìnjūn Xānggǎng, guì gōngsī néngfǒu yǔ wǒmen hézuò?

这次我们打算进军香港，贵公司能否成为我们的合伙公司？

Zhè cì wǒmen dǎsuan jìnjūn Xānggǎng, guì gōngsī néngfǒu chéngwéi wǒmen de héhuǒ gōngsī?

타사와의 계약은 만료되셨나요?

跟其他公司的合同到期了吗？

＊到期 dàoqī 기한이 되다

Gēn qítā gōngsī de hétong dàoqī le ma?

본격적인 협상에 앞서, 한 가지 제안드리겠습니다.

在正式开始协商之前，我有一个提议。

Zài zhèngshì kāishǐ xiéshāng zhīqián, wǒ yǒu yí ge tíyì.

지난번에는 모든 절차를 간소화해서 진행했지만, 이번에는 정식으로 협약을 맺었으면 합니다.

上次一切程序都是简化进行的，希望这次可以正式签署协议。

Shàng cì yíqiè chéngxù dōu shì jiǎnhuà jìnxíng de, xīwàng zhè cì kěyǐ zhèngshì qiānshǔ xiéyì.

소요 경비 같은 부분은 거래처와 구두로 협의했습니다. 지금은 전반적인 계획을 세워야 합니다.

所需费用等事项已经与客户达成了口头协议，现在需要做整体的计划。

Suǒ xū fèiyòng děng shìxiàng yǐjīng yǔ kèhù dáchéngle kǒutóu xiéyì, xiànzài xūyào zuò zhěngtǐ de jìhuà.

제품과 관련한 사고 해결 방안을 지금 논의해 놓지 않으면, 나중에 일이 번거롭게 됩니다.

现在不商议与产品有关的事故解决方案的话，将来会产生麻烦。

Xiànzài bù shāngyì yǔ chǎnpǐn yǒuguān de shìgù jiějué fāng'àn dehuà, jiānglái huì chǎnshēng máfan.

지난번에 포장 용기 파손 관련 컴플레인이 많았는데요, 아무래도 배송 문제였던 것 같습니다. 이번에 재계약을 한다면, 배송 업체를 바꿔 주실 수 있나요?

上次有关包装盒破损的投诉很多，应该是运输有问题。这次续约的话，能不能换一家运输公司。

Shàng cì yǒuguān bāozhuānghé pòsǔn de tóusù hěn duō, yīnggāi shì yùnshū yǒu wèntí. Zhè cì xùyuē dehuà, néng bu néng huàn yì jiā yùnshū gōngsī.

이건 타사의 유통 시스템 모델인데, 참고하면 좋을 것 같습니다.

这是其他公司的流通系统样本，可以参考一下。

Zhè shì qítā gōngsī de liútōng xìtǒng yàngběn, kěyǐ cānkǎo yíxià.

지금은 여름인데, 분홍색보다는 푸른색 계열이 좋지 않을까요?

现在是夏季，蓝色系比粉色更好吧？

Xiànzài shì xiàjì, lánsèxì bǐ fěnsè gèng hǎo ba?

젊은이들은 이렇게 화려한 것보다는 심플한 디자인을 선호하지 않을까요?

跟这种华丽的款式相比，年轻人更喜欢简洁的吧？

Gēn zhè zhǒng huàlì de kuǎnshì xiāngbǐ, niánqīngrén gèng xǐhuan jiǎnjié de ba?

＊简洁 jiǎnjié 간결하다

중국 수출용이니 붉은색이 강조된 이 디자인이 가장 좋을 듯합니다.

因为要出口到中国，所以这款强调红色的设计最好。

Yīnwèi yào chūkǒu dào Zhōngguó, suǒyǐ zhè kuǎn qiángdiào hóngsè de shèjì zuì hǎo.

중국의 한류 열풍을 이어 가려면 올해 상반기 안에 제품이 출시되어야 하는데, 일정을 맞춰 주실 수 있나요?

要将中国的韩流热潮延续下去的话，产品一定要在今年上半年推出，贵方能按期完成吗？

Yào jiāng Zhōngguó de Hánliú rècháo yánxù xiàqù dehuà, chǎnpǐn yídìng yào zài jīnnián shàngbànnián tuīchū, guì fāng néng ànqī wánchéng ma?

＊热潮 rècháo 붐, 열기　按期 ànqī 기안 내에

문제점 지적

그건 단지 오해일 뿐이지만, 커뮤니케이션에는 여전히 여러 문제가 있습니다.

那虽然只是个误会，但说明在彼此沟通的过程中，还是存在很多问题。

Nà suīrán zhǐshì ge wùhuì, dàn shuōmíng zài bǐcǐ gōutōng de guòchéng zhōng, háishi cúnzài hěn duō wèntí.

이건 단순한 커뮤니케이션 문제가 아닌, 한중 양국의 문화 및 사고방식 차이입니다.

这不是简单的沟通问题，而是中韩的文化差异和思考方式不同的问题。

Zhè bú shì jiǎndān de gōutōng wèntí, ér shì Zhōng-Hán de wénhuà chàyì hé sīkǎo fāngshì bù tóng de wèntí.

운송 지연 때문에, 신상품을 출시할 가장 좋은 시기를 놓쳤습니다.

因为装运延误，让我们错过了新产品上市的最佳时机。
Yīnwèi zhuāngyùn yánwù, ràng wǒmen cuòguòle xīn chǎnpǐn shàngshì de zuìjiā shíjī.

이 점 때문에 신상품 출시일을 놓쳤습니다. 정말 당혹스럽군요.

因为这个问题，我们错过了新产品的上市时间，这让我们感到很困惑。
Yīnwèi zhège wèntí, wǒmen cuòguòle xīn chǎnpǐn de shàngshì shíjiān, zhè ràng wǒmen gǎndào hěn kùnhuò.

*困惑 kùnhuò 당혹스럽다

이 문제는 아직 합의하지 못했습니다.

这个问题还没有达成协议。
Zhège wèntí hái méiyǒu dáchéng xiéyì.

이 부분이 개선되지 않는다면, 귀사와 거래할 수 없습니다.

这一点不能改善的话，我们将无法与贵公司进行交易。
Zhè yì diǎn bù néng gǎishàn dehuà, wǒmen jiāng wúfǎ yǔ guì gōngsī jìnxíng jiāoyì.

이것은 보완하면 되는 문제가 아니라, 실패하게 된 주요 원인입니다.

这并不是只要改善就行的问题，这是失败的主要原因。
Zhè bìng bú shì zhǐyào gǎishàn jiù xíng de wèntí, zhè shì shībài de zhǔyào yuányīn.

这并不是小问题，而是决定成与败的最根本的问题。
Zhè bìng bú shì xiǎo wèntí, ér shì juédìng chéng yǔ bài de zuì gēnběn de wèntí.

이것은 오늘 논의해야 할 핵심이 아닌 듯합니다.

这好像不是我们今天要讨论的核心问题。
Zhè hǎoxiàng bú shì wǒmen jīntiān yào tǎolùn de héxīn wèntí.

제조사의 인지도가 매우 떨어지던데, 제품은 믿을 만한가요?

生产厂家的知名度太低，产品信得过吗?
Shēngchǎn chǎngjiā de zhīmíngdù tài dī, chǎnpǐn xìndeguò ma?

작년에 제품 퀄리티 관련 컴플레인이 유난히 많았는데, 근본 원인이 무엇이라 생각하시나요?

去年产品质量问题的投诉特别多，您认为根本原因是什么?
Qùnián chǎnpǐn zhìliàng wèntí de tóusù tèbié duō, nín rènwéi gēnběn yuányīn shì shénme?

시간이 너무 빠듯합니다.

时间太紧。
Shíjiān tài jǐn.

日程太紧张。
Rìchéng tài jǐnzhāng.

납기일이 너무 빠듯합니다.

离交货日期没有几天了。

Lí jiāohuò rìqī méiyǒu jǐ tiān le.

제품 출시일이 너무 빠듯합니다.

离产品上市日期没有几天了。

Lí chǎnpǐn shàngshì rìqī méiyǒu jǐ tiān le.

라오둥제 전에 제품을 출시하지 못하면, 아무런 의미가 없습니다.

产品如果不能在劳动节前上市的话，没有任何意义。

Chǎnpǐn rúguǒ bù néng zài Láodòng Jié qián shàngshì dehuà, méiyǒu rènhé yìyì.

시스템 개발은 시간 싸움입니다. 여기서 우리가 논쟁하고 있는 사이에 타사에서는 벌써 앞을 다투어 개발하고 있습니다.

系统开发就是与时间赛跑，我们在这里争论的时候，别的公司已经抢先开发出来了。

Xìtǒng kāifā jiù shì yǔ shíjiān sàipǎo, wǒmen zài zhèlǐ zhēnglùn de shíhou, biéde gōngsī yǐjīng qiǎngxiān kāifā chūlái le.

*赛跑 sàipǎo 경주를 하다　争论 zhēnglùn 논쟁하다

유감스럽게도 귀사는 마감 날짜를 넘겨서 제안서를 제출하셨습니다.

很遗憾，贵公司的提案提交时间超过了截止日期。

Hěn yíhàn, guì gōngsī de tí'àn tíjiāo shíjiān chāoguòle jiézhǐ rìqī.

제 말을 오해하신 듯합니다.

您好像误会了我的意思。

Nín hǎoxiàng wùhuìle wǒ de yìsi.

이런 방법은 상도덕에 어긋납니다.

这样的方案违背商业道德。

Zhèyàng de fāng'àn wéibèi shāngyè dàodé.

확신 주기

국내 유명 약품 대부분은 그 회사에서 제조했습니다.

国内知名的药品大部分都是那个公司制造的。

Guónèi zhīmíng de yàopǐn dàbùfen dōu shì nàge gōngsī zhìzào de.

그 운송 업체는 저희와 10년 넘게 거래해 온 곳입니다. 믿으셔도 됩니다.

那个运输公司与我们合作了十多年，信得过。

Nàge yùnshū gōngsī yǔ wǒmen hézuòle shí duō nián, xìndeguò.

마감일이 빠듯하긴 하지만, 제품 출시는 걱정하지 않으셔도 됩니다.

离截止日期时间确实不多，但产品上市问题不用担心。

Lí jiézhǐ rìqī shíjiān quèshí bù duō, dàn chǎnpǐn shàngshì wèntí búyòng dānxīn.

9월 안으로 필요한 자료를 모두 보내 주시면, 출시일을 맞출 수 있습니다.

如果能在9月之内发给我们所需的资料，我们可以按照上市日期完成。
Rúguǒ néng zài jiǔ yuè zhī nèi fā gěi wǒmen suǒ xū de zīliào, wǒmen kěyǐ ànzhào shàngshì rìqī wánchéng.

제 중국어 실력 때문에 걱정이 되신다면, 중국인 인력을 보충하겠습니다.

如果您担心我的汉语水平成问题，我们可以增加投入中国员工。
Rúguǒ nín dānxīn wǒ de Hànyǔ shuǐpíng chéng wèntí, wǒmen kěyǐ zēngjiā tóurù Zhōngguó yuángōng.

이건 중국 시장을 분석한 자료인데, 이 디자인은 분명 잘 먹힐 겁니다.

这是中国市场分析资料，这个设计一定会很受欢迎。
Zhè shì Zhōngguó shìchǎng fēnxī zīliào, zhège shèjì yídìng huì hěn shòu huānyíng.

这是中国市场分析资料，这个设计一定会很有人气。
Zhè shì Zhōngguó shìchǎng fēnxī zīliào, zhège shèjì yídìng huì hěn yǒu rénqì.

这是中国市场分析资料，这个设计一定会大卖。
Zhè shì Zhōngguó shìchǎng fēnxī zīliào, zhège shèjì yídìng huì dà mài.

저희 서비스에 만족하시리라 확신합니다.

我们相信贵公司一定会对我们的服务感到满意。
Wǒmen xiāngxìn guì gōngsī yídìng huì duì wǒmen de fúwù gǎndào mǎnyì.

기술력이 바로 저희의 경쟁력입니다.

我们的技术力就是竞争力。
Wǒmen de jìshùlì jiù shì jìngzhēnglì.

거래처 관리 능력이 바로 저희의 경쟁력입니다.

我们管理客户的能力就是竞争力。
Wǒmen guǎnlǐ kèhù de nénglì jiù shì jìngzhēnglì.

불경기이지만, 저희는 파트너사에서 꾸준히 러브콜을 받고 있습니다.

虽然经济不景气，但我们一直收到合伙公司的合作邀请。
Suīrán jīngjì bùjǐngqì, dàn wǒmen yìzhí shōudào héhuǒ gōngsī de hézuò yāoqǐng.

불경기이지만, 저희는 꾸준히 매출이 오르고 있습니다. 제품의 퀄리티가 좋기 때문입니다.

虽然经济不景气，但我们的销售不断增长，这都是因为产品的品质好。
Suīrán jīngjì bùjǐngqì, dàn wǒmen de xiāoshòu búduàn zēngzhǎng, zhè dōu shì yīnwèi chǎnpǐn de pǐnzhì hǎo.

요즘 타사에서는 제품 출시 후 시스템 오류로 문제가 많은데, 저희는 아직 그러한 컴플레인을 받은 적이 없습니다.

近来其他公司的产品上市后，因系统发生错误，问题很多，但我们还没有收到过这样的投诉。
Jìnlái qítā gōngsī de chǎnpǐn shàngshì hòu, yīn xìtǒng fāshēng cuòwù, wèntí hěn duō, dàn wǒmen hái méiyǒu shōudàoguo zhèyàng de tóusù.

이건 고객 만족도 조사 결과입니다. 이 정도면 저희 제품을 믿을 만하시죠?

这是客户满足度的调查结果，这个结果可以证明我们的产品是可信的吧?
Zhè shì kèhù mǎnzúdù de diàochá jiéguǒ, zhège jiéguǒ kěyǐ zhèngmíng wǒmen de chǎnpǐn shì kě xìn de ba?

추가 제안

하나 더 제안하겠습니다.

我还有一个建议。
Wǒ hái yǒu yí ge jiànyì.

이 문제는 당사에서 다시 검토해 보겠습니다.

这个问题我们公司会再进行探讨。
Zhège wèntí wǒmen gōngsī huì zài jìnxíng tàntǎo.

개발 과정에서의 모든 자료는 저희와 공유해 주십시오.

开发过程中的所有资料都请与我们共享。
Kāifā guòchéng zhōng de suǒyǒu zīliào dōu qǐng yǔ wǒmen gòngxiǎng.

저희가 요청하는 모든 자료는 공개해 주십시오.

请公开我们要求的所有资料。
Qǐng gōngkāi wǒmen yāoqiú de suǒyǒu zīliào.

필요한 자료를 요청하면, 다 열람할 수 있나요?

如果我们要求一些所需资料，是不是都可以阅览?
Rúguǒ wǒmen yāoqiú yìxiē suǒxū zīliào, shì bu shì dōu kěyǐ yuèlǎn?

우선 외환 리스크 방지책을 논의하면 어떨까요?

我们先来讨论一下防范汇率风险的对策如何?
Wǒmen xiān lái tǎolùn yíxià fángfàn huìlǜ fēngxiǎn de duìcè rúhé?

*防范 fángfàn 대비하다

잔금을 중간 정산할 수 있을까요?

余款是否可以提前结算?
Yúkuǎn shìfǒu kěyǐ tíqián jiésuàn?

경비를 세 번에 나누어 지불해도 되나요?

那笔款项是否可以分三批付款?

Nà bǐ kuǎnxiàng shìfǒu kěyǐ fēn sān pī fùkuǎn?

*款项 kuǎnxiàng 경비

추가로 비용을 절약할 수 있는 조건은 없을까요?

没有其他可降低费用的条件吗?

Méiyǒu qítā kě jiàngdī fèiyòng de tiáojiàn ma?

요즘은 VR이 대세인데요. 차후 고객 요청이 있을 시 영상을 업그레이드해 주실 수 있나요?

最近VR很流行，今后如果客户有要求，能否将这个视频升级?

Zuìjìn VR hěn liúxíng, jīnhòu rúguǒ kèhù yǒu yāoqiú, néngfǒu jiāng zhège shìpín shēngjí?

검수하려면 한 달이 소요되니, 10월 말까지 시스템 개발을 마쳐 주실 수 있나요?

验收需要一个月的时间，所以能在10月底之前完成系统开发吗?

Yànshōu xūyào yí ge yuè de shíjiān, suǒyǐ néng zài shí yuè dǐ zhīqián wánchéng xìtǒng kāifā ma?

VIP 고객을 위한 특별 할인이 있나요?

有没有为了VIP客户的特别优惠?

Yǒu méiyǒu wèile VIP kèhù de tèbié yōuhuì?

계약금이 50%면 비율이 지나치게 높은데, 30%로 조정할 수 있나요?

合同定金是50%的话，比率过高，能不能调整为30%?

Hétong dìngjīn shì bǎi fēn zhī wǔshí dehuà, bǐlǜ guògāo, néng bu néng tiáozhěng wéi bǎi fēn zhī sānshí?

무상 수리 및 교환이 가능한 기간은 1년이지만, 무상 수리 서비스 기간을 6개월 더 추가해 드리겠습니다.

免费修理及交换的期限为一年，再额外提供给贵方六个月的免费修理服务。

Miǎnfèi xiūlǐ jí jiāohuàn de qīxiàn wéi yì nián, zài éwài tígòng gěi guì fāng liù ge yuè de miǎnfèi xiūlǐ fúwù.

이번에 저희가 제시한 조건에 맞춰 주셨으니, 다음 거래 때는 총액을 높일 수 있도록 힘써 보겠습니다.

这次贵方很迁就我们所提出的条件，下次交易时，我们努力提高总金额。

Zhè cì guì fāng hěn qiānjiù wǒmen suǒ tíchū de tiáojiàn, xià cì jiāoyì shí, wǒmen nǔlì tígāo zǒngjīn'é.

*迁就 qiānjiù 타협하다

제품의 퀄리티가 중요한 만큼 납기일을 지키는 것도 중요합니다. 납기일에 납품할 수 있도록 신경 써 주십시오.

产品的品质固然重要，遵守交货日期也非常重要。请按交货日期交货。

Chǎnpǐn de pǐnzhì gùrán zhòngyào, zūnshǒu jiāohuò rìqī yě fēicháng zhòngyào. Qǐng àn jiāohuò rìqī jiāohuò.

그런 일은 소소한 문제입니다. 기반을 먼저 잡는 것이 가장 중요하니, 계획 단계에서는 번거로워도 회의를 자주 해야 합니다.

那是小问题，打好基础最重要，所以在企划阶段，即使麻烦，也要常开会。

Nà shì xiǎo wèntí, dǎhǎo jīchǔ zuì zhòngyào, suǒyǐ zài qǐhuà jiēduàn, jíshǐ máfan, yě yào cháng kāihuì.

회사의 승인이 나지 않으면, 지체하지 마시고 미리 알려 주십시오.

如果公司不批准，请不要拖延时间，提前告诉我。

Rúguǒ gōngsī bù pīzhǔn, qǐng búyào tuōyán shíjiān, tíqián gàosu wǒ.

*批准 pīzhǔn 허가하다

조건 및 의견 확인

확실한 건가요?

您确定吗?

Nín quèdìng ma?

한 가지 확인하고 싶습니다.

我有一项想确认一下。

Wǒ yǒu yí xiàng xiǎng quèrèn yíxià.

이 문제는 짚고 넘어가야 합니다.

这个问题要说一下。

Zhège wèntí yào shuō yíxià.

这个问题现在要明确一下。

Zhège wèntí xiànzài yào míngquè yíxià.

무슨 말씀인지는 알겠습니다만, 그것이 어떤 방식으로 실행된다는 건가요?

我明白您的意思，不过那得以哪种方式进行呢?

Wǒ míngbai nín de yìsi, búguò nà děi yǐ nǎ zhǒng fāngshì jìnxíng ne?

무슨 말씀인지 잘 모르겠습니다. 좀 더 구체적으로 말씀해 주시겠어요?

我不明白您的意思，能不能说得更具体一些?

Wǒ bù míngbai nín de yìsi, néng bu néng shuō de gèng jùtǐ yìxiē?

말씀이 너무 두루뭉술하네요. 좀 더 명확하게 말씀해 주십시오.

您说得太笼统，请说得更明确一些。 *笼统 lóngtǒng 막연하다

Nín shuō de tài lóngtǒng, qǐng shuō de gèng míngquè yìxiē.

이해가 잘 안 되는데, 예를 들어 설명해 주시겠어요?

我不太明白，能不能举例说明?

Wǒ bú tài míngbai, néng bu néng jǔ lì shuōmíng?

계약서를 새로 작성해야 하지 않을까요?

合同需要重新制作吧?

Hétong xūyào chóngxīn zhìzuò ba?

개당 75달러로 해 주신다면, 3년간의 지원 계약을 체결하겠습니다.

如果每件75美金的话，我们就签署三年的援助合同。

Rúguǒ měi jiàn qīshíwǔ měijīn dehuà, wǒmen jiù qiānshǔ sān nián de yuánzhù hétong.

*援助 yuánzhù 지원하다

당사 엔지니어 다섯 명이 프로젝트를 담당한다면, 계약을 체결하겠습니다.

如果我方五位工程师可以承担项目的话，我们就签署合同。

Rúguǒ wǒ fāng wǔ wèi gōngchéngshī kěyǐ chéngdān xiàngmù dehuà, wǒmen jiù qiānshǔ hétong.

2백 개 주문할 때마다 10% 할인해 주고, 2백 개가 되지 않을 경우에는 5% 할인해 주시면 어떨까요?

我们每订购200个得到10%的优惠，不到200个得到5%的优惠如何?

Wǒmen měi dìnggòu èrbǎi ge dédào bǎi fēn zhī shí de yōuhuì, búdào èrbǎi ge dédào bǎi fēn zhī wǔ de yōuhuì rúhé?

견적 요청드립니다.

请贵方报价。

Qǐng guì fāng bàojià.

거래 조건은 내부에서 검토한 다음에 말씀드려도 될까요?

交易条件公司内部进行探讨后再答复您可以吗?

Jiāoyì tiáojiàn gōngsī nèibù jìnxíng tàntǎo hòu zài dáfù nín kěyǐ ma?

추후에 기회를 봐서 협의 사항을 다시 논의할 수 있을까요?

日后能找个机会对协商事项再作探讨吗?

Rìhòu néng zhǎo ge jīhuì duì xiéshāng shìxiàng zài zuò tàntǎo ma?

라이벌 회사 중 이미 협상을 타결한 곳이 있나요?

不知道我们的对手公司中，有没有已经签订了协议的?

Bù zhīdào wǒmen de duìshǒu gōngsī zhōng, yǒu méiyǒu yǐjīng qiāndìngle xiéyì de?

중국인 직원이 몇 명이나 되나요?

中国员工有几位?

Zhōngguó yuángōng yǒu jǐ wèi?

중국어가 가능한 직원이 몇 명이나 되나요?

会说汉语的员工有几位?

Huì shuō Hànyǔ de yuángōng yǒu jǐ wèi?

거래처에 지급해야 할 선급금이 있어서요. 지불 날짜는 꼭 지켜 주시기 바랍니다.

我方也需要支付给客户预付款，所以请务必遵守支付日期。

Wǒ fāng yě xūyào zhīfù gěi kèhù yùfùkuǎn, suǒyǐ qǐng wùbì zūnshǒu zhīfù rìqī.

*务必 wùbì 반드시

거래에서는 무엇보다도 신용이 중요합니다. 상호간 믿음이 깨지지 않도록 매사에 조심하도록 하죠.

交易中信用是最重要的，为了不打破对彼此的信任，我们都谨慎行事吧。

Jiāoyì zhōng xìnyòng shì zuì zhòngyào de, wèile bù dǎpò duì bǐcǐ de xìnrèn, wǒmen dōu jǐnshèn xíngshì ba.

무엇보다도 커뮤니케이션이 중요하니, 마음에 걸리는 점이 있으면 언제든지 말씀해 주십시오.

沟通是最重要的，如果有什么不满意的，请随时讲。

Gōutōng shì zuì zhòngyào de, rúguǒ yǒu shénme bù mǎnyì de, qǐng suíshí jiǎng.

양보

08-5.mp3

원활하지 않은 협상 상황

아직 타협점을 못 찾았습니다.

还没找到妥协点。

Hái méi zhǎodào tuǒxiédiǎn.

생각보다 타협점을 찾기가 어렵습니다.

找到妥协点比预想的难。

Zhǎodào tuǒxiédiǎn bǐ yùxiǎng de nán.

우리의 업무 관계가 무너지는 것은 원치 않습니다.

我们不希望我们的业务关系遭到破坏。

Wǒmen bù xīwàng wǒmen de yèwù guānxi zāodào pòhuài.

이대로는 아무것도 할 수 없습니다.

这样下去什么也做不成。

Zhèyàng xiàqù shénme yě zuò bùchéng.

귀사가 조금만 양보해 주시면 안 될까요?

贵公司不能做出一些让步吗?

Guì gōngsī bù néng zuòchū yìxiē ràngbù ma?

서로가 한 걸음 물러서야 합니다.

我们应该各退一步。

Wǒmen yīnggāi gè tuì yí bù.

절충안을 찾도록 함께 노력해 봅시다.

我们一起努力寻找折中点吧。

Wǒmen yìqǐ nǔlì xúnzhǎo zhézhōngdiǎn ba.

월정액이라면 약간의 할인을 제공해 드릴 수 있습니다. 물론 조건이 있습니다.

包月费可以提供一些打折优惠，当然是在特定的条件下。

Bāoyuèfèi kěyǐ tígòng yìxiē dǎzhé yōuhuì, dāngrán shì zài tèdìng de tiáojiàn xià.

Biz tip 타협점을 찾기 어려울 때는 한 발 양보하는 자세를 취해 보세요. 타협하기에 급급하여 처음부터 최저 금액을 제시하는 실수를 범하지 말고, 적정선의 조건을 제시해야 합니다.

이 문제는 나중에 다시 생각해 봐도 될까요?

这个问题以后再考虑，可以吗?

Zhège wèntí yǐhòu zài kǎolǜ, kěyǐ ma?

이 내용들은 윗선에 보고드린 후 다시 협의하면 좋을 것 같습니다.

我会将这些内容报告给上司，过后再进行协商比较好。

Wǒ huì jiāng zhèxiē nèiróng bàogào gěi shàngsī, guò hòu zài jìnxíng xiéshāng bǐjiào hǎo.

또 원점으로 돌아왔군요.

又回到了原地。

Yòu huídàole yuándì.

*原地 yuándì 제자리

다시 원점으로 돌아가면 지금까지 논의했던 내용이 모두 허사가 됩니다.

再回到出发点的话，我们到现在所讨论的内容就都白费了。

Zài huídào chūfādiǎn dehuà, wǒmen dào xiànzài suǒ tǎolùn de nèiróng jiù dōu báifèi le.

*白费 báifèi 괜한 노력을 하다

이렇게 비용에만 연연하면 대화를 이어 나갈 수 없습니다.

一直这样只计较价格的话，我们的对话不能进行下去。

Yìzhí zhèyàng zhǐ jìjiào jiàgé dehuà, wǒmen de duìhuà bù néng jìnxíng xiàqù.

*计较 jìjiào 문제 삼다

이건 저희가 바라는 일이 아닙니다.

这不是我方所希望的。

Zhè bú shì wǒ fāng suǒ xīwàng de.

이 제안의 의도는 무엇인가요?

这个建议的目的是什么?

Zhège jiànyì de mùdì shì shénme?

그 말씀은 무슨 뜻인가요?

您的话是什么意思?

Nín de huà shì shénme yìsi?

감정을 가라앉히고, 조금 더 신중하게 생각해 봅시다.

让我们都冷静一下，再慎重地考虑一下。

Ràng wǒmen dōu lěngjìng yíxià, zài shènzhòng de kǎolǜ yíxià.

타협하기

어떤 조건이면 수용하시겠어요?

怎样的条件贵方可以接受?

Zěnyàng de tiáojiàn guì fāng kěyǐ jiēshòu?

비용은 어느 정도 선이면 수용하시겠어요?

费用大概多少贵方可以接受?

Fèiyòng dàgài duōshao guì fāng kěyǐ jiēshòu?

서로 조금씩 양보하면 어떨까요?
我们互相做出一些让步如何?
Wǒmen hùxiāng zuòchū yìxiē ràngbù rúhé?

이 예산으로는 좀 빠듯하다는 것은 저희도 알고 있습니다.
我们也知道这笔预算比较紧张。
Wǒmen yě zhīdào zhè bǐ yùsuàn bǐjiào jǐnzhāng.

요즘 회사 상황이 좋지 않아서 예산을 축소해야 합니다.
最近公司情况不太理想，所以一定要减少预算。
Zuìjìn gōngsī qíngkuàng bú tài lǐxiǎng, suǒyǐ yídìng yào jiǎnshǎo yùsuàn.

이 제품을 귀사가 독점 공급한다는 사실을 생각해 주십시오.
请想一想这个产品是贵公司独家供应的。 *独家 dújiā 독점
Qǐng xiǎng yi xiǎng zhège chǎnpǐn shì guì gōngsī dújiā gòngyīng de.

판촉 행사에 저희도 있는 힘껏 협력하겠습니다.
促销活动我们尽可能去协助贵方。
Cùxiāo huódòng wǒmen jǐn kěnéng qù xiézhù guì fāng.

생각해 볼 만한 말씀이시네요.
您说的值得考虑。
Nín shuō de zhíde kǎolǜ.

이 조건은 공평한 편이네요.
这个条件比较公平。
Zhège tiáojiàn bǐjiào gōngpíng.

귀사와 꼭 거래하고 싶습니다.
我非常希望能与贵公司合作。
Wǒ fēicháng xīwàng néng yǔ guì gōngsī hézuò.

저희를 믿어 주십시오.
请相信我们。
Qǐng xiāngxìn wǒmen.

좋은 방향으로 나아갈 수 있도록 함께 방법을 모색해 봅시다.
我们一起来寻求办法，向好的方向发展。
Wǒmen yìqǐ lái xúnqiú bànfǎ, xiàng hǎo de fāngxiàng fāzhǎn.

예산 및 경비 검토

여기 예산 검토안입니다.

这是预算分析报告。

Zhè shì yùsuàn fēnxī bàogào.

예산안에 우려되는 사항이 몇 가지 있습니다.

预算案中有几个令人担忧的问题。 *担忧 dānyōu 우려하다

Yùsuàn'àn zhōng yǒu jǐ ge lìng rén dānyōu de wèntí.

예산안의 A항목과 B항목 수치가 서로 바뀌지 않았나요?

预算案中A和B项的数据是不是弄颠倒了?

Yùsuàn'àn zhōng A hé B xiàng de shùjù shì bu shì nòng diāndǎo le?

*颠倒 diāndǎo 뒤바뀌다

관리 예산이 너무 많지는 않나요?

管理方面的预算是不是太多了?

Guǎnlǐ fāngmiàn de yùsuàn shì bu shì tài duō le?

무턱대고 예산을 줄이면, 결과적으로 제품의 퀄리티가 떨어지거나 추가 비용이 발생하게 됩니다.

贸然降低预算的话，只会造成产品质量下降，或者到最后再增加费用的投入。

Màorán jiàngdī yùsuàn dehuà, zhǐ huì zàochéng chǎnpǐn zhìliàng xiàjiàng, huòzhě dào zuìhòu zài zēngjiā fèiyòng de tóurù.

예산이 너무 적으면 퀄리티가 떨어질 수밖에 없는데, 정말 걱정입니다.

预算太少的话，品质肯定会下降，真令人担心。

Yùsuàn tài shǎo dehuà, pǐnzhì kěndìng huì xiàjiàng, zhēn lìng rén dānxīn.

추가 예산 신청이 가능할까요?

可以申请追加预算吗?

Kěyǐ shēnqǐng zhuījiā yùsuàn ma?

추가 예산은 초기 예산의 몇 퍼센트까지 신청이 가능한가요?

追加预算可以申请初期预算的百分之几?

Zhuījiā yùsuàn kěyǐ shēnqǐng chūqī yùsuàn de bǎi fēn zhī jǐ?

3만 달러를 추가할 수 있다면, 그런대로 진행할 수 있습니다.

如果可以追加三万美金的话，还有可能进行。

Rúguǒ kěyǐ zhuījiā sānwàn měijīn dehuà, hái yǒu kěnéng jìnxíng.

예산을 더 줄이기는 불가능합니다. 줄일 걸 줄여야죠.

预算不能再缩减了，应该削减那些该削减的经费。

Yùsuàn bù néng zài suōjiǎn le, yīnggāi xuējiǎn nàxiē gāi xuējiǎn de jīngfèi.

*缩减 suōjiǎn 축소하다 削减 xuējiǎn 삭감하다

예산은 말 그대로 '예정 금액'입니다. 앞으로 큰 변화가 생길 것 같으면, 지금 적정선으로 조정하십시오.

预算按字面意思就是"预定的金额"，如果觉得日后会发生较大变动的话，应该现在进行合理地调整。

Yùsuàn àn zìmiàn yìsi jiù shì "yùdìng de jīn'é", rúguǒ juéde rìhòu huì fāshēng jiào dà biàndòng dehuà, yīnggāi xiànzài jìnxíng hélǐ de tiáozhěng.

경비 검토안은 구체적으로 작성해서 저한테 주십시오.

经费分析报告写得具体一些，然后上交给我。

Jīngfèi fēnxī bàogào xiě de jùtǐ yìxiē, ránhòu shàngjiāo gěi wǒ.

경비 예산은 한 달간 시행해 본 후, 디테일하게 수정하도록 하죠.

经费预算试行一个月后，再进行具体修改吧。

Jīngfèi yùsuàn shìxíng yí ge yuè hòu, zài jìnxíng jùtǐ xiūgǎi ba.

경비를 줄일 방안을 생각해 보십시오.

请想一想缩减经费的方法。

Qǐng xiǎng yi xiǎng suōjiǎn jīngfèi de fāngfǎ.

경비는 충분히 줄일 수 있습니다.

经费完全可以缩减。

Jīngfèi wánquán kěyǐ suōjiǎn.

설득 노력

재고 부탁드립니다.

请再考虑一下。

Qǐng zài kǎolǜ yíxià.

시간을 갖고 다시 잘 생각해 보는게 어떠세요?

再好好儿考虑一段时间怎么样?

Zài hǎohāor kǎolǜ yí duàn shíjiān zěnmeyàng?

한 번 더 기회를 주실 수 없나요?

能不能再给我们一次机会?

Néng bu néng zài gěi wǒmen yí cì jīhuì?

저희와의 계약을 취소하려는 건 아니시죠?

您不是要解除我们的合同吧?

Nín bú shì yào jiěchú wǒmen de hétong ba?

지금 계약을 파기하게 되면, 귀사에서 위약금을 내셔야 합니다.

如果现在毁约，贵方要支付违约金。 ＊毁约 huǐyuē 계약을 파기하다

Rúguǒ xiànzài huǐyuē, guì fāng yào zhīfù wéiyuējīn.

계약을 취소할 경우 양측 모두 손해가 큽니다.

解除合同会给我们彼此带来巨大损失。
Jiěchú hétong huì gěi wǒmen bǐcǐ dàilái jùdà sǔnshī.

이 계약서 조항은 정정할 수 있도록 윗선에 말씀드려 보겠습니다.

我跟上级要求一下，争取将这条合同条款修改过来。
Wǒ gēn shàngjí yāoqiú yíxià, zhēngqǔ jiāng zhè tiáo hétong tiáokuǎn xiūgǎi guòlái.

말씀하신 내용은 윗선에 보고한 다음, 다시 논의해 보겠습니다.

我们把您所提到的内容向上级报告后再进行商讨。
Wǒmen bǎ nín suǒ tídào de nèiróng xiàng shàngjí bàogào hòu zài jìnxíng shāngtǎo.

이번 프로젝트가 잘 성사되면 앞으로도 쭉 거래할 수 있을 겁니다.

这次项目可以成交的话，今后我们就能一直合作下去。
Zhè cì xiàngmù kěyǐ chéngjiāo dehuà, jīnhòu wǒmen jiù néng yìzhí hézuò xiàqù.

이번 고비를 함께 잘 넘겨 보도록 합시다.

让我们一起渡过这个难关吧。
Ràng wǒmen yìqǐ dùguò zhège nánguān ba.

모든 협상 과정은 힘들기 마련입니다. 함께 어려움을 헤쳐나가 보도록 합시다.

在所有协商的过程中都会遇到很多难题，让我们一起努力去克服这些难题吧。
Zài suǒyǒu xiéshāng de guòchéng zhōng dōu huì yùdào hěn duō nántí, ràng wǒmen yìqǐ nǔlì qù kèfú zhèxiē nántí ba.

이번에는 성과가 좋으리라 확신합니다.

我相信这次一定能取得理想的结果。
Wǒ xiāngxìn zhè cì yídìng néng qǔdé lǐxiǎng de jiéguǒ.

这次一定能成功。
Zhè cì yídìng néng chénggōng.

내년 성과를 보시면 저희와 거래하기를 잘했다고 생각하시게 될 겁니다.

您看到明年所取得的成果的时候，一定会认为跟我们进行交易这个决定是对的。
Nín kàndào míngnián suǒ qǔdé de chéngguǒ de shíhou, yídìng huì rènwéi gēn wǒmen jìnxíng jiāoyì zhège juédìng shì duì de.

반대 · 동의 · 거절

반대

동의할 수 없습니다.

我们不能同意。

Wǒmen bù néng tóngyì.

제 생각은 조금 다릅니다.

我的想法有所不同。

Wǒ de xiǎngfa yǒu suǒ bù tóng.

마케팅 실정상, 그건 불가능한 일입니다.

从营销来看，那件事不太可能进行。

Cóng yíngxiāo lái kàn, nà jiàn shì bú tài kěnéng jìnxíng.

시장 동향상, 그건 실행 가능하지 않습니다.

从市场动向来看，那是不可能进行的。

Cóng shìchǎng dòngxiàng lái kàn, nà shì bù kěnéng jìnxíng de.

올해 책정된 저희 예산상, 제시하신 조건은 불가능합니다.

从我们今年制定的预算来看，贵方提出的条件我们不能接受。

Cóng wǒmen jīnnián zhìdìng de yùsuàn lái kàn, guì fāng tíchū de tiáojiàn wǒmen bù néng jiēshòu.

从今年制定的预算来看，那个项目进行不了。

Cóng jīnnián zhìdìng de yùsuàn lái kàn, nàge xiàngmù jìnxíng bu liǎo.

무슨 말씀인지는 알겠지만, 그렇게 되면 예산이 많이 초과됩니다.

我明白您的意思，但那样的话会超出预算很多。

Wǒ míngbai nín de yìsi, dàn nàyàng dehuà huì chāochū yùsuàn hěn duō.

이게 평균 시장 가격인데, 이렇게 비용을 높게 청구하시면 어떡합니까?

这是有市场平均价的，怎么能要价这么高?

Zhè shì yǒu shìchǎng píngjūn jià de, zěnme néng yào jià zhème gāo?

계약서에는 왜 추가 비용이 계산되어 있지 않나요?

合同上为什么没有计算追加费用?

Hétong shàng wèishénme méiyǒu jìsuàn zhuījiā fèiyòng?

이렇게 빡빡한 일정에 그 내용까지 추가하는 건 정말 무리입니다.

日程本来就很紧张，再增添那个内容实在是很困难。

Rìchéng běnlái jiù hěn jǐnzhāng, zài zēngtiān nàge nèiróng shízài shì hěn kùnnan.

이건 저희가 요구한 부분이 아닙니다.

这并不是我们所要求的。
Zhè bìng bú shì wǒmen suǒ yāoqiú de.

这不是我们要求的内容。
Zhè bú shì wǒmen yāoqiú de nèiróng.

이건 명백히 귀사에서 총액 계산 시 잘못한 것인데, 왜 저희가 책임을 져야 하는지 이해가 안 됩니다.

这明明是贵方在计算总额时出现的失误，真不明白这个责任为什么要由我们来负?
Zhè míngmíng shì guì fāng zài jìsuàn zǒng'é shí chūxiàn de shīwù, zhēn bù míngbai zhège zérèn wèishénme yào yóu wǒmen lái fù?

책임 소재는 법적인 부분이라, 지금 당장 결정할 수 있는 문제가 아닙니다.

责任问题是法律上的问题，不是现在马上就能决定的。
Zérèn wèntí shì fǎlǜ shàng de wèntí, bú shì xiànzài mǎshàng jiù néng juédìng de.

그렇게 되면, 계획한 일정이 완전히 무너질 겁니다.

这样的话，所有计划好的日程都将成为泡影。
Zhèyàng dehuà, suǒyǒu jìhuà hǎo de rìchéng dōu jiāng chéngwéi pàoyǐng.

*泡影 pàoyǐng 물거품이 되다

계약을 취소하자는 게 아닙니다.

我们不是要求撤销合同。
Wǒmen bú shì yāoqiú chèxiāo hétong.

*撤销 chèxiāo 취소하다

제 말은 납기일을 못 맞추겠다는 뜻이 아닙니다.

我的意思并不是不能遵守交货期限。
Wǒ de yìsi bìng bú shì bù néng zūnshǒu jiāohuò qīxiàn.

합의할 수 있으리라 생각했습니다.

我们就知道一定会达成协议的。
Wǒmen jiù zhīdào yídìng huì dáchéng xiéyì de.

동의

귀사의 제안에 동의합니다.

我们同意贵方的意见。
Wǒmen tóngyì guì fāng de yìjiàn.

我们接受贵方的提议。
Wǒmen jiēshòu guì fāng de tíyì.

말씀에 전적으로 동의합니다.

我们完全同意贵方的意见。
Wǒmen wánquán tóngyì guì fāng de yìjiàn.

그 문제에 관해서는 제 생각도 같습니다.

关于这个问题，我的想法也相同。

Guānyú zhège wèntí, wǒ de xiǎngfa yě xiāngtóng.

좋은 생각입니다.

想法不错。

Xiǎngfa búcuò.

好主意。

Hǎo zhǔyì.

그럼 이 부분은 좀 더 자세히 이야기 나누어 봐야겠군요.

那么这一点我们需要再仔细地谈一谈。

Nàme zhè yì diǎn wǒmen xūyào zài zǐxì de tán yi tán.

제안하신 내용과 관련해 다시 논의해 보고 싶습니다.

我们想就贵方的提议再进行一下商讨。

Wǒmen xiǎng jiù guì fāng de tíyì zài jìnxíng yíxià shāngtǎo.

네, 그 부분은 저희가 양보하겠습니다.

好的，这个部分我方让步。

Hǎo de, zhège bùfen wǒ fāng ràngbù.

그 조항은 그렇게 수정하도록 하죠.

这个条款就这样修改吧。

Zhège tiáokuǎn jiù zhèyàng xiūgǎi ba.

서로 비슷한 상황이어서 그런지 그 부분은 참 공감이 되는군요.

可能是因为彼此的情况相似，这个部分我们也深有同感。

Kěnéng shì yīnwèi bǐcǐ de qíngkuàng xiāngsì, zhège bùfen wǒmen yě shēn yǒu tónggǎn.

거절

그건 현실적으로 어렵습니다.

那很不现实。

Nà hěn bú xiànshí.

那很难实现。

Nà hěn nán shíxiàn.

그 부분은 양보하기가 어렵습니다.

这个部分我们不能做出让步。

Zhège bùfen wǒmen bù néng zuòchū ràngbù.

귀하의 제안은 받아들일 수 없습니다.

我们不能接受贵方的提案。

Wǒmen bù néng jiēshòu guì fāng de tí'àn.

그 조건은 받아들이기가 힘듭니다.

我们不能接受这个条件。

Wǒmen bù néng jiēshòu zhège tiáojiàn.

我们很难接受这个条件。

Wǒmen hěn nán jiēshòu zhège tiáojiàn.

제안하신 사항을 받아들일 수 없을 것 같습니다.

我们可能不能接受贵方的提议。

Wǒmen kěnéng bù néng jiēshòu guì fāng de tíyì.

그건 저희가 협상하려고 준비한 선을 넘습니다.

那超出了我们所能进行协商的底线。

Nà chāochūle wǒmen suǒnéng jìnxíng xiéshāng de dǐxiàn.

유감스럽지만, 40% 이하의 금액이면 윗선에서 계약을 파기할 수도 있습니다.

很遗憾，如果金额在40%以下，上级可能会解除合同。

Hěn yíhàn, rúguǒ jīn'é zài bǎi fēn zhī sìshí yǐxià, shàngjí kěnéng huì jiěchú hétong.

유감스럽지만, 그렇게 큰 위험 부담을 안을 수는 없습니다.

很遗憾，我们不能承担这么大的风险。

Hěn yíhàn, wǒmen bù néng chéngdān zhème dà de fēngxiǎn.

다른 거래처와의 관계도 있는데 그렇게까지 금액을 낮출 수는 없습니다.

我们还有其他的客户，价格不能降到这么低。

Wǒmen hái yǒu qítā de kèhù, jiàgé bù néng jiàngdào zhème dī.

누가 봐도 불공평한 조건입니다.

这明明就是一个不公平的条件。

Zhè míngmíng jiù shì yí ge bù gōngpíng de tiáojiàn.

这对谁来说都是一个很不公平的条件。

Zhè duì shéi lái shuō dōu shì yí ge hěn bù gōngpíng de tiáojiàn.

귀사의 제안은 내부에서 논의를 거친 후 협상을 진행하겠습니다.

贵方提出的建议公司内部讨论后，再进行协商吧。

Guì fāng tíchū de jiànyì gōngsī nèibù tǎolùn hòu, zài jìnxíng xiéshāng ba.

이래서야 논의를 해도 아무 소용없겠네요.

这么来看，商议也没什么意义了。

Zhème lái kàn, shāngyì yě méi shénme yìyì le.

이런 상황이라면 계속 논의하는 건 무의미하겠네요.

如果是这种情况的话，那我们就没有必要继续商议了。

Rúguǒ shì zhè zhǒng qíngkuàng dehuà, nà wǒmen jiù méiyǒu bìyào jìxù shāngyì le.

이 건은 여기까지 하도록 하죠.

这个问题就说到这儿吧。

Zhège wèntí jiù shuō dào zhèr ba.

오늘 회의는 여기까지 하는 편이 좋을 것 같습니다.

今天的会议就开到这里比较好。

Jīntiān de huìyì jiù kāidào zhèlǐ bǐjiào hǎo.

오늘 이 자리에서는 아무래도 공감대를 찾기 어렵겠네요.

我们今天在这里可能很难达成共识。

Wǒmen jīntiān zài zhèlǐ kěnéng hěn nán dáchéng gòngshí.

아무래도 양측이 합의에 이르기는 힘들어 보이네요.

看来双方很难达成协议。

Kànlái shuāngfāng hěn nán dáchéng xiéyì.

도무지 일이 진척이 안 되네요.

工作完全没有进展。

Gōngzuò wánquán méiyǒu jìnzhǎn.

전화상으로는 효과적인 대화가 어렵네요.

在电话上沟通不清。

Zài diànhuà shàng gōutōng bù qīng.

불만 사항

불만 사항의 핵심이 무엇인가요?

到底对哪个方面不满意?

Dàodǐ duì nǎge fāngmiàn bù mǎnyì?

到底是什么问题?

Dàodǐ shì shénme wèntí?

산재한 문제가 저희 관점에서는 어떻게 보이는지 말씀드리겠습니다.

我说一下从我们的角度所看到的问题。

Wǒ shuō yíxià cóng wǒmen de jiǎodù suǒ kàndào de wèntí.

요즘 거래처에서 항의가 자주 들어오고 있습니다.

近来客户经常抗议。

Jìnlái kèhù jīngcháng kàngyì.

말씀드렸다시피, 거래처에서 올해 계약 건에 몇 가지 불만이 있습니다.

就像我已经说过的，今年客户对合同有几项不满意见。

Jiù xiàng wǒ yǐjīng shuōguo de, jīnnián kèhù duì hétong yǒu jǐ xiàng bùmǎn yìjiàn.

거래처에서는 불공평하다는 의견입니다.

客户认为这不公平。

Kèhù rènwéi zhè bù gōngpíng.

거래처마다 할인율을 다르게 책정한 부분이 화를 돋운 원인 같습니다.

因为给每个客户的折扣不同，所以引起了他们的不满。

Yīnwèi gěi měi ge kèhù de zhékòu bù tóng, suǒyǐ yǐnqǐle tāmen de bùmǎn.

거래처 전체의 불만 사항인가요, 아니면 일부 거래처로부터 나온 건가요?

是所有的客户都有不满，还是部分客户?

Shì suǒyǒu de kèhù dōu yǒu bùmǎn, háishi bùfen kèhù?

이것은 관련된 사람들의 공통된 의견인가요?

这是有关人士的共同意见吗?

Zhè shì yǒuguān rénshì de gòngtóng yìjiàn ma?

실전회화

A 这是有关人士的共同意见吗?
Zhè shì yǒuguān rénshì de gòngtóng yìjiàn ma?
이것은 관련된 사람들의 공통된 의견인가요?

B 是的，他们很明确地告诉我们这是他们的共同意见。
Shì de, tāmen hěn míngquè de gàosu wǒmen zhè shì tāmen de gòngtóng yìjiàn.
네, 공통된 의견이라고 확실하게 말해 주었습니다.

기업 고객의 항의가 너무 많아서, 저희 직원들까지 업무에 지장을 받고 있습니다.

企业客户经常抗议，甚至影响到了我们员工的工作。

Qǐyè kèhù jīngcháng kàngyì, shènzhì yǐngxiǎng dàole wǒmen yuángōng de gōngzuò.

직원들까지도 불만을 토로하고 있습니다.

甚至员工也在透露不满情绪。

Shènzhì yuángōng yě zài tòulù bùmǎn qíngxù.

기업 고객과 직원들의 불만 사항을 꼼꼼하게 조사하여 보고서 제출하세요.

仔细调查企业客户和员工的不满意见，写成报告后交给我。

Zǐxì diàochá qǐyè kèhù hé yuángōng de bùmǎn yìjiàn, xiěchéng bàogào hòu jiāo gěi wǒ.

기업 고객의 불만 사항을 바로 해결하지 않으면, 회사에 막대한 영향을 끼치게 될 것입니다.

若不马上解决企业客户提出的不满意见的话，这将给公司带来极大的影响。

Ruò bù mǎshàng jiějué qǐyè kèhù tíchū de bùmǎn yìjiàn dehuà, zhè jiāng gěi gōngsī dàilái jídà de yǐngxiǎng.

개인 고객이든 기업 고객이든 불만 사항은 바로바로 해결해야 합니다.

不管是个人客户的不满意见，还是企业客户的不满意见，都应马上解决。

Bùguǎn shì gèrén kèhù de bùmǎn yìjiàn, háishi qǐyè kèhù de bùmǎn yìjiàn, dōu yīng mǎshàng jiějué.

중간 휴식

잠깐 쉴까요?

我们休息一下吗?

Wǒmen xiūxi yíxià ma?

우선 잠깐 쉬었다가 계속 논의하죠.

先休息一下再继续讨论吧。

Xiān xiūxi yíxià zài jìxù tǎolùn ba.

다음 안건을 논의하기 전에 5분간 쉬었다 하도록 하죠.

在讨论下一个问题之前，先休息五分钟吧。

Zài tǎolùn xià yí ge wèntí zhīqián, xiān xiūxi wǔ fēnzhōng ba.

마음을 가라앉힐 겸, 잠깐 쉽시다.

休息一下，静静心。

Xiūxi yíxià, jìngjìngxīn.

커피 한잔하면서 잠깐 쉬었다 하죠.

先休息一下，喝杯咖啡吧。

Xiān xiūxi yíxià, hē bēi kāfēi ba.

잠시 바람 좀 쐬고 싶은데, 함께 가실래요?

我想出去透透气，要不要一起去?

Wǒ xiǎng chūqù tòutòuqì, yào bu yào yìqǐ qù?

벌써 시간이 이렇게 됐네요. 식사한 다음 이어서 회의하도록 하죠.

都这个时间了，吃饭以后再继续开会吧。

Dōu zhège shíjiān le, chīfàn yǐhòu zài jìxù kāihuì ba.

휴식 시간이 끝났으니, 다시 회의합시다.

休息好了，继续开会吧。

Xiūxi hǎo le, jìxù kāihuì ba.

서류 및 계약서

계약 재확인

그럼 다시 한번 훑어보겠습니다.

那我们再看一下。

Nà wǒmen zài kàn yíxià.

논의한 내용을 다시 한번 검토해 보도록 하겠습니다.

再检查一下我们讨论过的内容吧。

Zài jiǎnchá yíxià wǒmen tǎolùnguo de nèiróng ba.

再确认一下我们讨论过的内容吧。

Zài quèrèn yíxià wǒmen tǎolùnguo de nèiróng ba.

합의한 사항을 확인해 보겠습니다.

确认一下已经达成共识的事项。

Quèrèn yíxià yǐjīng dáchéng gòngshí de shìxiàng.

계약 기간을 1년에서 2년으로 변경하는 것에 동의하시죠?

贵方同意将合同期由一年改为两年吧?

Guì fāng tóngyì jiāng hétongqī yóu yì nián gǎiwéi liǎng nián ba?

내년에 이들 제품에 2% 할인을 적용하는 것에 동의하시죠?

明年这几种产品将有2%的折扣优惠，贵方同意吧?

Míngnián zhè jǐ zhǒng chǎnpǐn jiāng yǒu bǎi fēn zhī èr de zhékòu yōuhuì, guì fāng tóngyì ba?

지불 방법은 지난번과 동일하게 하면 되겠죠?

支付方式与上一次相同，可以吧?

Zhīfù fāngshì yǔ shàng yí cì xiāngtóng, kěyǐ ba?

다른 제품도 이 주력 상품과 같은 조건으로 계약하면 됩니다.

其他产品也按照这个主打产品的条件签订合同就可以了。

Qítā chǎnpǐn yě ànzhào zhège zhǔdǎ chǎnpǐn de tiáojiàn qiāndìng hétong jiù kěyǐ le.

이 몇 가지 사안은 구두 계약으로 충분합니다.

这几项事宜口头约定就可以了。

Zhè jǐ xiàng shìyí kǒutóu yuēdìng jiù kěyǐ le.

이 몇 가지 조항은 서면으로 작성합시다.

这几项条款都书面写下来吧。

Zhè jǐ xiàng tiáokuǎn dōu shūmiàn xiě xiàlái ba.

모든 조항을 서면으로 작성하는 편이 좋습니다.

所有的条款都书面记录下来比较好。
Suǒyǒu de tiáokuǎn dōu shūmiàn jìlù xiàlái bǐjiào hǎo.

추가로 상의해야 할 사항이 있나요?

还有要商议的事项吗?
Hái yǒu yào shāngyì de shìxiàng ma?

계약서에 오늘 합의한 몇 가지 내용을 추가해야 합니다.

要把今天达成协议的几项内容加在合同里。
Yào bǎ jīntiān dáchéng xiéyì de jǐ xiàng nèiróng jiā zài hétong li.

이번 달 말까지 더 구체적인 배송 계획을 세우길 바란다는 조항을 추가하면 됩니다.

再加上这一条——希望在这个月底之前制定更具体的运输计划，就行了。
Zài jiā shàng zhè yì tiáo--xīwàng zài zhège yuèdǐ zhīqián zhìdìng gèng jùtǐ de yùnshū jìhuà, jiù xíng le.

이제 초안을 수정하기만 하면 됩니다.

现在只需要修正草案就行了。
Xiànzài zhǐ xūyào xiūzhèng cǎo'àn jiù xíng le.

서류 및 계약서 정리

계약서는 이메일로 보내도 될까요?

合同可以用电子邮件发过去吗?
Hétong kěyǐ yòng diànzǐ yóujiàn fā guòqù ma?

계약서 초안이 완성되었습니다.

合同草案写好了。
Hétong cǎo'àn xiěhǎo le.

계약서 초안 내용 확인 부탁드립니다.

请核实合同草案的内容。
Qǐng héshí hétong cǎo'àn de nèiróng.

*核实 héshí 사실을 확인하다

계약서에 수정해야 할 사항은 없는지 마지막으로 다시 한번 검토해 주십시오.

请最后再确认一下合同上有没有要修改的部分。
Qǐng zuìhòu zài quèrèn yíxià hétong shàng yǒu méiyǒu yào xiūgǎi de bùfen.

마지막으로 검토해 보시고, 문제없으면 서명해 주십시오.

请最终确认一下，如果没有问题的话，请签名。
Qǐng zuìzhōng quèrèn yíxià, rúguǒ méiyǒu wèntí dehuà, qǐng qiānmíng.

계약서 첫 장부터 보도록 하죠.

我们从合同的第一页开始看一下。

Wǒmen cóng hétong de dì-yī yè kāishǐ kàn yíxià.

여기까지 질문 있으신가요?

前面的部分有没有疑问?

Qiánmiàn de bùfen yǒu méiyǒu yíwèn?

여기까지 문제없으시죠?

到这里没有问题吧?

Dào zhèlǐ méiyǒu wèntí ba?

지금까지는 모두 좋습니다.

上面的内容都很好。

Shàngmiàn de nèiróng dōu hěn hǎo.

수정해야 할 곳이 한 군데 있습니다.

有一个地方需要修改。

Yǒu yí ge dìfang xūyào xiūgǎi.

귀사가 '갑', 당사가 '을'입니다.

贵公司是"甲方"，我们公司是"乙方"。

Guì gōngsī shì "jiǎ fāng", wǒmen gōngsī shì "yǐ fāng".

계약 기간의 숫자가 잘못 쓰여 있습니다.

合同期限的数字写错了。

Hétong qīxiàn de shùzì xiěcuò le.

지불 날짜가 누락되었습니다.

支付日期漏掉了。

Zhīfù rìqī lòudiào le.

7조에 예외 조항이 누락되었습니다.

第七条中例外条款没有包括进去。

Dì-qī tiáo zhōng lìwài tiáokuǎn méiyǒu bāokuò jìnqù.

제품 번호가 잘못되었네요, 수정 부탁드립니다.

产品号码不正确，请修改过来。

Chǎnpǐn hàomǎ bú zhèngquè, qǐng xiūgǎi guòlái.

이 말은 무슨 뜻인가요?

这句话是什么意思?

Zhè jù huà shì shénme yìsi?

이 문구를 5조에 덧붙여 주십시오.

请将这个句子添加在第五条中。
Qǐng jiāng zhège jùzi tiānjiā zài dì-wǔ tiáo zhōng.

비밀 유지 의무 조항이 누락되었습니다. 추가해 주십시오.

保密义务条款漏掉了，请添加进去。
Bǎomì yìwù tiáokuǎn lòudiào le, qǐng tiānjiā jìnqù.

갑과 을의 책임 소재에 관련해서는 좀 더 자세하게 기재해야 합니다.

有关甲方和乙方所承担的责任的内容应该写得更具体一些。
Yǒuguān jiǎ fāng hé yǐ fāng suǒ chéngdān de zérèn de nèiróng yīnggāi xiě de gèng jùtǐ yìxiē.

이 부분은 다시 검토해야 합니다.

这个部分要再进行讨论。
Zhège bùfen yào zài jìnxíng tǎolùn.

모든 경우의 수를 기재하기에는 한계가 있습니다.

很难将所有的情况都写进去。
Hěn nán jiāng suǒyǒu de qíngkuàng dōu xiě jìnqù.

이게 최종 계약서죠?

这就是最终合同吧?
Zhè jiù shì zuìzhōng hétong ba?

이 계약서는 ○○○○년 ○○월○○일까지 유효합니다.

此合同有效期为○○○○年○○月○○日。
Cǐ hétong yǒuxiàoqī wéi OOOO nián OO yuè OO rì.

어느 한쪽이 계약 만료 전 계약을 해지하려 할 경우, 최소 한 달 전에 통보해야 합니다.

任何一方欲提前解除合同时，须提前一个月通知对方。
Rènhé yì fāng yù tíqián jiěchú hétong shí, xū tíqián yí ge yuè tōngzhī duìfāng.

계약의 지속이나 파기는 쌍방의 합의가 있어야 합니다.

合同继续履行或解除须经双方同意。 *履行 lǚxíng 실행하다
Hétong jìxù lǚxíng huò jiěchú xū jīng shuāngfāng tóngyì.

계약 내용 최종 확인 및 서명

조항의 갱신 및 종료에 관한 내용은 다음 장 네 번째 부분에 있습니다.

下一页的第四部分是有关条款更新及终止的内容。
Xià yí yè de dì-sì bùfen shì yǒuguān tiáokuǎn gēngxīn jí zhōngzhǐ de nèiróng.

여전히 이해가 안 되는 부분이 있으신가요?

还有没有不理解的地方?

Hái yǒu méiyǒu bù lǐjiě de dìfang?

날인하시기 전에 질문 없으신가요?

在盖章之前，没有什么问题吗?

Zài gàizhāng zhīqián, méiyǒu shénme wèntí ma?

签字之前没有其他问题吗?

Qiānzì zhīqián méiyǒu qítā wèntí ma?

궁금하신 사항이 없으면 계약서에 서명해 주십시오.

如果没有其他疑问的话，请在合同上签字。

Rúguǒ méiyǒu qítā yíwèn dehuà, qǐng zài hétong shàng qiānzì.

서명하시기 전에 다시 한번 꼼꼼히 확인해 보십시오.

在签字之前，请再仔细确认一下。

Zài qiānzì zhīqián, qǐng zài zǐxì quèrèn yíxià.

문제가 없으면 이제 날인하십시오.

没有问题的话就签字吧。

Méiyǒu wèntí dehuà jiù qiānzì ba.

여기에 날인하시면 됩니다.

在这里盖章。

Zài zhèlǐ gàizhāng.

서명만 하면 정말 끝이군요.

签字后就都结束了。

Qiānzì hòu jiù dōu jiéshù le.

한 부는 당사에서 보관하고, 한 부는 귀사에서 보관하시면 됩니다.

一份由我方保管，另一份由贵方保管。

Yí fèn yóu wǒ fāng bǎoguǎn, lìng yí fèn yóu guì fāng bǎoguǎn.

날인한 계약서 중 한 부는 우편으로 저희에게 보내 주십시오.

盖章后，请将其中一份合同邮寄给我方。

Gàizhāng hòu, qǐng jiāng qízhōng yí fèn hétong yóujì gěi wǒ fāng.

오늘 오후에 퀵으로/이메일로 계약서를 보내 드리겠습니다.

今天下午会把合同用快递发送给您。

Jīntiān xiàwǔ huì bǎ hétong yòng kuàidì fāsòng gěi nín.

今天下午会把合同用邮件发送给您。

Jīntiān xiàwǔ huì bǎ hétong yòng yóujiàn fāsòng gěi nín.

승인이 나면, 우편으로/이메일로 계약서를 보내 드리겠습니다.

获得批准后，我方会将合同邮寄给贵方。
Huòdé pīzhǔn hòu, wǒ fāng huì jiāng hétong yóujì gěi guì fāng.

获得批准后，我方会将合同用邮件发给贵方。
Huòdé pīzhǔn hòu, wǒ fāng huì jiāng hétong yòng yóujiàn fā gěi guì fāng.

국외 계약이니, 이메일본이나 스캔본도 효력을 인정합시다.

因为是海外合同，因此我们约定邮件版及扫描版都有效。
Yīnwèi shì hǎiwài hétong, yīncǐ wǒmen yuēdìng yóujiànbǎn jí sǎomiáobǎn dōu yǒuxiào.

참고로 말씀드리면, 한글 계약서는 참고용이므로 법적 효력이 없습니다.

另外还要说一句，韩语版本的合同只作为参考，不具有法律效力。
Lìngwài hái yào shuō yí jù, Hányǔbǎnběn de hétong zhǐ zuòwéi cānkǎo, bú jùyǒu fǎlǜ xiàolì.

서명하시면, 저희도 준비 작업에 착수하겠습니다.

签字后，我方也会开始进入筹备程序。
Qiānzì hòu, wǒ fāng yě huì kāishǐ jìnrù chóubèi chéngxù.

날인한 날부터 계약서의 효력이 발생합니다.

签字后合同立即生效。
Qiānzì hòu hétong lìjí shēngxiào.

*生效 shēngxiào 효력이 발생하다

정해진 날짜에 계약금 입금 부탁드립니다.

请在规定日期支付交易定金。
Qǐng zài guīdìng rìqī zhīfù jiāoyì dìngjīn.

귀중한 시간을 내 주셔서 감사드립니다. 양측이 좋은 비즈니스 관계를 만들어 가기를 기대합니다.

感谢贵方抽出宝贵的时间，期待双方能建立良好的商业伙伴关系。
Gǎnxiè guì fāng chōuchū bǎoguì de shíjiān, qīdài shuāngfāng néng jiànlì liánghǎo de shāngyè huǒbàn guānxi.

협상 종결

협상 마무리

회의가 드디어 마무리되어 가네요.

会议终于进入了尾声。

Huìyì zhōngyú jìnrùle wěishēng.

＊尾声 wěishēng 에필로그, 마지막 단계

드디어 계약을 체결하게 되었네요.

终于签订了合同。

Zhōngyú qiāndìngle hétong.

Biz tip 협상 체결 후의 대화는 프로다운 어조를 유지하면서도 너무 딱딱하지 않도록 정감 있게 말하는 것이 좋습니다. 终于는 노력한 부분이 결실을 맺게 되었다는 의미를 나타냅니다.

한 달 넘게 걸린 협상이 드디어 결실을 맺게 되었네요.

协商进行了一个多月，终于取得了圆满的成功。

Xiéshāng jìnxíngle yí ge duō yuè, zhōngyú qǔdéle yuánmǎn de chénggōng.

합의에 이를 수 있게 되어 정말 기쁩니다.

能达成协议真是太好了。

Néng dáchéng xiéyì zhēn shì tài hǎo le.

협상에 좋은 성과가 있어서 기쁩니다.

很高兴我们的协商取得了成效。

Hěn gāoxìng wǒmen de xiéshāng qǔdéle chéngxiào.

수정 사항이나 추가 사항이 있으면 지금 말씀해 주세요.

如果有要修改或添加的内容，请现在提出来。

Rúguǒ yǒu yào xiūgǎi huò tiānjiā de nèiróng, qǐng xiànzài tí chūlái.

계약서를 수정해 올 테니 여기서 20분만 기다려 주세요.

我去修改合同，请在这里等二十分钟。

Wǒ qù xiūgǎi hétong, qǐng zài zhèlǐ děng èrshí fēnzhōng.

귀사와 파트너가 되어서 매우 기쁩니다.

非常高兴能与贵公司合作。

Fēicháng gāoxìng néng yǔ guì gōngsī hézuò.

귀사와 이번 사업을 함께할 수 있게 되어 매우 기쁩니다.

我们非常高兴能与贵公司共同开展这项事业。

Wǒmen fēicháng gāoxìng néng yǔ guì gōngsī gòngtóng kāizhǎn zhè xiàng shìyè.

귀사와 좋은 파트너십을 유지하길 기대합니다.

期待能与贵方保持良好的合作关系。
Qīdài néng yǔ guì fāng bǎochí liánghǎo de hézuò guānxi.

이번 계약을 계기로, 앞으로도 양측이 쭉 좋은 파트너십을 유지하면 좋겠습니다.

以这次合同的签订为契机，希望双方今后能继续保持良好的合作关系。
Yǐ zhè cì hétong de qiāndìng wéi qìjī, xīwàng shuāngfāng jīnhòu néng jìxù bǎochí liánghǎo de hézuò guānxi.

한마음 한뜻으로 함께 노력합시다.

让我们齐心协力，共同进取吧。 ＊齐心 qíxīn 뜻을 같이하다
Ràng wǒmen qíxīn xiélì, gòngtóng jìnqǔ ba.

많이 배려해 주셔서 정말 고맙습니다.

承蒙关照，不胜感谢。 ＊承蒙 chéngméng ~을 받다
Chéngméng guānzhào, búshèng gǎnxiè.

협상 조건의 변경 요구

보내신 이메일 받아 보았는데요, 계약서에 추가 비용을 덧붙여야 한다고요?

我们收到了贵方的来函，贵方是要求将追加费用添加在合同里吗?
Wǒmen shōudàole guì fāng de láihán, guì fāng shì yāoqiú jiāng zhuījiā fèiyòng tiānjiā zài hétong li ma?

추가하고 싶은 조항이 몇 가지 있습니다.

我方想添加几项条款。
Wǒ fāng xiǎng tiānjiā jǐ xiàng tiáokuǎn.

죄송합니다만, 사정상 변경해야 할 조항이 몇 군데 있습니다.

很抱歉，因为一些特殊情况，有几项条款需要变更。
Hěn bàoqiàn, yīnwèi yìxiē tèshū qíngkuàng, yǒu jǐ xiàng tiáokuǎn xūyào biàngēng.

A **很抱歉，因为一些特殊情况，有几项条款需要变更。**
Hěn bàoqiàn, yīnwèi yìxiē tèshū qíngkuàng, yǒu jǐ xiàng tiáokuǎn xūyào biàngēng.
죄송합니다만, 사정상 변경할 조항이 몇 군데 있습니다.

B **所以今天我们特意来访，就是想了解一下是否可以以适当方式再进行协商。**
Suǒyǐ jīntiān wǒmen tèyì láifǎng, jiù shì xiǎng liǎojiě yíxià shìfǒu kěyǐ yǐ shìdāng fāngshì zài jìnxíng xiéshāng.
그래서 오늘 일부러 저희가 방문한 것입니다. 적절하게 재협상을 할 수 있을까 해서요.

그 제안을 저희가 수용한다면, 그와 관련된 다른 조항도 함께 수정해야 합니다.

如果我方接受这项提议的话，跟它有关的其他条款也都要修改。

Rúguǒ wǒ fāng jiēshòu zhè xiàng tíyì dehuà, gēn tā yǒuguān de qítā tiáokuǎn yě dōu yào xiūgǎi.

만약 저희가 승인하면, 귀사 역시 저희가 요구하는 일부 조건에 동의하셔야 합니다.

如果我们同意，那贵方也须同意我方所要求的一些条件。

Rúguǒ wǒmen tóngyì, nà guì fāng yě xū tóngyì wǒ fāng suǒ yāoqiú de yìxiē tiáojiàn.

저희가 받아들이려면, 몇 가지 조건이 포함되어야 합니다.

若要我方接受的话，需要几个条件。

Ruòyào wǒ fāng jiēshòu dehuà, xūyào jǐ ge tiáojiàn.

추가 사항을 논의하기 위해 빠른 시일 내에 만나 뵈었으면 합니다.

希望我们能早日见面，讨论有关追加事项的问题。

Xīwàng wǒmen néng zǎorì jiànmiàn, tǎolùn yǒuguān zhuījiā shìxiàng de wèntí.

이 문제가 즉시 해결되기를 바랍니다.

我方希望能立即解决这个问题。

Wǒ fāng xīwàng néng lìjí jiějué zhège wèntí.

이 문제는 변호인이 배석한 상태에서 의논하는 편이 좋겠습니다.

这个问题还是在律师在场的情况下谈比较好。

Zhège wèntí háishi zài lǜshī zàichǎng de qíngkuàng xià tán bǐjiào hǎo.

그럼, 이제 준비는 다 끝난 것이죠?

那准备工作都结束了吧？

Nà zhǔnbèi gōngzuò dōu jiéshù le ba?

변경 사항이 양측에 도움이 되기를 바랍니다.

希望这个变更事项可以对双方都有帮助。

Xīwàng zhège biàngēng shìxiàng kěyǐ duì shuāngfāng dōu yǒu bāngzhù.

PART 9 출장

중국 출장 스트레스를 없애 줄 표현!

잦은 해외 출장, 중국어 때문에 스트레스를 받으셨나요? 혹시 매번 중국어를 잘하는 동료 직원에게 출장을 양보해야 했거나, 중국에 가서 통역 없이는 아무것도 하지 못해 불편한 경험은 없으셨나요? 이제 중국어 때문에 불편했던 출장 기억을 지우도록 하세요.

PART 9에서 출장 준비 단계부터 현지 상황까지 중국어를 자유롭게 구사할 수 있도록 필수 표현을 배워 봅시다. 이번 파트에서는 출장지에서 중국어가 필요한 다양한 상황별로 그때그때 적절한 맞춤 답변을 만들 수 있도록 도와드립니다. 출장 전 준비에 필요한 표현부터 현지에서 필요한 다양한 여행 중국어 표현, 출장 후 보고까지 일괄적으로 정리해 보도록 합시다.

Chapter 1

출장 전

Chapter 2

사전 예약

Chapter 3

공항 및 기내

Chapter 4

호텔

Chapter 5

거래처 방문

Chapter 6

음식점

Chapter 7

길 찾기 및 교통수단

Chapter 8

관광 및 쇼핑

Chapter 9

출장 마무리

출장 전

09-1.mp3

출장 계획

부산에서 열리는 컨퍼런스에 참석하려고 합니다.

我要去釜山开会。
Wǒ yào qù Fǔshān kāihuì.

실전회화

A 找我有什么事?
Zhǎo wǒ yǒu shénme shì?
무슨 일인가요?

B 我要去釜山开会。
Wǒ yào qù Fǔshān kāihuì.
부산에서 열리는 컨퍼런스에 참석하려고 합니다.

A 把会议资料发给我，我看一下。
Bǎ huìyì zīliào fā gěi wǒ, wǒ kàn yíxià.
컨퍼런스 자료를 메일로 보내 주면 검토해 보죠.

이번 출장은 이○○ 씨가 다녀와야겠어요.

这次要有劳李○○去出差。
Zhè cì yào yǒuláo Lǐ OO qù chūchāi.

*有劳 yǒuláo 수고스럽겠지만

这次派李○○去出差。
Zhè cì pài Lǐ OO qù chūchāi.

이번에는 당신이 출장 갈 차례예요.

这次该你去出差了。
Zhè cì gāi nǐ qù chūchāi le.

这次出差轮到你去了。
Zhè cì chūchāi lúndào nǐ qù le.

직접 베이징에 다녀오도록 하세요.

亲自去北京一趟吧。
Qīnzì qù Běijīng yí tàng ba.

실전회화

A 怎么能让投资方了解到他们对我们有多重要呢?
Zěnme néng ràng tóuzī fāng liǎojiě dào tāmen duì wǒmen yǒu duō zhòngyào ne?
우리에게 그들이 얼마나 중요한지 투자자들에게 어떻게 이해시킬 수 있을까요?

B 亲自去北京一趟吧。
Qīnzì qù Běijīng yí tàng ba.
직접 베이징에 다녀오도록 하세요.

A 知道了。
Zhīdào le.
알겠습니다.

출장은 언제 다녀올까요?

什么时候去出差?

Shénme shíhou qù chūchāi?

실전회화

A 什么时候去出差?
Shénme shíhou qù chūchāi?
출장은 언제 다녀올까요?

B 尽可能早些去比较好。
Jǐn kěnéng zǎo xiē qù bǐjiào hǎo.
되도록 빨리 다녀오는 게 좋을 듯하네요.

7월 중국 출장이 8월로 미뤄졌습니다.

本来7月要去中国出差，不过推迟到了8月。

Běnlái qī yuè yào qù Zhōngguó chūchāi, búguò tuīchí dàole bā yuè.

9월 중국 출장이 8월로 당겨졌습니다.

本来9月要去中国出差，不过提前到了8月。

Běnlái jiǔ yuè yào qù Zhōngguó chūchāi, búguò tíqián dàole bā yuè.

8월은 성수기라 항공권 예약이 어려우니, 출장은 9월에 다녀오겠습니다.

8月是旺季，很难订到机票，所以我9月去出差。

Bā yuè shì wàngjì, hěn nán dìngdào jīpiào, suǒyǐ wǒ jiǔ yuè qù chūchāi.

제품 촬영 건으로 8월 말쯤 베이징에 다녀오겠습니다.

8月底我们要去北京进行产品拍摄。

Bā yuè dǐ wǒmen yào qù Běijīng jìnxíng chǎnpǐn pāishè.

제품 촬영을 위한 출장입니다.

这次出差的目的是要进行产品拍摄。

Zhè cì chūchāi de mùdì shì yào jìnxíng chǎnpǐn pāishè.

거래처 공장 참관을 위한 출장입니다.

这次出差的目的是要参观客户的工厂。

Zhè cì chūchāi de mùdì shì yào cānguān kèhù de gōngchǎng.

거래처 공장은 제가 직접 가서 확인하는 게 좋을 듯합니다.

还是我亲自去确认客户的工厂比较好。

Háishi wǒ qīnzì qù quèrèn kèhù de gōngchǎng bǐjiào hǎo.

직접 가서 제품을 확인한 후 결정하겠습니다.

我亲自去确认产品后决定吧。

Wǒ qīnzì qù quèrèn chǎnpǐn hòu juédìng ba.

출장 일정표는 어떻게 기안을 올려야 하죠?

出差计划表该怎么上报?
Chūchāi jìhuàbiǎo gāi zěnme shàngbào?

出差行程计划表该怎么上报? *行程 xíngchéng 여정
Chūchāi xíngchéng jìhuàbiǎo gāi zěnme shàngbào?

다음 주에 출장을 갑니다.

我下周去出差。
Wǒ xiàzhōu qù chūchāi.

다음 주는 출장으로 사무실을 비웁니다.

下周我要去出差，所以不在办公室。
Xiàzhōu wǒ yào qù chūchāi, suǒyǐ búzài bàngōngshì.

실전회화

A 下周我给您打电话，跟您说一下有关与我方合同协商的进行情况。
Xiàzhōu wǒ gěi nín dǎ diànhuà, gēn nín shuō yíxià yǒuguān yǔ wǒ fāng hétong xiéshāng de jìnxíng qíngkuàng.
계약 협상이 어떻게 진행되고 있는지 다음 주 중으로 전화드리겠습니다.

B 下周我要去出差，所以不在办公室。您有我的手机号码吗? 可以打我的手机联系。
Xiàzhōu wǒ yào qù chūchāi, suǒyǐ búzài bàngōngshì. Nín yǒu wǒ de shǒujī hàomǎ ma? Kěyǐ dǎ wǒ de shǒujī liánxì.
다음 주에는 출장으로 사무실을 비웁니다. 제 휴대 전화 번호 갖고 계세요? 휴대 전화로 연락하시면 됩니다.

A 我没有您的手机号码，可以告诉我一下吗?
Wǒ méiyǒu nín de shǒujī hàomǎ, kěyǐ gàosu wǒ yíxià ma?
휴대 전화 번호는 모르는데요, 좀 알려 주시겠어요?

베이징 쪽 일정은 다 잡았나요?

北京那边的日程都安排好了吗?
Běijīng nàbiān de rìchéng dōu ānpái hǎo le ma?

중국에 가는 김에 홍콩 지사에도 들르세요.

你去中国，顺便也去一趟香港分公司吧。
Nǐ qù Zhōngguó, shùnbiàn yě qù yí tàng Xiānggǎng fēngōngsī ba.

출장 가는 김에 제품 홍보 때 쓸 사진 좀 많이 찍으세요.

你去出差的时候，顺便多照一些产品宣传时要用的照片吧。
Nǐ qù chūchāi de shíhou, shùnbiàn duō zhào yìxiē chǎnpǐn xuānchuán shí yào yòng de zhàopiàn ba.

매우 중요한 촬영이니 빈틈없이 처리하세요.

这是非常重要的摄影，绝不能有误。
Zhè shì fēicháng zhòngyào de shèyǐng, jué bù néng yǒu wù.

회사 노트북을 빌려 갈 수 있을까요?

我可以把公司的手提电脑借走吗？ *手提电脑 shǒutí diànnǎo 노트북

Wǒ kěyǐ bǎ gōngsī de shǒutí diànnǎo jièzǒu ma?

만일을 대비해 법인 카드를 가져가도 될까요?

为了以防万一，可以带走商务卡吗？

Wèile yǐfángwànyī, kěyǐ dàizǒu shāngwùkǎ ma?

*以防万一 yǐfángwànyī 뜻밖의 상황에 대비하다

참가 신청

컨퍼런스 참가 신청을 하고 싶습니다.

我要申请参加会议。

Wǒ yào shēnqǐng cānjiā huìyì.

Word tip 学术会议 xuéshù huìyì 학술 회의 | 研讨会 yántǎohuì 세미나 | 培训 péixùn (직무) 연수 | 展示会 zhǎnshìhuì 전시회 | 博览会 bólǎnhuì 박람회

컨퍼런스 참가 신청을 하려고 하는데, 어떻게 하면 되나요?

我想申请参加会议，该怎么申请呢？

Wǒ xiǎng shēnqǐng cānjiā huìyì, gāi zěnme shēnqǐng ne?

실전회화

A 您好，我想申请参加会议，该怎么申请呢？
Nín hǎo, wǒ xiǎng shēnqǐng cānjiā huìyì, gāi zěnme shēnqǐng ne?
안녕하세요. 컨퍼런스 참가 신청을 하려고 하는데, 어떻게 하면 되나요?

B 请将所属单位、姓名及邮箱地址告诉我们，具体事宜我们会用电子邮件通知您。
Qǐng jiāng suǒshǔ dānwèi、xìngmíng jí yóuxiāng dìzhǐ gàosu wǒmen, jùtǐ shìyí wǒmen huì yòng diànzǐ yóujiàn tōngzhī nín.
소속과 성함, 이메일 주소를 알려 주세요. 자세한 사항은 이메일로 전달해 드리겠습니다.

회의 신청은 언제까지인가요?

会议申请的截止日期是什么时候？

Huìyì shēnqǐng de jiézhǐ rìqī shì shénme shíhou?

이번 회의에 참석하고 싶습니다.

我想参加此次会议。

Wǒ xiǎng cānjiā cǐ cì huìyì.

이번 회의 참가 신청을 하기에는 너무 늦었나요?

现在要申请参加这次会议，是不是太晚了？

Xiànzài yào shēnqǐng cānjiā zhè cì huìyì, shì bu shì tài wǎn le?

저희 회사는 이번 박람회에 참가 신청을 하고 싶습니다.

我们公司要报名参加此次博览会。

Wǒmen gōngsī yào bàomíng cānjiā cǐ cì bólǎnhuì.

실전회화

A 您好，我们公司要报名参加5月即将举办的就业博览会。
Nín hǎo, wǒmen gōngsī yào bàomíng cānjiā wǔ yuè jíjiāng jǔbàn de jiùyè bólǎnhuì.
안녕하세요. 저희 회사는 5월에 열리는 취업 박람회에 참가 신청을 하고 싶습니다.

B 请在我们的网页上提交申请。
Qǐng zài wǒmen de wǎngyè shàng tíjiāo shēnqǐng.
저희 홈페이지에 신청서를 제출해 주세요.

박람회에 부스가 있나요?

博览会上有展位吗?
Bólǎnhuì shàng yǒu zhǎnwèi ma?

博览会上有位子吗?
Bólǎnhuì shàng yǒu wèizi ma?

이번 박람회에 부스를 하나 예약하고 싶습니다.

我想在这次博览会上预定一个展位。
Wǒ xiǎng zài zhè cì bólǎnhuì shàng yùdìng yí ge zhǎnwèi.

부스 위치는 임의로 정할 수 있나요?

展位的位置可以任意决定吗?
Zhǎnwèi de wèizhi kěyǐ rènyì juédìng ma?

실전회화

A 展位的位置可以任意决定吗?
Zhǎnwèi de wèizhi kěyǐ rènyì juédìng ma?
부스 위치는 임의로 정할 수 있나요?

B 您只能选择展位所在区域，具体位置要抽签决定。
Nín zhǐ néng xuǎnzé zhǎnwèi suǒzài qūyù, jùtǐ wèizhi yào chōuqiān juédìng.
부스의 구역만 선택하실 수 있고, 세부 위치는 추첨으로 결정됩니다.

*抽签 chōuqiān 추첨하다, 제비를 뽑다

현지 정보 문의

요즘 베이징 날씨는 어떤가요?

最近北京的天气怎么样?
Zuìjìn Běijīng de tiānqì zěnmeyàng?

요 며칠 그곳 날씨는 어떤가요?

这几天那里的天气怎么样?
Zhè jǐ tiān nàlǐ de tiānqì zěnmeyàng?

날씨가 엄청 덥습니다.

天气炎热。
Tiānqì yánrè.

天气非常热。
Tiānqì fēicháng rè.

날씨가 너무 춥습니다.

天气寒冷。
Tiānqì hánlěng.

天气特别冷。
Tiānqì tèbié lěng.

일교차가 큽니다.

早晚温差很大。
Zǎowǎn wēnchà hěn dà.

실전회화

A 最近那里的天气怎么样?
Zuìjìn nàlǐ de tiānqì zěnmeyàng?
요즘 그곳 날씨는 어떤가요?

B 现在北京早晚温差很大。早上有点儿凉，最好带上外套。
Xiànzài Běijīng zǎowǎn wēnchà hěn dà. Zǎoshang yǒudiǎnr liáng, zuìhǎo dàishàng wàitào.
지금 베이징은 일교차가 큽니다. 아침에는 조금 쌀쌀하니, 걸칠 옷을 가져오시는 게 좋아요.

요즘은 장마철이라 비가 자주 내리니, 우산을 꼭 휴대하세요.

最近是梅雨季节，经常下雨，所以一定要带雨伞。
Zuìjìn shì méiyǔ jìjié, jīngcháng xiàyǔ, suǒyǐ yídìng yào dài yǔsǎn.

베이징에서 인기가 좋은 관광지는 어디인가요?

北京哪些旅游景点很受欢迎?
Běijīng nǎxiē lǚyóu jǐngdiǎn hěn shòu huānyíng?

베이징 어디를 가 보라고 추천하시겠어요?

您推荐我去北京的哪些地方?
Nín tuījiàn wǒ qù Běijīng de nǎxiē dìfang?

베이징 어디가 가 볼 만한가요?

北京哪些地方值得去?
Běijīng nǎxiē dìfang zhíde qù?

A 这次我陪老板去出差，北京哪些地方值得去?
Zhè cì wǒ péi lǎobǎn qù chūchāi, Běijīng nǎxiē dìfang zhíde qù?
이번에 사장님을 모시고 출장을 가는데, 베이징 어디가 가 볼 만한가요?

B 去龙庆峡和颐和园看看吧，可以避暑，还有很多值得观赏的。
Qù Lóngqìngxiá hé Yíhéyuán kànkan ba, kěyǐ bìshǔ, hái yǒu hěn duō zhíde guānshǎng de.
룽칭샤와 이허위안에 한번 가 보세요. 더위도 피할 수 있고, 볼거리도 많습니다.

* **龙庆峡** Lóngqìngxiá 룽칭샤[용경협, 베이징 외곽에 있는 협곡으로 여름 휴양지로 유명함]

베이징에서 여유 시간에는 뭘 하면 좋을까요?

在北京，空闲的时间能做些什么呢?

Zài Běijīng, kòngxián de shíjiān néng zuò xiē shénme ne?

광저우에서 볼 만한 곳을 추천해 주시겠어요?

能推荐几个广州值得参观的地方吗?

Néng tuījiàn jǐ ge Guǎngzhōu zhíde cānguān de dìfang ma?

홍콩에서 인기 있는 관광 명소는 어디인가요?

香港的主要观光景点有哪些?

Xiānggǎng de zhǔyào guānguāng jǐngdiǎn yǒu nǎxiē?

香港最具人气的旅游景点有哪些?

Xiānggǎng zuì jù rénqì de lǚyóu jǐngdiǎn yǒu nǎxiē?

귀사와 가까운 호텔이 있나요?

那边有没有离公司比较近的饭店?

Nàbiān yǒu méiyǒu lí gōngsī bǐjiào jìn de fàndiàn?

중국은 이동 시간이 긴 편이니, 와이파이 에그를 준비하시는 게 좋습니다.

在中国，路上花费的时间比较长，最好带上Wi-Fi egg。

Zài Zhōngguó, lùshang huāfèi de shíjiān bǐjiào cháng, zuìhǎo dàishàng Wi-Fi egg.

Word tip 와이파이 에그의 중국어 명칭은 '**漫游蛋** mànyóudàn'입니다. 하지만, 중국인들도 보통 Wi-Fi egg라고 하니, 굳이 중국어 명칭으로 말하지 않아도 됩니다.

베이징은 교통 체증이 심하니, 운전하시는 것보다 대중교통이 편하실 겁니다.

北京的道路拥堵，所以坐公交车或地铁比开车方便。

Běijīng de dàolù yōngdǔ, suǒyǐ zuò gōngjiāochē huò dìtiě bǐ kāichē fāngbiàn.

사전 예약

09-2.mp3

항공권 예약

5월 20일, 베이징에서 광저우로 가는 항공권을 예약하려고 합니다.

我要预订5月20号从北京到广州的机票。

Wǒ yào yùdìng wǔ yuè èrshí hào cóng Běijīng dào Guǎngzhōu de jīpiào.

Biz tip 중국은 도시 간 이동을 할 때도 국내선 항공기를 이용하는 경우가 많습니다. 출국이나 귀국 등 국제선을 예매할 때는 한국의 티켓 예매 사이트나 항공사 사이트를 이용하면 되지만, 중국 내에서 편리한 이동을 위해 예약 관련 표현은 꼭 알아 두세요. 중국 예매 사이트를 이용하기 두렵다면, 여행사나 항공권 구매 대행사를 찾아가세요. 주변에서 쉽게 볼 수 있습니다.

5월 20일, 베이징에서 광저우로 가는 항공권으로 성인 1명 예약해 주세요.

我要预订一张成人票，5月20号，从北京到广州。

Wǒ yào yùdìng yì zhāng chéngrénpiào, wǔ yuè èrshí hào, cóng Běijīng dào Guǎngzhōu.

왕복 항공권입니까?

是往返机票吗?

Shì wǎngfǎn jīpiào ma?

편도 항공권입니다.

是单程机票。 *单程 dānchéng 편도

Shì dānchéng jīpiào.

8월 1일에 출발해서 9일에 돌아오는 표로 예약해 주세요.

我要预订往返机票，8月1号出发，9号返回。

Wǒ yào yùdìng wǎngfǎn jīpiào, bā yuè yī hào chūfā, jiǔ hào fǎnhuí.

我要预订8月1号出发，9号返回。

Wǒ yào yùdìng bā yuè yī hào chūfā, jiǔ hào fǎnhuí.

A 您什么时候出发?
Nín shénme shíhou chūfā?
언제 출발하십니까?

B 我要预定8月1号出发，9号返回。
Wǒ yào yùdìng bā yuè yī hào chūfā, jiǔ hào fǎnhuí.
8월 1일에 출발해서 9일에 돌아오는 표로 예약해 주세요.

먼저 홍콩에 들렀다가 다음 날 광저우로 떠나는 항공편으로 예약해 주세요.

我先去香港，第二天再去广州，请帮我准备一下机票。

Wǒ xiān qù Xiānggǎng, dì-èr tiān zài qù Guǎngzhōu, qǐng bāng wǒ zhǔnbèi yíxià jīpiào.

23일 홍콩행 마지막 항공편은 몇 시인가요?

23号到香港的最后一班飞机是几点的?

Èrshísān hào dào Xiānggǎng de zuìhòu yì bān fēijī shì jǐ diǎn de?

7일이기만 하면, 항공사는 어디든 상관없습니다.

不管是哪个航空公司的，只要是7号的就行。

Bùguǎn shì nǎge hángkōng gōngsī de, zhǐyào shì qī hào de jiù xíng.

그날이기만 하면, 시간은 언제든 상관없습니다.

只要是那天的就行，几点都没关系。

Zhǐyào shì nà tiān de jiù xíng, jǐ diǎn dōu méi guānxi.

실전회화

A 7号只有晚上的飞机，可以吗?
Qī hào zhǐyǒu wǎnshang de fēijī, kěyǐ ma?
7일에는 저녁 비행기뿐이네요. 괜찮으십니까?

B 可以，只要是那天的就行，几点都没关系。
Kěyǐ, zhǐyào shì nà tiān de jiù xíng, jǐ diǎn dōu méi guānxi.
네. 그날이기만 하면, 시간은 언제든 상관없어요.

이코노미석으로 주세요.

我要经济舱。

Wǒ yào jīngjìcāng.

Word tip 商务舱 shāngwùcāng 비즈니스석 | 头等舱 tóuděngcāng 퍼스트석

A 您要什么样的座位?
Nín yào shénmeyàng de zuòwèi?
어떤 좌석으로 하시겠습니까?

B 我要经济舱。
Wǒ yào jīngjìcāng.
이코노미석으로 주세요.

출구 쪽 좌석으로 예약 부탁드립니다.

请帮我预订靠出口的座位。

Qǐng bāng wǒ yùdìng kào chūkǒu de zuòwèi.

Word tip 靠窗的座位 kào chuāng de zuòwèi 창 쪽 좌석 | 靠过道的座位 kào guòdào de zuòwèi 통로 쪽 좌석 | 离洗手间近的座位 lí xǐshǒujiān jìn de zuòwèi 화장실과 가까운 좌석 | 最后一排的座位 zuìhòu yì pái de zuòwèi 맨 뒷좌석

A 您有喜欢的座位吗?
Nín yǒu xǐhuan de zuòwèi ma?
원하는 좌석이 있으십니까?

B 请帮我预订靠出口的座位。
Qǐng bāng wǒ yùdìng kào chūkǒu de zuòwèi.
출구 쪽 좌석으로 예약 부탁드립니다.

홍콩까지는 가격이 얼마인가요?

到香港的票价是多少?

Dào Xiānggǎng de piàojià shì duōshao?

날짜에 따라 다릅니다.

根据日期的不同，都不一样。

Gēnjù rìqī de bù tóng, dōu bù yíyàng.

말씀하신 날짜는 730위안입니다.

那天的票价是730元。

Nà tiān de piàojià shì qībǎi sānshí yuán.

국내선[국제선] 이용 시, 수하물 규격은 어떻게 되나요?

国内线[国际线]行李重量的标准是多少?

Guónèixiàn[Guójìxiàn] xíngli zhòngliàng de biāozhǔn shì duōshao?

기내식은 채식으로 부탁합니다.

机内餐请提供素食。

Jīnèicān qǐng tígòng sùshí.

*机内餐 jīnèicān 기내식

실전회화

A 机内餐请提供素食餐。
Jīnèicān qǐng tígòng sùshí.
기내식은 채식으로 부탁합니다.

B 好的，预订内容中，我们会把这一条添加进去。
Hǎo de, yùdìng nèiróng zhōng, wǒmen huì bǎ zhè yì tiáo tiānjiā jìnqù.
네, 예약 사항에 이 내용을 추가해 놓겠습니다.

항공권 대기

대기 예약 하시겠습니까?

您要候补吗?

Nín yào hòubǔ ma?

*候补 hòubǔ 후보

대기자 명단에 올려 주시겠어요?

可以把我加到候补名单中吗?

Kěyǐ bǎ wǒ jiādào hòubǔ míngdān zhōng ma?

대기표 예약해 주세요.

请帮我预订候补票。

Qǐng bāng wǒ yùdìng hòubǔpiào.

만일을 대비해, 다음 항공편 대기자 명단에 제 이름을 올려 주시겠어요?

为了以防万一，可以把我加到下一航班的候补名单中吗?

Wèile yǐfángwànyī, kěyǐ bǎ wǒ jiādào xià yì hángbān de hòubǔ míngdān zhōng ma?

제 대기 순번이 어떻게 되는지 알려 주시겠어요?
能告诉我现在排在候补中的第几位吗?
Néng gàosu wǒ xiànzài pái zài hòubǔ zhōng de dì jǐ wèi ma?

성함에 어떤 한자를 쓰십니까?
您的名字是哪几个字?
Nín de míngzi shì nǎ jǐ ge zì?

기차표 구매

기차 시간표는 어디서 구할 수 있나요?
去哪儿能拿到火车时刻表。 *时刻表 shíkèbiǎo 시간표
Qù nǎr néng nádào huǒchē shíkèbiǎo.

기차표는 어디서 사나요?
在哪儿买火车票?
Zài nǎr mǎi huǒchēpiào?
售票口在哪儿? *售票口 shòupiàokǒu 표 사는 곳
Shòupiàokǒu zài nǎr?

텐진까지 가는 가장 빠른 기차(고속 열차)로 두 장 주세요.
两张去天津的，动车。
Liǎng zhāng qù Tiānjīn de, dòngchē.
到天津，两张，动车。
Dào Tiānjīn, liǎng zhāng, dòngchē.
两张到天津的动车票。
Liǎng zhāng dào Tiānjīn de dòngchēpiào.

Biz tip 중국은 면적이 워낙 넓기 때문에 장거리 이동은 기차를 많이 이용하는 편입니다. 비행기보다 가격이 저렴하고 한국의 KTX처럼 초고속 열차가 자주 운행되므로, 예전에 비해 시간을 단축하면서 편안하게 이동할 수 있기 때문입니다. 아래의 기차 종류를 참고하여 본인에게 적합한 비즈니스 여행길을 선택해 보세요.

고속 열차	高速动车 gāosù dòngchē	가장 빠른 열차는 高速动车(G열차)로, 시속 300km 정도이다. 흔히 高铁라고 부르는 열차가 바로 이 高速动车이다.
	城际动车 chéngjì dòngchē	편명은 C로 쓰며, 대도시를 잇는 고속 열차이다. 대표적인 노선은 '베이징–텐진'이다.
	普通动车 pǔtōng dòngchē	편명은 D로 쓰며, 시속 200km 정도의 고속 열차이다.
일반 열차	直达特快列车 zhídá tèkuài lièchē	기차 속도는 直达特快列车(Z열차)〉特快列车(T열차)〉快速列车(K열차) 순이다. 침대칸과 좌석칸으로 나뉘고, 좌석의 편안한 정도에 따라 침대칸과 좌석칸이 또 다시 나뉜다. 고속 열차보다 시설은 노후하였지만, 야간 운행이 많아 침대칸을 이용하면 숙박 비용과 이동 시간을 줄일 수 있는 장점이 있다.
	特快列车 tèkuài lièchē	
	快速列车 kuàisù lièchē	

텐진행 열차 가장 이른 시간으로 한 장 주세요.

一张去天津的，要最早出发的。
Yì zhāng qù Tiānjīn de, yào zuì zǎo chūfā de.

买一张去天津的，最早出发的一趟。
Mǎi yì zhāng qù Tiānjīn de, zuì zǎo chūfā de yí tàng.

텐진행 다음 기차는 몇 시에 있나요?

去天津的下一趟火车是几点的?
Qù Tiānjīn de xià yí tàng huǒchē shì jǐ diǎn de?

3일에 베이징에서 상하이로 가는 기차표 있나요?

有3号从北京到上海的火车票吗?
Yǒu sān hào cóng Běijīng dào Shànghǎi de huǒchēpiào ma?

3일 베이징에서 상하이, 5일 상하이에서 베이징으로 오는 기차표 좀 확인해 주세요.

火车票是3号从北京到上海，5号从上海到北京的，请确认一下。
Huǒchēpiào shì sān hào cóng Běijīng dào Shànghǎi, wǔ hào cóng Shànghǎi dào Běijīng de, qǐng quèrèn yíxià.

일반 침대칸으로 주세요.

我要硬卧。
Wǒ yào yìngwò.

일반 침대칸은 3층밖에 없는데, 괜찮으십니까?

硬卧只有上铺，可以吗?
Yìngwò zhǐyǒu shàngpù, kěyǐ ma?

일반 침대칸에는 자리가 없고, 우등 침대칸과 일반 좌석만 있습니다.

没有硬卧了，只有软卧和硬座。
Méiyǒu yìngwò le, zhǐyǒu ruǎnwò hé yìngzuò.

우등 침대칸과 일반 좌석 요금은 각각 얼마인가요?

软卧多少钱? 硬座呢?
Ruǎnwò duōshao qián? Yìngzuò ne?

몇 시로 드릴까요?

您要几点的?
Nín yào jǐ diǎn de?

12시 이후 표로 확인 부탁드려요.

请帮我看看有没有12点以后的。
Qǐng bāng wǒ kànkan yǒu méiyǒu shí'èr diǎn yǐhòu de.

상하이행 기차 맞나요?

这是去上海的吗?
Zhè shì qù Shànghǎi de ma?

这是开往上海的火车吗?
Zhè shì kāiwǎng Shànghǎi de huǒchē ma?

*开往 kāiwǎng ~을 향하여 출발하다

이 기차에 식당칸이 있나요?

这趟火车上有餐车吗?
Zhè tàng huǒchē shàng yǒu cānchē ma?

기차 안에서는 금연인가요?

火车禁烟吗?
Huǒchē jìnyān ma?

숙박 및 기타 예약

1일부터 7일까지 6박 7일간 방을 하나 예약하려고요.

我想预订一个房间，从1号到7号，七天六夜。
Wǒ xiǎng yùdìng yí ge fángjiān, cóng yī hào dào qī hào, qī tiān liù yè.

실전회화

A 这里是北京希尔顿饭店，有什么需要帮忙的?
Zhèlǐ shì Běijīng Xī'ěrdùn Fàndiàn, yǒu shénme xūyào bāngmáng de?
베이징 힐튼 호텔입니다. 무엇을 도와드릴까요?

B 您好， 我想预订一个房间，从1号到7号，七天六夜。
Nín hǎo, wǒ xiǎng yùdìng yí ge fángjiān, cóng yī hào dào qī hào, qī tiān liù yè.
안녕하세요. 1일부터 7일까지 6박 7일간 방을 하나 예약하려고요.

A 好的，没有其他要求吗?
Hǎo de, méiyǒu qítā yāoqiú ma?
알겠습니다. 더 필요하신 건 없으십니까?

전망 좋은 방으로 예약해 주세요.

请帮我预订一个风景好的房间。
Qǐng bāng wǒ yùdìng yí ge fēngjǐng hǎo de fángjiān.

트윈룸으로 주세요.

我要有两个单人床的房间。
Wǒ yào yǒu liǎng ge dānrén chuáng de fángjiān.

1박에 얼마인가요?

房费一天是多少?
Fángfèi yì tiān shì duōshao?

부가세와 봉사료가 포함된 금액인가요?

这里包含附加税和服务费吗?
Zhèlǐ bāohán fùjiāshuì hé fúwùfèi ma?

*附加税 fùjiāshuì 부가세

좀 저렴한 방은 없나요?

没有价位低一点儿的房间吗? *价位 jiàwèi 가격대

Méiyǒu jiàwèi dī yìdiǎnr de fángjiān ma?

두 시간 늦게 체크아웃해도 되나요?

能晚两个小时退房吗?

Néng wǎn liǎng ge xiǎoshí tuìfáng ma?

체크아웃을 연장하면 추가 비용이 얼마인가요?

如果延长退房时间的话，要加收多少房费呢?

Rúguǒ yáncháng tuìfáng shíjiān dehuà, yào jiā shōu duōshao fángfèi ne?

실전회화

A **如果延长退房时间的话，要加收多少房费呢?**
Rúguǒ yáncháng tuìfáng shíjiān dehuà, yào jiā shōu duōshao fángfèi ne?
체크아웃을 연장하면 추가 비용이 얼마인가요?

B **一个小时加收100元的房费。**
Yí ge xiǎoshí jiā shōu yìbǎi yuán de fāngfèi.
시간당 100위안이 추가됩니다.

공항에서 호텔까지 셔틀버스를 탈 수 있나요?

从机场到酒店能坐酒店班车吗?

Cóng jīchǎng dào jiǔdiàn néng zuò jiǔdiàn bānchē ma?

실전회화

A **从机场到酒店能坐酒店班车吗?**
Cóng jīchǎng dào jiǔdiàn néng zuò jiǔdiàn bānchē ma?
공항에서 호텔까지 셔틀버스를 탈 수 있나요?

B **当然可以。8号出口前面，酒店的班车十五分钟一趟。**
Dāngrán kěyǐ. Bā hào chūkǒu qiánmiàn, jiǔdiàn de bānchē shíwǔ fēnzhōng yí tàng.
물론이죠. 호텔 셔틀버스가 8번 게이트 앞에서 15분 간격으로 섭니다.

렌터카를 예약하려고요.

我要预约租车。

Wǒ yào yùyuē zū chē.

경차나 소형차로 예약하려고요.

我想预约一辆微型车或者小型车。 *微型车 wēixíngchē 경차

Wǒ xiǎng yùyuē yí liàng wēixíngchē huòzhě xiǎoxíngchē.

차를 하루 렌트하는 데 얼마인가요?

租车一天的租金是多少钱?

Zū chē yì tiān de zūjīn shì duōshao qián?

공항 및 기내

탑승 수속

중국 항공 체크인 카운터는 어디인가요?

中国航空在哪儿办登机手续?

Zhōngguó Hángkōng zài nǎr bàn dēngjī shǒuxù?

탑승 수속하려고요.

我要办理登机手续。

Wǒ yào bànlǐ dēngjī shǒuxù.

서울행 항공편 탑승 수속하려고요.

我要办理登机手续，去首尔。

Wǒ yào bànlǐ dēngjī shǒuxù, qù Shǒu'ěr.

실전회화

A 我要办理登机手续，去首尔。
Wǒ yào bànlǐ dēngjī shǒuxù, qù Shǒu'ěr.
서울행 항공편 탑승 수속하려고요.

B 给我您的护照。
Gěi wǒ nín de hùzhào.
여권을 주십시오.

서울행 아시아나 항공 1132편에 탑승하십시오.

您乘坐的是韩亚1132次航班，本次航班开往首尔。

Nín chéngzuò de shì Hányà yāo yāo sān èr cì hángbān, běn cì hángbān kāiwǎng Shǒu'ěr.

수하물이 두 개 있습니다.

我有两个行李。

Wǒ yǒu liǎng ge xíngli.

A 您有要托运的行李吗?
Nín yǒu yào tuōyùn de xíngli ma?
부치실 짐이 있으십니까?

B 我有两个行李。
Wǒ yǒu liǎng ge xíngli.
수하물이 두 개 있습니다.

기내로 가져갈 수 있는 휴대 수하물 규격은 어떻게 되나요?

随身行李重量有什么规定?

Suíshēn xíngli zhòngliàng yǒu shénme guīdìng?

이 짐을 기내에 가져갈 수 있나요?

这个行李可以随身携带吗?
Zhège xíngli kěyǐ suíshēn xiédài ma?

실전회화

A 就这些行李吗?
Jiù zhèxiē xíngli ma?
짐은 이게 전부입니까?

B 除了这个以外，这个行李可以随身携带吗?
Chúle zhège yǐwài, zhège xíngli kěyǐ suíshēn xiédài ma?
이것 외에, 이 짐을 기내에 가져갈 수 있나요?

통로 쪽 자리로 바꿀 수 있나요?

能给我换成靠过道的座位吗?
Néng gěi wǒ huànchéng kào guòdào de zuòwèi ma?

실전회화

A 能给我换成靠过道的座位吗?
Néng gěi wǒ huànchéng kào guòdào de zuòwèi ma?
통로 쪽 자리로 바꿀 수 있나요?

B 很抱歉，没有靠过道的座位了。
Hěn bàoqiàn, méiyǒu kào guòdào de zuòwèi le.
죄송합니다만, 통로 쪽 자리는 꽉 찼습니다.

항공편 좌석을 업그레이드할 수 있나요?

此次航班可以升舱吗?
Cǐ cì hángbān kěyǐ shēng cāng ma?

*升舱 shēng cāng 좌석을 업그레이드하다

비즈니스석으로 변경해 주시겠어요?

可以换成商务舱吗?
Kěyǐ huànchéng shāngwùcāng ma?

탑승 게이트는 어디인가요?

登机口在哪儿?
Dēngjīkǒu zài nǎr?

출국 심사는 어디서 받나요?

在哪儿接受出境检查?
Zài nǎr jiēshòu chūjìng jiǎnchá?

항공기 지연

서울발 항공기가 지연되고 있습니다.

从首尔出发的飞机现在出现延误。
Cóng Shǒu'ěr chūfā de fēijī xiànzài chūxiàn yánwù.

중국 항공 1137편의 현재 상황은 어떤가요?

中国航空1137次航班现在的情况如何?

Zhōngguó Hángkōng yāo yāo sān qī cì hángbān xiànzài de qíngkuàng rúhé?

실전회화

A 中国航空1137次航班现在的情况如何?
Zhōngguó Hángkōng yāo yāo sān qī cì hángbān xiànzài de qíngkuàng rúhé?
중국 항공 1137편의 현재 상황은 어떤가요?

B 维修人员的维修工作就快结束了，已经收到了45分钟后起飞的指示。
Wéixiū rényuán de wéixiū gōngzuò jiù kuài jiéshù le, yǐjīng shōudàole sìshíwǔ fēnzhōng hòu qǐfēi de zhǐshì.
정비사들의 수리 작업이 거의 마무리 되어서, 45분 후에 이륙할 수 있다고 전달받았습니다.

A 我知道了，谢谢。
Wǒ zhīdào le, xièxie.
알겠어요, 고맙습니다.

한 시간 안으로 이륙할 수 있나요?

一个小时内能起飞吗?

Yí ge xiǎoshí nèi néng qǐfēi ma?

실전회화

A 开往首尔的飞机一个小时内能起飞吗?
Kāiwǎng Shǒu'ěr de fēijī yí ge xiǎoshí nèi néng qǐfēi ma?
서울행 항공기는 한 시간 안으로 이륙할 수 있나요?

B 很抱歉，还需要再等待几个小时飞机才能起飞。
Hěn bàoqiàn, hái xūyào zài děngdài jǐ ge xiǎoshí fēijī cái néng qǐfēi.
죄송합니다만, 이륙까지는 몇 시간 더 기다리셔야 합니다.

탑승은 몇 시에 하나요?

登机时间是几点?

Dēngjī shíjiān shì jǐ diǎn?

실전회화

A 登机时间是几点?
Dēngjī shíjiān shì jǐ diǎn?
탑승은 몇 시에 하나요?

B 一个小时后。
Yí ge xiǎoshí hòu.
한 시간 후입니다.

항공기 운항 정보를 알려 드립니다.

现向您介绍飞机运行信息。

Xiàn xiàng nín jièshào fēijī yùnxíng xìnxī.

항공기 도착 시간이 변경되었습니다.

飞机的到达时间改变了。

Fēijī de dàodá shíjiān gǎibiàn le.

항공기가 8시에 베이징 서우두 공항에 도착할 예정입니다.

预计飞机将于8点到达北京首都机场。

Yùjì fēijī jiāng yú bā diǎn dàodá Běijīng Shǒudū Jīchǎng.

A 飞机到达时间改变了，预计将于8点到达北京首都机场。
Fēijī dàodá shíjiān gǎibiàn le, yùjì jiāng yú bā diǎn dàodá Běijīng Shǒudū Jīchǎng.
항공기 도착 시간이 바뀌어서, 8시에 베이징 서우두 공항에 도착할 예정이에요.

B 您坐哪个航班?
Nín zuò nǎge hángbān?
편명이 어떻게 되나요?

A 大韩航空704次航班。
Dàhán Hángkōng qī líng sì cì hángbān.
대한 항공 704편이에요.

B 到时我去机场接您。
Dào shí wǒ qù jīchǎng jiē nín.
그때 공항으로 마중 나가겠습니다.

기내 회화

제 자리는 어딘가요?

我的座位在哪儿?

Wǒ de zuòwèi zài nǎr?

A 我的座位在哪儿?
Wǒ de zuòwèi zài nǎr?
제 자리는 어딘가요?

B 我帮您看一下。这边请，一直走，右侧。
Wǒ bāng nín kàn yíxià. Zhèbiān qǐng, yìzhí zǒu, yòucè.
제가 봐 드리겠습니다. 이쪽으로 오십시오. 쭉 가셔서 오른쪽입니다.

죄송한데요, 자리를 좀 바꿀 수 있을까요? [승무원에게]

对不起，能帮我换个座位吗?

Duìbuqǐ, néng bāng wǒ huàn ge zuòwèi ma?

A 有什么需要帮忙的吗?
Yǒu shénme xūyào bāngmáng de ma?
도움이 필요하십니까?

B 对不起，能帮我换个座位吗? 后面有空座吗?
Duìbuqǐ, néng bāng wǒ huàn ge zuòwèi ma? Hòumiàn yǒu kòng zuò ma?
죄송한데요, 자리를 좀 바꿀 수 있을까요? 뒤에 빈자리가 있나요?

A 我确认一下。
Wǒ quèrèn yíxià.
확인해 보겠습니다.

죄송합니다만, 저와 자리 좀 바꿔 주시겠어요? [다른 승객에게]

很抱歉，麻烦您跟我换一下座位可以吗?
Hěn bàoqiàn, máfan nín gēn wǒ huàn yíxià zuòwèi kěyǐ ma?

일행과 함께 앉고 싶어서요.

我们想坐在一起。
Wǒmen xiǎng zuò zài yìqǐ.

죄송합니다. 일행과 함께 앉고 싶은데, 저와 자리 좀 바꿔 주시겠어요? [다른 승객에게]

非常抱歉，我们想坐在一起，您能不能跟我换一下座位?
Fēicháng bàoqiàn, wǒmen xiǎng zuò zài yìqǐ, nín néng bu néng gēn wǒ huàn yíxià zuòwèi?

실전회화

A **非常抱歉，我们想坐在一起，您能不能跟我换一下座位?**
Fēicháng bàoqiàn, wǒmen xiǎng zuò zài yìqǐ, nín néng bu néng gēn wǒ huàn yíxià zuòwèi?
죄송합니다. 일행과 함께 앉고 싶은데, 저와 자리 좀 바꿔 주시겠어요?

B **好的。**
Hǎo de.
그래요.

A **太谢谢您了。**
Tài xièxie nín le.
정말 고맙습니다.

죄송한데요, 여기 제 자리예요.

对不起，这是我的座位。
Duìbuqǐ, zhè shì wǒ de zuòwèi.

죄송한데요, 좌석을 다시 확인해 보시겠어요?

对不起，您再确认一下您的座位。
Duìbuqǐ, nín zài quèrèn yíxià nín de zuòwèi.

실전회화

A **对不起，这是我的座位。**
Duìbuqǐ, zhè shì wǒ de zuòwèi.
죄송한데요, 여기 제 자리예요.

B **这是我的座位啊，您再确认一下您的座位。**
Zhè shì wǒ de zuòwèi a, nín zài quèrèn yíxià nín de zuòwèi.
여기는 제 자리인데요, 좌석을 다시 확인해 보시겠어요?

트렁크를 좀 올려 주시겠어요?

能帮我把行李放上去吗?
Néng bāng wǒ bǎ xíngli fàng shàngqù ma?

能帮我放一下行李吗?
Néng bāng wǒ fàng yíxià xíngli ma?

마실 것 좀 주시겠어요?

能给我一杯喝的吗?
Néng gěi wǒ yì bēi hē de ma?

물 한 잔 주세요.

请给我一杯水。
Qǐng gěi wǒ yì bēi shuǐ.

맥주 한 캔 주세요.

我要一听啤酒。
Wǒ yào yì tīng píjiǔ.

어떤 맥주로 하시겠습니까?

您要哪种啤酒?
Nín yào nǎ zhǒng píjiǔ?

베이징 맥주로 주세요.

请给我北京啤酒。
Qǐng gěi wǒ Běijīng Píjiǔ.

Word tip **青岛啤酒** Qīngdǎo Píjiǔ 칭다오 맥주 | **哈尔滨啤酒** Hā'ěrbīn Píjiǔ 하얼빈 맥주 | **燕京啤酒** Yānjīng Píjiǔ 옌징 맥주

국수로 주세요.

我要面条。
Wǒ yào miàntiáo.

실전회화

A 有盖饭和面条两种，您要哪种?
Yǒu gàifàn hé miàntiáo liǎng zhǒng, nín yào nǎ zhǒng?
덮밥과 국수 두 종류인데, 어느 것으로 하시겠습니까?

B 我要面条。
Wǒ yào miàntiáo.
국수로 주세요.

좌석 등받이를 똑바로 세워 주십시오.

请将座椅靠背拉直。
Qǐng jiāng zuòyǐ kàobèi lāzhí.

*靠背 kàobèi (의자) 등받이

실전회화

A 对不起，机内餐马上就到，请将座椅靠背拉直好吗?
Duìbuqǐ, jīnèicān mǎshàng jiù dào, qǐng jiāng zuòyǐ kàobèi lāzhí hǎo ma?
죄송합니다만, 곧 식사가 나오니 좌석 등받이를 똑바로 세워 주시겠습니까?

B 好的。
Hǎo de.
그럴게요.

이어폰 좀 새로 주시겠어요? 이건 작동이 안 되네요.

能再给我一个耳机吗？这个不行。

Néng zài gěi wǒ yí ge ěrjī ma? Zhège bùxíng.

Word tip 毛毯 máotǎn 담요 | 拖鞋 tuōxié 슬리퍼 | 海关申报表 hǎiguān shēnbàobiǎo 세관 신고서 | 入境卡 rùjìngkǎ 입국 신고서 | 免税商品目录 miǎnshuì shāngpǐn mùlù 면세품 리스트

실전회화

A 您需要点儿什么？
Nín xūyào diǎnr shénme?
무엇이 필요하십니까?

B 能再给我一个耳机吗？这个不行。
Néng zài gěi wǒ yí ge ěrjī ma? Zhège bùxíng.
이어폰 좀 새로 주시겠어요? 이건 작동이 안 되네요.

A 好的，请稍等。
Hǎo de, qǐng shāo děng.
알겠습니다. 잠시만 기다려 주십시오.

좀 추워서요, 담요 한 장 더 가져다주시겠어요?

有点儿冷，能再给我一个毛毯吗？

Yǒudiǎnr lěng, néng zài gěi wǒ yí ge máotǎn ma?

머리가 좀 아파서요, 두통약 있나요?

我有些头疼，有没有头痛药？

Wǒ yǒuxiē tóuténg, yǒu méiyǒu tóutòngyào?

좌석 벨트를 매 주십시오.

请系好安全带。

Qǐng jìhǎo ānquándài.

휴대 전화를 꺼 주십시오.

请关闭手机。

Qǐng guānbì shǒujī.

전자 기기의 전원을 꺼 주십시오.

请关掉电子产品的电源。

Qǐng guāndiào diànzǐ chǎnpǐn de diànyuán.

노트북은 바닥에 내려놓아 주십시오.

请把手提电脑放在地上。

Qǐng bǎ shǒutí diànnǎo fàng zài dìshang.

지금부터는 화장실 사용을 삼가 주십시오.

从现在开始洗手间停止使用。

Cóng xiànzài kāishǐ xǐshǒujiān tíngzhǐ shǐyòng.

잊으신 물건이 없는지 다시 한번 확인해 주십시오.

请再次确认自己的物品是否都拿好了。

Qǐng zàicì quèrèn zìjǐ de wùpǐn shìfǒu dōu náhǎo le.

목적지 공항 도착

막 베이징 공항에 도착했습니다.

我刚到北京机场。

Wǒ gāng dào Běijīng Jīchǎng.

A 您好，小张，到了吗?
Nín hǎo, Xiǎo Zhāng, dào le ma?
안녕하세요, 샤오장. 도착하셨나요?

B 我刚到北京机场。我取了租车后，再打电话向您问路。
Wǒ gāng dào Běijīng Jīchǎng. Wǒ qǔle zūchē hòu, zài dǎ diànhuà xiàng nín wènlù.
막 베이징 공항에 도착했습니다. 렌터카를 찾은 다음, 전화해서 길 물어볼게요.

A 好的，我等您的电话。
Hǎo de, wǒ děng nín de diànhuà.
네. 그럼 전화 기다리겠습니다.

수하물 찾는 곳은 어디인가요?

在哪儿提取行李?

Zài nǎr tíqǔ xíngli?

수하물이 아직 안 나왔습니다.

我的行李还没出来。

Wǒ de xíngli hái méi chūlái.

수하물이 하나 없어졌습니다.

我少了一件行李。

Wǒ shǎole yí jiàn xíngli.

A 我少了一件行李。
Wǒ shǎole yí jiàn xíngli.
수하물이 하나 없어졌어요.

B 什么样的箱子?
Shénmeyàng de xiāngzi?
어떻게 생긴 가방입니까?

A 24英寸的黑色旅行箱。
Èrshísì yīngcùn de hēisè lǚxíngxiāng.
24인치 검은색 여행 가방이에요.

분실 수하물은 어디에 신고해야 하나요?

去哪儿申报丢失行李?

Qù nǎr shēnbào diūshī xíngli?

*申报 shēnbào 신고하다

수하물표를 가지고 계십니까?

您有行李标签吗?
Nín yǒu xíngli biāoqiān ma?

공항 안에 환전소가 있나요?

机场里有外汇兑换处吗?
Jīchǎng li yǒu wàihuì duìhuànchù ma?

환전은 어디서 하나요?

在哪儿能换钱?
Zài nǎr néng huànqián?

실전회화

A 在哪儿能换钱?
Zài nǎr néng huànqián?
환전은 어디서 하나요?

B 从这条通道一直走，左边第一个窗口就是外汇兑换处。
Cóng zhè tiáo tōngdào yìzhí zǒu, zuǒbiān dì-yī ge chuāngkǒu jiù shì wàihuì duìhuànchù.
이 통로로 쭉 가시다가 왼쪽 첫 번째 창구가 환전소입니다.

A 谢谢。
Xièxie.
고맙습니다.

달러를 위안화로 환전해 주세요.

我要把美金换成人民币。
Wǒ yào bǎ měijīn huànchéng rénmínbì.

100위안은 잔돈으로 주세요.

100元请给我零钱。
Yìbǎi yuán qǐng gěi wǒ língqián.

환율이 얼마인가요?

汇率是多少?
Huìlǜ shì duōshao?

계산이 잘못된 듯합니다.

好像算得不对。
Hǎoxiàng suàn de búduì.

영수증 주세요.

请给我发票。
Qǐng gěi wǒ fāpiào.

입국 및 세관

여권과 입국 신고서를 보여 주십시오.

给我看一下您的护照和入境卡。
Gěi wǒ kàn yíxià nín de hùzhào hé rùjìngkǎ.

베이징에는 얼마 동안 머무르실 예정입니까?

您要在北京呆多长时间?
Nín yào zài Běijīng dāi duō cháng shíjiān?

您要在北京滞留多长时间?
Nín yào zài Běijīng zhìliú duō cháng shíjiān?

*滞留 zhìliú ~에 머무르다

2주 동안 머무를 예정입니다.

我要呆两个星期。
Wǒ yào dāi liǎng ge xīngqī.

我打算呆两个星期。
Wǒ dǎsuan dāi liǎng ge xīngqī.

两个星期。
Liǎng ge xīngqī.

업무차 2주 동안 머무를 예정입니다.

因为公务，要呆两个星期。
Yīnwèi gōngwù, yào dāi liǎng ge xīngqī.

메리어트 호텔에서 7일간 묵을 예정입니다.

我打算在万豪酒店住7天。
Wǒ dǎsuan zài Wànháo Jiǔdiàn zhù qī tiān.

*万豪酒店 Wànháo Jiǔdiàn 메리어트 호텔

방문하신 목적이 무엇입니까?

您的来访目的是什么?
Nín de láifǎng mùdì shì shénme?

*来访 láifǎng 방문하다

출장 왔습니다.

我来出差。
Wǒ lái chūchāi.

비즈니스 때문에 왔습니다.

我是来谈业务的。
Wǒ shì lái tán yèwù de.

세미나 참석 때문에 왔습니다.

我是来参加研讨会的。
Wǒ shì lái cānjiā yántǎohuì de.

신고할 물품이 있으십니까?

有没有要申报的物品?

Yǒu méiyǒu yào shēnbào de wùpǐn?

신고할 물품이 있습니다.

我有要申报的物品。

Wǒ yǒu yào shēnbào de wùpǐn.

목적지 가기

택시는 어디서 타나요?

在哪儿坐出租车?

Zài nǎr zuò chūzūchē?

在哪儿打车?

Zài nǎr dǎchē?

出租汽车站在哪儿?

Chūzūqìchēzhàn zài nǎr?

실전회화

A 请问，在哪儿坐出租车?

Qǐngwèn, zài nǎr zuò chūzūchē?

말씀 좀 여쭐게요. 택시는 어디서 타나요?

B 从8号出口出去就是出租汽车站。

Cóng bā hào chūkǒu chūqù jiù shì chūzūqìchēzhàn.

8번 게이트로 나가면, 바로 택시 승강장이 있습니다.

A 谢谢。

Xièxie.

고맙습니다.

공항버스를 타려면 어디로 가야 하나요?

要做机场大巴，得往哪边走?

Yào zuò jīchǎng dàbā, děi wǎng nǎbiān zǒu?

在哪儿坐机场大巴?

Zài nǎr zuò jīchǎng dàbā?

机场大巴车站在哪儿?

Jīchǎng dàbā chēzhàn zài nǎr?

공항버스 표는 어디서 사나요?

在哪儿买机场大巴票?

Zài nǎr mǎi jīchǎng dàbā piào?

机场大巴售票处在哪儿?

Jīchǎng dàbā shòupiàochù zài nǎr?

왕푸징까지 요금이 얼마인가요?

到王府井多少钱?

Dào Wángfǔjǐng duōshao qián?

왕푸징에 가는 공항버스 배차 간격이 어떻게 되나요?

去王府井的机场大巴的发车间隔是多长时间?
Qù Wángfǔjǐng de jīchǎng dàbā de fāchē jiān gé shì duō cháng shíjiān?

왕푸징행, 성인 두 장 주세요.

两张去王府井的成人票。
Liǎng zhāng qù Wángfǔjǐng de chéngrénpiào.

차표를 잘못 샀는데, 시간을 바꿀 수 있나요?

我买错了车票，能改一下时间吗?
Wǒ mǎicuòle chēpiào, néng gǎi yíxià shíjiān ma?

공항 안에 관광 정보 센터가 있나요?

机场内有旅游信息中心吗?
Jīchǎng nèi yǒu lǚyóu xìnxī zhōngxīn ma?

마중과 배웅

공항에 마중 나와 주실 수 있나요?

您能来机场接我吗?
Nín néng lái jīchǎng jiē wǒ ma?

항공기가 지연되어서 공항에 너무 늦게 도착했네요. 공항버스가 끊겼는데, 마중 나와 주실 수 있나요?

因为飞机延误，到达机场的时间太晚，机场大巴都停运了。您能来接我吗?
Yīnwèi fēijī yánwù, dàodá jīchǎng de shíjiān tài wǎn, jīchǎng dàbā dōu tíngyùn le. Nín néng lái jiē wǒ ma?

A 因为飞机延误，到达机场的时间太晚，机场大巴都停运了。您能来接我吗?
Yīnwèi fēijī yánwù, dàodá jīchǎng de shíjiān tài wǎn, jīchǎng dàbā dōu tíngyùn le. Nín néng lái jiē wǒ ma?
항공기가 지연되어서 공항에 너무 늦게 도착했네요. 공항버스가 끊겼는데, 마중 나와 주실 수 있나요?

B 好的，我派人过去接您。
Hǎo de, wǒ pài rén guòqù jiē nín.
네, 마중할 사람을 보내겠습니다.

공항에 모시러 가려고 합니다. 도착 시간과 편명을 알려 주세요.

我去机场接您，请告诉我飞机的到达时间和航班号。
Wǒ qù jīchǎng jiē nín, qǐng gàosu wǒ fēijī de dàodá shíjiān hé hángbānhào.

저희 직원이 출구에서 기다리고 있을 겁니다.

我们的职员会在出口等您。
Wǒmen de zhíyuán huì zài chūkǒu děng nín.

중국에 오신 걸 환영합니다.

欢迎您来到中国。
Huānyíng nín láidào Zhōngguó.

마중 나와 주셔서 고맙습니다.

谢谢您来接我。
Xièxie nín lái jiē wǒ.

차를 가지고 왔습니다. 이쪽으로 가시죠.

我开车来的，走这边。
Wǒ kāichē lái de, zǒu zhèbiān.

함께 택시 타고 가시죠.

我们坐出租车去吧。
Wǒmen zuò chūzūchē qù ba.

오시는 길이 힘들지는 않으셨나요?

路上不累吗?
Lùshang bú lèi ma?

路上不辛苦吗?
Lùshang bù xīnkǔ ma?

배웅해 드리겠습니다.

我去送您。
Wǒ qù sòng nín.

공항까지 모셔다 드리겠습니다.

我送您去机场。
Wǒ sòng nín qù jīchǎng.

실전회화

A 我送您去机场。
Wǒ sòng nín qù jīchǎng.
공항까지 모셔다 드리겠습니다.

B 不用了，我坐机场大巴就行。
Búyòng le, wǒ zuò jīchǎng dàbā jiù xíng.
괜찮습니다. 공항버스 타면 돼요.

A 一点儿都不麻烦，坐我的车吧。
Yìdiǎnr dōu bù máfan, zuò wǒ de chē ba.
전혀 번거롭지 않습니다. 제 차 타고 가세요.

배웅해 주셔서 고맙습니다.

谢谢您来送我。
Xièxie nín lái sòng wǒ.

중국에 또 오세요.

欢迎您再来中国。
Huānyíng nín zài lái Zhōngguó.

서울에 오시면, 공항으로 꼭 마중 나가겠습니다.

您来首尔的时候，我一定去机场接您。
Nín lái Shǒu'ěr de shíhou, wǒ yídìng qù jīchǎng jiē nín.

이제 작별 인사를 드려야겠네요.

我该走了。
Wǒ gāi zǒu le.

该说再见了。
Gāi shuō zàijiàn le.

실전회화

A 该说再见了。谢谢您来送我。
Gāi shuō zàijiàn le. Xièxie nín lái sòng wǒ.
이제 작별 인사를 드려야겠네요. 배웅해 주셔서 고맙습니다.

B 不用谢，我们保持联系吧。
Búyòng xiè, wǒmen bǎochí liánxì ba.
별말씀을요. 계속 연락하고 지내요.

이제 탑승 수속을 해야 합니다.

我该去办理登机手续了。
Wǒ gāi qù bànlǐ dēngjī shǒuxù le.

실전회화

A 几点的飞机?
Jǐ diǎn de fēijī?
몇 시 비행기인가요?

B 10点整起飞。我该去办理登机手续了。
Shí diǎn zhěng qǐfēi. Wǒ gāi qù bànlǐ dēngjī shǒuxù le.
10시 정각에 이륙합니다. 이제 탑승 수속을 해야 해요.

호텔

09-4.mp3

체크인

어서 오십시오. 예약하셨습니까?

欢迎光临。请问您预订房间了吗?

Huānyíng guānglín. Qǐngwèn nín yùdìng fángjiān le ma?

예약했습니다. 체크인하려고요.

预订了，我要办理入住手续。

Yùdìng le, wǒ yào bànlǐ rùzhù shǒuxù.

장밍으로 예약했습니다.

用张明的名字订的房间。

Yòng Zhāng Míng de míngzi dìng de fángjiān.

장밍입니다. 체크인하려고요.

我叫张明，我要办理住宿手续。

Wǒ jiào Zhāng Míng, wǒ yào bànlǐ zhùshù shǒuxù.

네. 그런데 추가로 방을 하나 더 체크인할 수 있을까요?

好的，不过可以再开一个房间吗?

Hǎo de, búguò kěyǐ zài kāi yí ge fángjiān ma?

죄송합니다만, 예약이 안 되어 있습니다.

对不起，没有您的预订记录。

Duìbuqǐ, méiyǒu nín de yùdìng jìlù.

죄송합니다만, 아직 체크인 시간이 아닙니다. 로비에서 기다려 주십시오.

对不起，还没到办理入住手续的时间，请在大厅等一下。

Duìbuqǐ, hái méi dào bànlǐ rùzhù shǒuxù de shíjiān, qǐng zài dàtīng děng yíxià.

여권을 보여 주시겠습니까?

可以给我看一下您的护照吗?

Kěyǐ gěi wǒ kàn yíxià nín de hùzhào ma?

숙박 명부를 작성해 주십시오.

请填写入住表格。

Qǐng tiánxiě rùzhù biǎogé.

보증금을 먼저 지불하셔야 합니다.

您要先付押金。

Nín yào xiānfù yājīn.

객실 내에서는 금연이죠?

房间内禁止吸烟吧?

Fángjiān nèi jìnzhǐ xīyān ba?

사흘 예약했는데, 닷새 묵는 걸로 연장할 수 있나요?

我预订了3天，可以延长为5天吗?

Wǒ yùdìngle sān tiān, kěyǐ yáncháng wéi wǔ tiān ma?

싱글룸으로 예약했는데, 더블룸으로 바꿀 수 있나요?

我预订的是单人床，可以换成双人床吗?

Wǒ yùdìng de shì dānrénchuáng, kěyǐ huànchéng shuāngrénchuáng ma?

엑스트라 베드를 추가할 수 있나요?

可以加床吗?

Kěyǐ jiā chuáng ma?

여기 카드키입니다. 5층으로 가십시오.

给您房卡，房间在5层。

Gěi nín fángkǎ, fángjiān zài wǔ céng.

엘리베이터는 저쪽입니다.

电梯在那边。

Diàntī zài nàbiān.

오늘 저녁에 빈방 있나요?

今天晚上有空房间吗?

Jīntiān wǎnshang yǒu kòng fángjiān ma?

A **今天晚上有空房间吗?**
Jīntiān wǎnshang yǒu kòng fángjiān ma?
오늘 저녁에 빈방 있나요?

B **很抱歉，今天都预约满了。**
Hěn bàoqiàn, jīntiān dōu yùyuē mǎn le.
죄송합니다만, 오늘은 예약이 다 찼습니다.

A **知道了，谢谢。**
Zhīdào le, xièxie.
알겠습니다. 고맙습니다.

오늘 저녁에 방 두 개가 필요합니다.

今天晚上我想要两个房间。

Jīntiān wǎnshang wǒ xiǎng yào liǎng ge fángjiān.

근처에 있는 다른 호텔을 좀 추천해 주시겠어요?

能推荐一下这附近其它的酒店吗?

Néng tuījiàn yíxià zhè fùjìn qítā de jiǔdiàn ma?

근처에 빈방이 있을 만한 호텔을 아시나요?

您知道这附近哪家酒店会有房间?

Nín zhīdào zhè fùjìn nǎ jiā jiǔdiàn huì yǒu fángjiān?

서비스 문의

한국어를 할 줄 아는 직원이 있나요?

有会说韩语的职员吗?

Yǒu huì shuō Hányǔ de zhíyuán ma?

조식 시간은 몇 시인가요?

早餐时间是几点?

Zǎocān shíjiān shì jǐ diǎn?

A 早餐时间是几点?
Zǎocān shíjiān shì jǐ diǎn?
조식 시간은 몇 시인가요?

B 6点到9点，在一楼餐厅可以用餐。
Liù diǎn dào jiǔ diǎn, zài yì lóu cāntīng kěyǐ yòngcān.
6시에서 9시까지 1층 레스토랑에서 드시면 됩니다.

체크아웃 시간은 몇 시인가요?

退房时间是几点?

Tuìfáng shíjiān shì jǐ diǎn?

호텔에서 번화가까지 셔틀버스를 운행하나요?

酒店是否有去市内的班车服务?

Jiǔdiàn shìfǒu yǒu qù shìnèi de bānchē fúwù?

룸서비스가 있나요?

酒店提供客房送餐服务吗?

Jiǔdiàn tígòng kèfáng sòngcān fúwù ma?

룸서비스는 몇 시까지 이용할 수 있나요?

客房送餐服务到几点?

Kèfáng sòngcān fúwù dào jǐ diǎn?

302호인데, 룸서비스 부탁합니다.

我需要客房送餐服务，302号房间。

Wǒ xūyào kèfáng sòngcān fúwù, sān líng èr hào fángjiān.

먹을거리를 객실로 받을 수 있을까요?

可以把餐点送到我的房间来吗?

Kěyǐ bǎ cāndiǎn sòngdào wǒ de fángjiān lái ma?

실전회화

A 您好，这里是前台，有什么能为您效劳的吗?
Nín hǎo, zhèlǐ shì qiántái, yǒu shénme néng wèi nín xiàoláo de ma?
안녕하세요, 프런트입니다. 무엇을 도와드릴까요?

B 可以把餐点送到我的房间来吗?
Kěyǐ bǎ cāndiǎn sòngdào wǒ de fángjiān lái ma?
먹을거리를 객실로 받을 수 있을까요?

A 当然可以，您要点什么菜?
Dāngrán kěyǐ, nín yào diǎn shénme cài?
물론입니다. 어떤 메뉴를 주문하시겠습니까?

*前台 qiántái 프런트 效劳 xiàoláo 힘쓰다

세탁 서비스가 있나요?

提供洗衣服务吗?

Tígòng xǐyī fúwù ma?

2201호인데, 세탁 서비스를 이용하려고합니다.

2201号房间需要洗衣服务。

Èr èr líng yāo hào fángjiān xūyào xǐyī fúwù.

세탁할 옷이 있습니다.

我有要洗的衣服。

Wǒ yǒu yào xǐ de yīfu.

이 바지를 세탁실로 보내 주세요.

请帮我把这条裤子拿到洗衣房。

Qǐng bāng wǒ bǎ zhè tiáo kùzi nádào xǐyīfáng.

실전회화

A 请帮我把这条裤子拿到洗衣房。
Qǐng bāng wǒ bǎ zhè tiáo kùzi nádào xǐyīfáng.
이 바지를 세탁실로 보내 주세요.

B 除了裤子以外，没有别的要洗的吗?
Chúle kùzi yǐwài, méiyǒu biéde yào xǐ de ma?
바지 외에 달리 세탁할 옷은 없으십니까?

이 셔츠 다림질 좀 해 주시겠어요?

能帮我把这件衬衫熨一下吗?

*熨 yùn 다림질하다

Néng bāng wǒ bǎ zhè jiàn chènshān yùn yíxià ma?

실전회화

A 能帮我把这件衬衫熨一下吗?
Néng bāng wǒ bǎ zhè jiàn chènshān yùn yíxià ma?
이 셔츠 다림질 좀 해 주시겠어요?

B 好的，一个小时之内送回到您的房间。
Hǎo de, yí ge xiǎoshí zhī nèi sònghuí dào nín de fángjiān.
네, 한 시간 내에 방으로 가져다드리겠습니다.

코인 세탁기가 있나요?

有没有投币式洗衣机?

*投币式 tóubìshì 동전 투입식

Yǒu méiyǒu tóubìshì xǐyījī?

모닝콜 서비스를 이용하려고요.

我需要叫醒服务。

Wǒ xūyào jiàoxǐng fúwù.

실전회화

A 您好，这里是前台，请问有什么可以为您效劳的吗?
Nín hǎo, zhèlǐ shì qiántái, qǐngwèn yǒu shénme kěyǐ wèi nín xiàoláo de ma?
안녕하세요. 프런트입니다. 무엇을 도와드릴까요?

B 我需要叫醒服务。
Wǒ xūyào jiàoxǐng fúwù.
모닝콜 서비스를 이용하려고요.

A 好的，需要几点叫醒您?
Hǎo de, xūyào jǐ diǎn jiàoxǐng nín?
알겠습니다. 몇 시에 깨워 드리면 되겠습니까?

415호인데, 오전 6시 반에 모닝콜해 주세요.

415号房间，请在早上6点半叫醒我。

Sì yāo wǔ hào fángjiān, qǐng zài zǎoshang liù diǎn bàn jiàoxǐng wǒ.

방에 컴퓨터가 있나요?

房间里有电脑吗?

Fángjiān li yǒu diànnǎo ma?

노트북을 빌릴 수 있을까요?

可以借笔记本电脑吗?

Kěyǐ jiè bǐjìběn diànnǎo ma?

방에 인터넷이 되나요?

房间里能上网吗?

Fángjiān li néng shàngwǎng ma?

와이파이 비밀번호를 알려 주세요.

请告诉我Wi-Fi的密码。

Qǐng gàosu wǒ Wi-Fi de mìmǎ.

팩스를 보내고 싶습니다.

我想发传真。

Wǒ xiǎng fā chuánzhēn.

이 번호로 팩스를 보낼 수 있나요?

能发传真吗？这是号码。

Néng fā chuánzhēn ma? Zhè shì hàomǎ.

어디서 팩스를 보낼 수 있나요?

在哪儿能发传真?

Zài nǎr néng fā chuánzhēn?

실전회화

A 在哪儿能发传真?
Zài nǎr néng fā chuánzhēn?
어디서 팩스를 보낼 수 있나요?

B 去贸易商务中心二楼就行。
Qù shāngwù zhōngxīn èr lóu jiù xíng.
비즈니스 센터 2층에서 보내시면 됩니다.

A 谢谢。
Xièxie.
고맙습니다.

저한테 온 메시지 없나요?

没有给我的留言吗?

Méiyǒu gěi wǒ de liúyán ma?

귀중품을 보관할 수 있나요?

可以保管贵重物品吗?

Kěyǐ bǎoguǎn guìzhòng wùpǐn ma?

방에 금고가 있나요?

房间里有保险柜吗?

Fángjiān li yǒu bǎoxiǎnguì ma?

*保险柜 bǎoxiǎnguì 금고

실전회화

A 房间里有保险柜吗?
Fángjiān li yǒu bǎoxiǎnguì ma?
방에 금고가 있나요?

B 前台有保险柜，请将贵重物品交到前台保管。
Qiántái yǒu bǎoxiǎnguì, qǐng jiāng guìzhòng wùpǐn jiāodào qiántái bǎoguǎn.
프런트에 금고가 있으니, 귀중품은 프런트에 맡기십시오.

숙박객이 이용할 수 있는 금고가 있나요?

有没有旅客用的保险柜?
Yǒu méiyǒu lǚkè yòng de bǎoxiǎnguì?

택시를 좀 불러 주시겠어요?

能帮我叫一辆出租车吗?
Néng bāng wǒ jiào yí liàng chūzūchē ma?

A 能帮我叫一辆出租车吗?
Néng bāng wǒ jiào yí liàng chūzūchē ma?
택시를 좀 불러 주시겠어요?

B 好的，马上帮您叫。
Hǎo de, mǎshàng bāng nín jiào.
네, 불러 드리겠습니다.

불편 사항 전달

302호 시설에 문제가 있습니다.

302号房间的设施有问题。
Sān líng èr hào fángjiān de shèshī yǒu wèntí.

문제가 있는 듯한데, 되도록 빨리 사람 좀 보내 주시겠어요?

这儿好像有些问题，可以尽快派人过来看一下吗?
Zhèr hǎoxiàng yǒuxiē wèntí, kěyǐ jǐnkuài pài rén guòlái kàn yíxià ma?

불이 안 들어와요.

灯坏了。
Dēng huài le.

세면대에서 물이 새요.

洗脸池漏水。
Xǐliǎnchí lòushuǐ.

盥洗池漏水。
Guànxǐchí lòushuǐ.

＊盥洗池 guànxǐchí 세면대

A 您好，这里是前台。有什么可以问您效劳的吗?
Nín hǎo, zhèlǐ shì qiántái. Yǒu shénme kěyǐ wèn nín xiàoláo de ma?
안녕하세요. 프런트입니다. 무엇을 도와드릴까요?

B 浴室里的盥洗池漏水。可以尽快派人过来看一下吗?
Yùshì li de guànxǐchí lòushuǐ. Kěyǐ jǐnkuài pài rén guòlái kàn yíxià ma?
욕실 세면대에서 물이 새요. 되도록 빨리 사람 좀 보내 주시겠어요?

A 好的，我们马上派人过去。
Hǎo de, wǒmen mǎshàng pài rén guòqù.
알겠습니다. 바로 사람을 보내겠습니다.

욕실 세면대에 물이 안 내려가요.

浴室里的盥洗池堵了。
Yùshì li de guànxǐchí dǔ le.

뜨거운 물이 안 나와요.

没有热水。
Méiyǒu rèshuǐ.

不出热水。
Bù chū rèshuǐ.

Biz tip 중국은 전기를 이용해 저장된 물을 데우는 방식의 온수기를 많이 사용합니다. 저장된 온수가 없다면 뜨거운 물을 사용할 수 없고, 저장된 온수를 다 쓰면 다시 시간을 들여 데워야 한다는 단점이 있죠. 뜨거운 물이 나오지 않는다고 신고하기 전에 온수기 상태를 먼저 살펴 보세요.

실전회화

A 不出热水。
Bú chū rèshuǐ.
뜨거운 물이 안 나와요.

B 您打开热水器了吗？热水器打开后，要过二十分钟才会出热水。
Nín dǎkāi rèshuǐqì le ma? Rèshuǐqì dǎkāi hòu, yào guò èrshí fēnzhōng cái huì chū rèshuǐ.
온수기는 켜셨나요? 온수기를 켜고, 20분 정도 기다려야 뜨거운 물이 나옵니다.

방이 너무 더워요.

这个房间太热了。
Zhège fángjiān tài rè le.

방이 너무 추워요.

这个房间太冷了。
Zhège fángjiān tài lěng le.

히터[에어컨]가 고장 난 듯해요.

电暖器[空调]好像坏了。
Diànnuǎnqì[Kōngtiáo] hǎoxiàng huài le.

*电暖器 diànnuǎnqì 난방기

A 电暖器好像坏了。
Diànnuǎnqì hǎoxiàng huài le.
히터가 고장 난 듯해요.

B 很抱歉，您先把电暖器关掉，再打开试一试吧。
Hěn bàoqiàn, nín xiān bǎ diànnuǎnqì guāndiào, zài dǎkāi shì yi shì ba.
죄송합니다만, 히터를 껐다가 다시 켜 보시겠습니까?

A 我试过了，不过还是不行。
Wǒ shìguo le, búguò háishi bùxíng.
해 봤는데, 그래도 작동이 안 되네요.

열쇠를 방 안에 두고 나왔는데, 문이 잠겼어요.

钥匙忘在房间里了，房门被反锁上了。

Yàoshi wàng zài fángjiān li le, fángmén bèi fǎnsuǒ shàng le.

실전회화

A 钥匙忘在房间里了，房门被反锁上了。
Yàoshi wàng zài fángjiān li le, fángmén bèi fǎnsuǒ shàng le.
열쇠를 방 안에 두고 나왔는데, 문이 잠겼어요.

B 几号房间?
Jǐ hào fángjiān?
몇 호실이십니까?

카드키를 꽂아도 문이 안 열려요.

房卡插进去了，房门也打不开。

Fángkǎ chā jìnqù le, fángmén yě dǎ bu kāi.

카드키를 대도 문이 안 열려요.

扫描了房卡，房门也打不开。

Sǎomiáole fángkǎ, fángmén yě dǎ bu kāi.

드라이어가 안 되는데, 바꿔 주시겠어요?

吹风机坏了，能给我换一个吗?

Chuīfēngjī huài le, néng gěi wǒ huàn yí ge ma?

큰 수건을 몇 장 더 가져다주시겠어요?

能再拿给我几张大毛巾吗?

Néng zài ná gěi wǒ jǐ zhāng dà máojīn ma?

화장실에 휴지가 없어요.

洗手间的卫生纸用完了。

Xǐshǒujiān de wèishēngzhǐ yòngwán le.

방이 청소가 안 된 듯하네요, 지저분해요.

房间好像没有打扫，很不干净。

Fángjiān hǎoxiàng méiyǒu dǎsǎo, hěn bù gānjìng.

체크아웃 및 정산

2005호인데, 체크아웃하려고합니다.

我要退房，2005号房间。

Wǒ yào tuìfáng, èr líng líng wǔ hào fángjiān.

내일 아침 일찍 떠나야 하는데, 오늘 밤에 미리 계산할 수 있을까요?

明天我要一大早出发，今天晚上能提前结算吗?

Míngtiān wǒ yào yí dà zǎo chūfā, jīntiān wǎnshang néng tíqián jiésuàn ma?

결제는 어떻게 하시겠습니까?

您用哪种方式结账?

Nín yòng nǎ zhǒng fāngshì jiézhàng?

현금[신용카드]으로 할게요.

我用现金[信用卡]结账。

Wǒ yòng xiànjīn[xìnyìngkǎ] jiézhàng.

절반은 다른 카드로 계산해도 되나요?

用其它的卡支付另一半可以吗?

Yòng qítā de kǎ zhīfù lìng yíbàn kěyǐ ma?

나눠서 결제할게요.

我要分开付款。

Wǒ yào fēnkāi fùkuǎn.

可以用两张卡分开付款吗?

Kěyǐ yòng liǎng zhāng kǎ fēnkāi fùkuǎn ma?

룸서비스는 이 카드로 결제해 주세요.

客房送餐服务用这张卡结算。

Kèfáng sòngcān fúwù yòng zhè zhāng kǎ jiésuàn.

영수증 주세요.

请给我开发票。

Qǐng gěi wǒ kāi fāpiào.

여기 영수증입니다.

这是发票。

Zhè shì fāpiào.

여기에 서명 부탁드립니다.

请在这里签名。

Qǐng zài zhèlǐ qiānmíng.

두 시간 정도 짐을 보관할 수 있나요?

行李可以寄存两个小时吗?

Xíngli kěyǐ jìcún liǎng ge xiǎoshí ma?

＊寄存 jìcún 맡겨 두다

물론입니다. 찾으실 때는 이 보관증을 가져오십시오.

当然可以，请拿寄存凭证来取。

Dāngrán kěyǐ, qǐng ná jìcún píngzhèng lái qǔ.

＊凭证 píngzhèng 증빙, 증명

공항으로 가는 호텔 셔틀버스를 탈 수 있나요?

可以坐去机场的酒店班车吗?

Kěyǐ zuò qù jīchǎng de jiǔdiàn bānchē ma?

공항으로 가는 호텔 셔틀버스 시간이 어떻게 되나요?

我想问一下去机场的酒店班车的时间?

Wǒ xiǎng wèn yíxià qù jīchǎng de jiǔdiàn bānchē de shíjiān?

실전회화

A 我想问一下去机场的酒店班车的时间?
Wǒ xiǎng wèn yíxià qù jīchǎng de jiǔdiàn bānchē de shíjiān?
공항으로 가는 호텔 셔틀버스 시간이 어떻게 되나요?

B 首发是凌晨5点半，每三十分钟一趟。
Shǒufā shì língchén wǔ diǎn bàn, měi sānshí fēnzhōng yí tàng.
새벽 5시 반부터 30분 간격으로 출발합니다.

저희 호텔을 이용해 주셔서 고맙습니다.

感谢您光临我们酒店。

Gǎnxiè nín guānglín wǒmen jiǔdiàn.

다음에도 저희 호텔을 찾아 주십시오.

欢迎您再次光临我们酒店。

Huānyíng nín zàicì guānglín wǒmen jiǔdiàn.

거래처 방문

방문객 맞이

어떻게 오셨습니까?

请问您找哪位?

Qǐngwèn nín zhǎo nǎ wèi?

请问您是哪个单位的?

Qǐngwèn nín shì nǎge dānwèi de?

서울 대한무역에서 온 이○○입니다. 류웨이 씨를 뵈러 왔습니다.

我是首尔大韩贸易的李〇〇，我是来见刘伟先生的。

Wǒ shì Shǒu'ěr Dàhán Màoyì de Lǐ OO, wǒ shì láijiàn Liú Wěi xiānsheng de.

오늘 두 시에 류웨이 씨와 만나기로 약속이 되어 있습니다.

今天约好两点和刘伟先生见面。

Jīntiān yuēhǎo liǎng diǎn hé Liú Wěi xiānsheng jiànmiàn.

명함을 한 장 주시겠습니까?

可以给我一张名片吗?

Kěyǐ gěi wǒ yì zhāng míngpiàn ma?

류○○ 씨를 불러 드리겠습니다.

我去叫刘先生。

Wǒ qù jiào Liú xiānsheng.

류○○ 씨는 회의 중입니다.

刘先生现在在开会。

Liú xiānsheng xiànzài zài kāihuì.

이쪽에서 잠시만 기다려 주십시오.

请在这里稍等。

Qǐng zài zhèlǐ shāo děng.

마실 것은 무엇으로 드릴까요?

您要喝点儿什么?

Nín yào hē diǎnr shénme?

커피, 녹차, 홍차가 있습니다.

有咖啡、绿茶和红茶。

Yǒu kāfēi、lǜchá hé hóngchá.

장○○ 씨, 대한무역 이○○ 씨께서 기다리고 계십니다.

张先生，大韩贸易的李○○先生在等您。

Zhāng xiānsheng, Dàhán Màoyì de Lǐ OO xiānsheng zài děng nín.

손님을 회의실로 안내해 주세요.

把客人请到会议室吧。

Bǎ kèrén qǐng dào huìyìshì ba.

회의실로 안내해 드리겠습니다. [방문객에게]

请跟我到会议室来。

Qǐng gēn wǒ dào huìyìshì lái.

죄송합니다만, 조금 더 기다려 주시겠습니까?

对不起，您可以再稍等一下吗?

Duìbuqǐ, nín kěyǐ zài shāo děng yíxià ma?

죄송합니다. 회의 때문에 늦었습니다.

很抱歉，有个会议，所以我来晚了。

Hěn bàoqiàn, yǒu ge huìyì, suǒyǐ wǒ láiwǎn le.

죄송합니다. 오래 기다리셨죠?

对不起，您等了很长时间了吧?

Duìbuqǐ, nín děngle hěn cháng shíjiān le ba?

멀리서 오시느라 고생하셨습니다.

您从那么远的地方过来，很辛苦吧?

Nín cóng nàme yuǎn de dìfang guòlái, hěn xīnkǔ ba?

기다리고 있었습니다.

我正在等您。

Wǒ zhèngzài děng nín.

인사

이쪽은 제 상사이신 이○○ 주임님입니다.

这是我的上司——李○○主任。

Zhè shì wǒ de shàngsī — Lǐ OO zhǔrèn.

这是我们公司的李○○主任。

Zhè shì wǒmen gōngsī de Lǐ OO zhǔrèn.

죄송합니다만, 성함을 다시 한번 여쭤봐도 될까요?

不好意思，可以再问一下您贵姓吗?

Bù hǎoyìsi, kěyǐ zài wèn yíxià nín guìxìng ma?

이건 제가 준비한 선물입니다.
这是我准备的礼物。
Zhè shì wǒ zhǔnbèi de lǐwù.

성의이니 부담 갖지 말고 받아 주세요.
一点儿小意思，别客气，请收下。
Yìdiǎnr xiǎoyìsi, bié kèqi, qǐng shōuxià.

마음에 드셨으면 좋겠습니다.
希望您会喜欢。
Xīwàng nín huì xǐhuan.

그럼 사양하지 않고 받겠습니다. 정말 감사합니다.
那我就不客气了，非常感谢。
Nà wǒ jiù bú kèqi le, fēicháng gǎnxiè.

마음 써 주셔서 정말 감사합니다.
谢谢您的心意。
Xièxie nín de xīnyì.

식사는 하셨나요? 오늘은 저희가 대접하겠습니다.
您吃饭了吗？今天我们来负责招待。
Nín chīfàn le ma? Jīntiān wǒmen lái fùzé zhāodài.

비즈니스

우선 회사를 둘러보시겠어요?
先参观一下公司吗?
Xiān cānguān yíxià gōngsī ma?

이건 당사의 약력입니다.
这是我们公司的简介。
Zhè shì wǒmen gōngsī de jiǎnjiè.

영문으로 된 회사 약력 및 제품 소개 책자가 있나요?
公司简介和产品介绍有没有英文版的?
Gōngsī jiǎnjiè hé chǎnpǐn jièshào yǒu méiyǒu Yīngwénbǎn de?

당사의 신제품 샘플을 가져오겠습니다.
我去拿我们公司新产品的样品。
Wǒ qù ná wǒmen gōngsī xīn chǎnpǐn de yàngpǐn.

이 제품은 하루 평균 천 개 정도 판매됩니다.
这个产品一天平均销售量为1000个左右。
Zhège chǎnpǐn yì tiān píngjūn xiāoshòuliàng wéi yìqiān ge zuǒyòu.

세미나는 몇 시에 시작하나요?

研讨会几点开?

Yántǎohuì jǐ diǎn kāi?

세미나 일정표입니다. 한 부씩 가져가십시오.

这是研讨会的日程表，请拿一份。

Zhè shì yántǎohuì de rìchéngbiǎo, qǐng ná yí fèn.

이런 형식의 해외 세미나는 처음입니다.

这种形式的海外研讨会还是头一次。

Zhè zhǒng xíngshì de hǎiwài yántǎohuì háishi tóu yí cì.

잠시 휴식을 취한 후, 세미나 후반부를 진행하겠습니다.

休息一会儿后再继续进行研讨会的后半场。

Xiūxi yíhuìr hòu zài jìxù jìnxíng yántǎohuì de hòubànchǎng.

세미나 후반부가 곧 시작됩니다. 귀빈께서는 착석해 주십시오.

研讨会的后半场马上就要开始了，请各位贵宾就座。

Yántǎohuì de hòubànchǎng mǎshàng jiù yào kāishǐ le, qǐng gè wèi guìbīn jiù zuò.

다른 일정으로 오후 세미나에 참석할 수가 없는데, 회의 자료를 미리 받을 수 있나요?

因为有别的安排，今天下午的研讨会我参加不了，能提前拿到会议资料吗?

Yīnwèi yǒu biéde ānpái, jīntiān xiàwǔ de yántǎohuì wǒ cānjiā bu liǎo, néng tíqián nádào huìyì zīliào ma?

오늘 회의는 정말 인상적이었습니다.

今天的会议给人的印象很深刻。

Jīntiān de huìyì gěi rén de yìnxiàng hěn shēnkè.

전문 용어가 많아 알아듣기가 좀 힘들었습니다.

专业术语很多，所以很难听懂。 ＊专业术语 zhuānyè shùyǔ 전문 용어

Zhuānyè shùyǔ hěn duō, suǒyǐ hěn nán tīngdǒng.

오늘 공장을 참관할 수 있을까요?

今天可以参观工厂吗?

Jīntiān kěyǐ cānguān gōngchǎng ma?

실전회화

A 今天可以参观工厂吗?
Jīntiān kěyǐ cānguān gōngchǎng ma?
오늘 공장을 참관할 수 있을까요?

B 当然可以，都已经安排好了，吃完饭后马上就带您去。
Dāngrán kěyǐ, dōu yǐjīng ānpái hǎo le, chīwán fàn hòu mǎshàng jiù dài nín qù.
물론입니다. 이미 준비해 놓았습니다. 식사 후 바로 안내해 드리겠습니다.

설비가 매우 훌륭하네요.

设备很高级。 *设备 shèbèi 설비, 시설

Shèbèi hěn gāojí.

하루 생산량이 얼마나 되나요?

一天的生产量是多少?

Yì tiān de shēngchǎnliàng shì duōshao?

직접 눈으로 보니 마음이 놓이네요.

亲眼看到后，心里很踏实。 *踏实 tàshi 마음이 놓이다

Qīnyǎn kàndào hòu, xīnli hěn tàshi.

오늘 전시회 방문객이 정말 많네요.

今天来参观展示会的人真多。

Jīntiān lái cānguān zhǎnshìhuì de rén zhēn duō.

중국어로 제품 설명을 잘할 수 있을지 정말 걱정입니다.

不知道用汉语能不能把产品介绍好，我真怕说不好。

Bù zhīdào yòng Hànyǔ néng bu néng bǎ chǎnpǐn jièshào hǎo, wǒ zhēn pà shuō bù hǎo.

긴장해서 손바닥이 온통 땀범벅이네요.

我很紧张，手心都是汗。 *手心 shǒuxīn 손바닥

Wǒ hěn jǐnzhāng, shǒuxīn dōu shì hàn.

이 제품의 독점 계약이 가능한가요?

这个产品可以签订独家代理合同吗? *独家代理 dújiā dàilǐ 독점 대리인

Zhège chǎnpǐn kěyǐ qiāndìng dújiā dàilǐ hétong ma?

이 도서의 라이선스 계약을 하고 싶은데, 절차가 어떻게 되나요?

这部图书我们想签订许可协议，都需要哪些手续?

Zhè bù túshū wǒmen xiǎng qiāndìng xǔkě xiéyì, dōu xūyào nǎxiē shǒuxù?

*许可协议 xǔkě xiéyì 라이선스 계약

반드시 에이전시를 통해야 계약이 가능한가요?

一定要通过中介才能签约吗? *中介 zhōngjiè 중개

Yídìng yào tōngguò zhōngjiè cái néng qiānyuē ma?

당사는 해외 거래처와 첫 거래 시에는 직접 거래를 하지 않습니다.

我们第一次与海外客户进行交易时，是不直接进行交易的。

Wǒmen dì-yī cì yǔ hǎiwài kèhù jìnxíng jiāoyì shí, shì bù zhíjiē jìnxíng jiāoyì de.

다만, 재계약 시에는 에이전시를 통하지 않고 직접 거래가 가능합니다.

不过续签时不用通过中介，直接签约就行。

Búguò xùqiān shí búyòng tōngguò zhōngjiè, zhíjiē qiānyuē jiù xíng.

작별 인사

며칠 동안 융숭히 대접해 주셔서 정말 감사했습니다.

很感谢您这几天的热情款待。

Hěn gǎnxiè nín zhè jǐ tiān de rèqíng kuǎndài.

며칠 동안 귀중한 시간을 내 주셔서 정말 감사했습니다.

非常感谢这几天您抽出宝贵时间来接待我。

Fēicháng gǎnxiè zhè jǐ tiān nín chōuchū bǎoguì shíjiān lái jiēdài wǒ.

내일 아침 일찍 떠나야 해서 미리 인사드리러 들렀습니다.

明天我要一大早出发，所以今天来提前跟您道别。

Míngtiān wǒ yào yí dà zǎo chūfā, suǒyǐ jīntiān lái tíqián gēn nín dàobié.

*道别 dàobié 작별 인사를 하다

시간이 급해서 서둘러 출발해야 합니다.

时间不多了，我得赶快出发了。

Shíjiān bù duō le, wǒ děi gǎnkuài chūfā le.

며칠 동안 이야기 나눈 사항들은 정리해서 이메일로 다시 보내 드리겠습니다.

我把这几天我们讨论过的内容整理好以后，再发邮件给您。

Wǒ bǎ zhè jǐ tiān wǒmen tǎolùnguo de nèiróng zhěnglǐ hǎo yǐhòu, zài fā yóujiàn gěi nín.

최종 촬영 파일은 이메일로 보내 드리겠습니다.

我们会将最终拍摄的文件用邮件发给您。

Wǒmen huì jiāng zuìzhōng pāishè de wénjiàn yòng yóujiàn fā gěi nín.

전체 촬영분 DVD 파일입니다. 파일 용량이 커서 메일 발송이 안 됩니다.

这是所拍摄的DVD文件。文件太大，用邮件发不过去。

Zhè shì suǒ pāishè de DVD wénjiàn. Wénjiàn tài dà, yòng yóujiàn fā bu guòqù.

다음에 다시 뵐 수 있으면 좋겠습니다.

希望能再次相见。

Xīwàng néng zàicì xiāngjiàn.

后会有期。

Hòuhuì-yǒuqī.

다음번 출장 때 또 들르겠습니다.

下次我来出差的时候会再来看望您的。 *看望 kànwàng 방문하다

Xià cì wǒ lái chūchāi de shíhou huì zài lái kànwàng nín de.

음식점

음식점 추천

추천할 만한 음식점이 있나요?

有哪些值得推荐的餐厅?
Yǒu nǎxiē zhíde tuījiàn de cāntīng?

能推荐几家比较好的餐厅吗?
Néng tuījiàn jǐ jiā bǐjiào hǎo de cāntīng ma?

이 근처에 있는 조용한 맛집 좀 추천해 주시겠어요?

能推荐一家这附近既安静，味道又好的餐厅吗?
Néng tuījiàn yì jiā zhè fùjìn jì ānjìng, wèidao yòu hǎo de cāntīng ma?

A **能推荐一家这附近既安静，味道又好的餐厅吗?**
Néng tuījiàn yì jiā zhè fùjìn jì ānjìng, wèidao yòu hǎo de cāntīng ma?
이 근처에 있는 조용한 맛집 좀 추천해 주시겠어요?

B **公司对面就有一家很不错，我打电话帮您预约。**
Gōngsī duìmiàn jiù yǒu yì jiā hěn búcuò, wǒ dǎ diànhuà bāng nín yùyuē.
회사 맞은편에 괜찮은 음식점이 있어요. 전화로 예약해 드리겠습니다.

야시장은 어디가 좋나요?

哪个夜市好?
Nǎge yèshì hǎo?

*夜市 yèshì 야시장

괜찮은 이탈리아 레스토랑을 찾고 있어요.

我在找一家比较好的意大利餐厅。
Wǒ zài zhǎo yì jiā bǐjiào hǎo de Yìdàlì cāntīng.

这附近有没有不错的意大利餐厅?
Zhè fùjìn yǒu méiyǒu búcuò de Yìdàlì cāntīng?

您知道哪家意大利餐厅不错吗?
Nín zhīdào nǎ jiā Yìdàlì cāntīng búcuò ma?

Word tip 中餐厅 Zhōng cāntīng 중국 음식점 | 韩国料理店 Hánguó liàolǐdiàn 한국 음식점 | 日本料理店 Rìběn liàolǐdiàn 일본 음식점 | 火锅店 huǒguōdiàn 훠궈 가게 | 海鲜餐厅 hǎixiān cāntīng 해산물 음식점 | 生鱼片店 shēngyúpiàndiàn 횟집

저렴한 곳이면 좋겠어요.

最好是比较廉价的地方。
Zuìhǎo shì bǐjiào liánjià de dìfang.

*廉价 liánjià 저렴하다

여기는 음식도 맛있고, 분위기도 좋아요.

这家餐厅味道既好，环境也不错。
Zhè jiā cāntīng wèidao jì hǎo, huánjìng yě búcuò.

예약 · 취소 · 확인

라오베이징에서 식사를 하려면 예약해야 하나요?

在老北京用餐，需要预约吗?

Zài Lǎo Běijīng yòngcān, xūyào yùyuē ma?

실전회화

A 在老北京用餐，需要预约吗?
Zài Lǎo Běijīng yòngcān, xūyào yùyuē ma?
라오베이징에서 식사를 하려면 예약해야 하나요?

B 得预约，那里总是有很多人。
Děi yùyuē, nàlǐ zǒngshì yǒu hěn duō rén.
예약하셔야 합니다. 거기는 늘 붐비거든요.

오늘 저녁에 예약이 가능한가요?

可以预约今天的晚餐吗?

Kěyǐ yùyuē jīntiān de wǎncān ma?

실전회화

A 可以预约今天的晚餐吗?
Kěyǐ yùyuē jīntiān de wǎncān ma?
오늘 저녁에 예약이 가능한가요?

B 可以，您要预约几点?
Kěyǐ, nín yào yùyuē jǐ diǎn?
네. 가능합니다. 몇 시로 예약하시겠어요?

A 晚上7点。
Wǎnshang qī diǎn.
저녁 7시로 예약해 주세요.

B 一共几位?
Yígòng jǐ wèi?
모두 몇 분이십니까?

A 三位。
Sān wèi.
세 명입니다.

오늘 저녁 7시로 세 명 예약하려고요.

我想预约个位子，今天晚上7点，三个人。

Wǒ xiǎng yùyuē ge wèizi, jīntiān wǎnshang qī diǎn, sān ge rén.

A 我想预约个位子，今天晚上7点，三个人。
Wǒ xiǎng yùyuē ge wèizi, jīntiān wǎnshang qī diǎn, sān ge rén.
오늘 저녁 7시로 세 명 예약하려고요.

B 好的，您贵姓?
Hǎo de, nín guìxìng?
네. 성함이 어떻게 되십니까?

4인석으로 예약하시겠습니까?

要订一个四人桌吗?

Yào dìng yí ge sì rén zhuō ma?

예약을 취소하려고요.

我要取消预约。
Wǒ yào qǔxiāo yùyuē.

죄송합니다만, 오늘 저녁 예약을 취소하려고요.

对不起，我想取消今天晚上的预约。
Duìbuqǐ, wǒ xiǎng qǔxiāo jīntiān wǎnshang de yùyuē.

실전회화

A 对不起，我想取消今天晚上的预约。
Duìbuqǐ, wǒ xiǎng qǔxiāo jīntiān wǎnshang de yùyuē.
죄송합니다만, 오늘 저녁 예약을 취소하려고요.

B 好的，预约人贵姓?
Hǎo de, yùyuē rén guìxìng?
알겠습니다. 예약자분 성함이 어떻게 되시죠?

A 李秀贤，本来预约的是下午6点。
Lǐ Xiùxián, běnlái yùyuē de shì xiàwǔ liù diǎn.
이수현으로 오후 6시에 예약했습니다.

예약 확인 좀 하려고요, 예약자 이름은 이○○입니다.

我们要确认预约，预约人的姓名是李○○。
Wǒmen yào quèrèn yùyuē, yùyuē rén de xìngmíng shì Lǐ OO.

7시로 예약했습니다.

我预约了7点。
Wǒ yùyuēle qī diǎn.

어제 전화로 예약했습니다.

昨天我打电话预约的。
Zuótiān wǒ dǎ diànhuà yùyuē de.

A 我们要确认预约，预约人的姓名是李秀贤。
Wǒmen yào quèrèn yùyuē, yùyuē rén de xìngmíng shì Lǐ Xiùxián.
예약 확인 좀 하려고요, 예약자 이름은 이수현입니다.

B 我确认一下。对不起，没有您的预约记录，您什么时候预约的?
Wǒ quèrèn yíxià. Duìbuqǐ, méiyǒu nín de yùyuē jìlù, nín shénme shíhou yùyuē de?
확인해 보겠습니다. 죄송합니다만, 예약이 안 되어 있습니다. 언제 예약하셨습니까?

A 昨天打电话预约的。
Zuótiān dǎ diànhuà yùyuē de.
어제 전화로 예약했습니다.

대기자 명단에 이름을 올려 주세요.

请把我放在等候者名单上。
Qǐng bǎ wǒ fàng zài děnghòuzhě míngdān shàng.

얼마나 기다려야 되나요?

要等多长时间?
Yào děng duō cháng shíjiān?

什么时候能有空位?
Shénme shíhou néng yǒu kòng wèi?

실전회화

A 对不起，现在都坐满了。马上为您准备座位。
Duìbuqǐ, xiànzài dōu zuòmǎn le. Mǎshàng wèi nín zhǔnbèi zuòwèi.
죄송합니다만, 지금은 자리가 없습니다. 곧 좌석을 준비해 드리겠습니다.

B 要等多长时间?
Yào děng duō cháng shíjiān?
얼마나 기다려야 되나요?

A 不用等很长时间，五到十分钟吧。
Búyòng děng hěn cháng shíjiān, wǔ dào shí fēnzhōng ba.
금방 자리가 납니다. 5~10분만 기다려 주세요.

전망 좋은 자리가 있나요?

有没有景色好的位子?
Yǒu méiyǒu jǐngsè hǎo de wèizi?

열다섯 명이 앉을 만한 큰 테이블이 있나요?

有没有能坐下十五个人的大桌子?
Yǒu méiyǒu néng zuòxià shíwǔ ge rén de dà zhuōzi?

실전회화

A 有没有能坐下十五个人的大桌子?
Yǒu méiyǒu néng zuòxià shíwǔ ge rén de dà zhuōzi?
열다섯 명이 앉을 만한 큰 테이블이 있나요?

B 好的，马上为您准备。
Hǎo de, mǎshàng wèi nín zhǔnbèi.
있습니다. 바로 준비해 드리겠습니다.

창가 자리로 주세요.

请给我靠窗的位子。
Qǐng gěi wǒ kào chuāng de wèizi.

금연석으로 주세요.

请给我禁烟席。
Qǐng gěi wǒ jìnyānxí.

테이블이 비좁은데 다른 자리로 옮길 수 있을까요?

这张桌子坐不下，可以换个位子吗?
Zhè zhāng zhuōzi zuò bu xià, kěyǐ huàn ge wèizi ma?

저쪽 테이블로 옮길 수 있을까요?

可以换到那张桌子那儿吗?

Kěyǐ huàndào nà zhāng zhuōzi nàr ma?

실전회화

A **这个位置可以吗?**
Zhège wèizhi kěyǐ ma?
자리 괜찮으십니까?

B **嗯…… 我想换个位子，可以换到那张桌子那儿吗?**
Èn…… Wǒ xiǎng huàn ge wèizi, kěyǐ huàndào nà zhāng zhuōzi nàr ma?
음, 자리를 좀 바꾸고 싶은데요. 저쪽 테이블로 옮길 수 있을까요?

A **对不起，那边已经有人预订了，靠窗的那个桌子怎么样?**
Duìbuqǐ, nàbiān yǐjīng yǒu rén yùdìng le, kào chuāng de nàge zhuōzi zěnmeyàng?
죄송합니다만, 그 자리는 예약석입니다. 창 쪽의 저 테이블은 어떠십니까?

B **好的，谢谢。**
Hǎo de, xièxie.
좋아요. 고맙습니다.

저쪽에 앉을게요.

我坐那边。

Wǒ zuò nàbiān.

일행이 두 명 더 올 거예요.

我们还有两个人没到。

Wǒmen hái yǒu liǎng ge rén méi dào.

실전회화

A **现在要点菜吗?**
Xiànzài yào diǎn cài ma?
주문하시겠어요?

B **我们还有两个人没到。**
Wǒmen hái yǒu liǎng ge rén méi dào.
일행이 두 명 더 올 거예요.

주문

메뉴판 좀 주세요.

请给我菜单。

Qǐng gěi wǒ càidān.

服务员，菜单!

Fúwùyuán, càidān!

A **请给我菜单。**
Qǐng gěi wǒ càidān.
메뉴판 좀 주세요.

B **给您。慢慢看一下，要点菜的话请叫我。**
Gěi nín. Mànmàn kàn yíxià, yào diǎn cài dehuà qǐng jiào wǒ.
여기 있습니다. 천천히 보시고, 주문하실 때 부르십시오.

오늘의 스페셜 메뉴는 무엇인가요?

今天的特餐是什么?
Jīntiān de tècān shì shénme?

셰프 추천 메뉴는 무엇인가요?

厨师长推荐的菜是哪道菜?
Chúshīzhǎng tuījiàn de cài shì nǎ dào cài?

여기 대표 메뉴는 무엇인가요?

这里的招牌菜是什么?
Zhèlǐ de zhāopáicài shì shénme?

＊招牌 zhāopái 간판

정하면 다시 부를게요.

我们决定了再叫您。
Wǒmen juédìngle zài jiào nín.

여기요, 주문이요.

服务员，点菜。
Fúwùyuán, diǎn cài.

이걸로 할게요.

来一个这个吧。
Lái yí ge zhège ba.

Biz tip 메뉴판에 음식 이름과 함께 사진이 실려 있다면, 손으로 메뉴를 가리키며 이렇게 말해 보세요.

토마토 파스타로 할게요.

我点一个番茄意大利面。
Wǒ diǎn yí ge fānqié Yìdàlìmiàn.

＊番茄 fānqié 토마토

워샹러우쓰, 탕추위, 공기밥 두 개 주세요.

一个鱼香肉丝，一个糖醋鱼，再来两碗米饭。
Yí ge yúxiāngròusī, yí ge tángcùyú, zài lái liǎng wǎn mǐfàn.

Word tip 추천 중국 요리

京酱肉丝 jīngjiàngròusī	돼지고기 춘장 볶음
锅包肉 guōbāoròu	찹쌀 탕수육
拌黄瓜 bàn huángguā	오이 무침
麻婆豆腐 mápó dòufu	마파두부
韭菜鸡蛋 jiǔcài jīdàn	부추 달걀 볶음
西红柿炒鸡蛋 xīhóngshì chǎo jīdàn	토마토 달걀 볶음

탕은 홍탕과 백탕으로 주세요. [훠궈 주문 시]

锅底要辣汤和清汤。
Guōdǐ yào làtāng hé qīngtāng.

탕은 홍탕[백탕]만 주세요. [훠궈 주문 시]

锅底只要辣汤[清汤]。
Guōdǐ zhǐyào làtāng[qīngtāng].

양고기 세 접시, 감자, 두부, 버섯, 채소 한 접시씩, 넓은 면 하나 주세요. [훠궈 주문 시]

三盘羊肉，土豆、豆腐、蘑菇、蔬菜各来一盘，再来一个宽粉。
Sān pán yángròu, tǔdòu、dòufu、mógu、shūcài gè lái yì pán, zài lái yí ge kuānfěn.

참깨 소스 두 개와 해물맛 소스 하나 주세요. [훠궈 주문 시]

要两个麻酱和一个海鲜酱。
Yào liǎng ge májiàng hé yí ge hǎixiānjiàng.

더 필요한 건 없으십니까?

还需要别的吗?
Hái xūyào biéde ma?

실전회화

A 还需要别的吗?
Hái xūyào biéde ma?
더 필요한 건 없으십니까?

B 没有，这些就够了。
Méiyǒu, zhèxiē jiù gòu le.
없습니다. 충분해요.

요리에 고수는 빼 주세요.

菜里不要放香菜。
Cài li búyào fàng xiāngcài.

Biz tip 중국 음식에는 고수가 많이 쓰입니다. 특유의 향 때문에 호불호가 강하니, 고수를 못 먹거나 꺼려진다면 주문할 때 미리 빼 달라고 요청하세요.

공기밥 먼저 주세요.

先上米饭。
Xiān shàng mǐfàn.

Biz tip 중국에서는 공기밥을 요리와 함께 주문하더라도 음식이 나온 후 한참 뒤에 줍니다. 요리와 밥을 함께 먹고 싶다면, 공기밥을 먼저 달라고 요청해야 합니다.

생수 한 병 주세요.

给我一瓶矿泉水。
Gěi wǒ yì píng kuàngquánshuǐ.

커피 한 잔 주세요.

给我一杯咖啡。
Gěi wǒ yì bēi kāfēi.

실전회화

A 您要喝点儿什么饮料?
Nín yào hē diǎnr shénme yǐnliào?
음료는 무엇으로 하시겠습니까?

B 给我一杯咖啡。
Gěi wǒ yì bēi kāfēi.
커피 한 잔 주세요.

맥주 한 병 주세요.

给我一瓶啤酒。
Gěi wǒ yì píng píjiǔ.

Word tip 生啤酒 shēng píjiǔ / 鲜啤酒 xiānpíjiǔ / 扎啤 zhāpí 생맥주

와인 있나요?

有葡萄酒吗?
Yǒu pútáojiǔ ma?

실전회화

A 还需要点什么?
Hái xūyào diǎn shénme?
더 주문하시겠습니까?

B 有葡萄酒吗?
Yǒu pútáojiǔ ma?
와인 있나요?

A 有，我去给您拿酒单。
Yǒu, wǒ qù gěi nín ná jiǔdān.
네, 와인 리스트를 가져다드리겠습니다.

식사 전에 와인 먼저 주세요.

上菜前，请先给我红酒。
Shàngcài qián, qǐng xiān gěi wǒ hóngjiǔ.

실전회화

A 上菜前，请先给我红酒。
Shàngcài qián, qǐng xiān gěi wǒ hóngjiǔ.
식사 전에 와인 먼저 주세요.

B 好的，先给您上红酒。
Hǎo de, xiān gěi nín shàng hóngjiǔ.
네, 와인 먼저 가져다드리겠습니다.

위스키 한 잔 주세요.

给我一杯威士忌。
Gěi wǒ yì bēi wēishìjì.

얼음물 한 잔 주세요.

给我一杯水，加冰。
Gěi wǒ yì bēi shuǐ, jiā bīng.

얼음만 담아서 한 잔 주세요.

给我一杯冰块。
Gěi wǒ yì bēi bīngkuài.

＊冰块 bīngkuài 얼음 조각, 각 얼음

디저트 주세요.

请上甜点。
Qǐng shàng tiándiǎn.

디저트는 과일로 할게요.

甜点我要水果。
Tiándiǎn wǒ yào shuǐguǒ.

Word tip 冰淇淋 bīngqílín 아이스크림 | 蛋糕 dàngāo 케이크 | 布丁 bùdīng 푸딩

실전회화

A 甜点您要来点什么?
Tiándiǎn nín yào lái diǎn shénme?
디저트는 무엇으로 하시겠습니까?

B 我要水果。
Wǒ yào shuǐguǒ.
과일로 할게요.

불만 사항

이건 제가 시킨 게 아닌데요.

这不是我点的。
Zhè bú shì wǒ diǎn de.

고수를 빼 달라고 말씀드렸는데 들어 있네요.

我说了不要放香菜，还是放了。
Wǒ shuōle búyào fàng xiāngcài, háishi fàng le.

고수를 빼고 다시 만들어 주세요.

我说过不要放香菜，请重做一份。
Wǒ shuōguo búyào fàng xiāngcài, qǐng chóng zuò yí fèn.

주문한 음식이 아직 안 나왔어요.

我们点的菜还没上。
Wǒmen diǎn de cài hái méi shàng.

왜 이렇게 오래 걸리나요?

怎么这么慢?
Zěnme zhème màn?

음식이 왜 이렇게 안 나오나요? 빨리 좀 주세요.

菜怎么上得这么慢，快点儿上菜。
Cài zěnme shàng de zhème màn, kuài diǎnr shàngcài.

菜怎么上得这么慢，给催催。
Cài zěnme shàng de zhème màn, gěi cuīcui.

음식이 언제면 다 되나요?

菜什么时候能做好?
Cài shénme shíhou néng zuòhǎo?

저희 주문 좀 다시 확인해 주시겠어요?

能再确认一下我们点的菜吗?
Néng zài quèrèn yíxià wǒmen diǎn de cài ma?

실전회화

A 能再确认一下我们点的菜吗？已经等了三十多分钟了。
Néng zài quèrèn yíxià wǒmen diǎn de cài ma? Yǐjīng děngle sānshí duō fēnzhōng le.
저희 주문 좀 다시 확인해 주시겠어요? 벌써 30분 넘게 기다렸어요.

B 对不起，好像出了点儿问题，我们尽快给您上菜。
Duìbuqǐ, hǎoxiàng chūle diǎnr wèntí, wǒmen jǐnkuài gěi nín shàngcài.
죄송합니다. 조금 문제가 있었나 봅니다. 서둘러서 내오겠습니다.

맛이 좀 이상해요.

味道有点儿问题。
Wèidao yǒudiǎnr wèntí.

Biz tip 음식 맛이 시큼하니 상한 듯할 때, 한국어 '맛이 좀 이상해요.'를 직역한 '味道很奇怪。Wèidao hěn qíguài.' 표현을 쓰는 사람이 많습니다. 하지만 이 표현은 음식에 문제가 있다는 뜻 외에, 입맛에 맞지 않는다는 의미가 될 수도 있습니다. 음식 자체에 문제가 있다면, 위와 같이 분명하게 말하는 것이 좋습니다.

음식이 상한 듯해요.

菜好像坏了。
Cài hǎoxiàng huài le.

菜有点儿酸味儿。
Cài yǒudiǎnr suānwèir.

오징어가 신선하지 않네요.

鱿鱼不新鲜。
Yóuyú bù xīnxiān.

음식이 식었으니 좀 데워 주세요.

菜凉了，请给我热一下。

Cài liáng le, qǐng gěi wǒ rè yíxià.

음식에서 머리카락이 나왔어요.

菜里吃出了头发。

Cài li chīchūle tóufa.

실전회화

A 服务员，菜里吃出了头发。
Fúwùyuán, cài li chīchūle tóufa.
여기요. 음식에서 머리카락이 나왔어요.

B 真对不起，给您再上一份吗？还是将这道菜退掉？
Zhēn duìbuqǐ, gěi nín zài shàng yí fèn ma? Háishi jiāng zhè dào cài tuìdiào?
정말 죄송합니다. 새로 만들어 드릴까요, 환불해 드릴까요?

A 再上一份吧。
Zài shàng yí fèn ba.
새로 해 주세요.

이 음식에서 이런 게 나왔어요.

这个菜里吃出了这个东西。

Zhège cài li chīchūle zhège dōngxi.

기타 서비스

화장실이 어디 있나요?

洗手间在哪儿?

Xǐshǒujiān zài nǎr?

실례합니다. 손은 어디서 씻나요?

不好意思，在哪儿能洗手?

Bù hǎoyìsi, zài nǎr néng xǐshǒu?

차 좀 더 주세요.

再给点儿茶水。

Zài gěi diǎnr cháshuǐ.

음료수 리필해 주세요.

饮料请给我续杯。

Yǐnliào qǐng gěi wǒ xù bēi

Biz tip 중국에는 음료를 리필하는 문화가 없습니다. 일정 수준 이상의 음식점에서는 기본적으로 제공되는 찻물도 리필이 안 되는 경우가 있습니다. 또, '무한 리필'이나 '리필 가능'이 명시되지 않은 곳은 추가 금액을 내고 리필을 하거나, 재주문을 해야 하는 경우가 많습니다. 리필해 달라고 무턱대고 우기기보다는 문화적 차이에 대한 이해가 필요합니다.

냅킨 좀 더 주세요.

给几张餐巾纸。

Gěi jǐ zhāng cānjīnzhǐ.

그릇 좀 치워 주세요.

帮我拿走这个盘子。

Bāng wǒ názǒu zhège pánzi.

Biz tip 식사가 끝났다는 의미 또는 다음 요리를 상에 올리기 전 그릇을 치워 달라는 의미로 사용할 수 있습니다.

남은 음식 좀 포장해 주세요.

服务员，打包！

Fúwùyuán, dǎbāo!

剩下的这几个菜请给我打包。

Shèngxià de zhè jǐ ge cài qǐng gěi wǒ dǎbāo.

Biz tip 중국은 남은 음식을 포장해 가는 일이 매우 일반적입니다. 고급 음식점이라 하더라도 남은 음식을 포장해 가는 일은 흠이 아니니, 필요하면 포장해 달라고 요청하세요.

여기요, 계산해 주세요.

服务员，买单！

Fúwùyuán, mǎidān!

服务员，结账！

Fúwùyuán, jiézhàng!

전부 얼마인가요?

一共多少钱？

Yígòng duōshao qián?

같이 계산해 주세요.

一块儿结帐。

Yíkuàir jiézhàng.

제가 살게요.

今天我请客。

Jīntiān wǒ qǐngkè.

这些都由我来买单。

Zhèxiē dōu yóu wǒ lái mǎidān.

이건 저희 식당에서 무료로 드리는 겁니다.

这是我们餐厅免费送给您的。

Zhè shì wǒmen cāntīng miǎnfèi sòng gěi nín de.

길 찾기 및 교통수단

길 찾기

이곳 지도는 어디서 살 수 있나요?

在哪儿能买到这个地方的地图?

Zài nǎr néng mǎidào zhège dìfang de dìtú?

지도가 필요한데, 어디서 살 수 있나요?

我需要一张地图，在哪儿能买到?

Wǒ xūyào yì zhāng dìtú, zài nǎr néng mǎidào?

A 我需要一张地图，在哪儿能买到?
Wǒ xūyào yì zhāng dìtú, zài nǎr néng mǎidào?
지도가 필요한데, 어디서 살 수 있나요?

B 路边的小摊上就有卖的。
Lùbiān de xiǎotān shàng jiù yǒu mài de.
길가에 있는 작은 가게에서 팔아요.

사무실까지 가는 길 좀 알려 주시겠어요?

能告诉我要到办公室该怎么走吗?

Néng gàosu wǒ yào dào bàngōngshì gāi zěnme zǒu ma?

이 주소까지 어떻게 가는지 아시나요?

您知道要去这个地方该怎么走吗?

Nín zhīdào yào qù zhège dìfang gāi zěnme zǒu ma?

A 我想问一下，您知道要去这个地方该怎么走吗?
Wǒ xiǎng wèn yíxià, nín zhīdào yào qù zhège dìfang gāi zěnme zǒu ma?
말씀 좀 여쭐게요. 이 주소까지 어떻게 가는지 아시나요?

B 往前一直走，右手边有一个便利店，过了那个便利店往右拐就是。
Wǎng qián yìzhí zǒu, yòushǒu biān yǒu yí ge biànlìdiàn, guòle nàge biànlìdiàn wǎng yòu guǎi jiù shì.
쭉 앞쪽으로 가다가 오른쪽에 편의점이 나오면, 그 편의점을 끼고 우회전하면 됩니다.

제가 길을 잃은 것 같은데, 여기가 어디쯤인지 지도에서 좀 짚어 주시겠어요?

我好像迷路了，您能在地图上给我指一下我现在所在的位置吗?

Wǒ hǎoxiàng mílù le, nín néng zài dìtú shàng gěi wǒ zhǐ yíxià wǒ xiànzài suǒzài de wèizhi ma?

죄송합니다만, 천천히 다시 한번 말씀해 주시겠어요?

对不起，能再说一遍吗？说得慢一点儿。

Duìbuqǐ, néng zài shuō yí biàn ma? Shuō de màn yìdiǎnr.

실례합니다. 이 거리 이름이 뭔가요?

不好意思，这条路是什么路？

Bù hǎoyìsi, zhè tiáo lù shì shénme lù?

这条路的路名是什么？

Zhè tiáo lù de lùmíng shì shénme?

실례합니다. 여기가 ○○루 맞나요?

请问，这条路是○○路吗？

Qǐngwèn, zhè tiáo lù shì OO lù ma?

실례합니다. 여기가 왕징루로 가는 길인가요?

请问，这条路是通往望京路的吗？ *通往 tōngwǎng ~로 통하다

Qǐngwèn, zhè tiáo lù shì tōngwǎng Wàngjīnglù de ma?

여기에 가려면, 이쪽으로 가는 게 맞나요?

要去这里，往这个方向走对吗？

Yào qù zhèlǐ, wǎng zhège fāngxiàng zǒu duì ma?

여기 근처에 랜드마크가 될 만한 게 있나요?

这个地方附近有没有什么标志性的建筑？ *建筑 jiànzhù 건축물

Zhège dìfang fùjìn yǒu méiyǒu shénme biāozhìxìng de jiànzhù?

저도 이곳 지리는 잘 모릅니다.

我也不太了解这里的地理位置。

Wǒ yě bú tài liǎojiě zhèlǐ de dìlǐ wèizhi.

저도 여기에 처음 왔습니다.

我也是第一次来这里。

Wǒ yě shì dì-yī cì lái zhèlǐ.

두 블록 지나서 우회전하세요.

过两个路口往右拐。

Guò liǎng ge lùkǒu wǎng yòu guǎi.

이 건물은 뒤쪽 거리에 있어요.

这个楼就在后边那条路上。

Zhège lóu jiù zài hòubian nà tiáo lùshang.

길 건너편에 보이는 저 건물이에요.

过了马路，你看，就是那个楼。
Guòle mǎlù, nǐ kàn, jiù shì nàge lóu.

실전회화

A 这个楼在哪里，知道吗?
Zhège lóu zài nǎlǐ, zhīdào ma?
이 건물이 어디 있는지 아세요?

B 过了马路，你看，就是那个楼。
Guòle mǎlù, nǐ kàn, jiù shì nàge lóu.
길 건너편에 보이는 저 건물이에요.

저 신호등을 건넌 다음, 오른쪽으로 10분 정도 걸어가시면 돼요.

过了那个红绿灯往右拐，走十分钟就到了。
Guòle nàge hónglǜdēng wǎng yòu guǎi, zǒu shí fēnzhōng jiù dào le.

반대 방향으로 오셨네요. 다시 되돌아가셔야 해요.

您走反了，得再往回走。
Nín zǒufǎn le, děi zài wǎnghuí zǒu.

여기서 걸어가면 꽤 멀어요.

从这儿走着去太远了。
Cóng zhèr zǒuzhe qù tài yuǎn le.

버스 타고 가세요.

您坐公交车去吧。
Nín zuò gōngjiāochē qù ba.

지하철 이용

지하철역은 어떻게 가나요?

去地铁站怎么走?
Qù dìtiězhàn zěnme zǒu?

地铁站怎么去?
Dìtiězhàn zěnme qù?

请问，地铁站怎么走?
Qǐngwèn, dìtiězhàn zěnme zǒu?

이 근처에 지하철역이 있나요?

这附近有地铁站吗?
Zhè fùjìn yǒu dìtiězhàn ma?

여기서 가장 가까운 지하철역이 어디인가요?

哪个地铁站离这儿最近?
Nǎge dìtiězhàn lí zhèr zuì jìn?

실전회화

A 哪个地铁站离这儿最近?
Nǎge dìtiězhàn lí zhèr zuì jìn?
여기서 가장 가까운 지하철역이 어디인가요?

B 过了那个拐角就是。
Guòle nàge guǎijiǎo jiù shì.
저기 모퉁이를 돌면 바로예요.

＊拐角 guǎijiǎo 모퉁이

지하철 매표소는 어디 있나요?

地铁售票处在哪儿?

Dìtiě shòupiàochù zài nǎr?

A 地铁售票处在哪儿?
Dìtiě shòupiàochù zài nǎr?
지하철 매표소는 어디 있나요?

B 一直走就是售票处。
Yìzhí zǒu jiù shì shòupiàochù.
쭉 가시면 매표소가 나옵니다.

지하철 요금은 얼마인가요?

地铁票价是多少钱?

Dìtiě piàojià shì duōshao qián?

실전회화

A 地铁票价是多少钱?
Dìtiě piàojià shì duōshao qián?
지하철 요금은 얼마인가요?

B 起步票价是3元，按照乘坐里程长短收费。
Qǐbù piàojià shì sān yuán, ànzhào chéngzuò lǐchéng chángduǎn shōufèi.
기본요금은 3위안인데, 거리에 따라 추가 운임이 붙습니다.

＊里程 lǐchéng 노정

교통카드 한 장 주세요.

给我一张交通卡。

Gěi wǒ yì zhāng jiāotōngkǎ.

Biz tip 출장 기간이 길고 대중교통을 많이 이용한다면, 교통카드를 구입하는 게 좋습니다. 현금보다는 교통카드가 저렴하기 때문이죠. 교통카드는 지하철역 또는 버스 정류장 근처 교통카드 발급 센터에서 구입과 충전이 가능하며, 구입 시 소액의 보증금을 내야 합니다. 교통카드 환불이 불가능한 역이 있으니, 환불 전 미리 환불이 가능한 역을 알아 두는 게 좋습니다.

지하철 노선도 한 장 주세요.

给我一张地铁路线图。

Gěi wǒ yì zhāng dìtiě lùxiàntú.

텐안먼동역 한 장 주세요.

一张到天安门东。

Yì zhāng dào Tiān'ānmén Dōng.

텐안먼동역까지 요금이 얼마인가요?

到天安门东多少钱?

Dào Tiān'ānmén Dōng duōshao qián?

베이징 호텔에 가려면 어느 역에서 내려야 하나요?

去北京饭店，要在哪站下车?

Qù Běijīng Fàndiàn, yào zài nǎ zhàn xià chē?

베이징 호텔에 가려면 어느 출구로 나가야 하나요?

去北京饭店，要从哪个出口出去?

Qù Běijīng Fàndiàn, yào cóng nǎge chūkǒu chūqù?

실전회화

A **去北京饭店，要从哪个出口出去?**
Qù Běijīng Fàndiàn, yào cóng nǎge chūkǒu chūqù?
베이징 호텔에 가려면 어느 출구로 나가야 하나요?

B **应该是C口。**
Yīnggāi shì C kǒu.
C출구일 거예요.

버스 이용

버스 정류장은 어떻게 가나요?

去公交车站怎么走?

Qù gōngjiāochēzhàn zěnme zǒu?

이 근처에 버스 정류장이 있나요?

这附近有公交车站吗?

Zhè fùjìn yǒu gōngjiāochēzhàn ma?

여기서 가장 가까운 버스 정류장이 어디인가요?

哪个公交车站离这儿最近?

Nǎge gōngjiāochēzhàn lí zhèr zuì jìn?

순이에 가는 버스는 어디서 타야 하나요?

去顺义在哪儿坐车?

Qù Shùnyì zài nǎr zuò chē?

*顺义 Shùnyì 순이[베이징 동부의 지역명]

순이로 가는 버스는 어디서 출발하나요?

去顺义的车从哪儿出发?

Qù Shùnyì de chē cóng nǎr chūfā?

이 버스 중관춘에 가나요?

这辆车到中关村吗?

Zhè liàng chē dào Zhōngguāncūn ma?

*中关村 Zhōngguāncūn 중관춘[베이징에 위치한 첨단 기술 개발 지역]

중관춘에 가려면 몇 번 버스를 타야 하나요?

去中关村，要坐几路车?

Qù Zhōngguāncūn, yào zuò jǐ lù chē?

중관춘까지 요금이 얼마인가요?

到中关村多少钱?

Dào Zhōngguāncūn duōshao qián?

여기서 베이징 호텔까지 얼마나 걸리나요?

从这儿到北京饭店要多长时间?

Cóng zhèr dào Běijīng Fàndiàn yào duō cháng shíjiān?

여기서 베이징 호텔까지 몇 정거장인가요?

从这儿到北京饭店要坐几站?

Cóng zhèr dào Běijīng Fàndiàn yào zuò jǐ zhàn?

다음 정류장은 어디인가요?

下一站是哪儿?

Xià yí zhàn shì nǎr?

다음 정류장에서 내릴게요.

我要在下站下车。

Wǒ yào zài xià zhàn xià chē.

기사님, 문 좀 열어 주세요.

司机，开一下门。

Sījī, kāi yíxià mén.

Biz tip 중국 버스에는 대부분 하차벨이 없습니다. 매 정거장마다 버스가 서기 때문에 굳이 벨이 있을 필요가 없는 것이죠. 그래도 중요한 약속을 앞두고 하차할 곳을 지나쳐 늦으면 큰일이겠죠? 만약을 대비해 목적지의 정류장 이름을 외워 두세요.

택시 이용

이 근처에 택시 정류장이 있나요?

这附近有出租汽车站吗?

Zhè fùjìn yǒu chūzūqìchēzhàn ma?

베이징 호텔로 가죠.

去北京饭店。

Qù Běijīng Fàndiàn.

여기까지 요금이 얼마나 나오나요?

去这儿大概要多少钱?

Qù zhèr dàgài yào duōshao qián?

에어컨[히터] 좀 틀어 주시겠어요?

可以开一下空调[暖气]吗?

Kěyǐ kāi yíxià kōngtiáo[nuǎnqì] ma?

창문 좀 닫아 주시겠어요?

可以把窗户关上吗?

Kěyǐ bǎ chuānghu guānshàng ma?

라디오 소리 좀 줄여 주세요.

请把广播声音放小一点儿。

Qǐng bǎ guǎngbō shēngyīn fàng xiǎo yìdiǎnr.

＊广播 guǎngbō 라디오

음악 좀 꺼 주세요.

请关掉音乐。

Qǐng guāndiào yīnyuè.

좀 서둘러 주시겠어요?

能开快点儿吗?

Néng kāi kuài diǎnr ma?

请开快点儿，好吗?

Qǐng kāi kuài diǎnr, hǎo ma?

길이 많이 막히네요.

太堵了。

Tài dǔ le.

다른 길은 없나요?

没有别的路可走吗?

Méiyǒu biéde lù kě zǒu ma?

더 빠른 길은 없나요?

没有更快的路吗?

Méiyǒu gèng kuài de lù ma?

앞으로 얼마나 더 가야 하나요?

还要走多远?
Hái yào zǒu duō yuǎn?

还有多远?
Hái yǒu duō yuǎn?

여기서 세워 주세요.

请停在这儿。
Qǐng tíng zài zhèr.

저 앞 모퉁이에서 세워 주세요.

在前面那个拐角停一下。
Zài qiánmiàn nàge guǎijiǎo tíng yíxià.

베이징 호텔에서 ○○○까지 가려고 합니다.

从北京饭店出发，到○○○。
Cóng Běijīng Fàndiàn chūfā, dào OOO.

두 시까지 베이징 호텔 정문으로 와 주세요.

请两点到北京饭店正门。
Qǐng liǎng diǎn dào Běijīng Fàndiàn zhèngmén.

택시 투어를 하려고요.

我想坐出租车逛逛。
Wǒ xiǎng zuò chūzūchē guàngguang.

차를 하루 대절하는 데 얼마인가요?

包车一天多少钱?
Bāochē yì tiān duōshao qián?

*包车 bāochē 전세 차

실전회화

A 包车一天多少钱? 我想逛逛北京。
Bāochē yì tiān duōshao qián? Wǒ xiǎng guàngguang Běijīng.
차를 하루 대절하는 데 얼마인가요? 베이징 여기저기를 둘러보려고 합니다.

B 五百。
Wǔbǎi.
500위안입니다.

A 太贵了，便宜点儿吧。
Tài guì le, piànyi diǎnr ba.
너무 비싸네요. 좀 깎아 주세요.

렌터카 이용

렌터카는 어디서 빌릴 수 있나요?

去哪儿租车?

Qù nǎr zū chē?

차종은 어떤 게 있나요?

有什么样的车?

Yǒu shénmeyàng de chē?

경차를 렌트할 수 있을까요?

可以租一辆微型车吗?

Kěyǐ zū yí liàng wēixíngchē ma?

Word tip 小轿车 xiǎojiàochē 소형 승용차 | 中型车 zhōngxíngchē 중형차 | 高级轿车 gāojíjiàochē 대형 승용차 | 箱式货车 xiāngshìhuòchē 탑차 | 豪华大巴 háohuá dàbā 리무진

소형차를 7일간 렌트하려고요.

我要租小型车，租7天。

Wǒ yào zū xiǎoxíngchē, zū qī tiān.

小型车租7天。

Xiǎoxíngchē zū qī tiān.

중국 운전 면허증이 있어야만 차량을 렌트할 수 있습니다.

得有中国的驾驶执照才能租车。

Děi yǒu Zhōngguó de jiàshǐ zhízhào cái néng zū chē.

Biz tip 홍콩과 마카오 두 특별행정구역을 제외하고, 중국에서는 국제면허증으로는 운전을 할 수 없습니다. 중국 운전 면허증이 있는지 확인된 후에야 차를 렌트할 수 있죠. 짧은 출장 일정이라면, 며칠 간 택시를 대절하는 것이 가장 편하게 이동하는 방법입니다.

중국 운전 면허증이 없으면 렌트할 때 기사를 함께 신청하셔야 합니다.

如果没有中国的驾驶执照的话，租车时还要带司机。

Rúguǒ méiyǒu Zhōngguó de jiàshǐ zhízhào dehuà, zū chē shí hái yào dài sījī.

렌트비는 얼마인가요?

租赁费是多少?

Zūlìnfèi shì duōshao?

*租赁费 zūlìnfèi 임대료

요금에 자동차 보험은 포함되어 있죠?

费用中包括车险吧?

Fèiyòng zhōng bāokuò chēxiǎn ba?

빌리는 기간이 길수록 하루당 렌트비는 내려갑니다.

租车时间越长，每天的租赁费越便宜。

Zū chē shíjiān yuè cháng, měi tiān de zūlìnfèi yuè piányi.

기름을 가득 채워 렌트해 드립니다. 반납하실 때 기름을 가득 채워 두셔야 합니다.

车辆出租时都处于油箱满油状态，还车时也要将油箱加满。
Chēliàng chū zū shí dōu chǔyú yóuxiāng mǎn yóu zhuàngtài, huán chē shí yě yào jiāng yóuxiāng jiā mǎn.

반납 시 기름이 가득 채워져 있지 않으면, 추가로 200위안의 기름값을 내셔야 합니다.

如果还车时油箱不满，客户需要支付200元的油料费用。
Rúguǒ huán chē shí yóuxiāng bù mǎn, kèhù xūyào zhīfù liǎngbǎi yuán de yóuliào fèiyòng.

차는 어디에 반납해야 하나요?

在哪儿还车?
Zài nǎr huán chē?

A 在哪儿还车?
Zài nǎr huán chē?
차는 어디에 반납해야 하나요?

B 开到这里来也行，或者开到机场分店也可以。
Kāidào zhèlǐ lái yě xíng, huòzhě kāidào jīchǎng fēndiàn yě kěyǐ.
여기로 가져오셔도 되고, 공항 지점에 반납하셔도 됩니다.

늦게 반납하는 경우, 추가 요금이 어떻게 되나요?

还车的时间晚了的话，需要多支付多少?
Huán chē de shíjiān wǎnle dehuà, xūyào duō zhīfù duōshao?

차량에 문제가 있어요.

这辆车有问题。
Zhè liàng chē yǒu wèntí.

관광 및 쇼핑

관광지 추천

근처에 가 볼 만한 명소가 있나요?

这附近有什么景点吗?
Zhè fùjìn yǒu shénme jǐngdiǎn ma?

请告诉我几个这附近可看的地方。
Qǐng gàosu wǒ jǐ ge zhè fùjìn kě kàn de dìfang.

能推荐几个值得去的景点吗?
Néng tuījiàn jǐ ge zhíde qù de jǐngdiǎn ma?

관광 안내 정보를 어디서 구할 수 있나요?

去哪儿咨询旅游信息?
Qù nǎr zīxún lǚyóu xìnxī?

A 去哪儿咨询旅游信息?
Qù nǎr zīxún lǚyóu xìnxī?
관광 안내 정보를 어디서 구할 수 있나요?

B 您去咨询台问一下吧，他们会给您介绍一些市内旅游路线。
Nín qù zīxúntái wèn yíxià ba, tāmen huì gěi nín jièshào yìxiē shìnèi lǚyóu lùxiàn.
안내 데스크에서 물어보세요. 여러 가지 시내 관광 프로그램을 소개해 줄 거예요.

관광 안내 책자를 어디서 구할 수 있나요?

哪儿有导游手册?
Nǎr yǒu dǎoyóu shǒucè?

두 시간 정도 관광하기에는 어디가 좋을까요?

要逛两个小时左右的话，去哪儿比较好呢?
Yào guàng liǎng ge xiǎoshí zuǒyòu dehuà, qù nǎr bǐjiào hǎo ne?

당일 관광 코스를 추천해 주세요.

请推荐一下一日游的旅游线路吧。
Qǐng tuījiàn yíxià yírìyóu de lǚyóu xiànlù ba.

可以帮我推荐一日游吗?
Kěyǐ bāng wǒ tuījiàn yírìyóu ma?

내일 뭘 하시려고요?

明天您想做什么?
Míngtiān nín xiǎng zuò shénme?

미술관은 어떠세요?

美术馆怎么样?

Měishùguǎn zěnmeyàng?

여기 박물관은 꼭 가 봐야 한다고 들었어요.

听说这里的博物馆是一定要去参观的。

Tīngshuō zhèlǐ de bówùguǎn shì yídìng yào qù cānguān de.

박물관은 몇 시에 여나요?

博物馆几点开馆?

Bówùguǎn jǐ diǎn kāiguǎn?

솔직히 말하자면, 박물관 같은 곳은 별로 가고 싶지 않아요.

说实话，我不太想去博物馆这样的地方。

Shuō shíhuà, wǒ bú tài xiǎng qù bówùguǎn zhèyàng de dìfang.

다른 곳에 가면 어때요?

去别的地方怎么样?

Qù biéde dìfang zěnmeyàng?

관광지 구경

입장권은 어디서 사나요?

在哪儿买门票?

Zài nǎr mǎi ménpiào?

입장료는 얼마인가요?

门票多少钱?

Ménpiào duōshao qián?

여기는 몇 시부터 몇 시까지 하나요?

这儿几点开门，几点关门?

Zhèr jǐ diǎn kāimén, jǐ diǎn guānmén?

A 这儿几点开门，几点关门?
Zhèr jǐ diǎn kāimén, jǐ diǎn guānmén?
여기는 몇 시부터 몇 시까지 하나요?

B 上午10点到下午5点，4点之前要入场。
Shàngwǔ shí diǎn dào xiàwǔ wǔ diǎn, sì diǎn zhīqián yào rùchǎng.
오전 10시부터 오후 5시까지이고, 입장은 4시까지만 가능합니다.

이곳 자연환경은 정말 끝내주네요.

这里的自然风光实在是太壮观了。 ＊壮观 zhuàngguān 훌륭하고 장대하다

Zhèlǐ de zìrán fēngguāng shízài shì tài zhuàngguān le.

이곳 건축 양식은 정말 독특하네요.

这里的建筑风格真奇特。
Zhèlǐ de jiànzhù fēnggé zhēn qítè.

*奇特 qítè 독특하다

역시 중국이네요, 규모가 어마어마해요.

果然是中国，规模这么大。
Guǒrán shì Zhōngguó, guīmó zhème dà.

여기는 볼거리가 참 많네요.

这里可看的真多。
Zhèlǐ kě kàn de zhēn duō.

저 건물은 뭔가요?

那是什么建筑?
Nà shì shénme jiànzhù?

A 你看，那个建筑真雄伟，那是什么建筑?
Nǐ kàn, nàge jiànzhù zhēn xióngwěi, nà shì shénme jiànzhù?
저기 보이는 저 건물 정말 웅장하네요. 저 건물은 뭔가요?

B 那就是奥运会主会场。
Nà jiù shì Àoyùnhuì Zhǔhuìchǎng.
올림픽 주경기장이에요.

*雄伟 xióngwěi 웅장하다

저 건물은 얼마나 오래됐나요?

那个建筑有多少年的历史了?
Nàge jiànzhù yǒu duōshao nián de lìshǐ le?

那个建筑是什么时候建成的?
Nàge jiànzhù shì shénme shíhou jiànchéng de?

여기서 사진을 찍어도 되나요?

能在这儿照相吗?
Néng zài zhèr zhàoxiàng ma?

A 能在这儿照相吗?
Néng zài zhèr zhàoxiàng ma?
여기서 사진을 찍어도 되나요?

B 可以，但不能开闪光灯。
Kěyǐ, dàn bù néng kāi shǎnguāngdēng.
네. 하지만 플래시를 터뜨리면 안 됩니다.

*闪光灯 shǎnguāngdēng 플래시

사진 좀 찍어 주시겠어요?

能帮我照张相吗?
Néng bāng wǒ zhào zhāng xiàng ma?

이 셔터를 누르시면 돼요.

按这个快门就行。
Àn zhège kuàimén jiù xíng.

* 快门 kuàimén (사진기의) 셔터

전시실 내에서는 사진 촬영을 금합니다.

展馆内禁止拍照。
Zhǎnguǎn nèi jìnzhǐ pāizhào.

전시품에 손대지 마십시오.

不要触摸展示品。
Búyào chùmō zhǎnshìpǐn.

* 触摸 chùmō 만지다, 건드리다

짐 보관함이 있나요?

有箱包寄存处吗?
Yǒu xiāngbāo jìcúnchù ma?

有寄存行李的地方吗?
Yǒu jìcún xíngli de dìfang ma?

쇼핑

여기서 쇼핑하기 가장 좋은 장소가 어딘가요?

这里什么地方最适合购物?
Zhèlǐ shénme dìfang zuì shìhé gòuwù?

이 지역에서 가장 유명한 쇼핑가가 어딘가요?

这个地方最有名的购物街在哪儿?
Zhège dìfang zuì yǒumíng de gòuwùjiē zài nǎr?

저는 쇼핑 체질이 아니에요.

我不喜欢购物。
Wǒ bù xǐhuan gòuwù.

我不太喜欢购物。
Wǒ bú tài xǐhuan gòuwù.

일요일에도 문을 여나요?

星期天也开门吗?
Xīngqītiān yě kāimén ma?

이 지역 특산품은 뭔가요?

这个地方有什么特产?

Zhège dìfang yǒu shénme tèchǎn?

기념품은 어디서 사나요?

纪念品去哪儿买?

Jìniànpǐn qù nǎr mǎi ?

기념품이 있나요?

有纪念品吗?

Yǒu jìniànpǐn ma?

실전회화

A 有纪念品吗?
Yǒu jìniànpǐn ma?
기념품이 있나요?

B 当然，请进，我给您拿去。
Dāngrán, qǐng jìn, wǒ gěi nín náqù.
물론이죠. 들어오세요. 몇 가지 보여 드릴게요.

저것 좀 보여 주세요.

给我拿那个看看。

Gěi wǒ ná nàge kànkan.

이게 마음에 드네요, 좀 큰 치수 있나요?

这个不错，有没有大号的?

Zhège búcuò, yǒu méiyǒu dàhào de?

다른 색깔이 있나요?

有没有别的颜色的?

Yǒu méiyǒu biéde yánsè de?

이 옷 입어 봐도 되나요?

这件可以试试吗?

Zhè jiàn kěyǐ shìshi ma?

마음에 드는 게 없네요.

没有我喜欢的。

Méiyǒu wǒ xǐhuan de.

찾는 게 없네요.

没有我要买的。

Méiyǒu wǒ yào mǎi de.

다른 것 좀 보여 주시겠어요?

能看看别的吗?

Néng kànkan biéde ma?

실전회화

A 能看看别的吗?
Néng kànkan biéde ma?
다른 것 좀 보여 주시겠어요?

B 我给您拿一件其他款式的夹克。
Wǒ gěi nín ná yí jiàn qítā kuǎnshì de jiākè.
다른 디자인의 재킷을 보여 드릴게요.

*夹克 jiākè 재킷

그냥 둘러볼게요.

随便转转。

Suíbiàn zhuànzhuan.

우선 좀 둘러볼게요.

我先转转。

Wǒ xiān zhuànzhuan.

좀 더 둘러볼게요.

我再转转。

Wǒ zài zhuànzhuan.

실전회화

A 这件要吗?
Zhè jiàn yào ma?
이걸로 드릴까요?

B 不，我再转转。
Bù, wǒ zài zhuǎnzhuan.
아니요. 좀 더 둘러볼게요.

도움이 필요하면 부를게요.

有什么需要，我叫您。

Yǒu shénme xūyào, wǒ jiào nín.

우선 둘러보고 다시 올게요.

我先转转，一会儿再来。

Wǒ xiān zhuànzhuan, yíhuìr zài lái.

생각 좀 해 보고 다시 올게요.

我想想，一会儿再来。

Wǒ xiǎngxiang, yíhuìr zài lái.

가격을 비교해 보고 다시 올게요.

您去比较比较价钱再回来。
Nín qù bǐjiào bǐjiào jiàqián zài huílái.

Biz tip 실제로는 다른 상점을 둘러보고 다시 온다고 하면 절대 싸게 살 수 없습니다. 다시 오겠다는 말 없이 그냥 가 버리는 행동을 취하면, 좀 더 저렴한 가격에 물건 값을 흥정할 수 있습니다.

이 옷으로 주세요.

就来这件吧。
Jiù lái zhè jiàn ba.

이 티셔츠 주세요.

给我这个T恤衫吧。
Gěi wǒ zhège T xùshān ba.

*T恤衫 T xùshān 티셔츠

이 찻잔으로 주세요.

我买这个茶杯。
Wǒ mǎi zhège chábēi.

*茶杯 chábēi 찻잔

Biz tip 한국어의 '이것 주세요'를 중국어에 비슷하게 적용할 수 있지만, 실제로는 좀 더 구체적으로 말하는 게 좋습니다. 손으로 가리키며 말할 때도 사물의 이름을 함께 말하거나, 양사를 이용해 말해 보세요.

둘 다 주세요.

两件都要。
Liǎng jiàn dōu yào.

这两个我都要。
Zhè liǎng ge wǒ dōu yào.

아, 여기 뭐가 묻었네요. 다른 걸로 바꿔 주세요.

啊！这儿有点儿脏，给我换一件。
Ā! Zhèr yǒudiǎnr zāng, gěi wǒ huàn yí jiàn.

카드 되나요?

能用信用卡吗?
Néng yòng xìnyòngkǎ ma?

좀 깎아 주세요.

便宜点儿吧。
Piányi diǎnr ba.

선물할 거예요, 포장해 주세요.

我要送人，给包装一下。
Wǒ yào sòng rén, gěi bāozhuāng yíxià.

출장 마무리

09-1.mp3

회사 복귀

출장 다녀왔습니다.

我出差回来了。

Wǒ chūchāi huílái le.

출장에서 막 돌아왔습니다.

我刚出差回来。

Wǒ gāng chūchāi huílái.

베이징에서 막 돌아왔습니다.

我刚从北京回来。

Wǒ gāng cóng Běijīng huílái.

선물을 좀 사 왔습니다.

我买了点儿礼物。

Wǒ mǎile diǎnr lǐwù.

这是礼物。

Zhè shì lǐwù.

기념품을 좀 사 왔습니다.

我买了点儿纪念品。

Wǒ mǎile diǎnr jìniànpǐn.

모두 함께 드십시오.

大家一起尝尝吧。

Dàjiā yìqǐ chángchang ba.

며칠 자리를 비웠더니 처리할 일이 산더미네요.

几天不在，要处理的事情堆成了山。

Jǐ tiān búzài, yào chǔlǐ de shìqing duīchéngle shān.

*堆 duī 쌓여 있다

출장 보고

회의에서 큰 수확을 거뒀습니다.

会议取得了很重要的成果。

Huìyì qǔdéle hěn zhòngyào de chéngguǒ.

무역 박람회에 라이선스 계약을 하고 싶은 제품이 꽤 있었습니다.

贸易博览会上有很多产品都想签许可协议。
Màoyì bólǎnhuì shàng yǒu hěn duō chǎnpǐn dōu xiǎng qiān xǔkě xiéyì.

실전회화

A 贸易博览会怎么样?
Màoyì bólǎnhuì zěnmeyàng?
무역 박람회는 어땠나요?

B 贸易博览会上有很多产品都想签许可协议，我带回来了一些手册和样品。
Màoyì bólǎnhuì shàng yǒu hěn duō chǎnpǐn dōu xiǎng qiān xǔkě xiéyì, wǒ dài huíláile yìxiē shǒucè hé yàngpǐn.
무역 박람회에 라이선스 계약을 하고 싶은 제품이 꽤 있어서, 브로셔와 샘플을 챙겨 왔습니다.

결과가 생각보다 만족스럽지 못합니다.

结果不尽如人意。
Jiéguǒ bú jìn rú rényì.

회의가 잘되지 않았습니다.

会议进行得不太顺利。
Huìyì jìnxíng de bú tài shùnlì.

안타깝지만, 이번 전시회는 시간 낭비였습니다.

非常遗憾，这次的展示会就是浪费时间。
Fēicháng yíhàn, zhè cì de zhǎnshìhuì jiù shì làngfèi shíjiān.

출장 경비에서 교통비는 어떻게 청구해야 합니까?

出差经费中交通费该怎么报销?
Chūchāi jīngfèi zhōng jiāotōngfèi gāi zěnme bàoxiāo?

*报销 bàoxiāo 청구하다

출장 경비에서 '상세 내역'에는 무엇을 기재해야 합니까?

出差经费中“细目”一栏要写什么?
Chūchāi jīngfèi zhōng “xì mù” yì lán yào xiě shénme?

필요할 때 바로 찾아 쓰기만 하면 끝!

중국어 고수를 판가름하는 것은 바로 서식 언어의 이해 및 작성입니다. 중국어는 구어(口语)와 문어(书面语)의 구분이 매우 분명한 언어입니다. 문자에 대한 지식이 깊다면 문어로 쓰인 중국어 서식을 이해할 수 있으나, 비즈니스에서 자주 쓰이는 한글 공문을 중국어로 작성하는 것은 아무리 오랫동안 중국어를 공부했다 할지라도 취약한 경우가 많습니다.

PART 10에는 중국 채용 공고에 자주 쓰이는 비즈니스 분야별 단어를 익히고, 여러 가지 서식 중에서도 특별히 주의를 기울여야 하는 계약서를 중심으로 중국어의 올바른 문어를 학습하도록 구성했습니다. 계약서 작성 또는 확인 시 바로 찾아 써 보세요.

Chapter 1

채용 공고

Chapter 2

계약서 공통 조항

Chapter 3

분야별 계약서 조항

채용 공고

10-1.mp3

채용 분야

정규직

正式员工
zhèngshì yuángōng

正式工
zhèngshìgōng

계약직

非正式员工
fēizhèngshì yuángōng

合同工
hétonggōng

경력직

资深员工
zīshēn yuángōng

老员工
lǎoyuángōng

신입

新员工
xīnyuángōng

인턴

实习员工
shíxí yuángōng

实习生
shíxíshēng

마케팅

市场营销
shìchǎng yíngxiāo

유통

流通
liútōng

무역

贸易
màoyì

포워딩

货运
huòyùn

货运代理
huòyùn dàilǐ

IT

信息产业
xìnxī chǎnyè

미디어

媒体
méitǐ

출판

出版
chūbǎn

디자인

设计
shèjì

건설

建设
jiànshè

경영/사무

管理/行政
guǎnlǐ / xíngzhèng

서비스

服务
fúwù

의료

医疗
yīliáo

사회사업
社会福利
shèhuì fúlì

직무 및 예정 업무

영상 촬영/편집
视频拍摄/编辑
shìpín pāishè / biānjí

광고/홍보
广告/宣传
guǎnggào / xuānchuán

도서 기획/편집
图书策划/编辑
túshū cèhuà / biānjí

저작권 관리
版权管理
bǎnquán guǎnlǐ

(컴퓨터) 시스템 개발
(电脑)系统开发
(diànnǎo) xìtǒng kāifā

북 디자인
书籍设计
shūjí shèjì

의상 디자인
服装设计
fúzhuāng shèjì

인테리어 디자인
装潢设计
zhuānghuáng shèjì

건축 시공
建筑施工
jiànzhù shīgōng

해외 영업
海外销售
hǎiwài xiāoshòu

영업 관리
销售管理
xiāoshòu guǎnlǐ

판매
销售
xiāoshòu

컨설팅
咨询
zīxún

총무/회계/재무
总务/会计/财务
zǒngwù / kuìjì / cáiwù

행정 관리
行政管理
xíngzhèng guǎnlǐ

의료 코디네이터
医疗协调员
yīliáo xiétiáoyuán

의료기기 수출입/관리
医疗器械进出口/管理
yīliáo qìxiè jìnchūkǒu / guǎnlǐ

자격

초대졸 이상
大专以上学历
dàzhuān yǐshàng xuélì

대졸 이상
大学本科以上学历
dàxué běnkē yǐshàng xuélì

석사
硕士
shuòshì

박사
博士
bóshì

해당 업무 3년 이상의 경력자

具有三年以上的相关工作经验

jùyǒu sān nián yǐshàng de xiāngguān gōngzuò jīngyàn

학사 학위 취득 후 해당 업무 3년 이상의 경력자

具有学士学位并具有三年以上的相关工作经历

jùyǒu xuéshì xuéwèi bìng jùyǒu sān nián yǐshàng de xiāngguān gōngzuò jīnglì

컴퓨터 활용 능력 우수자

熟练掌握电脑

shúliàn zhǎngwò diànnǎo

중국어 능통자

汉语流利

Hànyǔ liúlì

계약서 공통 조항

근로 조건

○○○(이하 '갑'이라 함)와 직원 ○○○(이하 '을'이라 함)는 '중화인민공화국 계약법' 등 법률에 따른 다음 근로 조건을 성실히 이행할 것을 약정하고 근로 계약을 체결한다.

○○○(以下简称甲方)与职工○○○(以下简称乙方)按照《中华人民共和国合同法》等法律规定，经协商一致，签订本合同，并严肃履行下列条款。

OOO(yǐxià jiǎnchēng jiǎ fāng) yǔ zhígōng OOO(yǐxià jiǎnchēng yǐ fāng) ànzhào《Zhōnghuá Rénmín Gònghéguó Hétongfǎ》děng fǎlǜ guīdìng, jīng xiéshāng yízhì, qiāndìng běn hétong, bìng yánsù lǚxíng xiàliè tiáokuǎn.

'을'은 본 계약에 따라 '갑'의 근로자로서 근로 관계를 형성하고, 다음 업무를 수행한다.

乙方按照本合同规定，同意在甲方部门担任职务，按照甲方的岗位职责要求执行以下工作。

Yǐ fāng ànzhào běn hétong guīdìng, tóngyì zài jiǎ fāng bùmén dānrèn zhíwù, ànzhào jiǎ fāng de gǎngwèi zhízé yāoqiú zhíxíng yǐxià gōngzuò.

乙方按照本合同规定，同意在甲方部门担任职务，接受甲方安排的以下工作任务。

Yǐ fāng ànzhào běn hétong guīdìng, tóngyì zài jiǎ fāng bùmén dānrèn zhíwù, jiēshòu jiǎ fāng ānpái de yǐxià gōngzuò rènwù.

'갑'이 본 계약에서 제시한 자격과 관련하여 '을'이 제출한 서류가 허위일 경우, '갑'은 언제라도 '을'의 채용을 취소할 수 있다.

如发现乙方所提交的证明资料有虚假时，甲方可随时解除合同。

Rú fāxiàn yǐ fāng suǒ tíjiāo de zhèngmíng zīliào yǒu xūjiǎ shí, jiǎ fāng kě suíshí jiěchú hétong.

乙方所提交的材料应符合甲方的要求，如有虚假，甲方可随时解除合同。

Yǐ fāng suǒ tíjiāo de cáiliào yīng fúhé jiǎ fāng de yāoqiú, rú yǒu xūjiǎ, jiǎ fāng kě suíshí jiěchú hétong.

'을'이 본 계약상의 조항을 위반할 경우, '갑'은 계약을 해지할 수 있다.

如乙方违反本合同规定，甲方可提前解除合同。

Rú yǐ fāng wéifǎn běn hétong guīdìng, jiǎ fāng kě tíqián jiěchú hétong.

계약 기간이 1년을 초과하여 지속될 경우, '갑'은 법정 퇴직금을 '을'의 퇴직 시 지급한다.

本合同期满一年后，若双方对本合同的继续履行无异议，甲方在乙方离职时支付退休金。

Běn hétong qīmǎn yì nián hòu, ruò shuāngfāng duì běn hétong de jìxù lǚxíng wú yìyì, jiǎ fāng zài yǐ fāng lízhí shí zhīfù tuìxiūjīn.

'을'은 첫 근무일로부터 3개월 동안의 근무를 수습 기간으로 한다.

试用期限为三个月。

Shìyòng qīxiàn wéi sān ge yuè.

'을'의 근무 시간은 주5일 근무로, 9:00부터 18:00까지, 점심 시간은 12:00부터 13:00까지로 한다.

乙方的工作时间为：周五日工作制，每天9:00到18:00，午休时间为12:00到13:00。

Yǐ fāng de gōngzuò shíjiān wéi: zhōuwǔrì gōngzuòzhì, měi tiān jiǔ diǎn dào shíbā diǎn, wǔxiū shíjiān wéi shí'èr diǎn dào shísān diǎn.

'갑'은 정해진 임금을 매달 25일 '을'에게 지급한다.

甲方保证按月发放工资，具体工资发放日期为每月25日。

Jiǎ fāng bǎozhèng àn yuè fāfàng gōngzī, jùtǐ gōngzī fāfàng rìqī wéi měi yuè èrshíwǔ rì.

甲方应每月按时支付给乙方劳动报酬，支付日期为每月25日。

Jiǎ fāng yīng měi yuè ànshí zhīfù gěi yǐ fāng láodòng bàochóu, zhīfù rìqī wéi měi yuè èrshíwǔ rì.

'을'이 제작한 본 저작물의 저작권은 '갑'의 소유로 한다.

乙方所制作作品的著作权归甲方所有。

Yǐ fāng suǒ zhìzuò zuòpǐn de zhùzuòquán guī jiǎ fāng suǒyǒu.

본 계약에 의해 산출되는 자료 및 프로젝트 성과에 대한 저작권, 특허권과 같은 지적 재산권은 모두 '갑'의 소유로 한다.

依据本合同规定，相关材料及项目成果等著作权、专利权等知识产权全部归甲方所有。

Yījù běn hétong guīdìng, xiāngguān cáiliào jí xiàngmù chéngguǒ děng zhùzuòquán、zhuānlìquán děng zhīshíchǎnquán quánbù guī jiǎ fāng suǒyǒu.

'갑'은 계약 기간 중 '을'의 업무 진행 상황 또는 기타 사유로 계약 조건의 조정이 필요할 시, 연봉을 포함한 계약을 변경할 수 있다.

甲方在合同期限内，可根据乙方完成工作的情况，或因其他原因需对合同条款(包括劳动报酬)进行调整。

Jiǎ fāng zài hétong qīxiàn nèi, kě gēnjù yǐ fāng wánchéng gōngzuò de qíngkuàng, huò yīn qítā yuányīn xū duì hétong tiáokuǎn(bāokuò láodòng bàochóu) jìnxíng tiáozhěng.

본 계약서 2부를 작성하여 '갑'과 '을'이 각 1부씩 보관한다.

本合同一式两份，双方各执一份。

Běn hétong yí shì liǎng fèn, shuāngfāng gèzhí yí fèn.

本合同一式两份，甲乙双方各执一份。

Běn hétong yí shì liǎng fèn, jiǎ yǐ shuāngfāng gèzhí yí fèn.

본 계약은 '갑'과 '을'이 서명한 날로부터 효력이 발생한다.

本合同自双方签字或盖章后生效。

Běn hétong zì shuāngfāng qiānzì huò gàizhāng hòu shēngxiào.

책임 의무

'을'은 본 계약에 따른 모든 직무를 수행하고, '갑'의 사업에 최대한 노력을 다한다.

乙方按照本合同规定，自觉地进行工作，努力完成甲方的工作任务。

Yǐ fāng ànzhào běn hétong guīdìng, zìjué de jìnxíng gōngzuò, nǔlì wánchéng jiǎ fāng de gōngzuò rènwù.

'을'은 '갑'의 규정에 따라 성실히 근무할 것이며, 보수에 관계없이 계약 기간 중 '갑'의 동의 없는 개인 사업이나 타 직업에 종사하지 않는다.

乙方按照甲方的规定认真工作，在合同有效期内，无论有无报酬，未经甲方允许，不得从事个人商业活动或兼职。

Yǐ fāng ànzhào jiǎ fāng de guīdìng rènzhēn gōngzuò, zài hétong yǒuxiàoqī nèi, wúlùn yǒuwú bàochóu, wèi jīng jiǎ fāng yǔnxǔ, bùdé cóngshì gèrén shāngyè huódòng huò jiānzhí.

'을'은 '갑'을 위해서만 근무하고 '갑'의 경쟁 업체에서 근무해서는 안 된다. 본 조항은 본 계약의 해지 또는 종료 후에도 2년간 효력을 갖는다.

乙方承诺不与其他任何单位保持劳动关系，或者在竞业公司工作，此项条款在合同终止后两年内仍然有效。

Yǐ fāng chéngnuò bù yǔ qítā rènhé dānwèi bǎochí láodòng guānxi, huòzhě zài jìngyè gōngsī gōngzuò, cǐ xiàng tiáokuǎn zài hétong zhōngzhǐ hòu liǎng nián nèi réngrán yǒuxiào.

乙方承诺不与其他任何单位保持劳动关系，不得以任何方式向甲方的客户、合作伙伴或竞争对手提供任何形式的有偿或无偿服务。此项条款在合同终止后两年内仍然有效。

Yǐ fāng chéngnuò bù yǔ qítā rènhé dānwèi bǎochí láodòng guānxi, bù déyǐ rènhé fāngshì xiàng jiǎ fāng de kèhù、hézuò huǒbàn huò jìngzhēng duìshǒu tígòng rènhé xíngshì de yǒucháng huò wúcháng fúwù. Cǐ xiàng tiáokuǎn zài hétong zhōngzhǐ hòu liǎng nián nèi réngrán yǒuxiào.

'을'이 사직하는 경우, 사직일로부터 30일 전에 사직서를 제출해야 한다. '을'은 사직 및 계약이 종료될 때 '갑'이 정한 후임자에게 인수인계해야 하며, 인수인계서를 서면 형식으로 제출한다.

若乙方需解除劳动合同，应当提前三十30日以书面的形式通知甲方。在解除或者终止劳动合同时，乙方应当将正在负责的工作事项以及甲方交付乙方使用的财物与甲方指定的工作人员进行交接，并以书面的形式上交给甲方。

Ruò yǐ fāng xū jiěchú láodòng hétong, yīngdāng tíqián sānshí rì yǐ shūmiàn de xíngshì tōngzhī jiǎ fāng. Zài jiěchú huòzhě zhōngzhǐ láodòng hétong shí, yǐ fāng yīngdāng jiāng zhèngzài fùzé de gōngzuò shìxiàng yǐjí jiǎ fāng jiāofù yǐ fāng shǐyòng de cáiwù yǔ jiǎ fāng zhǐdìng de gōngzuò rényuán jìnxíng jiāojiē, bìng yǐ shūmiàn de xíngshì shàng jiāo gěi jiǎ fāng.

손해 배상

'을'의 귀책 사유로 '갑'에게 인적·물적 손해를 끼쳤을 경우, '갑'은 '을'에게 민사 또는 형사상 책임 및 손해 배상을 청구할 수 있다.

因乙方存在严重过失或者故意造成甲方损失的，甲方有权向乙方追究民事、刑事责任，并追偿。

Yīn yǐ fāng cúnzài yánzhòng guòshī huòzhě gùyì zàochéng jiǎ fāng sǔnshī de, jiǎ fāng yǒu quán xiàng yǐ fāng zhuījiū mínshì、xíngshì zérèn, bìng zhuīcháng.

*追究 zhuījiū 규명하다

본 계약과 관련하여 분쟁이 발생할 경우, 소송 법원은 '갑'의 소재지 관할 법원으로 한다.

如因合同纠纷提起诉讼时，则在甲方所在地法院提起诉讼。

Rú yīn hétong jiūfēn tíqǐ sùsòng shí, zé zài jiǎ fāng suǒzàidì fǎyuàn tíqǐ sùsòng.

비밀 유지 의무

'을'은 본 계약에 동의하며, 연봉 등에 관한 사항을 타인에게 누설하지 않는다.

乙方同意本合同规定，保证不将劳动报酬等泄露给他人。

Yǐ fāng tóngyì běn hétong guīdìng, bǎozhèng bù jiāng láodòng bàochóu děng xièlù gěi tārén.

'을'은 본 계약 수행 중에 알게 된 '갑'의 모든 정보를 제3자에게 누설해서는 안 된다. 이 조항은 본 계약이 종료된 후에도 유지한다.

乙方应当保守工作期间知悉甲方的各种商业秘密、知识产权、公司机密等任何不宜对外公开的事项。此项规定在合同终止后仍然有效。

Yǐ fāng yīngdāng bǎoshǒu gōngzuò qījiān zhīxī jiǎ fāng de gè zhǒng shāngyè mìmì、zhīshí chǎnquán、gōngsī jīmì děng rènhé bùyí duìwài gōngkāi de shìxiàng. Cǐ xiàng guīdìng zài hétong zhōngzhǐ hòu réngrán yǒuxiào.

'갑'이 필요하다고 판단하는 경우, 별도의 비밀 유지 약정서를 제출한다.

如甲方认为有必要，双方还将签订保密协定。

Rú jiǎ fāng rènwéi yǒu bìyào, shuāngfāng hái jiāng qiāndìng bǎomì xiédìng.

분야별 계약서 조항

물품 공급

'을'은 '갑'에게 납기일 내에 완제품을 납품해야 한다.

乙方应如期交货。
Yǐ fāng yīng rúqī jiāohuò.

乙方应在规定日期内交货给甲方。
Yǐ fāng yīng zài guīdìng rìqī nèi jiāohuò gěi jiǎ fāng.

'을'이 특수한 사유로 납기일을 지키지 못할 시, 이를 즉시 '갑'에게 통보해야 한다.

如乙方因特殊原因不能如期交货时，须立即通知甲方。
Rú yǐ fāng yīn tèshū yuányīn bù néng rúqī jiāohuò shí, xū lìjí tōngzhī jiǎ fāng.

'을'이 납기일을 지키지 못할 시, '갑'은 계약금의 1%에 해당하는 금액을 연체 일수만큼 계산하여 잔금에서 공제할 수 있다.

如乙方不能如期交货时，甲方将逾期一天扣除1%的定金，并按逾期天数从剩余货款中一并扣除。
Rú yǐ fāng bù néng rúqī jiāohuò shí, jiǎ fāng jiāng yúqī yì tiān kòuchú bǎi fēn zhī yī de dìngjīn, bìng àn yúqī tiān shù cóng shèngyú huòkuǎn zhōng yí bìng kòuchú.

'을'의 귀책 사유로 물품 제작이 차질을 빚을 시, '을'은 '갑'에게 서면으로 상황을 보고한다.

因乙方责任，影响产品生产的正常进行时，应以书面形式报告给甲方。
Yīn yǐ fāng zérèn, yǐngxiǎng chǎnpǐn shēngchǎn de zhèngcháng jìnxíng shí, yīng yǐ shūmiàn xíngshì bàogào gěi jiǎ fāng.

'갑'의 서면 통보 후 7일 이내에 문제점이 시정되지 않을 시, '갑'은 본 계약을 파기할 수 있다.

若书面提交报告后七天之内，不能解决相关问题的话，甲方有权解除本合同。
Ruò shūmiàn tíjiāo bàogào hòu qī tiān zhī nèi, bù néng jiějué xiāngguān wèntí dehuà, jiǎ fāng yǒu quán jiěchú běn hétong.

구매

구매 상품 대금 지급 방식은 다음과 같다. '갑'은 '을'로부터 상품을 인도 받은 후, 일시불로 결제한다.

货款结算方式为：甲方在收到乙方的货物后一次性付清。
Huòkuǎn jiésuàn fāngshì wéi: jiǎ fāng zài shōudào yǐ fāng de huòwù hòu yícìxìng fùqīng.

상품은 '을'이 운송을 책임지고, 운송료는 '을'이 부담한다.

货物由乙方负责运输，运输费用由乙方承担。

Huòwù yóu yǐ fāng fùzé yùnshū, yùnshū fèiyòng yóu yǐ fāng chéngdān.

'을'은 제공하는 상품의 품질이 '갑'의 요구나 국가가 제정한 기준에 적합함을 보증한다.

乙方应保证所提供的产品质量符合甲方的要求或国家规定的有关标准。

Yǐ fāng yīng bǎozhèng suǒ tígòng de chǎnpǐn zhìliàng fúhé jiǎ fāng de yāoqiú huò guójiā guīdìng de yǒuguān biāozhǔn.

'갑'의 요구 또는 그에 상응하는 법정 상품 품질 기준에 의거하여 상품을 검수한다.

按照甲方的要求或相关法律规定的产品质量标准进行产品验收。

Ànzhào jiǎ fāng de yāoqiú huò xiāngguān fǎlǜ guīdìng de chǎnpǐn zhìliàng biāozhǔn jìnxíng chǎnpǐn yànshōu.

'갑'은 기한 내에 약속한 방식에 따라 '을'에게 대금을 지급한다.

甲方应如期按约定方式向乙方支付货款。

Jiǎ fāng yīng rúqī àn yuēdìng fāngshì xiàng yǐ fāng zhīfù huòkuǎn.

'을'이 제공한 상품의 수량과 품질은 본 계약서의 규정에 부합해야 한다.

乙方提供的产品数量及质量应符合本合同规定。

Yǐ fāng tígòng de chǎnpǐn shùliàng jí zhìliàng yīng fúhé běn hétong guīdìng.

만약 '을'이 제공한 상품의 수량이 부족할 경우, '갑'은 상품 대금에서 그에 상응하는 액수만큼 차감할 수 있다.

如乙方所提供的产品数量不足，甲方可以在货款中扣除相应的数额。

Rú yǐ fāng suǒ tígòng de chǎnpǐn shùliàng bùzú, jiǎ fāng kěyǐ zài huòkuǎn zhōng kòuchú xiāngyìng de shù'é.

'을'이 제공한 상품의 품질에 문제가 발생하여 '갑'에게 손해를 끼쳤을 경우, '을'은 그에 상응하는 배상을 한다.

由于乙方提供的产品质量出现问题，给甲方造成损失时，乙方应承担相应的赔偿责任。

Yóuyú yǐ fāng tígòng de chǎnpǐn zhìliàng chūxiàn wèntí, gěi jiǎ fāng zàochéng sǔnshī shí, yǐ fāng yīng chéngdān xiāngyìng de péicháng zérèn.

기계 등의 임대

임차인 ○○○을 '갑'이라 하고 임대인 ○○○을 '을'이라 하여 다음과 같은 임대차 계약을 체결한다.

借方○○○(以下简称甲方)和借出方○○○(以下简称乙方)，经双方友好协商，订立如下协议。

Jiè fāng OOO(yǐxià jiǎnchēng jiǎ fāng) hé jièchū fāng OOO(yǐxià jiǎnchēng yǐ fāng), jīng shuāngfāng yǒuhǎo xiéshāng, dìnglì rúxià xiéyì.

계약 체결 후 6개월 간 '을'이 임대물에서 얻는 수익이 없을 시, '을'은 임대 계약을 해지할 수 있다.

合同生效后六个月内，如乙方没有从借贷产品中获得任何利益的话，乙方有权解除借用合同。
Hétong shēngxiào hòu liù ge yuè nèi, rú yǐ fāng méiyǒu cóng jièdài chǎnpǐn zhōng huòdé rènhé lìyì dehuà, yǐ fāng yǒu quán jiěchú jièyòng hétong.

계약 만료 후, '을'이 임대물을 회수할 때 '갑'의 의사는 필요하지 않으며 회수 방법도 '을'의 자유로 한다.

如甲方到期不归还所借产品或不办理延长借用手续，乙方则可无视甲方意愿，有权收回所借产品，收回手段也由乙方决定。
Rú jiǎ fāng dàoqī bù guīhuán suǒ jiè chǎnpǐn huò bú bànlǐ yáncháng jièyòng shǒuxù, yǐ fāng zé kě wúshì jiǎ fāng yìyuàn, yǒu quán shōuhuí suǒ jiè chǎnpǐn, shōuhuí shǒuduàn yě yóu yǐ fāng juédìng.

임대물의 사용 중 '갑'이 기기 및 부품의 파손, 분실 등의 손해를 입힌 경우, '갑'은 모든 민사 또는 형사상의 책임을 지고 손해를 배상한다.

甲方在使用中，若所借产品有任何损坏，包括机器损坏、零部件损坏或遗失等，甲方须承担全部民事及刑事责任。
Jiǎ fāng zài shǐyòng zhōng, ruò suǒ jiè chǎnpǐn yǒu rènhé sǔnhuài, bāokuò jīqì sǔnhuài、língbùjiàn sǔnhuài huò yíshī děng, jiǎ fāng xū chéngdān quánbù mínshì jí xíngshì zérèn.

타인이 임대물에 위해를 가할 시 '갑'은 임대물의 소유권자가 '을'이라는 것을 제3자에게 적극 해명해야 한다.

如第三方对所借物品造成损坏时，甲方有责任向第三方阐明乙方是所借物品的所有方。
Rú dì sānfāng duì suǒ jiè wùpǐn zàochéng sǔnhuài shí, jiǎ fāng yǒu zérèn xiàng dìsānfāng chǎnmíng yǐ fāng shì suǒ jiè wùpǐn de suǒyǒu fāng.

영상 촬영 · 편집

'갑'이 '을'에게 의뢰한 영상 촬영 제작은 다음과 같이 협의한다.

甲、乙双方经协商一致，就甲方委托乙方为其提供相关视频拍摄服务事宜达成如下协议。
Jiǎ、yǐ shuāngfāng jīng xiéshāng yízhì, jiù jiǎ fāng wěituō yǐ fāng wéi qí tígòng xiāngguān shìpín pāishè fúwù shìyí dáchéng rúxià xiéyì.

'을'은 '갑'의 극본을 바탕으로 대화 장면을 촬영한다.

根据甲方教材脚本进行对话场景拍摄。
Gēnjù jiǎ fāng jiāocái jiǎoběn jìnxíng duìhuà chǎngjǐng pāishè.

'을'은 배우 및 장소 섭외 등 모든 촬영 일정을 책임진다.

乙方负责召集演员、寻找拍摄场地等。
Yǐ fāng fùzé zhàojí yǎnyuán、xúnzhǎo pāishè chǎngdì děng.

'을'이 실제 촬영에 들어가기 전후에 '갑'이 촬영 기법을 수정할 시, 사전에 '을'에게 수정 사항을 고지해야 한다.

乙方进入实际拍摄前后，甲方如拟对拍摄方案进行修改，应提前与乙方沟通修改方案。
Yǐ fāng jìnrù shíjì pāishè qiánhòu, jiǎ fāng rú nǐ duì pāishè fāng'àn jìnxíng xiūgǎi, yīng tíqián yǔ yǐ fāng gōutōng xiūgǎi fāng'àn.

저작권은 '갑'에게 귀속되며, '을'은 성명표시권을 가진다.

著作权归甲方所有，乙方仅保留作为视频拍摄者的署名权。
Zhùzuòquán guī jiǎ fāng suǒyǒu, yǐ fāng jǐn bǎoliú zuòwéi shìpín pāishèzhě de shǔmíngquán.

'갑'은 본 영상물의 사용 및 복제, 배포, 전송 등 모든 부분에 독점적 권리를 가진다.

甲方独家享有作品的使用、复制、发行及传送等所有权利。
Jiǎ fāng dújiā xiǎngyǒu zuòpǐn de shǐyòng、fùzhì、fāxíng jí chuánsòng děng suǒyǒu quánlì.

'갑'이 동의하지 않을 시, '을'은 본 영상물을 제3자가 사용하도록 제공할 수 없다.

未经甲方同意，乙方不得将视频提供给任何其他方使用。
Wèijīng jiǎ fāng tóngyì, yǐ fāng bùdé jiāng shìpín tígòng gěi rènhé qítā fāng shǐyòng.

'갑'은 계약서에 날인한 후 촬영비의 20%를 선지급하고, 촬영 완료 후 잔금을 지급한다.

甲方于合同签订后支付拍摄费的20%，拍摄完毕后支付拍摄尾款。
Jiǎ fāng yú hétong qiāndìng hòu zhīfù pāishèfèi de bǎi fēn zhī èrshí, pāishè wánbì hòu zhīfù pāishè wěikuǎn.

결제 후 촬영을 원칙으로 하며, '갑'은 약속된 일자에 대금을 지급한다.

执行先付款后拍摄原则，甲方应按约定日期交付。
Zhíxíng xiān fùkuǎn hòu pāishè yuánzé, jiǎ fāng yīng àn yuēdìng rìqī jiāofù.

'갑'의 적극적인 협조에도 '을'이 기한 내에 본 영상물 제작을 완수하지 못할 시, '을'은 연체 일수 당 계약금의 1%를 '갑'에게 위약금으로 지불한다.

如乙方在甲方积极配合的情况下未按时完成拍摄任务，应按照逾期一天支付甲方合同款百分之一的违约金。
Rú yǐ fāng zài jiǎ fāng jījí pèihé de qíngkuàng xià wèi ànshí wánchéng pāishè rènwù, yīng ànzhào yúqī yì tiān zhīfù jiǎ fāng hétongkuǎn bǎi fēn zhī yī de wéiyuējīn.

단, 자연재해 및 국가 안전 등 불가항력적인 요소로 촬영이 취소되었을 경우에는 위약금을 지불하지 않는다.

因自然灾害、国家安全等不可抗力导致拍摄取消时，不必支付违约金。
Yīn zìrán zāihài、guójiā ānquán děng bùkěkànglì dǎozhì pāishè qǔxiāo shí, búbì zhīfù wéiyuējīn.

'을'은 촬영 과정 중 알게 되는 '갑'과 관련된 모든 정보를 공개하지 않는다.

乙方应保守在拍摄过程中所知悉的一切与甲方有关的信息。

Yǐ fāng yīng bǎoshǒu zài pāishè guòchéng zhōng suǒ zhīxī de yíqiè yǔ jiǎ fāng yǒuguān de xìnxī.

'을'은 '갑'이 제공한 모든 자료 및 정보에 대해 보안의 의무를 가진다.

乙方对甲方所提供的各种资料等负有保密义务，不得以任何方式向第三方泄露。

Yǐ fāng duì jiǎ fāng suǒ tígòng de gè zhǒng zīliào děng fùyǒu bǎomì yìwù, bù déyǐ rènhé fāngshì xiàng dìsānfāng xièlù.

출판

본 저작물을 출판함에 있어 저작권자 ○○○를 '갑', 출판권 및 발행권자 ○○○를 '을'이라 하여 다음과 같이 계약을 체결한다.

著作权人○○○(以下简称甲方)与出版者○○○(以下简称乙方)，甲乙双方就出版上述作品达成如下协议。

Zhùzuòquánrén OOO(yǐxià jiǎnchēng jiǎ fāng) yǔ chūbǎnzhě OOO(yǐxià jiǎnchēng yǐ fāng), jiǎ yǐ shuāngfāng jiù chūbǎn shàngshù zuòpǐn dáchéng rúxià xiéyì.

'갑'은 '을'에 대하여 본 저작물에 대한 출판권 및 발행권을 설정한다.

甲方授予乙方该作品的出版及发行权。

Jiǎ fāng shòuyǔ yǐ fāng gāi zuòpǐn de chūbǎn jí fāxíngquán.

'갑'은 계약 기간 동안 본 저작물 한국어판의 복제 및 배포, 전시에 관하여 전 세계에 걸친 독점적이고 배타적인 권리를 갖는다.

甲方授予乙方在合同有效期内，在世界范围内对该作品的韩文文本的复制、发行及展示的专有出版权。

Jiǎ fāng shòuyǔ yǐ fāng zài hétong yǒuxiàoqī nèi, zài shìjiè fànwéi nèi duì gāi zuòpǐn de Hánwén wénběn de fùzhì、fāxíng jí zhǎnshì de zhuānyǒu chūbǎnquán.

'갑'은 본 계약에서 지정한 기한 내에 완전한 원고를 출판에 적합한 상태로 '을'에게 인도한다.

甲方应于本合同规定日期向乙方提供合格稿件。

Jiǎ fāng yīng yú běn hétong guīdìng rìqī xiàng yǐ fāng tígòng hégé gǎojiàn.

'을'과 협의 없이 혹은 '을'의 지속적인 원고 요청에도 불구하고, 입고 날짜에 맞춰 완전한 원고를 인도하지 못할 경우, '을'은 계약을 파기할 수 있다.

如甲方未通知乙方不能按时交稿，或在乙方多次催促下仍未交稿时，乙方可终止合同。

Rú jiǎ fāng wèi tōngzhī yǐ fāng bù néng ànshí jiāo gǎo, huò zài yǐ fāng duō cì cuīcù xià réng wèi jiāo gǎo shí, yǐ fāng kě zhōngzhǐ hétong.

'갑'의 귀책 사유로 계약이 파기되었을 시, '갑'은 선불 계약금을 반환해야 한다.

因甲方造成合同解除时，甲方应退还预付金。

Yīn jiǎ fāng zàochéng hétong jiěchú shí, jiǎ fāng yīng tuìhuán yùfùjīn.

본 저작물의 내용 수정은 '갑'의 책임이며, 출판에 적합한 형태로 다듬는 것은 '을'의 책임이다.

甲方具有对该作品内容修改增删的义务，乙方具有将该作品制作为适合出版的义务。

Jiǎ fāng jùyǒu duì gāi zuòpǐn nèiróng xiūgǎi zēngshān de yìwù, yǐ fāng jùyǒu jiāng gāi zuòpǐn zhìzuò wéi shìhé chūbǎn de yìwù.

'갑'은 본 저작물의 재판, 개정 작업 시에도 내용 확인 및 교정을 해야 한다.

甲方在作品再版或修订时也应对内容进行确认及修改。

Jiǎ fāng zài zuòpǐn zàibǎn huò xiūdìng shí yě yīng duì nèiróng jìnxíng quèrèn jí xiūgǎi.

'을'은 '갑'이 요구한 내용을 반드시 수정 후 출판한다.

乙方应遵照甲方所要求的内容进行修改后出版。

Yǐ fāng yīng zūnzhào jiǎ fāng suǒ yāoqiú de nèiróng jìnxíng xiūgǎi hòu chūbǎn.

'갑'은 본 저작물에 포함된 모든 콘텐츠가 타인의 합법적 권익을 침해하지 않았음을 보증한다.

甲方应保证出版发行的作品所包含的内容不侵害他人的合法权益。

Jiǎ fāng yīng bǎozhèng chūbǎn fāxíng de zuòpǐn suǒ bāohán de nèiróng bù qīnhài tārén de héfǎ quányì.

'갑'은 본 저작물이 출간된 후에도 저작물의 내용에 책임감을 가지고 홈페이지 게시판, 전화, 이메일 등을 통한 독자 문의에 성실히 응해야 한다.

甲方在作品出版后也应对作品尽以下义务：应对网站公告栏、电话及邮件中读者所提出的问题进行回答。

Jiǎ fāng zài zuòpǐn chūbǎn hòu yě yīng duì zuòpǐn jǐn yǐxià yìwù: yīng duì wǎngzhàn gōnggàolán、diànhuà jí yóujiàn zhōng dúzhě suǒ tíchū de wèntí jìnxíng huídá.

디자인

'을'은 '갑'이 정한 기간 내에 본 창작물(또는 편집물)을 제작 완료하고, 그 원본 데이터를 '갑'에게 인도한다.

乙方应在约定日期内完成本作品的制作，并将原本交给甲方。

Yǐ fāng yīng zài yuēdìng rìqī nèi wánchéng běn zuòpǐn de zhìzuò, bìng jiāng yuánběn jiāo gěi jiǎ fāng.

乙方应在约定日期内出版本作品，并将原本交给甲方。

Yǐ fāng yīng zài yuēdìng rìqī nèi chūbǎn běn zuòpǐn, bìng jiāng yuánběn jiāo gěi jiǎ fāng.

'을'의 책임으로 본 창작물을 다시 제작할 시, 그에 발생하는 모든 비용은 '을'의 부담으로 한다.

因乙方原因造成本作品再制作时，乙方须承担一切费用。

Yīn yǐ fāng yuányīn zàochéng běn zuòpǐn zài zhìzuò shí, yǐ fāng xū chéngdān yíqiè fèiyòng.

'을'이 계약 만료일까지 본 창작물(또는 편집물)을 제작 완수하지 못할 시, '갑'의 동의하에 20일 이내로 기간을 연장할 수 있다.

如乙方未如期完成该作品的制作，在得到甲方的同意后，可推延二十天。

Rú yǐ fāng wèi rúqī wánchéng gāi zuòpǐn de zhìzuò, zài dédào jiǎ fāng de tóngyì hòu, kě tuīyán èrshí tiān.

如乙方在合同有效期内未出版该作品，在得到甲方的同意后，可将出版日期延迟二十天。

Rú yǐ fāng zài hétong yǒuxiàoqī nèi wèi chūbǎn gāi zuòpǐn, zài dédào jiǎ fāng de tóngyì hòu, kě jiāng chūbǎn rìqī yánchí èrshí tiān.

'을'의 창작물에 '갑'은 원형 상태로의 사용과 더불어 변형 상태로 사용할 수 있는 독점적 권리를 가진다.

甲方授予乙方该作品原本文本及其他形式文本的专有使用权。

Jiǎ fāng shòuyǔ yǐ fāng gāi zuòpǐn yuánběn wénběn jí qítā xíngshì wénběn de zhuānyǒu shǐyòngquán.

甲方授予乙方以图书、电子音像制品、数字化制品及其他网络传播形式出版的专有出版权。

Jiǎ fāng shòuyǔ yǐ fāng yǐ túshū、diànzǐ yīnxiàng zhìpǐn、shùzìhuà zhìpǐn jí qítā wǎngluò chuánbō xíngshì chūbǎn de zhuānyǒu chūbǎnquán.

'을'은 본 창작물을 '갑'에게 인도 후, 이와 유사하거나 동일한 창작물을 제3자에게 인도할 수 없다.

乙方将该作品交给甲方后，不得将该作品的全部或一部分，或与其类似的作品交给第三方。

Yǐ fāng jiāng gāi zuòpǐn jiāo gěi jiǎ fāng hòu, bùdé jiāng gāi zuòpǐn de quánbù huò yíbùfen, huò yǔ qí lèisì de zuòpǐn jiāo gěi dìsānfāng.

'을'이 인도한 본 창작물이 타인의 저작권을 침해할 경우, '을'은 이에 대한 모든 책임을 진다.

乙方所交出的该作品若侵犯他人的版权，由乙方承担全部责任。

Yǐ fāng suǒ jiāochū de gāi zuòpǐn ruò qīnfàn tārén de bǎnquán, yóu yǐ fāng chéngdān quánbù zérèn.